京剧《雷峰塔》剧照 1

京剧《雷峰塔》剧照 2

昆剧《折桂记》剧照 1

昆剧《折桂记》剧照 2

京剧《大渡河》剧照 1

京剧《大渡河》剧照 2

京歌剧《孔雀翎》剧照 1（上）
京歌剧《孔雀翎》剧照 2（左）
京歌剧《孔雀翎》剧照 3（右）

越剧《拜月记》剧照 1（上）
越剧《拜月记》剧照 2（左上）
越剧《拜月记》剧照 3（左）

越剧《出宫回宫》剧照 1

越剧《出宫回宫》剧照 2

越剧《暮夜却金》剧照 1

越剧《暮夜却金》剧照 2

木偶剧《蓝星星之歌》剧照

人偶剧《神奇的雀翎》剧照

电影《木偶情缘》海报

新编越剧《双狮图》剧照

新编瓯剧《混天珠》剧照

新编昆剧《钗钏记》海报

施小琴剧作集

综合卷

施小琴　著

中国戏剧出版社

图书在版编目（CIP）数据

施小琴剧作集．综合卷 / 施小琴著．—北京：中国戏剧出版社，2022.6
ISBN 978-7-104-05195-4
Ⅰ．①施… Ⅱ．①施… Ⅲ．①剧本—作品综合集—中国—当代 Ⅳ．① I230

中国版本图书馆 CIP 数据核字（2022）第 017852 号

施小琴剧作集（综合卷）

责任编辑：王　恬
责任印制：冯志强

出版发行：中国戏剧出版社
出 版 人：樊国宾
社　　址：北京市西城区天宁寺前街 2 号国家音乐产业基地 L 座
邮　　编：100055
网　　址：www.theatrebook.cn
电　　话：010-63385980（总编室） 010-63381560（发行部）
传　　真：010-63381560

读者服务：010-63381560
邮购地址：北京市西城区天宁寺前街 2 号国家音乐产业基地 L 座

印　　刷：河北京平诚乾印刷有限公司
开　　本：787mm×1092mm　1/16
印　　张：37
字　　数：470.7 千字
版　　次：2022 年 6 月　北京第 1 版第 1 次印刷
书　　号：ISBN 978-7-104-05195-4
定　　价：228.00 元

目录

序　一

安　葵

温州是南戏的故乡，南宋时期的书会才人及以后的温州剧作家对戏曲事业的贡献彪炳史册。新中国成立以来，浙江包括温州的戏曲创作在全国占有突出的位置。改革开放以来，温州文化界重视继承弘扬南戏的传统，改编南戏并创作新的作品，取得显著成就。20 世纪 80 年代以来，我多次到浙江和温州观摩学习，与浙江和温州的戏剧界朋友结下很深的友谊。与尤文贵先生可以说一见如故，他对事业的执着和直率坦诚的性格让我觉得能够交心。尤文贵先生在精心进行创作的同时，也倾注大量心血培养戏曲事业的接班人。他曾嘱我对他的两个学生郑朝阳和施小琴多加关注。惭愧的是我对她们没有什么帮助，但看到她们在创作上和事业上取得的成绩感到由衷的高兴，他们没有辜负尤老师的期望。

小琴于 1991 年调到平阳小百花越剧团从事戏剧创作，之后担任了许多社会工作：平阳县文化局创作室主任、平阳县剧协副主席、温州市艺术研究所所长、温州市文化艺术研究院院长、温州市剧协常务副主席兼秘书长、温州市新九山书会会长等。这期间，除日常工作外，她策划、组织和主持了多个重要学术项目，主编了《南戏经典故事》《温州戏曲口述史》《温州越剧口述史》等著作，与此同时，她创作了涵盖越剧、昆曲、京剧、瓯剧、音乐剧、儿童剧、木偶剧等多个剧种的剧本四十余部及十余部影视剧剧本。其辛勤努力可想而知。她的多部作品都产生了广泛的社会影响。成绩确实令人钦佩。小琴 2018 年调至浙江传媒学院，又开始了新的征程。现在学院要为她出版创作剧本集，这是一件值得祝贺的事情。小琴嘱我作序，自然不能推辞。但我年岁大了，精力不够，只读了小琴的部分剧本，不可能对她的作品的成就和价值做出全面和深刻的论述，只能谈一点粗浅的印象，供读者参考。

小琴的这些作品都是为剧团演出、为社会需要而创作的，因此具有很强的现实性和地域特色。温州有永嘉昆曲，有越剧，有儿童剧，还有国家级非物质文化遗产项目平阳木偶剧，浙江有京剧团，小琴熟悉这些剧团，对这些剧种热爱并深入学习，因此能够把握和弘扬这些剧种、剧团的特点和优势。

永嘉昆曲继承了南戏的遗风，长期在民间生存发展，被称为“草昆”，舞台演出有独特的风格。但很多剧目都已失传。其中如《乐昌公主破镜重圆》只留存31支佚曲，小琴以此为基础，创作了《分镜重圆记》，使这一体现群众希望有情人能破镜重圆的故事重现于昆曲舞台。再如《折桂记》，在浙南曾是家喻户晓的各剧团常演剧目，但全本已失传多年。小琴在领导和前辈的支持下，拜访老艺人，录音、录像，在继承传统的基础上，结合当代观众审美需求进行了新的创作。这部作品与以演才子佳人的传奇剧目为主的一般昆曲不同，表现了下层人物的命运、抗争与智慧，并对他们寄予了深厚的同情。侍女佩芝被李员外强占生下儿子，儿子却被夫人抢去，并受到百般虐待，上天为“公平”让她的儿子“折桂”——中了状元，但儿子归来却不认生母。老天便让雷公雷母追打他。面对天公的神威，员外夫人惊慌逃走，生母佩芝却不顾一切地护住儿子。雷母说：“做母亲的就是这个毛病！子女不孝，恨得要死，可是真的子女出事，她又拼死拼活救他。你懂了吧，这就叫母亲！”雷公反复追打，迫使这个状元儿子悔过认了生母。“霹雳一声惊天地，万物苏生本性真。”这是一曲对母亲大爱的热烈的赞歌！群众的道德观念、审美观念在永昆的质朴风格中得到生动展现。

根据同名花鼓戏改编的永昆小戏《刘二嫂打呼噜》是现实生活题材，

金老板的母亲因丈夫死去、听不到丈夫的呼噜声而睡不着，孝顺的金老板请来能打呼噜的刘二嫂"陪"母亲睡，其间有很多喜剧性的情节，既表现了现实生活的发展出现了新的"不平等"，也表现出农村人和农民出身的"老板"本质的善良。我想别个昆剧团是很难演、也不会选这一剧目来演出的，但永昆却可以实现古老的传统与现代乡土生活的顺畅沟通。2001年，昆曲被联合国教科文组织列入人类口头和非物质文化遗产代表作的时候，在七个昆剧院团中，永嘉昆剧传习所是力量最弱的一个，20多年来，永昆有了长足的发展，这是与温州和浙江的剧作家、艺术家的努力分不开的，小琴是做出重要贡献的一位。

越剧是生长在山明水秀的江南的剧种，温州越剧团和平阳小百花越剧团都具有很高的演出水平。小琴创作的越剧剧本都使剧种的地域特色得到充分发挥。如她根据南戏剧目改编创作的《拜月记》，不仅通过"姊妹拜月"这一关目把喜剧性做足，而且让"月亮"提前出场，让"月亮"成为主人公寄托情感的意象。在蒋世隆和王瑞兰夜宿小店之时，就已借月抒情。王瑞兰："你这窗外的月儿呀！你平日照我闺中情，一腔幽怀诉丝弦；今日来此荒郊夜，映他身影让我怜。"蒋世隆此时的心情却很矛盾，眼前的姑娘让他倾心，又思念离散的妹妹，都与月亮相关："郊月送清光，朝夕情难忘。世乱月不圆，人情各一方。"王瑞兰被父亲强行拉走后，思念丈夫："荒郊月，两心相印结成亲。"他们的相爱，有月亮为证。这就与姊妹双拜月时"月儿呀月儿！今夜又来祈求你，求你找寻我亲人。"紧密呼应，使情景相融，"景语"亦是"情语"。

《双玉蝉》是莆仙戏等剧种常演的传统戏，小琴把它改编为越剧，对主人公的情感走向做了细微的调整。依父亲订下的婚约，十八岁的曹芳儿，嫁给了两岁的沈梦霞。他们以姐弟相称，芳儿把梦霞抚养教育长大成人。随着梦霞的长大，芳儿也渐渐产生了超越姐弟的情感。当梦霞考中状元之后，芳儿也曾幻想实现当年之约。但当她得知有一与梦霞年貌相当的姑娘与梦霞相爱之时，看到自己容颜已老，就主动退让，以成人之美。梦霞知道事情的原委之后，也十分痛苦，不愿与芳儿分离。这里没有恶人强势相逼，悲剧性却更为深刻。芳儿不是与命运的抗争者，也很难简单地说她“软弱”，看完这个戏，观众不能不为芳儿感叹唏嘘。

我读过小琴主编的《温州越剧口述史》书稿，温州的多个越剧团和越剧演员都是从很困难的条件中走过来的。小琴的剧本是对他们的重要支撑。比如她的《出宫回宫》由平阳县越剧团（后更名为平阳小百花越剧团）首演后，又被杭州市黄龙越剧团移植，参加“映山红”全国民间职业剧团演出，主演孟柯娟获梅花奖。

小琴当过教师，热爱孩子，熟悉孩子们的精神世界，运用温州有的、孩子们又喜欢的各种戏剧形式创作了多部儿童剧，包括儿童木偶剧、童话人偶剧、戏曲音乐剧等。其中如《蓝星星之歌》《孔雀翎》等作品，不仅把各种动物拟人化，表现它们与孩子们之间的有趣的互动，用美好的事物培育孩子的心灵，而且也表现了要保护自然环境、人与自然和谐相处等重大主题。“动物和我们人一样，它们也有父母也有爱”，“大朋友和小朋友，一起唱起来。”儿童趣味、剧种特色和思想意义得到了很好地统一。

从电影文学剧本《木偶情缘》可以看到，小琴对木偶艺人的生活有深刻的了解和同情。旧社会的木偶艺人生活是很悲惨的，他们表演的艺术为群众所喜爱，但他们的职业却为社会所轻贱。新中国建立之初限于当时的条件，他们日夜辛苦奔波，生活依然艰苦。木偶艺人钟大爷与徒弟小翠及小翠的母亲相濡以沫，表现出温润的亲情。钟大爷看到一些流浪的孩子悲苦地挣扎，不因他们有一些恶习而嫌弃他们，收留他们学演木偶。这些孩子在钟大爷的真心爱护和教育下，在从事木偶艺术的过程中，不断向善转变。那个叫传生的孩子看到生病的钟大爷没有饭吃，到吴家祠堂去偷米，偷，可以说是积习难改，但此时的“偷”与流浪时的“偷”动机已不同。这件事惹出祸端，他知道错了，“断指”表示改过。在这些

“恶”的行为及改过的过程中，他们表现出善的心地来。小琴热爱木偶等民间艺术，热爱这些民间的艺术家，所以才能为这些剧种创作出优秀的剧本。

以翁国生为领军人物的浙江京剧团具有自己显著的特点，他们擅长演武戏和群戏，小琴与浙江京剧团合作，创作了《雷峰塔》《大渡河》等作品。《雷峰塔》表现小青在众仙的帮助下与法海斗，几经曲折，终于救出白娘子。以武打为主，许士林的抒情唱词亦富文采。全剧刚柔相济，表现出一往无前的斗争精神和小青不怕牺牲的崇高品质。《大渡河》是表现红军长征中强渡大渡河的一部现代戏。文武交替，唱作结合，表现出红军战士前仆后继，为有牺牲多壮志的英雄气概。从这些作品可以看到，小琴不仅能写清新秀丽的作品，也能写慷慨雄壮的作品。正是由于有许多具有不同风格的剧作家的创作，我们伟大祖国的戏曲园地才万紫千红，小琴为这块园地增添了一片靓丽的花木。小琴是浙江、温州这块文化热土培养出来的剧作家，她为温州、浙江也做出了出色的回报。

我只读了小琴部分剧本，多数作品没有看过舞台演出，因此对作家、作品的理解都是不深刻的。小琴嘱我作序，就写下这些感受与读者分享，并表示热烈的祝贺！凡属既往，皆为序章。期待小琴继续向新的阶梯攀登，不断创作出优秀的作品！

写于辛丑岁末，2022 年年初

安葵，原名王安葵。中国艺术研究院戏曲研究所原所长，研究员，博士生导师。中国戏曲学会顾问，中国戏曲现代戏研究会顾问，中国昆剧研究会顾问。曾任国家非物质文化遗产保护工作专家委员会委员。出版《当代戏曲作家论》《戏曲拉奥孔》《戏曲理论与美学》等著作十余部。

序　二

徐宏图

日前，温州籍剧作家施小琴携带她的剧作选“综合卷”书稿及“越剧卷”、“昆瓯京卷”、“儿童剧卷”、“影视剧卷”等另外四卷目录邀我作序，作为同乡人，我当然非常乐意。只是我长期醉心于古代戏曲及民间仪式剧研究，对当代戏曲关注不够，因此，为当代剧作家写序，自然有一定的难度，只能尽力而为。

“戏曲是活在舞台上的故事”。戏曲剧目有“墨本”与“台本”之别，前者是指剧作家创作的文学本，侧重于“文学性”，后者是指由剧团搬上舞台的演出本，侧重于“演剧性”，从前者到后者需经过导演与演员等二度创作才能完成。任何一个剧作者，都想让自己的剧本获得演出，实现从文学到演出的转化，以体现“戏曲”的真正价值。要实现这一愿望并非易事，而施小琴做到了，几乎所有作品均被搬上舞台。例如：儿童剧《孔雀翎》，由浙江京剧团首演，20年来，上演已达850多场次，获多项省部级大奖，浙江人民出版社还为其出版《一曲人与自然的美丽童话——童话〈孔雀翎〉创作纪实》予以宣传。京剧《大渡河》，在庆祝中共建党95周年、长征80周年首演后，已为浙江省各级党校、中小学等演出70场左右，并与同为浙江京剧团创排的《东极英雄》《渡江侦察记》构成大型题材现代京剧“三部曲”。越剧《出宫回宫》，刊登于1994年第一期《戏文》，由平阳县越剧团（平阳小百花越剧团）首演，先后参加温州市第五届戏剧节、浙江省第六届戏剧节、文化部“映山红”民间戏剧节演出。《拜月记》，收入中华书局2001年版《温州南戏新编剧本集》，由平阳小百花越剧团首演，并参加温州市第七届戏剧节、浙江省第八届戏剧节及南戏国际学术研讨会暨温州南戏新编系列剧目展演。《折桂记》，发表于2006年《温州戏剧》，由永嘉昆曲传习所（永嘉昆剧团）首演，先后参加第三届中国昆曲节、温州市第二届艺术节暨第十届戏剧节演出，中央电视台11套戏曲频道“九州大戏台”全剧播出。《雷峰塔》，发表于中国剧协《剧本》杂志2013年11月“温州号”，于2013年春节作为贺岁剧，由浙江京剧团于杭州胜利剧院首演，并参加浙江省第十二届戏剧节演出。不一而足。

“人惟求旧，物惟求新”，戏曲无论原创或改编无不如此。原创，妙在闻所未闻，见所未见，即李渔所谓“意在尖新”，除“意”新之外，还要求“白”有“尖新”之文，文有“尖新”之句，句有“尖新”之字。只有如此，“列之案头，不观则已，观则欲罢不能；奏之场上，不听则已，听则求归不能”。要做到这一点，实属不易，而施小琴力争做到这一点。例如：她的木偶儿童剧《蓝星星之歌》，写圆圆与倩倩两个小朋友在渔翁的教导下，从不知道爱护，甚至踢打青蛙、乌龟、丹顶鹤、小锦鸡、小熊等小动物，到与它们交朋友，并在它们因附近化工厂排放毒气影响而生病的情况下还千方百计抢救它们的生命。最后，在环保部门的努力下，化工厂迁走了，这一块沼泽地终于成为“国家自然保护区”，圆圆、倩倩长大后也成为环保工作者。本剧不仅主题新，涉及“环保”、“低碳”、“人与动物共生”等有关人类生存的大问题；题材新，写前人未写的故事与题材，构思巧妙，充满童趣。连歌词与念白都很“尖新”。歌词如《主题歌》“快乐的蓝星星，快乐的蓝星星。星星上孕育着生命，是大自然爱的结晶。我们只有一颗星星，她是我们共同的母亲。我们只有一次生命，每个生命都有权利生存。没有你，哪有我？没有我，哪有你？在孤寂的宇宙里，我们是唯一的亲人。……”。首先，歌词颂扬的不仅是人类之爱，而是扩大至整个宇宙大自然之爱；其次，指出“每个生命都有权利生存”，包括动、植物的生命，把人类命运共同体扩大至一切有生命物种的命运共同体，还关系到人权问题，从而深化了主题。终于受文化部委派，代表中国参加墨西哥第11届国际木偶节演出，在墨西哥各大城市巡演，并作为闭幕式的剧目在墨西哥首都大剧院压轴演出，荣获最高荣誉奖，被墨西哥新闻媒体誉为“带去了古老东方千年神密文化”。又如《雷峰塔》，有两大创新：一是主题创新，改爱情为舍死救人。同题材的剧本，其主题无一不是颂扬白蛇与许宣（仙）人妖相恋的爱情，以显示反封建的精神。而本剧则有意绕过旧剧，另立主脑，以全新的面貌展现于舞台，它集中笔墨，描写小青赴峨嵋山苦炼神功，最后带领众仙毁塔救出白娘子。尤其令人敬佩的是，白娘子一家因小青拯救而团聚，小青却因此而使所修的蛇仙功力俱毁法海之手，变回了原形，只得重归峨嵋继续为蛇。这种“舍已救人”自我牺牲的精神与当前提倡的“见义勇为”的高尚道德不谋而合，自然会引起观众的共鸣。二是角色创新，反配角为主角。这是随主题创新的必然结果，主题既然从歌颂白娘子为追求爱情终然被法海镇在雷峰塔下依然不屈的坚贞，改为小青不顾一切、竭尽全力毁塔救出白娘子的凛然大义，其主角自然从白娘子改为小青了，小青成女一号，而同样心急如焚、千里迢迢赶赴峨嵋寻找青姨毁塔救娘的许仕林则取代许仙成了男一号。仕林之“孝”与小青之“义”彼此辉映，令人敬仰！

改编则贵在“变旧成新”。亦如李渔所说：“世道迁移，人心非旧，当日有当日之情态，今日有今日之情态。传奇妙在入情，即使作者至今未死，亦当与世迁移，自啭其舌，必不为膠柱鼓瑟之谈，以拂听者之耳。况古人脱稿之初，便觉其新，一经传播，演过数番，即觉听熟之言，难于复听，即在当年，亦未必不自厌其繁而思陈言之务去也。我能易以新词，透入世情三昧，虽观旧剧，如阅新篇，岂非作者功臣。”李渔这段话，句句是经验之谈。施小琴也努力去做并做得很出色，如据南戏新编的《拜月记》即可证明这一点。她用自己的心灵去感受时代的脉搏，从古今相通的哲理层次、人性深度及文化心理结构去感悟和挖掘新意，并结合自己对生活的真切感受把它化为动人心魄的波澜贯注于笔端，使之与当代人的审美意识沟通，才使《拜月》这出千古名剧雀跃着不息的艺术生命。在她看来，关汉卿的《拜月亭》旨在批评重武轻文思想，剧中王镇强将女儿王瑞兰许配武状元，从而拆散了她与蒋世隆的婚姻。这对于当时入主中原不久“只识弯弓射大雕”的蒙古贵族来说，自然具有强烈的针对性。可是到了施惠《拜月亭记》，却一改原著的初衷，变为谴责王镇嫌贫爱富、阻碍女儿婚事的错误。这是由于当时随着科举制度的恢复和知识分子地位的提高，“富易交，贵易妻”、爱富嫌贫、婚姻包办成了当时突出的社会矛盾之故，显然是一次成功的改编。如今，施小琴在保留南戏原著精华的同时，又开掘出新鲜的立意：以极大的热情讴歌人性之善和人情之美，以引发当代观众的审美情趣。让剧中所有的人物都卷入战争的旋涡，然后极力描写他们患难相交、彼此扶持的美好感情，以体现“天时地利，人和最美”的思想。如王瑞兰与蒋世隆权作夫妻、王夫人与蒋瑞莲认作母女、蒋世隆与陀满兴福义结兄弟、张老夫妇急人之困等等，都是在患难中表现的一种人间真情，他们就凭着这种真情战胜灾难。这正是今人和古人的契合点，从而引起当代观众的共鸣，使原著固有的爱情婚姻主题得到深化，取得真实感人的艺术效果。此外如《玉蝉情》《折桂记》《乐昌分镜》《孔雀翎》等也都是成功之作。

“不为获奖，志在传承”。这是施小琴学习写戏的初衷，曾多次对我说过。意谓中国戏曲是多声腔剧种的艺术，犹如一部大百科全书，要学的东西太多了。就写戏而言，不同的剧种有不同的写法，首先要学会写作技巧。于是她拜著名剧作家尤文贵为师，如饥似渴地学习各声腔剧种的写作技巧并进行创作实践，包括越剧、瓯剧、京剧、昆剧、话剧、锡剧、木偶戏、音乐剧、儿童剧、电影、电视等，每一个剧种均有多部剧作问世。“无心插柳柳成荫”，不为获奖，即获奖多多。50多部剧作，已在县、市、省以及央视、国家级艺术节上演或播出40多部，先后获墨西哥国际木偶节“最高荣誉奖”、中国电视“飞天奖”、文化部“金狮奖·编剧金奖”、中国少数民族戏剧会演“优秀编剧奖”、中国昆剧节剧目奖、中国人口文化奖“最佳编剧奖”、上海全国儿童剧会演“最佳剧目奖”、全国优秀儿童剧展演剧目银奖、中国越剧艺术节剧目银奖、中国小戏艺术节“优秀推荐剧目奖”、浙江省戏剧节“优秀新剧目奖”、浙江省戏剧节优秀剧本奖、浙江省精神文明“五个一工程奖”、浙江省“群星奖”、江苏省“紫金艺术节剧目奖”等60来个奖项。

施小琴是在二十世纪九十年代初投身戏曲创作的，其时正是中国古老戏曲因受到多种艺术形式冲击而失去竞争能力的所谓“危机”时刻。其时曾有人把戏曲称之为“夕阳艺术”，表示它已处在日落西山之时，从而离开戏曲事业而“下海”经商或其它工作。而施小琴没有受这种悲观论的影响，出于对丰富多彩中国戏曲的酷爱与挽救戏曲危机的责任心，挺身而出，从中学语文教师，调入平阳县小百花越剧团，先后出任平阳县剧协副主席、温州市艺术研究院院长、温州市剧协常务副主席兼秘书长、政协浙江省第九届与第十届委员等职，领导工作与剧本创作一肩挑，取得双丰收，这是何等不容易！需要付出多大勇气与心血！“人生能有几回搏”，期待正处于壮年的你，继续力挽狂澜，迎接第二个创作高峰。

2022.2.12 于杭州

徐宏图，浙江省原艺术研究所研究员，《中国戏曲志·浙江卷》责编，曾被聘为中国台湾“清华大学”人文学院、香港中文大学音乐系研究员，并承担合作项目。已出版著作《戏史四说》《南宋戏曲史》《南戏遗存考论》《浙江戏曲史》《浙江昆剧史》等30多种，发表论文100余篇。

分镜重圆记

昆剧

人　物　乐昌公主——陈朝公主，后主陈叔宝之妹。

徐德言——陈朝驸马，乐昌之夫。

杨　素——隋朝讨陈大元帅，后官至宰相。

郑　氏——杨素之妻。

陈叔宝——陈朝末代皇帝。

孔　范——陈叔宝宠臣。

孔贵妃——陈叔宝宠妃。

老家人——杨府家人。

梅　香——乐昌侍女。

秋　桂——郑氏侍女。

渔　公——陈朝遗民。

渔　婆——陈朝遗民，渔公之妻。

家院、军校、官兵甲、官兵乙、路人一、路人二、众将士等。

序 幕

[天幕，一面古镜，碎裂成半，分悬两边。半镜各有一鹊，其翩然飞翔之姿，仿佛欲奋力两相聚合。

[幕外独唱——【临江仙】

离人半镜执为信，
随鹊两相分飞。
天成佳偶有别时，
再聚是何年，
翘望鹊儿来归？
相约如梦愁肠断，
原上风雨霏霏。
待等得鹊桥萦回，
破镜重圆日，
识得离泪映春晖。

[切光。

第一场 皇兄嫁妹

[陈氏南朝祯明二年（公元588年），上元节。

[陈朝宫苑。夜，明月高挂，火树银花。

[后主陈叔宝大宴宾客。

[鼓乐喧天。皇亲国戚，妃嫔廷臣，嬉闹一片。

宫　监　（高呼）万岁有旨：今日上元佳节，君臣游宴，尊卑无别，只图行乐尽欢也！

［孔贵妃搀扶着陈叔宝，不时灌酒于他。

［陈叔宝在众宫娥簇拥下左颠右摆，放浪情怀。

陈叔宝　哈哈哈哈！帝里风光，上元最佳。花好月圆，令人意兴勃发！（满饮大杯）好酒呀好酒！

孔　范　万岁爷词倾河汉，德艺无双！对此良辰美酒，不可无诗！笔墨伺候！

众宫妃　是！（呈笔砚）

［孔贵妃研墨展纸。

［陈叔宝一阵书写，一首词章速就。

孔　范　（欣看）《玉树后庭花》！好诗啊好诗！千古绝唱呀！

众宫妃　（争相传阅）我看看！我看看！

陈叔宝　哈哈哈哈！（掷笔，饮酒）

［音乐大起。妃嫔宫娥歌舞——【玉树后庭花】

丽宇芳林对高阁，
新装艳质本倾城。
映户凝娇乍不进，
出帷含态笑相迎。
妖姬脸似花含露，
玉树流光照后庭……

陈叔宝　（穿行舞动于舞队中）

【念奴娇序】

长空万里，
见婵娟可爱，
花笺彩笔骋多才。

堪领那风流韵事，

任鸾迎凤引游宴蓬莱……（醉态难自持，拥舞女跌落玉阶）

［舞队中闪出一假面舞女，绕着陈叔宝起舞——

假面舞女 （接唱）

高台，

清辉焕彩，

行乐堆叠玉阶，

月下羞见此醉态。

众舞女 （合唱）

惟愿取，

年年此夜，

月圆花开。

［徐德言急趋而上，见眼前场景，顿生感慨，驻足难前。

徐德言 （感慨地）好个歌舞升平的上元佳节呀！

【催拍】

望华堂灯火交辉，

看君臣犹自沉醉。

今欲步难随，

欲步难随。

又岂敢言危，

欲待不言，

隔江铁蹄撼帝威。

难忍那纵诗酒奸臣宠妃，

我犯颜谏，忠良可追！

孔　范 （迎上）太子舍人，你来迟了，还不向万岁爷求饶？

徐德言 （猛醒，急趋，一个踉跄，恰好跪在陈叔宝脚下，压住了龙袍）

太子舍人徐德言，奉诏进宫侍宴，不期迟到一步……（抬头愕然，灵机一动，叩首）臣罪该万死，万望陛下恕罪！

[陈叔宝欲怒。

[假面舞女对着跪地的徐德言“扑哧”一笑，捡起了徐德言身上掉落的一筒纸卷。

[徐德言慌接过，藏起。假面舞女见其尴尬情形，又是忍俊不禁。

陈叔宝 （一看）哈哈哈哈！请起！请起！今日上元佳节，君臣游宴，尊卑无别，只图行乐尽欢！难得假面后那人儿，巧笑开心怀！来来来！奉酒同乐尽欢！

徐德言 （为掩窘态，略一定神，痛下决心）不！陛下！德言闻说隋军挥师南下，有吞并江南之意，陛下应早做准备呀！

陈叔宝 （怒，斥）金陵龙盘虎踞，帝王之气就在于此！我朝自立国以来，曾经三败齐军进犯，两溃周师压境！今隋来犯，其奈我何?

孔　范 （附和）自古以来，长江就是阻隔南北的一道天堑！更何况，已在沿江置船布兵，今日之隋军，岂能飞渡而来?

孔贵妃 你一个太子舍人，手无缚鸡之力，不要在此妄谈兵事，危言耸听，坏了万岁的雅兴！

徐德言 （倔强地）陛下，下官确为社稷江山着想！倘若隋兵过江，建康将是旦夕难保呀！

孔贵妃 照你说，隋兵一来，一殿君臣，都将沦为阶下罪囚，都得去做了亡国奴！

孔　范 那么也就是骂了万岁爷做了亡国之君?！哼！

陈叔宝 （怒）大胆！朝堂尊严，岂容妄言！

假面舞女 ……（紧张趋前）……

徐德言 （急抽出袖中图轴）陛下，臣一片忠心，天地可鉴！（献上）

陈叔宝 （接图，一看，不屑）哼！隋师南下图！图倒画得不错！只是这隋师南下之攻势，画得犹如一群垂髫孩童，在巷弄里相互打架！

徐德言 陛下定要听臣一谏！

【古轮台】

堪担心，

虽长江天堑可恃凭，

隋师将水陆强兵来压境。

他觊觎日久，

我歌舞升平，

终断送，江山社稷好光景，

害君臣双双悲泪零！

陈叔宝 大胆狂徒！帝王家世代踞金陵，长江险插翅难飞临，你长人之威居心何在？

（接唱）此夕欢娱，月朗风清，

谁敢危言耸人心！

（大怒）来呀！给我轰下去！

假面舞女 （摘下假面，现出乐昌公主原形，急拦）不！哥哥！不可轰他出去！

徐德言 ……（抬头相视，惊愕，急低头）……

陈叔宝 嗯？乐昌，今日你是怎么了？一改往日矜持之风，主动劝解于人？

乐昌公主 （娇羞地）哥哥笑言了！（急向孔范示意）……

孔　范 ……嗯……（急前，轻声）陛下，太子舍人乃光禄大夫徐陵之孙，名叫徐德言者！……

陈叔宝 （正视徐德言，语气稍缓）哦！徐陵之孙徐德言！……尔祖乃开国老臣，一代文宗，深谙诗文相狎、承恩应对之道！（示意徐德言起身）尔等晚辈，也该追随遗风，仿效前贤事君之道哪！

徐德言 谢皇上开恩！记得家祖有训示我，愿奉圣听！

陈叔宝 徐公美文，当可共赏！

徐德言 （凛然而吟）岁月如流，平生几何，晨看旅雁，心赴江、淮，昏望牵牛，情驰扬、越，朝千悲而掩泣，夜万绪而回肠，不自知其为生，不自知其为死也……

陈叔宝 此乃尔祖当年困于敌营之哀词，岂能在此吟诵！你难道还是执迷不悟，借此影射？！

徐德言 （下跪）臣罪该万死！

陈叔宝 （气无处发，急得团团转）你！好大的胆！（狠下心）拉下去……

徐德言 （急下跪）德言一片忠心，天地可鉴！

乐昌公主 （急劝）哥哥息怒！太子舍人，乃朝中之人，名门之后！其能冒死而谏，一片忠心，天可以鉴！望哥哥宽恕于他！

陈叔宝 （重归平静）难得乐昌今天好心情，为你求情！那就饶你无罪，你要痛改前非才是！

徐德言 （大舒口气）谢陛下！（站起）

陈叔宝 （指着乐昌）该谢的是她！

徐德言 谢……谢……

孔　范 ……乐昌公主！

徐德言 （尴尬地）噢噢噢，谢过公主！

乐昌公主 （婉尔一笑，娇羞地）哥哥皇兄呀！

【赛观音】

上元节，光满庭，
人间最愿梦成真。
皇恩若同九霄月，
天成姻缘，还得仗冰人！

陈叔宝 （开怀）哈哈！御妹！

【前腔】

香腮漾，飞红云，

娇怯寸寸透春心。

孔贵妃 （接唱）

苦挨着深宫愁闷，

孔　范 （接唱）

喜见得，丹桂嫦娥临。

陈叔宝 太子舍人，近前来！

徐德言 （原地局促不安）德言无能，在此恭奉圣恩！

乐昌公主 （娇怯地）哥哥！皇兄！

孔　范 嘿嘿！慢来！慢来！公主哎，这种辰光，光叫哥哥呀皇兄，还没用！常言道，“男不做媒，女不保债”！可这皇兄嫁妹，公主婚配，这天家的冰人月老，非我孔某莫属！有请美公主先叫我一声“月老”！

乐昌公主 ……（羞前，一拜）拜过月老！（向徐德言娇羞而视）

徐德言 （失声）公主！你……（如入幻境）

【人月圆】

眼见得，明月高悬远又近，

天恩垂宠临又惊。

忠言只为冒死谏，

却不料，公主春心化寒冰。

恍如梦，

唯有那，丽人巧笑撩胸襟。（挥毫泼墨，一幅“乐昌巧笑图”成）

孔　范 （急看）好图呀！（急拿起，献给陈叔宝）

陈叔宝 （接看）乐昌巧笑图！画得好！画得妙！

乐昌公主 （娇羞旁看）

【前腔】

入眼来，尽是娇羞露真情，

敢教那笔端爱意倾。

早闻说，才学俊美出高门，

尤慕他，笔下翰墨风骨清。

亲择婿，

不负上元送春信！

孔贵妃 我看这郎才女貌，尽在画图之中。

陈叔宝 孔爱卿，快传朕旨意，许乐昌公主下嫁太子舍人徐德言！

孔　范 遵命！

[乐昌公主、徐德言下跪。

孔　范 传万岁圣谕：乐昌公主下嫁太子舍人徐德言，择日完婚。玉音主盟，佳偶天成，愿百年夫妇，永结同心！徐德言身为驸马，官升侍中。钦此谢恩！

乐昌公主
徐德言 万岁万岁万万岁！

陈叔宝 平身！

徐德言 （取出怀中一镜）此枚金鹊镜乃家传之宝，德言身无别物，以此为聘，愿与公主生死相依，团圆如镜！

[乐昌公主深情接过，良久注视，深深而拜。徐德言深情还拜。

[幕外合唱——

三生石上定姻缘，

明镜尤可真情鉴。

为能乱世终身付，

上元月下拜连连。

［切光。

第二场　夫妻出逃

［时隔一年，陈氏南朝祯明三年（公元589年），又是上元节。

［乐昌公主府，夜，乌云遮月。府里府外一片静寂。

［远处，金戈铁马声、人群逃难声不时传来，令人心生恐慌。

［乐昌公主坐立不安，左右不是。侍女梅香端茶送水，均被无言而拒。

乐昌公主　（愁绪满怀）梅香，强敌已入境，家国难保全！驸马他夜半被召进宫，至今未归，甚是令人不安！

梅　香　（宽慰）公主请放宽心！驸马他满腹经纶，一片忠心，定能与大臣们一起献上安邦定国良策，以保天下太平。（外有响动之声，警觉）外有响动之声，我去看看就来。（欲出，与匆匆而进的家院相撞）哎哟！急什么呀！

家　院　不急就不来了！（紧张结巴）哎呀呀，这……公主，夫人，大事不好！

乐昌公主　慢慢道来！

家　院　哎呀公主夫人，慢慢道不来！大街上已经是，簇簇军马往南来，密密刀枪从北至，你还是快快逃命去吧！我到后院帮你收拾行囊去了！（慌下）

梅　香　（慌）夫人！

乐昌公主　（镇静）梅香，看来此地不可久留！我在这里等驸马回来！你……你……

梅　香　（慌）我……我……（急中生智）我还是先去打叠金银细软，好备不时之需！（下）

乐昌公主 （点头）甚是！（目送下，心生凄惶）皇兄呀，皇兄！……

【倘秀才】

兵灾临心生凄惶，

不忍见帝业遭祸殃，

若离皇城何处藏？

骨肉亲人难相傍，

前程后路关生死，

等夫不归痛肝肠。

［徐德言行色匆匆上。

乐昌公主 （迎上）驸马，军情如何？

徐德言 哎呀公主夫人！大事不好了！强敌压境关隘尽失，攻城掠地势如破竹！建康城已危在旦夕！

乐昌公主 （头昏欲倒，徐德言扶住）建康十万甲士，怎不抵挡？

徐德言 【榴花泣】

恨则恨，皇兄他，忠臣良将弃不用，

奸佞谗邪立朝中。

蝇营狗苟争嬖宠，

军情不发任敌攻。

三祖之功，

金陵王气从此终。

德言我，心有遗恨何能报？

速速携妻避刀锋！

公主夫人，我们快走吧！

乐昌公主 那皇兄他……？

徐德言 现如今，百官离散，百姓仓皇。途路里若慌慌赴鹿，街衢中似乱乱奔獐。皇兄他，生死难料！只得各自劈开生路，速速逃生而去！

［梅香、家院带包袱上。

梅　香　（递上一包裹，相拥啼哭）公主！

乐昌公主　（接过，泣）梅香，你也与家院两人相伴，速速逃生去吧！

家　院　蝼蚁尚偷生，人命岂不惜！躲过这一灾，重逢何是期？（拿起一根木棍）梅香，快快随我逃生去吧！

梅　香　（与公主相拥）公主，夫人！（泪下）最苦乱世生离别，风雨前路去投谁？！

乐昌公主　【脱布衫】（抹泪）

但忘却，华屋高堂珠翠围，
乳燕双双雕梁飞。
但忘却，采莲西湖承晚晖，
雨歇梅天鸳鸯偎。

梅　香　【小梁州】

见公主，热泪汪汪不敢垂，
恐怕人催。
猛然间她把头低，
长吁气，
推整了兽炉裘衣。

徐德言　【幺篇】（满屋流连）

宫槐叶底神仙府，
难再休憩。
无边光景何能寄？
遍唏嘘，
一任毁铁蹄！

家　院　【幺篇】

听得街坊巷陌遍哀啼，

逃东奔西。

快打迭金银身相随。

免泪涟，

天佑好人离灾危！

（拉过梅香）明知不是伴，事急且相随！梅香快跟我走！（拉梅香下）

梅　香　（哭叫）公主！（下）

［外传马蹄声。喊杀声与惨叫声不时响起。

徐德言　公主，我们也从速离开这里！（拉公主奔逃）

乐昌公主　（看徐德言手中画轴）带着这图作甚？

徐德言　这可是我们的订情之物，不能丢失！

乐昌公主　（忽忆起）哎呀，驸马，我也尚有一物还得随身带来！你等等！（匆下，复上，出镜）这枚金鹊镜，可也是你的行聘之礼，定也要随身相携！

徐德言　是是是！（替乐昌藏好镜子）小心保管！

［灯光变幻。徐德言、乐昌公主急速奔逃，混入难民之中。前方兵马杀来，忙折返，紧紧相依。

乐昌公主　（凄楚地）驸马，夫呀！

徐德言　（伤心地）公主！妻呀！

乐昌公主
徐德言　【叨叨令】

身狼狈家国亡，君君臣臣一南一北的离，

心凄惨脚步颤，花花草草一高一低的避。

乐昌公主　（接唱）

驸马你怎经得，去国亡乡天塌地陷的欺？

徐德言 （接唱）

娇妻你怎经得，兵荒马乱出生入死的逼！

乐昌公主
徐德言 （接唱）

兀的不痛煞也么哥，

兀的不痛煞也么哥，

闪得俺（你）绣鞋儿分了帮和底，

但求得好夫妻祸福两相依！

[兵火冲天而起。徐德言、乐昌公主荒郊野外四处逃避。

[幕外唱——

兵火南天如霞流，

娇歌艳舞不到头。

始作骄奢本，

终为阶下囚。

[幕外唱中隋兵将押解陈叔宝君臣、后妃等过场。

[徐德言带乐昌紧躲暗处。乐昌欲出相认，被徐德言死死攥住。

[乐昌痛不欲生，暗自饮泣，昏昏欲倒。

徐德言 （背起乐昌乘机逃下，慌乱中画轴丢落，欲捡回，已被铁骑践踏）画轴，我的画轴！（仓皇而下）

[内声——大隋讨陈杨大元帅到。

[兵将前行开道，杨素威武而上。

杨　素 【端正好】

杨素我，率黄龙战船下江东，

会合大军掠陈宫，

生擒那卿相王公。

笑他井底下藏着陈皇与爱宠，

趁余烈收残存毕大功。

大隋天子有诏：凡陈朝皇亲国戚有私自潜逃者，杀勿赦！

军　校　是！（对众兵）给我搜！（下，拿一画轴复上）大帅，在下拾得一幅画卷！

杨　素（不屑地接过）山水残卷，不值一顾！（展开，眼前一亮）乐昌巧笑图！（欣喜过望）哈哈哈哈！

【醉太平】

早闻说，乐昌多风情，
果然是，貌美绝伦。
若拥得玉女同行，
尽得豪情满胸襟。
只可叹，金陵王气散如云，
帝女皇妹落风尘。
剑鸣匣中慕琴心，
杨公万骑寻佳人！

（举图）众将士听令，但凡搜得此图上之女，宜速速押解而来！不得伤人！

众将士　是！

［切光。

第三场　分镜相失

［建康郊外。战火虽已平息，但人烟荒芜，一片破败。

［长江边，夕阳斜下，烟雨霏霏。

［烟波浩淼处，一叶扁舟，载着渔公渔婆，撒网营生。

［江边一茅舍，在烟雨中隐现。

［幕外渔歌——

玉树歌终王气收，

西风残照落荒丘。

烟波不管兴亡事，

一任斜阳钓客愁。

［隋官兵举乐昌公主容图，吆三喝四上。

官兵甲（念）杨将爱美女，

官兵乙（念）日夜搜查急；

官兵甲（念）唯恐失差错，

官兵乙（念）棒下命归西！

官兵甲（对着远处的渔公渔婆喊）喂，渔公渔婆，给我上岸来！

渔　公（摇橹靠岸，唱）

单手橹，慢悠悠……

官兵乙 我们是捕快，追捕逃犯要快！船儿靠岸要快！

渔　婆（帮摇，唱）

双人摇，赛龙舟。

［渔公、渔婆使劲摇，船靠岸，溅得官兵一身水花。

官兵甲（怒，举棒欲打）不要小命了！

渔　公（送上鲜鱼）官家息怒！烟波垂钓客，已是砧上鱼。国亡存一命，任凭虎狼驱！（挺身欲让杀头）

渔　婆（紧张）老头子哎！你可不能去死呀！咱们好死不如赖活！

官兵甲（息怒）去去去！这等草民，实则可怜！少不得骂几声那亡国败家的陈叔宝！闲话少说！正事要紧！（指图）你们给我看清楚，图上可是陈宫逃亡之人！

官兵乙 上司有令，十家一甲，五里一亭，排门粉壁，各处搜捕。

官兵甲 但有举报捉拿者，有官有赏！

官兵乙 窝藏者，与本犯同罪！（将乐昌公主图形贴于道旁）

渔　婆（看图）嘿嘿！介漂亮的美女……

渔　公 定是皇帝的老婆，宫里的妃子！

官兵甲（厉声）你们听明白了吗？

渔　公（拉过渔婆，老实地垂头）明白了！

官兵甲 走！（俩人下）

渔　婆（急去看图）啧啧啧！

（念）娇滴滴十分媚百分俏，

笑盈盈千分俊万分妙。

渔　公（看傻眼，念）

若得个千娇百媚满怀抱，

渔　婆（怒，举拳欲打，念）

但尝个河东狮吼加拳脚！

渔　公（示弱）嘿嘿！（念）老婆还是自家的好！（揭下图形，折好藏进怀里）

渔　婆（念）这葫芦里头卖啥药？！

渔　公（示意，念）没有这样的人！

渔　婆（意会，念）当做没看到！

渔　公
渔　婆 哈哈！（念）当做没看到！（下）

［日暮，雨霏。枯树寒鸦啼叫。

［乐昌公主内声——喂哟苦呀！

［乐昌公主顶风冒雨，风尘仆仆，面容黎黑，在徐德言妆扮的“老家人”搀扶下，蹒跚而上。

乐昌公主【破阵子】

秋风秋雨相送，

不堪鸦啼途穷。
寒虫叶下有栖处，
亡人何处躲灾凶，
前路何是终？

徐德言 “主人”且免悲伤。前面江边有一茅舍，看似安静，不妨快走几步，前去投宿歇下。

乐昌公主 这袜小鞋弓，心慌脚痛，实在走不动了！（被徐德言搀扶坐一石上，惊恐四望。）

徐德言 【前腔】（凄惶地，四周察看）
娇躯不堪惊恐，
为避盘查改容。
难有茶水温肠肚，
终有人家僻静中。
佑人有天公！
你且稍候片刻，待我前去打探一番！

乐昌公主 相烦“老家人”，早去早回！

徐德言 （装出佝偻样，安慰）主人且放宽心！“老家人”问清看明即回陪伴主人。（下）

[乐昌公主目送。无奈处，瞥见地上水洼倒影，想看又看不清。摸出随带镜子，触目惊心，悲不自胜。

乐昌公主 （悲）明镜有情照故人，只可惜花凋叶残，辜负了一片清光！（纳镜入怀）

[徐德言端水上。乐昌忙接、喝下，长长地舒口气。

徐德言 是一处打渔人家，一对老夫妻，无有别样嫌疑。日暮途穷，随我去吧！

乐昌公主 （仿佛卸下千钧重担，轻盈一拜）谢过“老家人”！

[徐德言小心相扶而下。

[幕外伴唱——

恨依依，愁依依，

相随相伴情依依。

[灯光变幻。渔家。渔公渔婆打扫整理房间完毕，好奇地等候来客。

[徐德言引乐昌公主上。

渔　婆　（迎上）来人了！有个女的？（跟着乐昌细看）面丑脸黑，不是那个人！

[乐昌羞避。

渔　公　（拉过渔婆）嘿嘿，不要听她胡说八道！哎，客官，看你们主仆二人……

渔　婆　一男一女……

渔　公　一老一少……

渔　婆　看来是要给你们准备两个房间……

徐德言　这……是……

乐昌公主　这……是……

渔　公　这……是……

徐德言　（掏出银两）但凭公公婆婆安排……

渔　婆　（接过）这是？（高兴）好咯好咯！两个房间两张床，两个马子两灯盏！老头子哎，快来帮个忙！（拉渔公下）

[灯光变幻。简陋卧室。

[徐德言帮乐昌公主褪下斗篷。

乐昌公主　（警觉）这一路辛苦，“老家人”早些歇息去吧！

徐德言　（领会）“女主人”也早歇下！（下）

乐昌公主　（情不自禁地追去）夫……驸……（强抑惊慌，上门栓，独自

呆坐）

[外传狗吠声，惊得乐昌瑟做一团，失声而哭。

[敲门声。乐昌听动静。确认后开门。

[徐德言去掉伪装，端一盆水上。

乐昌公主 （忙推出）“老家人”还是回房去吧！

徐德言 夜深人静，四处无人！

乐昌公主 （迫不及待地扑进怀里）夫君，我怕！

徐德言 （相拥）我在这里，你不用怕！来，洗一洗你被抹黑的脸！

[乐昌娇羞地捧水洗脸，徐德言就着一点灯火，细细地观看。

徐德言 【刷子芙蓉】（百感交集）

蓦然见娇妍，

宝髻松挽，翠雾云烟。

铅华洗尽，

出水芙蓉如仙。

堪怜，

叹订情画轴失散，

泥淖处任糟践。

到如今，

待不再描花颜，

眼睁睁，恐前程两失，哪得再见！

（悲戚）公主夫人！为夫千言万语，唯有一言难以诉说！

乐昌公主 （悲戚）夫君但说无妨！

徐德言 隋朝到处搜捕陈宫贵族，倘若离散，凭公主天姿才情，必入权豪之家！

乐昌公主 （哭）不！乐昌定要和夫君同生共死！

徐德言 ……（泪下）倘情缘未断，犹冀相见！

乐昌公主 （泣不成声）倘有失散，定冀重逢！

徐德言 （感慨）但恐地老天荒，人事俱非，若要相见，何以为信？

乐昌公主 何以为信？（突想起，取出怀中之镜）

徐德言 这面金鹊镜？

乐昌公主 （览镜，泪下）昔有夫妇将别，破镜，人执半以为信。其妻与人私通，其镜化鹊，飞至夫前，其夫乃知之。后人因而铸镜为鹊安背上，以此证情。

徐德言 鹊镜这般来历，公主深知！恕德言当初以鹊镜为聘，深有冒犯，罪该万死呀！

乐昌公主 （坚定地）不！

【小桃红】

览鹊镜初情忆，
喜姻缘镜为礼。
光明如炬鉴情义，
照影金鹊永不弃。
万般无奈生死地，
硬生生，分镜为记！

[乐昌毅然以金簪断镜，各执一半，两相拥哭。

[暗处户外，渔公渔婆被哭声引来，举灯蹑行，在外窃听窥探。惊见两人真样。

渔　婆 （恍然大悟）原来是一对年轻夫妻？！

渔　公 （从怀里拿出图形）原来她就是朝廷追捕的钦犯？！

渔　婆 （示意）嘘！

[两人偷听。

[官兵偷上，暗处察看片刻，复下。

徐德言 （凄切地）如若相失，他时必以正月上元之日，卖镜于都市，我必定于当日持镜如约相访，以期破镜重圆！

乐昌公主 （凄切地）如若相失，他时必以正月上元之日，卖镜于都市，你必定要于当日持镜如约相访，以期破镜重圆！

［双双誓毕，相拥大哭。

渔　公
渔　婆 （潸然泪下）好一对可怜的人儿！

［外传官兵吆喝声：前面有火光的地方，就是！

［官兵甲、乙带杨素等兵将上。

［徐德言、乐昌紧张藏好半镜，惊恐相拥，无处可逃。

［渔公、渔婆撕扯图纸，揉碎，藏起。被官兵甲搜出碎片交给杨素。

渔　公 （强做镇定）这里没有人……

杨　素 （看撕碎的残图，深为怜惜）嗯？……

渔　婆 （瑟瑟发抖）没有介漂亮的美女……

杨　素 给我搜！

［官兵从屋内带出徐德言夫妇。

杨　素 （走近乐昌，仔细端详，拿出怀揣之图比对，感叹）真是乐昌美人呀！

【尾犯序】

心喜化心焦，
喜得佳丽，
终归完好。
阅尽了江南美色，
哪及得乐昌媚娇。
怀抱，
紧贴着美人画图，

终酬我千骑寻找。

堪侥幸，

亡国离人，须知恩图报！

乐昌美人，本帅日夜找你，恐你流离失所，多有闪失，于心不安。今日见你果然是沦落风尘，憔悴飘零，于心不忍！你的皇兄已入我朝，封官受爵，甘为下臣。你就随本帅放马长安，同你兄嫂同胞团圆去吧！

乐昌公主 （凛然）乐昌身为亡国之人，虽生犹死，不期厚待！若是将军见怜，请容我夫妇同去长安，同生共死！

杨　素 （冷眼看徐德言）久闻驸马才情，引得乐昌下嫁。今日一见，气宇不凡。只是天子有令，厚待皇族，其余格杀勿论！

徐德言 （坚决）只要保得公主性命，要剐要杀，德言任凭处置，在所不惜！

乐昌公主 （哭叫）不！（扑向徐德言）

杨　素 （把乐昌扯到自己身边，沉吟片刻）你若答应随我回长安，就放你夫君一条生路！

乐昌公主 （毅然，跪地向天）天怜见，只要保得夫君性命，乐昌愿受分离之苦！

徐德言 （大叫）不！公主！德言愿以死，换得公主自由！

乐昌公主 （恍惚，惨笑）哈哈哈哈！亡国亡家，哪得自由！

杨　素 （沉吟）承公主相求，允徐德言充军边塞，留他一命！（暗示军校）给我带下！

军校等 是！（棍打棒推徐德言）走！给我下去！

徐德言 （奋力反扑，终被驾下，大叫）公主夫人！

乐昌公主 （跪追）驸马，夫君……

杨　素 （颇有不忍，扶起乐昌）乐昌，随我去吧！（乐昌恍惚随下，众

随下）

［静场。场上空无一人。惊吓已久的渔公、渔婆从暗处蹑手蹑脚出，呆呆地站在空荡荡的地方，恍然若梦。

［远处突传“扑通”落水声。“救命”之声随即传来。

渔　婆　（大叫）哎呀不好了！有人落水了！

渔　公　快去救人！（两人下）

［切光。

第四场　相府思夫

［时隔一年。隋长安，越公府。

［杨素被封尚书右仆射，高居宰相之职。筵席宴客，鼓乐笙歌，花好月圆。

［杨素携夫人郑氏，迎来送往。

［幕外合唱——

功高盖世官宰辅，
百官庆贺万民俯。
偏是乐昌心气傲，
深居简出形影孤。

杨　素　夫人！

郑　氏　老爷！

杨　素　今日赐官拜相，百官相庆，人逢喜事，花好月圆，少不得女乐佐酒，歌舞应承，不得有误！

郑　氏　新声旧曲都已试就，只是……

杨　素　只是什么？

郑　氏　只是亡陈公主，乐昌她，还在绣阁，对着半面破镜，搔头斜挂，妆容不整，嘤嘤而泣，不愿应承！

杨　素　如此怠慢，令人生厌！

郑　氏　（略带讥讽地）恐怕是“如此多娇，令人生怜”吧！

杨　素　醋坛子一个！……哼哼！幸我只为宰相！我若为天子，你怎做得了皇后？

郑　氏　（惊）好你一个宰相！看我不到皇后面前奏你一本，你是胆大包天了！（气不打一处来，边说边走）我即刻进宫，奏你个目无君主，口出狂言的大逆臣！（欲下）

杨　素　（拉住，求饶）夫人息怒！夫人息怒！杨某说错话了，向夫人赔礼了！

郑　氏　（见状，窃笑，还端着架子）免礼！

杨　素　（着急）哎呀夫人！

【画眉序】

不必费疑猜，
无事生非怨口开。
这富贵荣华，
逼人而来。
夫荣耀妻显尊贵，
居功傲享理应该。
须家门安泰日子长，
萧墙内靠夫人调排！（暗示郑氏去劝乐昌）

郑　氏　哎呀老爷！

【出队子】

非是为妻不自量，
实是弓藏狗烹须紧防。
怜香惜玉君子怀，

实可称，英雄本色情更长，

知东君春心绕柔肠。

杨　素　（喜）夫人雅量，杨某拜谢了！哈哈哈哈！……（下）

郑　氏　（目送下，强抑情绪，沉吟片刻）……如此也罢！来人呀！

秋　桂　夫人有何吩咐？

郑　氏　今晚老爷花园宴客赏月，吩咐女乐佐酒，歌舞应承，只是乐昌公主尚未前去，令老爷惦记。我看她定是身上不适，脚下懒动。你去唤她到来，拿出我为她准备的宫制蜜露，让她养养身体，提提精神！

秋　桂　是！（下）

［秋桂拿玉露引乐昌公主上。

乐昌公主　（慵懒神色）夫人唤我，有何吩咐？

郑　氏　你是明知故问！

【喜迁莺】

休得把虚脾来掉，

休得把虚脾来掉，

你软哈哈，装什么娇。

焦也波焦，

急得俺满胸中气恼。

他手软，献俘日把你兄妹保，

他若心横，除却亡奴费何劳？

你这落架的凤凰难再飞高，

你这落架的凤凰难再飞高！

乐昌公主　夫人恕罪！乐昌不是之处，万请宽谅！

【四门子】

非是咱昧良知大德不报，

非是咱昧良知大德不报，
道道道，道得咱新弦不挑。
怪得咱慵姿妆懒形神销，
万请夫人轻计较。
昨夜梦魂故国绕，
暗祈祷，
兄嫂平安慰寂寥。（悲起，落泪）

郑　氏　（同情，扶起）乐昌公主，时过境迁，你年纪轻轻，前程长远，不必过于伤怀。若真的伤了身体，那可真是辜负了老爷的一片爱心呀！来！

［秋桂端上宫制蜜露。

郑　氏　（接过）得老爷吩咐，要我好好照顾你的身子。我想这一府上下，唯有这皇后赏赐的宫制蜜露为上佳滋补之品，特意拿来，让你吃下，打点精神，以免老爷怪我怠慢！

乐昌公主　这贵重补品，夫人自用，乐昌生受不起！

郑　氏　（急性）哎！免来推脱，叫你吃你就吃！待会儿老爷可要查问呀！

［郑氏强递，乐昌强推，“啪”地一声，瓷碗落地。

郑　氏　（怒，大声）你！真是不识好歹！

乐昌公主　（惧，泣）夫人，我……

杨　素　（微醉，上，见状，急扶乐昌，指着郑氏，大声）你还是容不得她？！又是拿了什么毒酒给她喝了？！你说！

乐昌公主　（慌，逃脱）不……没有……

郑　氏　（气）我要是容不得她，何用毒她？把她交到宫里去，治你个私藏陈朝皇亲不献之罪，不就一了百了吗？！

杨　素　（怒）咄！你这个妒妇？看我不治你个“不守妇德”之罪，你是不肯善罢干休了！

郑　氏（强抑心头之气）哼！若要治我“七出”之罪，老爷你也要先听听秋桂是怎么讲的！

乐昌公主（惧，悲戚）老爷、夫人！我这亡国之女，虽生犹死，若因我一人害得你们夫妻不宁，乐昌罪当万死！

郑　氏秋桂，说来给老爷听听！

秋　桂是！（怯怯地）夫人怕乐昌公主不肯侍奉老爷，惹老爷生气，想用这宫制蜜露让她喝下，令她快快回心转意！

杨　素这可是宫制回春酒呀！

郑　氏见你急得猴儿样！无奈何，我想方设法把乐昌来骗。她若乖乖遂了你心愿，我也就得了平安，免了你的猜嫌。（委屈轻泣）

杨　素错怪了，贤夫人好心一片，原来是，劝乐昌回心转意，用心周旋。我这厢向夫人当面赔礼了！（作揖）

郑　氏（赌气）哼！……（转身装不理）……

杨　素（笑，旁白）这一边摆平了夫人，那一边再来向乐昌把事理言明。（向乐昌）我说乐昌呀！你的那位亡国皇兄，现在已是天天奉命侍宴，诗酒附和，好不开怀。你一个女流之辈，何必苦苦守着已不复存在的故国家园！难道你心里还想着那充军边塞的驸马，你的前夫不成？！

乐昌公主（悲戚）蒙相爷抬爱，夫人垂怜，乐昌一腔幽懑，但诉无妨！（怀中取出半镜，悲拂）

郑　氏又是这半面破镜！

杨　素说你时时拂拭，日日照影，莫非是你丈夫之物？！

乐昌公主【水仙子】（悲泪下）

问问问，问声落泪如麻，

苦苦苦，苦亡国离人各天涯。

怕怕怕，怕生死无常阴阳隔，

有有有，有分镜之盟难以抛下。

杨　素 （旁白）那驸马，当时是假命充军，实已推进江中，命归西天。我是向她说也不是，不说也不是！嘿！兵不厌诈！还是不能说！先哄她一哄！（向乐昌）你们分镜盟誓，其情可哀！可你既然不知他的存亡，又想他何用？

郑　氏 哎，花落不上枝，破镜怎重圆？

杨　素 你还指望那镜儿重合？

乐昌公主 哪里得落花再发，破镜重圆？！

杨　素 着呀！你既然知道不能完聚，何不把那破镜抛了省心！（欲夺半镜）

乐昌公主 （死死拿住）不！谁道抛镜，能省忧心？！

（接唱）

免免免，免顾影愧菱花，

惜惜惜，惜半镜怜取暗嗟呀。

祈祈祈，祈越府重门深恩达，

求求求，求天赐姻缘天不罚。

愿愿愿，愿信誓证月下。

（泣不成声，跪求）万请老爷夫人，怜我分离苦！允我分镜圆！赐我重相逢！

郑　氏 （扶起，好奇地）你这半面破镜，有什么盟誓？如何使你们重逢？

乐昌公主 当日避难村店，分镜相约，如我没入权豪之家，必以正月上元之日，卖镜于都市，我夫必定要于当日持镜如约相访，以期破镜重圆！（悲泣）

郑　氏 （抹泪，感慨）这破镜重圆的盟誓，真是感人至深呀！

杨　素 （感叹，旁白）我若不骗她到底，怎可赎我欠她之情！反正卖镜不得买主，她也会死了这条心！（抹泪，感慨）嗨！（向乐昌）你既然不忘丈夫，可见是个有情有义之人！待等上元之日，我定当如你所说，派人卖镜于市，以期令你破镜重圆！

乐昌公主　老爷此话当真？

杨　素　这……杨某一言既出，岂肯改变？

郑　氏（意外，喜）老爷向有成人之美，昔日红拂私奔李靖而去，他却道红拂识见不凡，慧眼辨英豪，放她一马，也成就了一段佳话！如今乐昌若能破镜重圆，岂不更见老爷的大将气度？！

杨　素　夫人过奖了！

乐昌公主　如此拜谢了！（欲跪拜）

杨　素（心疼地扶住）哎呀乐昌，快快请起！

郑　氏（扶住）公主请起！

[切光。

第五场　半镜巧合

支佚曲新编

[隋长安，上元节，灯会，烛炬照天。虽天寒地冻，但车水马龙，热闹非凡。

[幕外合唱——

难对明月思故国，

偏为团圆祈上苍。

怀人千里月为信，

只叹照影不成双。

[徐德言布衣芒鞋，神情憔悴，在灯市中穿梭打探。

徐德言（抬头望天，感慨）月儿呀月儿！

【山坡羊】

你来中天雾破云穿，

恰似我赴盟约艰险历遍，

闪清辉无声相言，

是为证天从人愿？

回首来时路，幸得人相救，留得一命！天不亡人，时不我待！可茫茫人海，情缘何在？破镜如何能得重圆？

［灯光变幻。乌云蔽月。片刻，雪花飘飞。风雪中，徐德言寒冷难当，无处躲藏。

徐德言 （接唱）

忽地见，

乌云蔽月雪满天，

冷凄凄我黯然愁添，

你果真身没相府花园，

难免，

我五味杂陈难咽。

堪怜，

怕枝头飞鹊悲苦兼。（掏出半镜，摩挲拂拭）

［灯光变幻。另一表演区。风雪楼头，乐昌公主凌寒热望。

乐昌公主 【前腔】

白茫茫六花飞旋，

乱纷纷如烟如霰，

我虚飘飘心魂渺渺，

我冷凄凄月黯愁添。

（手捧从天而降的雪花）雪花呀雪花！你知时节，飘飞而至。你是否携我的夫君，如期而来？他若像你飘飞零落，你也该相怜于他，不要冷飕飕偏打在他的身上去！（悲戚落泪）

［灯光变幻。乐昌公主隐去。重现上元灯市。徐德言飞雪寒夜，踟蹰而行。

徐德言　（手捧从天而降的雪花）雪花呀雪花！我既似你飘飞零落，你也该相怜于我，不应冷飕飕偏打到我的身上哟！（掏出半镜，摩挲拂拭）

［乐昌公主梦幻外声——如若相失，他时必以正月上元之日，卖镜于都市，你必定要于当日持镜如约相访，以期破镜重圆！

徐德言　公主呀公主！德言已持镜守信来到上元西京都市，你那半镜却在哪里？（佝偻身子，风雪中颠仆找寻下）

［外声——卖镜呀——！卖镜呀——！

老家人　（上）受人之托，必当终人之事，虽则天寒地冻，在所不辞。老爷差我上元之日卖此破镜，必有其中缘故。前面有人，不免再叫卖几声。（叫）卖镜！卖镜！

［路人围观。

路人一　（欲拿镜看，不得，好奇）老人家，你的镜儿值得几分几文？为啥不等个晴暖天色出来，却在这风雪之中着急叫卖？

老家人　客官，你哪里知道，我这镜非同小可，一向无人识它。恐怕埋没了这段清光，因此不辞风雪，为他求个买主。

路人一　竟然是奇货可居！那你出价多少？

老家人　我无价可出，只求买主！

路人二　（听不下去）你说什么？卖镜无价，又求买主？这岂不是捉弄人的勾当！

路人一　（气）真是岂有此理！走开，别挡我去路！（推）

老家人　（倒地，镜甩出，跪爬取镜）……镜子，我的镜子！

［徐德言上。站在半镜前观望闹处。

老家人　（至脚前，拾起半镜，小心拂拭）破镜，我的破镜！

徐德言　（惊异）老人家，你手中拿的是什么？

老家人　（委屈地）一面破镜，害得我受人奚落，雪中挨骂！

徐德言　（惊叫）破镜？！（欲夺过）

老家人　（不让）我还是无价可出，只求买主！

徐德言　我欲买它！

老家人　（惊异）你凭什么要买？

徐德言　就凭它是个无价之宝！你先借我看个究竟！

［老家人半信半疑地递上。

徐德言　（接看，哭）

【前腔】

眼睁睁琼簪碎片，
苦哀哀金鹊分远。
痛煞煞当时镜剖，
哭啼啼各自泪咽。

老人家，我且问你，这镜儿是谁给你拿来卖的？

老家人　你要买就买，不是来历不明的！

徐德言　你定要与我明说详细！

老家人　敢情你还有一半，对得着我的这一半？

徐德言　我的一半在怀里！（出镜）那镜儿的主人在哪里？

老家人　（与之合镜，惊）两半相合！（突悟，大叫）天哪！有鬼！有鬼！（逃远）

徐德言　（怒，上前揪住）我不是鬼，我是个大活人！

老家人　（挣不脱）哎呀，我被吓死了！

徐德言　（无奈地笑）你吓死了，怎么还能说话？

老家人　身体死了，嘴还活着！（回过神来）嘿嘿！

【扑灯蛾】

老爷差我卖半镜，
言道买家命归阴。
虚晃一招骗公主，
岂料真人来合镜。
听他话来不是鬼，
吓得老汉冷汗淋，冷汗淋！（欲下）

徐德言　（紧追，悲恨交加）老家人！
（接唱）
蓦然间，
卖镜人灯市现。
我历生死奔来赴约，
他却当人是鬼气难延。
淹煎，
已判冥府怎见天。
誓盟怎坚，
残生难瓦全。

老家人　（冷静，转回）我说相公，闹了半天，还不知你是什么人？

徐德言　（悲戚，轻叹）我乃府上前朝公主的前朝驸马爷是也！

老家人　原来公主日日牵挂夜夜思念的夫君，还没有死！

徐德言　（感慨）得好人救起！

老家人　天不亡人呀！那就快快随我去见她吧！

徐德言　（冲动地）好呀！……（且行且停）

老家人　你怎么不快跟上呀？

徐德言　（迟疑）只是相府不是好去的地方。前日已置我死地，今日，岂容复活？

老家人　嗨！命不该死，天也见怜！你只管随我来，有我为你分解！

徐德言 （感动）多谢老人家！（思量再三，掏出半镜）老人家，今日得你相助，半镜已得巧合。只是德言再活之人，恐难相随而去，惹起是非，平添公主愁烦。容我在这半镜之上刻上一诗，烦你带去，一来报个音讯，二来探个消息！

老家人 如此，也好！

［徐德言在半镜上刻诗——

［幕外唱——

镜与人俱在，
镜归人不归。
无复嫦娥影，
空留明月辉。

［切光。

第六场　分镜重圆

［上元深夜。大雪飘飞，相府绣阁僻静处，乐昌独对香炉，深深祈拜。

乐昌公主 【新水令】

心香一缕袅青烟，
深深拜祝祷万千。
心随镜去远，
唯恐失团圆。
别恨绵绵，
愿信誓旦旦得天怜！

（悲声）德言，我的夫君，你在哪里呀？今日已是上元佳节，你定要如约而来！（暗泣）

[杨素一身雅士打扮，效风流举止，举灯轻上。偷听。

杨　素　（感慨）看她信守盟誓，泣声嘤嘤，不慕荣华，唯思旧情，越发让人爱怜！嗨！她想那已死之人，想得苦苦哀哀，我实在不忍再相瞒于她了！我要告诉她，前夫已死，不能再活，要她珍惜当前，不负我心！（进内）

乐昌公主　（慌迎）老爷前来，乐昌失迎，万请恕罪！（看杨素，奇怪）老爷今日装束，有别往日！

杨　素　只想效仿文人雅士风度，令你青眼相看！

乐昌公主　……（不领情）……

杨　素　（扶住，看她脸，轻擦泪痕）看你一张娇美粉脸，哪经得住日日泪浥，夜夜哭啼？想人生一世，生死有定。你既已来此，也就安下心来，随我过快活日子，也当做慧心知悟，光阴不虚度呀！

乐昌公主　乐昌此生，只为一人！他若不死，乐昌无适他人！

杨　素　若他已死呢？

乐昌公主　（惊，坚定地）不！今日上元灯市，夫君他定会守盟持镜如约而来，破镜定能重圆！

杨　素　实不相瞒，这夜已过半，月也西沉，大雪飘飞，空无一人！那持镜叫卖的老家人，也至今未回，不见了踪影！

乐昌公主　（喜）老人家还未归来，定还在等待徐郎到来！

杨　素　（摇头）嗨！乐昌呀，你就死了这条心吧！

乐昌公主　为什么？

[郑氏蹑足上，偷听。

[老家人随后跟上。见状，闪至一旁。

杨　素　你的前夫徐德言，在当初你们分手之时，就已被推入江中淹死了！

乐昌公主　（惊呆）什么？你说什么？

杨　素（面露凄切）只因我久慕美名，爱你心切，想你国亡家破，能在我的庇护之下过上快活日子，正是最佳去处。为免你日后牵挂，也就一了百了！

乐昌公主　你把他害死了？！……（疯狂哭叫）你！你这个衣冠禽兽！假义假仁，害我苟活至今！我……还不如死了的好！德言，夫君，我随你去了！（一头撞向香炉）

杨　素（拉住）乐昌你不能死！我爱你之心，天地可证！

郑　氏　好啊！（进）乐昌公主，你不能死！

老家人（进）公主，你不能死！

乐昌公主（悲惨哭叫）夫君已被害死，我岂能苟活于世？

郑　氏　你的夫君不曾死去！

老家人　破镜真能重圆啊！

杨　素（惊，镇定）老家人，此话当真？

老家人　老爷容禀！

【步步娇】

　　叫卖虚声长街转，

　　有合镜人求见。

杨　素　镜儿真有人买？

老家人（接唱）

　　他半镜寒光眩，

　　泪流涟涟，

　　骇得我奔远。

杨　素　他还活着？

老家人　被人救起！

乐昌公主（急切地）他人呢？

老家人（接唱）

心事万万千，

难以吐真言！

郑　氏　那人怕自己是鬼，吓着老爷，可是罪过不轻！因此，人不敢来，半镜上题诗探问而来！（出镜）

杨　素　你胡说些什么？（接看）……（递给乐昌）可是这个？

乐昌公主　（接看）正是这个半镜！（与自己的另一半相合，看诗，哭，念）

镜与人俱在，

镜归人不归。

无复嫦娥影，

空留明月辉。

夫君啊！你……来了……你可知道为妻的苦楚吗？（抱镜而哭）

郑　氏　老爷！

【折桂令】

叹他们死生挂牵，

终不负盟誓之言，

情义缠绵。

他虽是亡奴槛猿，

也当是旧朝勋戚，

唤他来侯门相见。

免笼鸟泣涕声怨，

命里该破镜重圆。

乐昌公主　【前腔】（跪求）

感夫人真切之言，

堪侥幸得天见怜，

跪拜连连。（跪求）

恰证了三生石上情意绵，

万请老爷容相见，
肯教续响断弦。
缺月有圆，
千古佳话美名传。

杨　素【雁儿落带得胜令】（扶起）
真情在，天与便，
两下菱花欲合一片。
看他们情浓志不移，
顿感到，世味寡淡无可恋。
呀！歌舞宴乐懒入筵，
名场争竞添厌倦。
揾不住她双泪涟，
舒不开她两眉怨。
怅然，
呀呀！两心若是死生连……（携郑氏手）
夫人，我的贤妻呀！
该让她百岁效鸳鸯……

郑　氏（动容落泪）相爷，我的好夫君！
（接唱）
成人之美世上鲜！

杨　素（大声）来人！

众家人（上）在！

杨　素 重开宴席，传前朝驸马徐德言进来相见！

众家人 是！重开宴席，传前朝驸马徐德言进来相见！

老家人（高兴）哎呀呀呀！这还得劳我黑天里跑一趟，快去把他找回来！嘿嘿！（下）

[灯光变幻。相府花厅。张灯结彩，披红挂绿。

[杨素夫妇携乐昌等人众花厅翘首以待。

徐德言　（观望而上，灯火耀眼，进而又退）……

乐昌公主　（远望，惊颤，激动地）【收江南】

呀！猛见他，怯生生脚步颠，

心慌慌窥人花巷穿。

灯彩已把喜讯传，

他却徘徊心胆颤。

最怕他转身，

最怕他转身，

误我把分镜盟誓来弃捐。

徐德言　【园林好】

难道是旧人翻新篇，

旧弦新调奏凤鸾？

上元卖镜非誓愿，

是探生死了恩怨，

直教人进退两难心怅然。

老家人　（上前）相公，老爷这边有请！

杨　素　有请！

徐德言　见过相爷！

杨　素　但坐无妨！

徐德言　站着也无妨！

杨　素　老家人，今日佳节喜日，为徐相公脱下素衣芒鞋，换上喜服！

徐德言　（拒）我这亡国已死之人，只配穿这缟素之服！哪配穿那喜服？

老家人　（慌，劝）相爷有请，乃是你的造化，不要再讲那些晦气的话了！

杨　素　（强抑火气）真是造化弄人，天意难测！本已不该来的，却又真的来了！

徐德言 （强抑悲愤）哼！相国府上灯红酒绿，花烛洞房，我想是来错了！真的是不该来呀！

杨　素 （冷笑）哈哈哈哈！相国府灯红酒绿，花烛洞房！哼哼！可笑你们这些亡国之人，还心存念想，欲行逆天之道！（鄙夷地）哼！看一看你们旧日皇兄呈给隋帝的颂诗吧！（丢过一纸）

徐德言 （念）日月光天德，山河壮帝居；太平无以报，愿上东封书。（叹）天哪！皇兄呀！看来我这素衣芒鞋，是为三祭而来的！

【前腔】（悲愤交加）

难相庆花烛上元，

死而复生三祭奠。

祭故国阴魂含冤，

祭皇兄苟且命延，

这三祭吗？（怆然）

祭半镜随我来世祈重圆。

（向空跪拜，恨）相爷呀，休言福祚长无穷，骄奢终将复辙蹈！（起，返身而去）

杨　素 （激怒，脸露杀机）嗯？

［老家人拦住徐德言。

杨　素 你们这些败国之人，不斩草除根，已显吾皇之宽仁！竟敢在此言说不祥之词！你好大的胆呀……！

乐　昌 （哭叫）相爷……万望大人宏量，手下留情！（跪求）

杨　素 （看着乐昌，收起凶相，无奈）哼！

郑　氏 （扶起乐昌，缓和地）徐相公，相爷好心叫你换上喜服，原是为你办喜事，你连这点都看不出来，还来卖什么镜呀！

徐德言 （惊疑）为我办喜事？我能有什么喜事？不要讲笑话了！这卖镜

之事，权当笑谈！

郑　氏　我却问你，你与乐昌分别以后，可曾寻得配偶与否？

徐德言　叹我不死之人，心若游丝，命若飘萍，哪得心思再做妄想！（偷拭泪）

乐昌公主　……（哭）……

郑　氏　乐昌，你们初偕伉俪，记得年纪多少？

乐昌公主　（呜咽）年仅一十又五……

郑　氏　【沽美酒带太平令】

看他们偷把泪咽，

看他们偷把泪咽，

令双眼泫然。（拭目）

杨　素（接唱）

分明想打散的鸳鸯再续缘，

可恼他骨鲠喉咽，

难予私心通缱绻。

徐德言　（接唱）

失林鸟吉凶难辨，

涸辙鱼死生熬煎。

乐昌公主　（接唱）

苦呀！他百回肠千辗转，

死生熬煎。

但愿得吉凶明辨，

青天有鉴。

俺这边呀！

盈盈泪难言难怨。（悲泣）

杨　素　（心疼地扶过乐昌，无奈，试探）乐昌，对此情景，何不诵成一诗，与我作念！

乐昌公主 （深感突然地）诵诗？（无奈，伤怀）相爷真的要听吗？

杨　素 你平日长于诗赋，若把此情赋成一诗，得我满意，便成全了你！

乐昌公主 （屈辱地，凝思，诗成）相爷请听！（悲诵）

今日何迁次，
新官与旧官。
笑啼皆不是，
方信做人难。（泣不成声）

徐德言 （悲泣，扑上）公主！我的妻呀！

乐昌公主 （相拥）德言，我的夫君！

杨　素 （不忍看乐昌悲痛之样，背身）你们快走吧！

［徐德言、乐昌公主恍然如梦，迟疑难信，相扶起，踯躅而出。

杨　素 慢！

郑　氏 （端上一物）乐昌，这个带上！

乐昌公主 （接过打开，喜）破镜重圆？！（拿出）

徐德言 （接过，惊喜）破镜重圆！（双双拜谢）拜谢相爷成全！

杨　素 （背身向里走）厚赐银两，助其安家！

老家人 （奉上银两）请带上，好好过日子！

徐德言
乐昌公主 既蒙重谐连理，重圆分镜，衔环结草，恩德难报，不望受赐金银！就此拜别了！

【尾声】

玉树残歌散如烟，
星解重聚月解圆，
风雪深处春信传。

［切光。

第七场　尾　声

［江南，春来鹊噪枝头。

［江面一叶轻舟靠岸。渔公渔婆上岸张望。

渔　婆　（叫）来了来了！他们来了！

［徐德言、乐昌公主相携而上。

［四人相望泪淋。

［四人踏上了轻舟。

［幕外独唱——【临江仙】

离人半镜执为信，
随鹊两相分飞。
天成佳偶有别时，
再聚是何年，
翘望鹊儿来归？
相约如梦愁肠断，
原上风雨霏霏。
待等得鹊桥萦回，
破镜重圆日，
识得离泪映春晖。

［切光。

（本剧根据《宋元戏文辑佚·乐昌公主破镜重圆》新编）

二〇一四年十一月十九日凌晨初稿

二〇一六年七月二十五日改稿

鹿城锦江家园

二〇二二年三月五日再改稿于杭城

折桂记

昆剧

人　物　佩　芝——李氏大屋丫环，李明生母。

李员外——李氏大屋主人。

李夫人——李员外夫人。

李　聪——李员外大儿子，与李夫人所生。

李　明——李员外二儿子，与佩芝所生。

佩　兰——李氏大屋丫环。

张　妈——李聪乳娘。

嫦娥、玉兔、魁星、灶王爷、雷公、电母、众官绅、亲友、家丁等。

序　幕

[江南山乡，溪流蜿蜒。

[中秋之夜，万里晴空，一轮皓月，高悬碧天。

[一朵烟云袅袅飘来。玉兔蹦跳，引嫦娥上。

嫦　娥（唱）中秋月华照人间，

放眼九州顿生怜。

你看那，萧墙祸变因赏月，

攀折桂枝生孽缘。

叹则叹，世事难离悲与欢，

但愿如，月轮有缺总能圆。

[收光。

赏　月

[李氏大屋花园。丹桂飘香，红烛高烧，供桌上摆满瓜果月饼。

[李员外和夫人刘氏、痴儿李聪、乳娘张妈、丫环佩兰、佩芝，在花园敬香拜月。

外传童谣【山歌调】

丁丁当来嘎嘎郎，

八月十五好月光。

中秋月饼（那个）又香又甜轮轮圆，

祭拜月神庆团圆（呀么）喜洋洋！

李　聪　（兔儿爷打扮，大声叫嚷）爹，娘，我要吃月饼了，我要吃月饼了！

李夫人　呀，儿啊，你要吃，就吃呗！来，吃吧！

李　聪　（抓起月饼，张嘴就要吃）我要吃月饼了！

李员外　且慢！聪儿，中秋佳节，不可无诗。听说你近来学业长进，能否以献饼赏月为题，做一首诗给为父听听，如何？

李　聪　吃了再做！

李员外　做了再吃！

李　聪　（抓耳挠腮）做了诗，有饼吃；不做诗，没饼吃……那当然做诗合算喽！好，我做诗！你们听着！（摇头晃脑）

（吟）天上月光光溜溜——

李员外　（皱眉）俗！

李　聪　（吟）桌上月饼全是油——

李员外　（摇头）废话！

李　聪　（吟）月饼上面撒芝麻——

李员外　（傻眼）这……

李　聪　（指他母亲）嘻嘻！

（吟）可比母亲脸上疤！

李员外　（大怒）混账！什么乱七八糟的，狗屁不通！取家法来！

李　聪　（吓得大叫）娘啊！老爸要打我了，快救命啊！救命啊！

李夫人　（大声）谁敢！（护住李聪）

【剔银灯】

儿的爹不该怒起，

子不才因由是你！

无好种难出良骥，

该打的是你自己！

（喝叫）张妈！

张　妈　（上）夫人……

李夫人　取家法来！

张　妈　打谁？

李夫人　（指李员外）打他！

张　妈　夫人，今夜是中秋佳节，理该高高兴兴、团团圆圆，不可伤了和气呀！

李夫人　张妈，你有所不知，他平日常怪聪儿傻痴，分明是做给我看！（越说越气）哼！儿子有病，全是我的过错吗？你播的种，长不出好苗，能怪我吗？（说罢大哭）

［张妈示意李员外赔礼道歉。

李员外　（和顺地）夫人，是我的不是了！

【临江仙】

深感夫人爱子心，
聪儿不才事有因，
都是我诗礼疏教训。
从今后事躬亲，
愿我儿折桂枝光宗耀门。

［向夫人深深作礼。

李　聪　（得意地）哈！折桂枝就能光宗耀门？这不容易吗？你们看：这里不是有株桂花树？我去折枝来，就行了！

李员外　（气得顿足）天啊！你看你看，怎么教呢？

李夫人　（急拦住儿子）聪儿，树枝高，你够不着，小心跌下来！

李　聪　折桂枝，光祖宗，跌坏了也值！（爬上石凳）

佩　芝　夫人，我来！

李夫人　（松下一口气）好！好！佩芝，你来！

［佩芝爬上石凳，去折桂枝。佩芝踮脚伸手，露出金莲，被李员外看见。

李员外 （傻了眼）啊？！

【朝天子】

情思迷离如梦幻，
蓦然现金莲，
如月上弦，
新荷脱瓣凌波颤。
香暗传，
犹绣床新睡醒转，
软玉温香天见怜！

［李员外沉醉在秀色之中，不禁拦腰欲抱佩芝。

佩　芝 （意外地大叫）啊！

李夫人 （惊觉，大喝）跪下！

［李员外扑通跪地。

李夫人 （怒冲冲）你这死鬼，你在看什么啊？

李员外 我，我在看佩芝折桂呀！

李夫人 哼！

【皂角儿】

老色鬼，
忒无理，
被妖迷！（也屁）！
我心气恼，
气你偷窥肉体丢我脸皮！
你今日犯科，
月神前难以饶你！

佩兰，过来！

佩　兰　夫人，什么事？

李夫人　你去点一炷香，插在炉里，让这偷花贼跪着，向月神请罪，待香烧尽，再让他起来！

佩　兰　知道了！（捂嘴笑，下）

佩　芝　（战栗地）这桂枝呢？

李　聪　给我……

李夫人　（一把夺过）拿来！（把桂枝顶在李员外头上）让他“蟾宫折桂”吧！走！

［李夫人率李聪、张妈、佩芝下。

［李员外见夫人已去，便要起身。

佩　兰　（端香炉上，学夫人口气大喝）跪下！

李员外　（老实跪地）……

佩　兰　不听话，我就到夫人那里告你！

李员外　（见是佩兰，放松）嘻嘻！佩兰，古话说：“现官不如现管”，现在你管着我，你开个口，员外我不就起来了？

佩　兰　凭什么我让你起来呢？

李员外　你人好，心也好！

佩　兰　人好在哪里呢？

李员外　漂亮，像朵花！

佩　兰　（高兴）是吗？那，心好在哪里呢？

李员外　善良，像团灯芯！

佩　兰　什么？像灯芯？

李员外　灯芯沾上菜油就能发光，给人光明，这不是最最好的吗？

佩　兰　（窃喜）这倒是……

李员外　（顺手拿过近旁的酒）

【普天乐】

三杯酒权当解忧，

给佩兰你敬三瓯。

第一杯，赞你俊秀；

佩　兰　（插白）是吗？我好高兴！（喝酒）

李员外　（接唱）第二杯，夸你温柔；

佩　兰　（插白）嘻嘻！员外总算夸我了！（喝酒）

李员外　（接唱）第三杯，愿你放手，

偷偷让我走，

瞒夫人只须紧闭樱口。

佩　兰　（喝酒）走吧，走吧……（醉倒）

李员外　哈哈！醉倒了，醉倒了！

【玉芙蓉】

三杯美酒她醉倒，

乘机遁身，来把佩芝找。

想当年，（她）刚来李府，

人瘦年少，像枯草；

却不料，七载春风雨露浇，

丑女变娇娇。

猛觉得，屋檐下藏瑰宝！

[李员外悄悄下。

[收光。

窃　婢

[佩芝寝室。

[月光如洗，夜深人静，佩芝对月嗟叹。

佩　芝　月姐呀！

【五更转】

你高挂九霄，

天神吓，佩芝身世可知晓？

父母双亡灾荒到，

卖身为奴，

七载煎熬，

受尽苦劳。

啊呀苦吓！

中秋节顿起风波，

怕只怕又生烦恼。

李员外　（持桂枝悄上，敲门）佩芝，佩芝，开门来！

佩　芝　（一惊）是谁深夜敲门？

李员外　是我，老爷。

佩　芝　吓，是老爷。可有事吗？

李员外　有事，有事。快快开门，让我进来再讲。

佩　芝　这……

李员外　（急）开门！开门！

佩　芝　（无奈）是！

［佩芝开门。李员外进房。

佩　芝　（紧张地）老爷有事请讲。

李员外　嘿！（无话找话地）哎，佩芝，你可知，“折桂枝”是什么意思？

佩　芝　不知道，不是少爷他要嘛？

李员外　是呀，那是老爷我要他“早步蟾宫折桂枝”，叫他考中状元啊！

佩　芝　呀，折桂枝就是中状元呀！

李员外 正是。你说，少爷他能考上状元吗？

佩　芝 这……能考上吧？

李员外 （摇头叹气）不能，不能吓！李家不幸，无此福分，生一个憨痴儿子，佩芝呵，老爷终日忧愁成病！

佩　芝 老爷，你愁什么呢？

李员外 莫道状元及第，就是万贯家财也难以继承！

佩　芝 这……如何是好？

李员外 佩芝，你到我家，已经七载。老爷对你不说有恩，却也有情。如今老爷为子嗣忧愁不堪，你也该为老爷分忧解难才是。

佩　芝 （大惊）啊！老爷，别的事应当分忧，此事怎可解难？不可，不可！求老爷另找别人吧！

李员外 来来来，今夜月圆花好，正是你我成亲之时也！（上前欲抱佩芝）

佩　芝 （躲闪）老爷，啊，不……

［佩兰上。

［佩芝房中传出人声。佩兰贴门偷听，一惊，下。

李员外 佩芝，只要你为老爷生个聪明儿子，老爷决不亏待于你！（抱住佩芝）……

佩　芝 不！不！（被李员外抱下）

［佩兰外声：夫人，快走！

［佩兰引李夫人拿木棍上，破门而入。

［李员外和佩芝衣衫不整，被夫人撞见。李员外护着佩芝，李夫人一棍打过李员外，一把抓过佩芝。

李夫人 （咬牙切齿）你这个狐狸精！

【皂角儿】

狐狸精，

没脸皮，

夺我夫，呀啐！

伤天害理！

你忘恩负义毫不知耻，

就该遭雷劈，

打死不足惜！

[举棒狠打。

李员外　（一把抓住木棍）夫人，不能再打了，再打出人命了！

【前腔】

不要打，

不要气，

我向你，啊呀！

赔个大礼！

从今以后花心收起，

不再犯风月，

老实做生意。

李夫人　你能改过？

李员外　我对天起誓。

李夫人　呀啐！谁信你的烂咒！你马上出门经商，三年二载，不许回来！

李员外　（解脱般地）依从！依从！

李夫人　（逼上）你给我走！你给我走！你给我马上走！

[李员外慌逃下。李夫人逼视李员外逃下。

佩　芝　（慌叫）员外！

李夫人　（逼向佩芝，狠狠地）佩兰！

佩　兰　在！

李夫人　将这狐狸精打入柴房，让她天天劈柴，叫她吃点苦头，再作处置。

佩　兰　是！

李夫人 走！（众人跟下）

佩　芝 （哭叫）员外……（痛苦不已）

李　聪 （骑竹马上，听见哭声，奇怪）谁在哭？谁在哭？你哭什么呀？你看我！

（数板）骑着小小马，

好玩又好耍。

一根小竹竿，

还可当刀叉。

上通天，下通地，

天神地鬼笑哈哈！

你还哭什么？

得儿得儿，

得儿得儿，

紧加鞭，我要找阿爸，

我要找阿爸！

（真切地叫）阿爸！阿爸！阿爸！（骑竹马四处寻找）

[收光。

打　肚

[紧接前场，李聪骑竹马跑过场，叫唤：阿爸——！阿爸——！

[李氏大屋庭院。晚春时节。

[李夫人听见李聪的叫声，触动心中痛处。

[李聪外声：阿爸——！

李夫人 【梁州序】

四月春光渐老去，

庭外飞花乱絮。
心事如许，空悬望冤家夫婿。
只怨我一时负气，
逼他出远门，夫妻难相聚。
时日久，任惦记，
才知道难舍难弃。
掐指算，八（个）月分离，
也不知几时归期，
早知如此悔不已！

李　聪　（骑竹马跑上）得儿，得儿……

张　妈　（急上）聪儿，小心，别摔着！

李夫人　张妈，（指着李聪）你是他的奶妈，该小心看着他才是。

张　妈　哎呀，夫人，聪儿是我奶大的，我把他看做自己的命根，你放心吧！

李夫人　（略感放心，突有疑虑地）对了，那个狐狸精，现在怎么样了！

张　妈　（慌）我……不知道！

［李聪骑竹马正好上来，听到。

李　聪　我知道！我知道！

张　妈　（慌）你知道什么！聪儿，你……

李夫人　聪儿，过来！快告诉娘，佩芝怎样了？

李　聪　娘呀！

（数板）佩芝阿姐真痛苦，
看她样不舒服。

李夫人　怎么？她病了？

李　聪　（数板）肚大可比一个鼓，
走起路来像跳舞。

李夫人 （一惊）什么？她肚子大了？

李　聪 是啊，（边做边讲）她肚子这么大，走路么这样走，劈柴么这样劈，劈一下叫声“哎哟”。唉，真可怜！娘，你就别叫她劈柴了吧！

李夫人 （大惊）她怀孕了？！张妈，你不知道？

张　妈 （尴尬地）这个……夫人……

李夫人 佩兰！

佩　兰 （上）夫人，有事吗？

李夫人 佩芝怀孕了！

佩　兰 （惊叫）啊？佩芝怀孕了？

李　聪 （大惑不解）什么叫佩芝怀孕啊？

佩　兰 佩芝要生小孩了！（旁白）傻瓜！

李　聪 （高兴地跳起）哈哈！好啊！好啊！生出个小孩，好跟我玩啊！我有伴哩！我有伴哩！（拍手大笑）

李夫人 （气得要死，给李聪一巴掌）你个呆大！滚！

李　聪 （“哇”地一声大哭）娘坏！娘坏！

张　妈 （急忙拉李聪）走，快走！

李夫人 站住！张妈，你把那个狐狸精叫来！

张　妈 哎！（拉李聪，李聪边哭边叫“娘坏娘坏”随下）

李夫人 （怒喝）佩兰！

［佩兰胆怯地跪下。

李夫人 （气愤地）

【锁南枝】

死丫头，瞎了眼，
屡次盯人你不严。
员外去偷情，

佩芝要分娩；

天大事，在眼前，

你为甚，看不见？

佩　兰　夫人！

【前腔】

求夫人，莫气咽，

听我佩兰进一言：

员外是家主，

谁人敢犯颜？

佩芝肚，李家田，

员外种，值铜钿！

李夫人　（大怒）哼！取家法来！

［佩兰急起，下。

［张妈带佩芝上。李聪护着她。

李　聪　别怕，别怕！老鼠怕猫猫怕狗，老爸怕妈妈怕我，有我护着，没事！

李夫人　（冷冷地）来了？

李　聪　来了来了。娘，佩芝姐站着吃力，给张凳子坐坐吧？

李夫人　（爆叫）滚！

李　聪　哈！滚吗？佩芝姐，快走！

李夫人　站住！谁让她走了？你给我滚开！

李　聪　呀，是叫我走啊？（叉腰）我偏不走，看你怎么办！

［正巧佩兰拿家法上，李夫人夺了过来。

李夫人　（吓唬李聪）你走不走？

李　聪　（示威地）你打呀，打呀，打死了我，看你绝后代！

［李夫人气得直喘气。

张　妈　（急圆场）我的小祖宗，走吧，走吧！（推李聪下）

李夫人　（直逼佩芝）偷情养汉，暗结珠胎，就该去死！

佩　芝　夫人，我曾经想死，几次想投河上吊，可是知道有了孩子以后，我就不愿死了！我也不能死！

李夫人　（冷笑）哼哼！你以为有了孽种，员外就会娶你为妾，就会爬上去，对吗？（大声）你做梦！

佩　芝　（苦笑）夫人，你错了！

【解三酲】

佩芝自幼苦难言，
好一似苦水河边栽黄连。
可怜我，父母双亡孤苦伶仃，
尝遍了酸苦辣，卖身做了丫环。
从来就缺一个“甜”，如今凑全！
天知道，苦菜花也会变牡丹，
谁知道，员外折桂把花残。
一索怀胎有了喜，佩芝我，却是又怕又是欢！
夫人呵，我不想去寻死，
只因胎儿难舍难厌！

李夫人　（大怒）呀呀呸！

【皂角儿】

无廉耻，
不羞惭。
留孽种，呀啐！
妄想高攀！
我今日痛下手，
让你去阴山！

［拿过家法，痛打佩芝。佩芝紧紧护住肚子，把身体其它地方让李夫人抽打。

佩　芝　（疼痛呻吟）哎哟！哎哟！

［李聪急上，一见，抓住夫人家法，李夫人失手打在李聪身上。李聪双眼一翻，昏倒在地。

张　妈　（大惊）少爷昏倒了！少爷昏倒了！（忙去救李聪）

李夫人　（大惊）啊！（急忙过来救儿子）儿啊，儿啊！你怎么了？你怎么了？

张　妈　天啊！看夫人打人，吓着了！罪过啊！

李夫人　佩兰，快来，快来！快扶少爷回房！

佩　兰　哎！

［李夫人和佩兰忙扶起李聪，匆匆下。

［张妈过去看佩芝，佩芝昏倒在地。

张　妈　（哀叹）天啊！

【感皇恩】

夫人她太过凶悍，
不由我魂飞魄散。
看佩芝，才苏醒，又昏瘫。
挨千般拷打，
万种骂谩，
木杖下，
道道血，
寸寸烂！

（喊）我扶你回柴房去吧！

［收光。

产　子

［李氏大屋柴房。佩芝痛苦呻吟。

佩　芝 娘啊，痛死我了！哎哟，娘啊！

【孝顺歌】

痛得我肝肠断，珠泪飞，

腹中尚兀自如雷摧。

啊呀儿啊！

我是病蚌含沙粒，

波打浪推呀，

苦苦撑挨育胎胚。

你是混沌已遭毁，

瓜未熟时要落蒂，

母子双危，

我与你生死含悲！

［大汗淋漓，痛昏在地。

［静场。

［云烟起。魁星跳斗上。

魁　星【谒金门】

离天廷，

只因月主托情。

露水姻缘天注定，

还她一个公平！

吾乃掌管天下文运的魁星是也！前在天宫，适遇月主嫦娥，谈及江南民女佩芝因受情劫，暗结私胎，备受痛楚。常言道：甜极苦生，苦尽甘来。俺已暗中答应佩芝，让其子蟾宫折桂，以证天道公平也！这正是：（念）未曾入世先注定，龙虎榜上已有名！

[仙乐起，魁星托斗提笔，向昏睡的佩芝身上一点，突然红光一闪，婴儿哭声震天。

[一阵烟雾，魁星下。

张　妈　（上，一看）啊呀，生了，生了！

[张妈忙去料理。

[李聪上。

[几声婴儿啼。

李　聪　（一怔）咦？这是啥东西叫呀？是猫叫？不像；是狗哭？也不像！还是进去看看。

[李聪进屋，刚巧碰着张妈抱婴儿出来。

李　聪　哈！（大声）原来是奶妈在叫呀！

张　妈　嘘——！轻声！

李　聪　为什么？

张　妈　别让人听见。

李　聪　嘿！你真笨！这东西叫得比我还响，还轻声呢！是什么东西啊？

张　妈　是个娃娃！

李　聪　啊？哪里来的？

张　妈　是佩芝刚生的。

李　聪　哈哈！阿妈拼命打，打出个小娃娃！奶妈，谁是他阿爸？

张　妈　是你的父亲。

李　聪　呀！老爸和我娘，生出个我；老爸和佩芝，生出个他！！奶妈，他，他该叫我什么来着？

张　妈　该叫你阿哥哩！

李　聪　（乐得乱跳）哈哈哈！我做阿哥哩！奶奶，让我看看，让我看看！

［两人看婴儿。李聪逗婴儿。

李夫人　（外声）佩兰，把孽种抱过来！（与佩兰同上）

李　聪　我不！娘！你知道他是谁的儿子吗？他是阿爸的！他叫我哥哥，我叫他弟弟，你们敢动我的阿弟，等阿爸回来，我便告你！

李夫人　天啊！平时傻里傻气的，今朝却会讲道理！

佩　兰　还这样流利！

李　聪　（得意地）当然，是奶妈教我的嘛！

李夫人　好个张妈！一手遮天，背后捣鬼！若不看在奶大聪儿的份上，定不饶你！

张　妈　嘿嘿！（大着胆子）夫人，别看聪儿傻样，他心地却善良无比！你就听他劝告，留下这可怜的孩子吧！

李夫人　不行！佩兰，你将这孽种抱到村外，放在凉亭里边，让过路行人，谁要，谁抱走便了！

［众大惊。

佩　芝　（慌叫）不！夫人！不可啊！（扑上跪地，爬向夫人）

【江儿水】

吓吓吓得我心惊怖，
胆战颤，虚飘飘一似风中絮。
怎能够，将婴儿丢路途，
风雨相摧野狗拖，
眼未张来命已无！

夫人啊，孩儿虽是贱婢所生，却也是李氏骨肉。只要夫人保得孩儿性命，贱婢便以死相报！（拔簪欲自尽）

张　妈　不可！不可！

李　聪　（大叫）饶了他们吧！阿爸回来，也会说你好的！她要是死了，阿爸会恨死你的!

李夫人 (有所触动)呀!

【沽美酒】

细想这憨儿一番话,

搅乱得心如麻。

她是个牛马奴婢,

任我鞭打;

叫她精皮肤寸寸烂,

教她知道害怕!

【川拔棹】

无奈何婴儿姓李,

员外他不容丢弃!

今日个一意孤行,

定教夫妻成敌。

怎么办呢?唔,有了!

(接唱)将婴儿给自己!

佩芝,你也不用寻死。婴儿嘛,也不丢弃。你讲得对,他总是李家骨肉,就让我来养育,你可愿意?

张　妈 (双手合掌)阿弥陀佛!阿弥陀佛!佩芝,还不拜谢夫人恩德?快呀!

佩　芝 (连连叩头)夫人仁慈!夫人仁慈!

李夫人 且慢!要我养这婴儿,可有三个不准,你能做到?

佩　芝 夫人请讲!

李夫人 一不准再和员外来往,若有私情,立时逐出李府!

佩　芝 遵命!

李夫人 二是不准私进后宅,偷看婴儿,以免藕断丝连!

佩　芝　这……

张　妈　用着，用着！有夫人养育，还担心什么？快答应！

佩　芝　好！

李夫人　这三嘛——一生只许叫我母亲，你是奴婢，不准认母！

佩　芝　（大惊）啊？！夫人！……

李夫人　（厉声）怎么？不能？佩兰，抱出去丢了！

张　妈　慢来，慢来！佩芝，你为了保孩儿，连命都肯不要，还要什么母亲名头？快答应吧！

佩　芝　（咬牙）好！就凭夫人吩咐！

李夫人　（冷笑）我虽然难结珠胎，手里却抱着婴孩，省去了怀儿苦，躲过了难产灾，百年之后，终无后顾，有人披麻戴孝来！哈哈哈哈！（向观众）什么？你说什么？你说我是抢来福气？不错，约法三章，一个愿打，一个愿挨！（对婴儿）乖孩子，快长大，一二三四五六年（长大的李明出现），眼看我儿长成材！（呼唤）李明，儿啊，好好念书呀！

李　明　母亲，儿知道！

李夫人　将来定要考状元！

李　明　母亲，放心吧！

［收光。

见　儿

［六年后。

［李氏大屋厨房外。

［佩芝衣衫不整，蓬头垢面，挑水上。因虚弱无力，脚步东歪西倒。她放下担子，抚腰捶腿，长长地叹气。

佩　芝　唉！

【山坡羊】

虚飘飘病体痛楚，

软怯怯艰难举步。

重沉沉溪边担水，

曲折折不尽乡间路。

空自叹，怕夜深人更苦：

在那边，娇儿高墙闭门户，

我这厢，生母六年思儿哭！

儿啊！娘想你整六年了啊！你不认得娘，娘也不认识你啊！

【前腔】

不知道，儿在何处？

不知道，儿平安不？

不知道，吃的如何？

不知道，可有书读？

（哭）儿啊！儿啊！

（接唱）扑簌簌泪满目，

（哭）喂呀、苦呵，

（接唱）痛生生（喂呀）空悲呼！

［哀绝人昏，抱头坐地啜泣。

李　聪　（内声）马来也！（骑马灯上）

【马灯调】

马儿马儿你快跑，

有个快信要送到：

阿爸有令见佩芝，

叫我骑马来相告！（重一句）

咚咚咚咚锵，

咚咚咚咚锵，

咚咚咚咚锵咚锵咚、锵、锵、锵！（看见佩芝吃一惊）佩芝姐——啊，不，阿爸讲，佩芝生了个弟弟，该叫佩芝姨娘了！姨娘，怎么了？哭什么呀？

佩　芝　（急拭泪）没，没什么。

李　聪　我知道了！是想阿弟了不是？

［佩芝点了点头。

李　聪　（肃然）佩芝听令！

佩　芝　（一怔）什么？

李　聪　（快板）阿妈去娘家，阿爸胆放大。带着小弟弟，来见他亲妈！

佩　芝　（一惊，转喜）真的？

李　聪　（接念）探马传将令，岂敢说谎话！告辞！驾！驾！（作打马状跑下）

佩　芝　（惊喜万状，手足慌乱）我不是做梦吧？他来了？真的来了，来了！

［佩芝慌忙整衣襟，理头发，觉得不妥，便跑到水桶边，看着水桶映照，重整。

［一个六岁小孩蹦跳上。

李　明　爹，你快点来呀！

李员外　（急步上）来了，来了！

［佩芝抬头，与李明目光相接。

［李员外抬头一看，呆住，紧盯着佩芝。佩芝也一怔，紧盯着李明。静场。

李　明　（看看父亲，看看佩芝）爹，她是谁呀？

李员外　明儿，她，她，她是，是……

［佩芝瞪大双眼，直视员外。

李员外 她是你的，你的，（终于逼出）你的娘！

［佩芝大喜，张开双臂，迎上。

佩　芝 儿啊——！

李　明 不——（急躲到员外身后）你不是我的娘！我娘在大屋里！

［佩芝猛一摇晃，站住，求救地看着员外。

李员外 （尴尬地）这，这……

李　明 （大叫）爹，你说，她不是我娘，不是我娘！

李员外 好好好！她不是娘，她她她……她是姨娘！

李　明 我不要这样的姨娘，我不要！

［佩芝一震，颓然坐下，泪如雨下。

李员外 佩芝，你不要难过，不要难过。孩子小，不懂事啊！都怪我胆小，才造成混淆。今日相见，算是个补偿！

佩　芝 （怒起）老爷，你好得意啊！

【皂罗袍】

六年前，中秋拜月设酒宴，
你将人残害作践！
自去经商，把我丢一边。
柴房产子，受尽磨劫，
生生地夺子不准见！
我本想自寻死，为娇儿留恋，
强活着，无时不挂牵！

老爷，你好狠，害怕河东狮吼——！

（接唱）不敢认，将儿骗！

李员外 （苦笑）佩芝啊，不是我无情，无义，而是我无奈啊！若是破了真相，违反了她定下的“三不准”，夫人还会对明儿好吗？那时，夫人一怒，把明儿远送外人，岂不是置明儿于死地？你能忍心吗？

佩　芝　（大震）这个……（惨然）天啊！如此说来，我母子永无相认之日了！天啊！

【四块玉】

他、他、他，坦言诉真情，

佩芝猛惊醒。

夫人有规定，

违反便严惩，

这一刀直插心窝送我命！

痛伤心，不忍闻，

不由我顿时如雷震，

对娇儿，眼睁睁噤无声！（怔怔地呆望着李明离去的方向）

[收光。

嫌　母

[十八年后。冬。

[李氏大屋厨房。火灶上供着灶王爷像，两边有一副对联：“上天言好事，下界保平安。”

[佩芝已经衰老，头发花白，正在向灶王爷上供、敬香、合掌恭拜。

佩　芝　灶王爷啊！我年年给你上供，给你上香，给你叩拜，求你上天奏告玉帝，保我母子团圆。可是，我等白了头，等弯了腰，等来等去等了一十八年，等来的还是孤独呀！

【叨叨令】

自从产子遭驱贬，

整日里掐指细细算点，（点指）

含辛茹苦一十八年，

一十八年延延挨挨盼遍。

一十八年，母子不相认，

令我长夜孤灯难成眠。

我是天天上供求灶爷，

只为母子能团圆。

灶王爷，你来看，你来看！

［失落地走到灶下，端出针线盒，取出一双布鞋，深情地看着，比划着。

【五更转】

自孩儿分娩，

便为他年年做针线。

抽空厨下自裁剪，

引线穿针纳鞋，

密密麻麻挂牵。

（搬出一堆鞋子，从小到大，一双双，看着，笑着）这是一岁的虎头鞋；这是两岁的百寿鞋；这是三岁的金钱；这是四岁的万字；（点数）五岁的，六岁的，七、八、九……十七，（拿起最后一双）这是今年的十八双！唉！

（接唱）却不见我亲儿到此，这鞋怎送？

十八年堆积眼前，

思量起，是自作自在骗！

［佩芝收起鞋子，到灶厨烧火，煮菜。

［李聪上。他已二十八岁了。人虽老成，但仍憨态可掬。

李　聪　（跑到灶头，掀起锅盖，伸手就抓，被烫，大叫）哎哟！烫死我了！

佩　芝　（从灶后跑上）哎呀！聪儿，你在做什么？

李　聪　我要吃鸡腿！

佩　芝　（心疼地吹着李聪手指头）急什么呀，用筷子夹。（来到灶头，夹出一个鸡腿，递给李聪，慈爱地）给你！

李　聪　（大嚼）嗯，真香，好吃！

佩　芝　聪儿，你的弟弟明儿呢？

李　聪　他呀？在书房读书。

佩　芝　他不肚子饿啊？

李　聪　他呀？哈！是个呆头！明年开春，还去京城考状元，所以就只知道读书，不知道吃饭！

佩　芝　（大惊）啊？！这不把明儿饿坏了？快给他带些吃的去！

李　聪　（笑）你放心，有糕饼、人参汤给他吃呢！

李　明　（外声）李聪！哥哥！李聪！

李　聪　（一愣）嘿！李明来了！

李　明　（寻上，皱眉）好好的书房不坐，偏到这肮脏厨房胡闹，成何体统！

李　聪　呀哈！厨房肮脏？我看是你脑袋肮脏！你来做什么？

李　明　奉先生之命，找你回去读书！

李　聪　哈哈！人家说我是傻瓜，原来你比我还傻，连娘亲都不认，读书有啥用？

李　明　她是烧饭的下人，不是我娘！

佩　芝　（一震，稳住，温情地）听说你过几天要上京赶考了，我这个厨娘没甚东西送你，做了一双鞋，让你穿着它，平步青云吧！（取鞋递给李明）

李　明　（拿过来一丢）什么破鞋！也配我穿！（下）

李　聪　（气极）你是混蛋！姨娘，（向外）你是混蛋，我去骂她！

（追下）

佩　芝　（失神喃喃）破鞋！破鞋！（大哭）灶王爷，你听见了！听见了！

灶王爷　（外声）听见了！听见了！

［佩芝失控地张手打向灶王爷。

灶王爷　（外声）哎哟！

佩　芝　（失控地）哈哈哈哈！（怔怔地）破鞋！破鞋！（一一丢掉）

灶王爷　（跳出）嘿嘿！

【扑灯蛾】

不认生母已不孝，

还叫“破鞋”罪不饶！

快上天，走一遭，

去找玉帝作汇报！

［灶王爷下。

［灯光变换。三声锣响，外声：新科状元李明，回乡省亲祭祖，路人回避，闲人闪开！

［收光。

牲　祭

［李氏大屋厨房。佩芝怔怔地坐着。

李　聪　【滴溜子】（外唱）

赶紧跑，赶紧跑，

喜讯要报。（跑上）

佩芝姨娘，大喜啊！大喜啊！

（接唱）李明弟，李明弟，

头奖得到！

做了状元郎，
回乡祭扫。
母子相认，
便在今朝。

佩　芝（一怔）聪儿，你说什么？母子相认？

李　聪　他中了状元，回乡省亲，你们母子就要相认了！

佩　芝　谁说的？

李　聪　我说的！

佩　芝（失望）唉！你说无用！

李　聪　为什么？

佩　芝　老夫人不肯！

李　聪　李明中状元了！什么是状元？状元是皇帝的门生，靠山大呀！我阿妈怎不怕他？他要认母，阿妈不敢拦他！

佩　芝　这……只怕李明不肯认母！

李　聪　我告他呀！李明不认母，就是不孝。我到皇帝老子那里一告，他就倒糟，他不怕？

佩　芝（大喜）这是真的？

李　聪　不骗你！你等着吧！收拾收拾，等我叫李明到厨房来认母，你们母子就团圆了！哈哈哈哈！（跑下）

佩　芝（合掌）灶王爷！这一下可好了，好了！有皇帝为我撑腰，母子一定相认了啊！（忙忙地整理衣衫）

【节节高】

聪儿来相告，
怨恨全消！
十八年期盼终来到。
我这里，

忙洗漂，

快打扫，

莫叫我儿嫌腥臊。

（手忙脚乱，快速洗扫。扫洗毕，又拿起镜子，照看自己。一看，惊大双眼）天啊！我怎么变成这个样子啊？

（接唱）眼边皱纹像乱毛，

头上乱发如枯草。

无情岁月摧人老！

我这个样子，怎么见得我那状元儿郎呢？（想）咳！我愁什么呀？俗话说："子不嫌母丑，儿不嫌家穷"，我便这个样子，正好让他知道娘为他受了多少苦楚吓！我便在这里这样一站——（表演）

【前腔】

姣儿一路叫，

进来了！

只见他满面红光照。

戴官帽，

穿红袍，

捧封诰。

让我难禁心儿跳！（入神地，幻想着——

我怎么办呢？叫他一声"儿啊"？不，不，我要他先叫我一声"娘"！

（接唱）我不能开口身价掉，

该站在灶前等着瞧。

【前腔】姣儿一定叫，

娘安好！

双膝跪地把我抱。
哭嚎啕，
拜三遭，
触地捣，
让我心痛泪如涛。

儿啊，快起来，起来！

（接唱）有你认母把娘叫，
十八年期盼终于了！

[张妈匆匆上。

张　妈　（气喘吁吁）佩芝，佩芝，（加重语气）佩芝！

佩　芝　（突醒，抓住张妈）儿啊！

张　妈　是我，来叫你送祭品！

[远处传来鼓乐声。

佩　芝　咦，张妈，你不是来叫我去厅堂认子啊？

张　妈　咳！这是不能的！

佩　芝　能！

张　妈　谁说的？

佩　芝　李聪说能！

张　妈　天啊！你听这个傻子的话……

佩　芝　不对！李聪不傻，李聪不傻！是我傻！是我一厢情愿，等啊，等啊，等了十八年！（爆发地）今天……不等了！李明若真不来认母，我就不让祭品上去，让他祭不成祖宗！（重重地把凳子一放，坐下）

外　声　谁敢不上祭品啊？

[俩家丁上。

家丁甲　（喝道）夫人叫你上祭品！

佩　芝　（疯狂）我要见夫人，我要见员外！我要见我儿子！

家丁乙　（喝道）夫人有令，要你留在厨房！

佩　芝　（愤极高叫）灶王爷！你帮帮我啊！（随手拿起菜刀，向家丁举起）

俩家丁　（大惊）啊！她疯了！疯了！（躲避）

佩　芝　我要见儿子！我要见儿子！我要见儿子呀！

［突然天色昏暗。电光一闪，传来隐隐雷声。

［佩芝把刀一抛，冲出门外。

［收光。

认　母

［李氏宗祠。祖宗牌位前，供着三牲福礼。

［鼓乐齐奏。助祭、道贺的官绅亲友们接踵而来。李员外、李夫人喜气洋洋，一一迎进。

［佩芝跌跌撞撞，狂奔而上。

佩　芝　（寻到李明，激动地）儿啊！我是你娘，我是你娘啊！！

［众大惊。

李夫人　（慌叫）她疯了！快扯开她！扯开她！

李　明　（威严地）来呀！把这疯子拉下去！

［两公差抓住佩芝欲拉下，佩芝极力反抗。

佩　芝　孽子！你真的不认亲生母亲？

李　明　（厌恶地）我怎有你这样的下贱母亲！

［一声雷响。

李　聪　（大叫）有人反对了！

李　明　谁？谁在反对？

李　聪　老天爷啊！

［又一声雷响。

佩　芝　啊？！（沉痛地）老天爷啊！

【端正好】

老天爷你明鉴：

他口出恶言，

不认娘还说我下贱！

李明！你不孝啊！不孝啊！

（接唱）苍天！你有灵怎地不来显现？

（哭叫）天理难容啊！

［猛地电光一闪，雷声大震。

［男声伴唱：雷来了！

［女声伴唱：电来了！

［电母、雷公奔上。

［男女声合唱：不孝子哪里逃！

［霎时，满堂皆暗，只见电光闪闪，雷声隆隆，电母照住李明，雷公追着他打。

李　明（奔逃，大叫）母亲救我！

［所有官绅亲友皆避下。众躲避。李明寻找李夫人庇护。

李夫人（慌叫）我救不了你！救不了你！（抱头躲进桌下）

佩　芝（挺身而出）娘来了！（用身去护李明）雷公爷爷！饶命！雷公爷爷饶命！

雷　公（住手。不解地问电母）哎，这是怎么的？不是她呼天叫地，叫我们来打他的吗？

电　母　做母亲的就是这个毛病！子女不孝，恨得要死，可是一旦真的子女出事，她又拼死拼活救他。你懂了吧？这就叫母亲！

雷　公　那怎么办？灶王爷奏告玉帝，玉帝大怒，派你我来收拾他。如今原告护着被告，怎么办？

电　母　原告不告，只好作罢！回去！

雷　公　不行！他还没有认母，我们不能饶他！

电　母　对！打他！

雷　公　佩芝散开！

佩　芝　（大叫）不！

［电母电光一闪，把李明吸出，雷公一槌，雷声爆响，李明一跳。

［佩芝一扑，护住李明。电母又一闪，……如此三次。最后电母把佩芝拉住。

［雷公围住李明，左一槌，右一槌。

李　明　（四处寻找李夫人）母亲救我！母亲救我！

李员外　（从桌下爬出，指着李夫人）夫人，你好狠心呀！

李夫人　（无奈之下，跑出）儿呀，娘来了！

［雷电大作。

李夫人　（慌逃下）我救不了你！救不了你！

［雷电齐向李明打去。佩芝奋不顾身，扑过去，将他抱在怀里，俯伏在地。雷电打在佩芝身上，佩芝昏死。

［雷电悄然退下。

［天顿时转明。

［李聪把头从桌下伸出探视。

李　聪　哈！天晴了！（爬出，看见伏在地上的佩芝，吓一跳，叫）姨娘！姨娘！不好了！不好了！雷打死人了？（大喊）你们快出来，雷打死人了！雷打死人了！

［众闻声齐出。

李　聪　（哭声）佩芝姨娘死了，死了！她死了！她死了！她死了！

[李明从佩芝身下爬出。

李　聪（抓住李明）啊！你还没死呀？！保护你的娘亲却被打死了！（气极）天啊！你眼瞎了！

李　明（侥幸地，拜向佩芝）多亏厨娘搭救我！

[李员外、李夫人惊魂未定，面面相觑。

李　聪（一把抓出李明）你说什么？厨娘？她是你的亲娘！你们看，人都死了，还要骗他到什么时候！你们的良心被狗吃了！

李员外（抓住李明，颤抖地）儿啊！她……她……她……

李夫人（惶恐地抓住李员外）员外……

李员外（忍无可忍，怒视李夫人）住口！我……我不能再忍了！（转对李明，声泪俱下）儿啊！……她是你的亲娘！

李　明（大震）这……

李　聪　刚才雷追着打，是谁躲开你，又是谁护着你？你还不明白吗？

李夫人（羞愧地）儿呀！她确是你的生身母亲！

张　妈（泪眼婆娑）李明，她是你的亲娘！

佩　兰（掩眼拭泪）是呀是呀，她是你的亲娘！

李　明（痛苦万状，爆发）天啊！我该遭雷打啊！

【叨叨令】

没叫你嫡嫡亲亲一声娘，
却让你心肝肉儿舍命爱。
常对你冷言恶语无情伤，
不改你忍辱含屈无私爱。
如今想亲亲热热娘亲叫，
你却是爱到尽头魂魄衰。
令不孝子无地自容，
让不孝子雷打电劈随你来！（痛不欲生）

［雷电大作。雷声中，佩芝突醒。

佩　芝　（一挺身，抱住李明，大叫）儿啊！

李　明　（迸发般地）娘——！

［佩芝深情地望着李明，露出微笑。

［幕外唱——

中秋折桂萌事因，
历经磨难获重生。
霹雳一声惊天地，
万物苏生本性真。

［幕落。

［剧终。

（本剧根据永昆老艺人口述同名传统剧目整理新编）

二〇〇五年十月五日修改稿

永嘉昆曲传习所（永嘉昆剧团）排演

刘二嫂打呼噜

昆剧

人　物　刘二嫂——农村妇女，40 岁左右。

金老板——乡镇企业家，30 多岁。

金大妈——金老板母亲，60 岁左右。

[当代。夏秋时节。

[乡镇企业家金老板家别墅。

[幕外唱——【挂真儿】

衣食住行样样全，
日子过得赛神仙。
子孝孙贤，天伦尽享，
为何深夜难成眠？

金大妈 （神情恍惚，哈欠连天，上。听着清晨的鸟啭莺歌，一片懊恼）

【剔银灯】

画眉儿不劳你滴溜溜婉转来叫起，
老太婆我一夜无眠全无睡意。
大清早张大嘴哈欠不已，
定叫人看着嫌弃！唉！

[听到晨练音乐声，欲早锻炼，又感浑身无力，揉腰捶臂，左右不是。

金老板 （一身运动服，早锻炼回，边走边看手机）

【刮鼓令】

自从父亲一病黄泉去，
母亲是日夜无眠恹恹成病体。
幸喜得妙手开出回春方，
但得那“药”到病除解危急！

（看到母亲，迎上）妈！早上好！

金大妈 （垂头丧气）早上一点儿也不好！（重重落座）

金老板 （笑，从茶几上拿药与水）亲爱的妈妈，请吃药！

金大妈 儿呀，妈这病，除了你爸的呼噜声，什么药也治不好！（悲伤）该死的老金头，你咋就这么小气呢？你走了，把我听了几十年的呼噜声也带走了！

金老板 嘿嘿！妈，您可不要灰心，您要的呼噜声，马上就会有！

金大妈 （古怪地一笑）呵！难得我儿孝顺，你那“情境疗法”广告一登，应聘的倒是天天上门，可没有一个是合我意来称我心！（哭丧着脸）

金老板 （逗母亲开心）嘿嘿嘿！妈！笑一笑，烦恼跑；笑一笑，病魔逃；笑一笑，寿比南山高……（使劲让自己嘴角往上翘）茄子！茄子！

金大妈 （装出笑脸）嘻嘻！嘻嘻嘻！

金老板 （旁白）这笑比哭还难看！（无奈地，扶母亲）妈，我还是扶你去歇会儿吧！（扶下，复上，接手机）喂，啊？是，是，好，好，在家等你！一定等你！（高兴地，握拳）这下定要招到满意的！

［情境转换。别墅门外。

刘二嫂 （村妇打扮，背着蛇皮袋，利索地上）

【醉花阴】

　　刘二嫂轻身快步一路寻，

（看了看门牌，擦了把汗，喜）就在这里！（门外逡巡观望）好气派的洋房呀！

（接唱）好一座别墅爱煞人。

　　东边的花草吐幽香，

　　西边的香樟撑绿荫。

（欲打手机，一想）不打！出门在外，一分钱要掰开两半花！（摁门铃，门铃响）

金老板 （内声）来了！（开门）

刘二嫂 请问，这里是金老板的家吗？

金老板 你是刘二嫂？

刘二嫂 刚才给你打过电话。（看手机）对暗号：13906669999……

金老板 （喜）是是是，是我的号码！（看手机，念）13306067788，是你的暗号？

刘二嫂 （一本正经地）是！暗号照旧！

金老板 （被逗乐）哈哈哈！暗号照旧！刘二嫂，请进！

［灯暗转，内室。

［刘二嫂进屋，坐下，禁不住东张西望，暗自赞叹。但却忍不住打了个哈欠，急忙掩饰。

金老板 （端茶上）刘二嫂，刚才看你打哈欠，是不是很想睡觉啊？

刘二嫂 （一怔）是？……噢，不，不……（疑虑）……

金老板 （急切地）你不要客气，想睡觉，就跟我去睡吧！

刘二嫂 什么？跟你去睡？

金老板 是陪睡，陪睡。

刘二嫂 陪睡？（怒起）姓金的，你看上去是个好人，没想到也不是个东西！（欲下）

金老板 （急拦）哎，我是个东西！你别走！别走！

刘二嫂 （义正辞严）我不管你是不是东西！也不管你是金老板还是银老板！别以为我是乡下人就好欺负！告诉你，农民工也有人格，乡下人要有尊严！

金老板 （恍然大悟）误会！误会！大嫂，是这样的，我父亲不久前去世了，我妈习惯了每天晚上在父亲的呼噜声里睡觉，如今那呼噜声没有了……

刘二嫂 （笑）明白了，你是想让我来陪老人家睡觉，打呼噜给她催眠。

金老板 是是是！

刘二嫂 （拿出一纸）广告就是这么说的！（得意地旁白）我说呢，我是不会看走眼被人骗的！

金老板 不会让你白打，我给你报酬。

刘二嫂 （暗自得意）睡觉打呼噜，还能赚钱！这城里就是好！

金老板 包吃包住，每天晚上一百块。

刘二嫂 包吃包住，每天一百块？有这么好的事情？

金老板 大嫂，就不知你的呼噜打得有没有分量？够不够水平？上不上档次？

刘二嫂 哈哈哈，金老板，这你就放一百二十四个心吧！（大咧咧地在金老板肩上拍了一巴掌）我现在就打给你听！（四处找）睡觉，哪里可以睡觉？

金大妈 （早已躲在一边，窥视探听，窃笑，出）哎哟哟！别急别急，这睡觉打呼噜，可是晚上的活儿！您说，是不是？

刘二嫂 （一看，热情地上前挽住金大妈）是！是！金大妈说得对！这睡觉，打呼噜，可是晚上的活儿！晚上的活儿！（大笑）哈哈哈哈！哈哈哈哈！

金大妈 （被刘二嫂的笑声感染）哈哈哈哈！真有意思！真有意思！

金老板 （窃笑）哈哈！找对人了！找对人了！（暗下）

金大妈 （拉刘二嫂坐下，好奇地）哎，刘二嫂，你怎么会出来打这样的工呀？

刘二嫂 唉，就来话长！

金大妈 （来劲）说吧！我不怕话长！

刘二嫂 金大妈！

【玉交枝】

容我话长，

绰号刘大嗓……

金大妈 家住哪里？

刘二嫂 （接唱）

家住楠溪小王庄，

平生没啥好张扬，

就是呼噜打得响。

躺在村东打呼噜，

村西也能听清爽！

村西也能听清爽！

金大妈 （高兴）这呼噜，真是有分量！

刘二嫂 （念）专业户，李大夯，

年年种瓜山冈上。

野猪狗獾结队来，

他撵也撵不走，赶也赶不完。

【前腔】

遍地西瓜糟蹋光，

李大夯，手捧脑袋泪汪汪。

去年他，把我的呼噜录成音响，

晚上拿到瓜地里放。

野猪听了如炮仗，

狗獾闻声忙逃亡。

金大妈 （兴奋）这呼噜，真是够水平！

刘二嫂 （接唱）

西瓜个个甜又香，

大夯心里喜洋洋。

金大妈 （振奋）这呼噜，真是上档次！

刘二嫂 （兴奋）实话跟你说吧，我家的日子也算得上小康呢，可不是为了几个钱才进城打工。

金大妈 那你为什么？

刘二嫂 为打呼噜刚和老公吵一场，这才进城打工找活儿干。

金大妈 你是怄气出来的？

刘二嫂 还不是嫌我打呼噜太厉害，吵得他睡不着。

金大妈 回去跟他说，习惯了就好了。有那么一天，听不到呼噜声了，这心里头啊，空荡荡的，不是个滋味。

刘二嫂 大妈，从今往后由我来陪您，您就美滋滋地享受吧。要不我马上就上班？

金大妈 （开心地笑）睡觉打呼噜，晚上的活儿！

刘二嫂 （大笑）哈哈！睡觉打呼噜，晚上的活儿！

[灯光变化，夜晚。

[喜剧音乐中，舞台上从两边侧幕分别推出两张躺过的床，挂在“墙”上。中间隔着一层透明的纱幕，权当是布帘子。刘二嫂和金大妈分别在两边表演。

[喜剧音乐中，两人“躺”在床上，翻来覆去不能入睡。

刘二嫂 【滴溜子】（披衣下床）

真蹊跷，真蹊跷，
深夜睡不着。
好懊恼，好懊恼，
席梦思太软，羊毛被贴着肉痒痒难挠；
墙上空调凉风到，
憋得我大汗不出，睡意尽逃，
呼噜声，
无处找！（起身，蹑手蹑脚下床）

金大妈 【前腔】

真蹊跷，真蹊跷，

她抱着枕头下地跑。

刘二嫂 （接唱）

不得了，不得了，

她辗转反侧我心焦。

金大妈 （接唱）

她那里无声无息静悄悄，

刘二嫂 （接唱）

我这里干瞪两眼没了招。

［喜剧音乐中，两人走到布帘子前，侧耳倾听，差点碰了鼻子，又赶紧走开。

［金老板蹑手蹑脚上。

［钟声敲响。

刘二嫂 十二点了，这可如何是好？（灵机一动）对了，活人还能让尿给憋死？我给她来点绝活。（躺回到床上，假打呼噜，在喜剧音乐的伴奏下，那声音时而强烈，时而怪异）

金老板 （侧耳倾听）果然是打呼噜的好手，这呼噜打的，跟我爸不相上下！

［刘二嫂的呼噜声依旧。

［灯光变化——清晨。

［金老板和金大妈从舞台两边上。

金老板 妈，您老怎么这么早就起床了？

金大妈 昨天晚上睡得踏实，这早晨就有精神！儿啊，多亏你给我找了个刘二嫂，她的呼噜跟你爸都是同一个分量！同一个水平！同一个档次！听着她的呼噜声，我睡得美啊！这是我三个月来睡得最香的一个晚上。

金老板 呃，她人呢？

［刘二嫂拿着早点上。

刘二嫂 早点买来喽！

金老板 二嫂，我妈对你的呼噜十分满意。本来我还想试用你几天的，现在看来不用了。这是我预付你的一个月工资，三千块，你拿着。

刘二嫂 金老板，这钱……

金老板 嫌少？

刘二嫂 不，我是觉得不值这么多。

金老板 大嫂，你打呼噜的水平高，值！我妈昨天晚上睡得又香又踏实，过些日子，老人家病好了，我还要重奖你呢！

刘二嫂 （谦恭地）谢谢！谢谢！（送金老板下）金老板走好！

（旁唱）【川拔棹】

工资高，
心中有愧脸发烧。
打假呼声紧，
一旦露馅如何了？
有心对他实情表，
不甘心这拿手好戏难出招。
俗话说事不过三，
再把两夜熬，
要是真还睡不着，
我就来个实话明挑。

［收光。

［幕外唱——

日出日落整三天，

刘二嫂三个夜晚没睡好。

假打呼噜不合眼，

这样的夜晚真难熬。

[灯复亮——又一个早晨。

[刘二嫂把一叠钞票放在桌子上，拎起当初带来的旅行包，蹑手蹑脚往门外走，迎面碰上早锻炼回来的金老板。

金老板 二嫂，你这是做什么？要走？

刘二嫂 金老板，你家这活儿……还是找别人干吧。

金老板 啊？你要辞工？是不是嫌工资少了？没关系，我再给你加钱。

[金大妈上。

金大妈 二嫂，你可不能走哇！你来的这三个晚上，我每天晚上都睡得又香又甜。

金老板 是不是我们有什么地方怠慢了你？

[喜剧音乐中，母子俩一个拦着刘二嫂，一个拽着她的旅行包。

刘二嫂 金老板、金大妈，对不起，我不该骗你们。

金大妈 你骗我们？

金老板 这话从何说起？

刘二嫂 乡下人命贱，在你家好菜好饭吃着，好床好铺躺着，晚上却怎么也睡不着。你们知道这几天晚上我的呼噜声是怎么回事吗？

金大妈
金老板 怎么回事？

刘二嫂 那是我睁着眼睛在假打呀！

金老板 什么？

金大妈 假打？

刘二嫂 我睁着双眼打假呼噜，还要你们的钱，这心里头过不去呀！你

们给的工钱我放在桌子上，一分不少。（拎起包要走）

金老板 （拦住）二嫂，也许你刚来，还没有习惯。

金大妈 是呀，过些日子就会好的。

刘二嫂 没用的，我知道自己，就这命。

金大妈 这算怎么回事啊？刚睡了三个晚上的好觉，你就要走？

金老板 刘二嫂，常言道：白猫黑猫，逮住老鼠就是好猫。不管你真打还是假打，我妈睡得香甜，这是事实。你还是别走。

金大妈 闺女，大妈不让你走！（诚恳地拉住刘二嫂）

刘二嫂 （欲走还停，沉吟半晌）金老板，我有句话不知该说不该说。

金老板 请讲。

刘二嫂 你们做儿女的忙着赚钱，老人整天一个人守着这么大的房子，心里空荡啊，没病也会憋出病来，让老人跟我到乡下去住些日子吧。

金老板 跟你去乡下？

刘二嫂 乡下没有城里繁华，吃的也没有城里高档，可空气新鲜，稻米蔬菜都是没有污染的绿色食品，我保证能让大妈听到我真正的呼噜声。

金大妈 好啊，我早就想到乡下去逛一逛，散散心！这几天咱俩处得就跟娘儿俩似的，要是不怕老婆子给你添麻烦，我去你那里。

刘二嫂 金老板，把大妈交给我，你就尽管放心，我们那里是……

【步步娇】

村前风景美如画，

村后树林赛氧吧。

木板床，平展展，

能治腰酸失眠颈椎麻。

金大妈 好，好哟！你我床上把话拉，柴米油盐酱醋茶。

刘二嫂 （接唱）

说累了，我打呼噜你入眠，
窗外是，小河流水哗啦啦。

金老板 太好了！

刘二嫂 【前腔】

下河能捉鲜鱼虾，
要吃土鸡笼里抓。
园里小菜味道美，
山菇竹笋降血压。

金大妈 （接唱）

老婆子我至少住上半年整，

刘二嫂 （接唱）

保管你治好失眠不想家。

金老板 （接唱）

保管你精神抖擞又焕发，

三人合唱 红光满面笑哈哈！

金老板 刘二嫂，妈，我来开车送你们去！

金大妈 好哇，说走就走！

刘二嫂 走！

[众人舞蹈。

[唢呐模拟出来的笑声，与此起彼伏的呼噜声相映成趣。

[幕落。

[剧终。

（本剧根据黄廷洪同名花鼓戏改编）

二〇一一年七月二十八日鹿城锦江家园

永嘉县文化馆排演

雷峰塔

京剧

人　物　小　青——峨嵋灵蛇（武旦扮演）

许仕林——钱塘秀才（小生扮演）

白素贞——峨嵋灵蛇（青衣扮演）

法　海——至尊长老（花脸扮演）

许　仙——皈依贫僧（老生扮演）

韦　陀——天界尊神（武生扮演）

小和尚甲——庙中小僧（丑角扮演）

小和尚乙——庙中小僧（丑角扮演）

白　猿——峨嵋仙者（武生扮演）

狐　仙（二人）——峨嵋仙者（武旦扮演）

鹤　仙（二人）——峨嵋仙者（武生扮演）

鹿　仙（二人）——峨嵋仙者（武旦扮演）

豹　仙（二人）——峨嵋仙者（武净扮演）

守塔天神——天界尊神（武生扮演）

护法天神（四人）、看塔众神将、众火神、众僧、众衙役

一、序幕

[西子湖畔，南屏山下，净慈寺。晚钟初鸣，山谷齐应，随风悠扬……

[小和尚甲、小和尚乙上。

小和尚甲
小和尚乙 （合掌）阿弥陀佛！

小和尚甲 （念）湖山深处藏胜景，

小和尚乙 （念）净慈禅院送晚钟。

小和尚甲 （念）雷峰塔影消残照，

小和尚乙 （念）千古犹带夕阳红。

小和尚甲 师兄请了！

小和尚乙 师弟请了！

小和尚甲 有道是：舞台虽小容天地，

小和尚乙 若不传奇不成戏！

小和尚甲
小和尚乙 今天就请各位看客和我俩一起走进传奇大戏《雷峰塔》的神奇天地。（分下）

[灯光变幻。湖光山色，美不胜收。

[主题歌声渐起——

轻舟红伞，漾开西湖三月天，

烟雨断桥，守着钱塘江月圆。

唤一声许郎，有着千娇百媚的春恋，

应一声娘子，有着千回百转的缱绻。

只有青儿知晓，千年的期盼，百年的姻缘，

尽付与桃红柳绿留连在人间。

［音乐变奏，灯光变幻。舞台风云突起。

法　海　（高处现出）妖孽大胆！护法神降妖者。

［韦陀手举巨型金钵率领众神将风驰电掣，飞速而来。

［白素贞在金钵强大的旋风裹挟之下飞奔而上，辗转挣扎。

［许仙撑着红伞抱儿奔上……

［韦陀手上的金钵火花飞舞，绽放出的电光雷火把白素贞和许仙父子死死相隔。

白素贞　（惨叫）许郎——！娇儿——！

许　仙　（惶恐大叫）娘子——！

［幕外合唱——

霎时间金钵飞势如天雷，

白素贞娇躯难抵电火摧。

若不容男欢女爱夫妻情，

岂不顾娇儿慈母生离悲？

［婴儿凄惨啼哭……许仙紧紧抱住襁褓中的幼儿……

［钵合。白娘子在钵中痛苦地隐去……

［光焰四射，雷峰塔巍然矗立。

小　青　（内喊）姐姐！

［小青飞奔而上，用宝剑挑开韦陀降魔杖，苦战众神将。

［许仙手中红伞跌落。小青捡起，举伞护着许仙及婴儿。

［韦陀率众神将围攻小青，小青奋力抵挡众神将的左刺右砍，渐渐功力不支。

［韦陀高举金钵罩向小青，金钵之法光烈焰逼散小青与许仙父子。

［小青节节败退。

小　青　（着急跺脚）法海！你还我姐姐！还我姐……姐……！

法　海　妖孽！白素贞若要重见天日，除非西湖水干，雷峰塔倒！

许　仙　（凄惨大叫）娘子……！

小　青　姐夫！娇儿！……

法　海　护法神，速将白素贞收入金钵压在雷峰塔下。

［从天而降的雷峰塔巍然镇住白素贞。

小　青　（愤恨不已，对着雷峰塔跪拜）姐姐！青儿定会练就神功，再来搭救姐姐！（快速奔下）

许　仙　（悲号不已）娘……子……！（转向小青奔去的方向）青儿……！

法　海　许仙！那白素贞罪孽深重，已镇塔底。你须皈依佛门，每日诵经赎罪。

许　仙　娘……子……！

法　海　将许仙带上山寺，皈依我佛！

［许仙怀中婴儿高声啼哭。

法　海　嗯——！我佛慈悲，有好生之德，速将此儿交其姑母，抚养成人！

［小和尚乙抱过婴儿。

许　仙　（悲号）儿呀！——

［收光。

［定点光起，小和尚甲、小和尚乙抱着婴儿隐现。看到眼前凄惨景象，暗自叹息……

小和尚甲　（念）月有晴明日有暗，

小和尚乙　（念）一塔如隔两重天。

小和尚甲　（念）钵光如剑斩尘念，

小和尚乙　（念）千载道行付深渊！

小和尚甲　可怜那千年灵蛇，被法海禅师斩断了她与许仙的千年情丝，镇于雷峰塔底，不知何时才是出头之日呀？！

小和尚乙　嘿嘿！除非西湖水干，雷峰塔倒！真是悲摧之极啊！

小和尚甲　（示意对方附耳，轻声）可我听说有句俗话，叫做“宁拆一座庙，不破一门婚”。

小和尚乙　（看了看左右，点头）嗯！

小和尚甲　白蛇对许仙尽管是人妖相恋，可他们确也是夫妻一家，相亲相爱呀！

小和尚乙　可现在是落得个家破人散，还要我把这可怜的婴孩，交付许仙之姐抚养！

小和尚甲　（合掌）阿弥陀佛！禅师还是心存恻隐，慈悲为怀啊！

［收光。

一、炼珠

［十八年后，峨嵋山，云蒸霞蔚。灵溪飞溅，漱玉跳珠；奇花异卉，绿荫葱茏，好一派仙山胜境。

［峨嵋众仙各练神功。

［一鼎三昧真火烈焰熊熊。一颗神珠在火中跳跃，迸发出七彩光芒。

［山石上，小青对着三昧真火，盘腿打坐，潜心修炼。

［幕外女声合唱——

天地鼎炉燃三昧，

日月水火淬阴阳。

十八春秋匆匆过，

心念时时到钱塘。

［梦幻中，传来白素贞外声：青儿！

小　青　（惊醒，急叫）姐姐！姐姐……！

（唱）蒙眬中姐唤青儿耳边响，

不由我热血沸腾心飞翔。

十八载娇儿离娘声凄惨，

声声如剑断心肠。

雷峰塔高如山镇，

姐姐塔底苦难当。

九阳神珠火中跳，

九阴神功胸中藏。

为报冤仇苦修炼，

为救姐何惧蹈火赴汤。

［三昧真火，冒起氤氲紫气，神珠跳跃腾飞，引得众仙前来观看。

众　仙　（围着鼎炉）神珠炼成了！神珠炼成了！

豹　仙　【扑灯蛾】（念）

小青日夜神珠炼，

鹿　仙　（接念）立志救姐火中煎，火中煎。

狐　仙　（接念）但愿神功威力大，

鹤　仙　（接念）摧毁雷峰重见天，

众　仙　（接念）重见天！

小　青　多谢众位大仙，十八年风雨无阻，相助小青，神珠炼成，神功在身，让小青早日救姐。姐姐塔中定也是感激不尽啊！

豹　仙　（捋了捋微翘的胡须，故作老成地）众位大仙，依本仙之见，小青外炼九阳神珠，内修九阴神功，虽历经十八载春秋，但尚未达到火候，只是初见成效！

白　猿　（沉吟片刻）豹兄弟，白素贞被压在雷峰塔下已十八年，小青欲前往相救，心急火燎的，你可不能倚老卖老，尽说些无用之言！

豹　仙　猿兄，那三昧真火必须静心炼就，小青她心急火燎只想救人，恐难使神珠形神兼备，让小青修真成性，达到神功之力。

狐　仙　豹仙，你别装出一副高深莫测的样子！白娘子在塔里压了十八年，气都喘不过来……

鹿　仙　你却在这里咬文嚼字，故弄玄虚！我看你是别有用心，置白娘子于死地而不顾吧！……

豹　仙（气）胡说八道！

众　仙（气）胡说八道！

众　仙　就是，就是！

豹　仙（急）哼！谁别有用心呀！小青她神功未到，就想去与法海的金刚法阵相斗，不但救不出白娘子，也将于她不利！

小　青（拨开众仙，大声）众位大仙，莫再吵闹！出山救人，刻不容缓！小青此去，定能将姐姐救出困境！（欲奔去）

豹　仙（急，拦）只怕有去无回，那时悔之晚矣！请三思而行！

小　青（气）豹兄！你一再阻拦，不知是何用意？十八年来，日思夜想，难道还不够三思吗？（悲切）想姐姐，家破人散，塔底下奄奄一息，度日如年，（愤对豹仙）我岂能再等！

豹　仙　……（被曲解后的无奈）小青……你……嗨！

白　猿（沉吟片刻）且慢！你虽人珠合一，但不知自身功力增添多少。来来来！俺白猿与你比试一番，看看你练的神功已到何境！

众　仙　好！比试比试，让我们也开开眼界。

小　青　好，那就比试一番

众　仙　好啊！好啊！比试一下，让我们也开开眼界。

［众仙调皮地一呼而上。

［小青使出浑身解数，十八般武艺，一一对决，打败众仙，飞速腾云而起。

白　猿　青儿，你的功力大增！

众　仙　武艺超群！

小　青　摧垮雷峰，搭救白娘在今日！（一副骄人模样，向豹仙）豹兄，小青去也！（奔下）

豹　仙（急追）哎，哎哎！……（转回）白猿大仙，小青所练神功实实未到佳境，此番前去恐遭不测，待我等相助与她！

［白猿一声“呼哨”，率众仙急追奔下。

［收光。

二、祭母

［西湖边，夕照峰上，雷峰塔。重檐飞栋，藤萝牵引，山光水色，岿然兀立。

［小和尚甲急切地呼唤小和尚乙上。

小和尚甲　师兄……师兄……！

小和尚乙　怎么了？怎么了？

小和尚甲　法海禅师将至雷峰塔前布置法事，你我早些清扫寺院迎接禅师。

小和尚乙　好好好，你我各自准备了。（与小和尚甲同下）

［阴沉的佛鼓声渐起，守塔天神率四护法神上。

［众护法神四下巡视法事布置。

四护法神　有请禅师！

［庄严的佛乐起，雷峰塔中钟鼓齐鸣，众和尚手举经幡仪仗，诵经而上。法海带出家人许仙上。

法　海　阿弥陀佛！

［小和尚甲、小和尚乙随即迎上。

法　海（念）策杖驭风钱塘境，
　　　　夕阳残照映雷峰。
　　我佛慈悲，众生普度。许仙！
许　仙　弟子在！
法　海　苦海无边，回头是岸！
　　（唱）十八年苦海无边回头早，
　　　　证大道诵经文罪孽消。
　　　　参透了人间事，
　　　　不过是南柯梦里空欢笑，
　　　　悟真如出六尘远离那梦幻颠倒。
　　阿弥陀佛！许仙，十八年来你虔心修佛，佑得你儿许仕林，十年寒窗，苦心攻读，今大比之日，不忘祭母。我佛慈悲，许他今日母子相见。那时，你要随为师施动法谕，不要误了时辰！
许　仙（震惊）……这……
法　海（威严而视）嗯……！
许　仙（低头，战栗）谨遵法旨！
法　海　阿弥陀佛！
许　仙（旁白）天哪，天！
　　（旁唱）雷峰塔前母子会，
　　　　往事如潮撞心扉。
　　　　原以为晨钟暮鼓俗念断，
　　　　却不料血浓于水肝胆摧。
小和尚甲　师兄，（附耳）那旁来了一位香客。
小和尚乙（转声）莫非是许仙之子许仕林？
小和尚甲（转声）我们快快打扫便道，迎接香客！
　　［法海带许仙、守塔神等隐于一边。

［许仕林布包蓝衫，逡巡而上。

许仕林 （唱）纷纷落叶扑西风，

呖呖啼鸟归旧松。

丁丁铎铃凄清送，

苦苦哀思夕照中。

［风送铎铃，叶落鸟飞。雷峰夕照，庄严肃穆。

许仕林 母亲，亲娘！

（念）这素素柳丝可是娘的白发？

这寂寂危塔可是娘的身影？

啾啾鸟鸣可是娘诉的冤屈苦？

凄凄铃响可是娘思儿的哭声？

（唱）襁褓离娘苦伶仃，

父在方外独修心。

寸草春晖无报处，

枉教大比跃龙门。

今睹娘亲凄惨景，

母亲……

（接唱）只盼娘早日出塔门。

母亲……

［许仕林盼娘无影，悲痛欲绝，跪到在雷峰塔前，凄凉地独自抽泣。

许　仙 （出隐处，大叫）儿呀！（扑上前去）

法　海 （隐出，威严地）许仙——！归入法阵！

［许仙无奈地退回法海身边，众和尚隐出。

［许仙与众和尚等齐声诵佛，隐下。

［众护法神隐出。

众护法神　白素贞速速醒来。

［诵佛声中，灯光变幻，烟雾腾起，塔身透明，现出塔中白素贞婉尔醒转。

白素贞　（内声，唱）

猛听得一声喝魂魄惊醒，

护法神甲　白素贞，你子前来祭拜于你！

护法神乙　我佛慈悲，容你出塔相见！

白素贞　（出塔，急切地寻找）仕林……我儿……儿啊……

许仕林　母亲……母亲……

白素贞　仕林……儿啊……

许仕林　母亲……

白素贞　儿啊……

［母子俩相见，相拥痛哭……

白素贞　（接唱）终盼到娇儿来见亲娘。

儿啊，一十八载娘在塔中朝朝暮暮心念孩儿，今日得见怎不叫人心喜。

许仕林　孩儿日夜思念母亲泪水哭干，今日得见怎不叫儿欢心。

白素贞　（端详着许仕林）儿呀，这些年来，苦了我儿！叫为娘好生看上一看！

许仕林　（不解地）母亲因何落泪？

白素贞　（幸福地）见我儿神似你父，怎不叫娘越发地思念你的爹爹。

许仕林　（气）爹爹！莫再提他！

白素贞　（慈爱地）血脉之亲，堪比天大！

许仕林　（怨）他生而不养，置母死地，儿情愿无有这样的爹爹！

白素贞　儿此言差矣。虽是为娘十月怀胎生下孩儿，却也未能抚养于你。幸得你姑母，含辛茹苦将你抚养成人。儿呀！为娘乃是峨嵋千年蛇仙，西子湖畔幸遇你父，相知相爱，得配良缘。你父为我历经辛苦磨难，你乃贤孝之子，岂能埋怨你的爹爹！

许仕林 （感动，点头）感念母亲宽宏大量，儿定要救出母亲，母子团聚。

白素贞 这些年来苦了我儿了！

（唱）难忘离儿悲惨景，

娇儿啼哭刀剜娘心。

塔中翘首望，

难见儿踪影。

朝朝泪洗面，

漫漫十八春。

娘心中对娇儿常怀愧疚，

叹我儿幼年失怙孤零零，

何曾得父母慈恩？

喜我儿长成人力求上进，

盼我儿占鳌头跃龙门，

蟾宫折桂宽慰娘心。

原本当一家人多和顺，

却为何天道不公是非不论，

生生拆散一家人？

今日将别添悲痛，

何年再重逢？

护法神甲
护法神乙 （隐出）白氏素贞，时辰已到，速归塔底！

护法神丙
护法神丁 （隐出）时辰已到，速归塔底！

众护法神 时辰已到，速归塔底！

白素贞 （不舍）仕林——！

许仕林 （凄然）母亲——！

白素贞 儿啊，此番赶考，定伸屈志，娘将每日为儿祝告祈福！

许仕林 孩儿谨记！

［幕外女声独唱——

相见时难别亦难，

千刀万刃刺心间。

从此一别天地远，

若再相逢待何年？

白素贞 （难舍难离）儿啊！

许仕林 母亲……！

［四守塔天神将白素贞母子生生扯离，将许仕林逼下山门，将白素贞押入塔底。

［收光。

三、败斗

［光起，雷峰塔前。月暗星寂，树影婆娑。守塔天神和众护法神在塔前四周巡视，一片森严。

［小青趁着夜色潜身而上，在山石丛林间飞速游走……

小　青 （念）漫漫煞气迷山影，

遥望雷峰气吞云。

为救姐姐闯险境，

何惧虎狼当道行！

可恨那法海将我姐姐镇压在雷峰塔下，这十八年来是我苦心修炼，终得神功，前来相救！看，云遮月隐，塔身迷离，煞神恶视，韦陀肃立。待我绕过天神阵，穿过韦陀关，越过武僧地，闯过守塔营，搭救姐姐去者！

【喜迁莺】

恁看那，

层城万岭。

越过了一道道炼狱鬼门，

心如焚。

纵然有神将重兵把守，

俺今日定显奇功，

倒雷峰毁塔撼动乾坤。

白　猿　（白猿带众仙驭云而来）小青慢走……！（按下云头，跃下）

小　青　白猿仙，你们怎么来了？

白　猿　小青，你孤身一人怎能斗得过法海秃驴？我们峨嵋众仙前来助你一臂之力！

小　青　多谢众位大仙！（瞭望）前面已是雷峰塔，你我速速前往！

【四门子】

急切切往那冤地里跑，

众　仙　（接唱）峨嵋众仙齐奔到。

小　青　（接唱）云端儿立，

众　仙　（接唱）暗地里瞄，

小　青　（接唱）把那凶神恶煞团团绕。

豹　仙　（接唱）灵豹儿啸，

鹿　仙　（接唱）仙鹿儿跳，

众　仙　（接唱）满乾坤灵火烧塔倒法销！

［夜空中一声霹雷震响，法海率守塔天神、众护法神在云中隐现。

法　海　妖孽！大胆！

小　青　法海，秃驴！

（唱）你害我姐姐遭难塔底困，

小青我要救姐姐水火中！

法　海（唱）众天神布就了灭妖阵，

天罗地网你怎抗争？

小　青（接唱）峨嵋炼就盖世功，

正敌你金刚风火轮。

法　海（接唱）千年蛇妖不剿灭，

怎显俺佛法无边收人心！

护法神！降妖者！（双手合十）

［小青施法，峨嵋众仙纷纷助阵。

［法海率守塔天神、众护法神等迎战。

［幕外合唱——

一方是飞度冲霄胆大艺高，

一方是佛力至妙不肯轻饶。

神龙杖欲降妖氛紧护塔，

九阳珠欲破法术冤仇报。

法　海　护法神，摆下金刚法阵擒她。

［小青困于金刚法阵，力不能敌。众仙助战。

小　青【水仙子】

恨恨恨、恨佛力高，

怎怎怎、怎教人负此冤仇报？

悔悔悔、悔当初神功力未到，

只只只、只吞下苦果把天来祷。

他他他、他得意任逍遥，

杀杀杀、杀出这魔法阵地动山摇。

小　青　（渐杀渐败，愤恨大喊）姐姐——！

法　海　（怒，高声）尘缘已尽，孽债到头！白素贞，一年之后，将化为原形永不为人。

［袈裟法阵步步紧逼峨嵋众仙。小青举起青龙双剑，和众仙一起艰难地杀出重围，狼狈撤下。

［法海得意地将袈裟收起。

［许仙从隐处出，看到刚发生的一切，惊魂未定。

［空中遥遥传来法海威严的声音——尘缘已尽，孽债到头。蛇妖白素贞，一年之后，将化为原形，永不为人！

［一声霹雳，打得许仙呆然而立。

［收光。

四、认父

［距前场近一年，光起。雷峰塔前，秋风落叶，许仙佝偻携帚，塔前拂扫。俩小和尚在一旁定点光中隐现，同情地望着面容憔悴的许仙。

小和尚甲　（念）青蛇功力不足，

小和尚乙　（念）禅师法术难除。

小和尚甲　（念）白娘大限将至，

小和尚乙　（念）许仙心里最苦。

［二人叹气而下。

许　仙　唉！娘子啊！（伤心地扶壁而哭）

（唱）每日里对灵塔是以泪洗面，

　　与娘子咫尺间相见艰难。

　　实难忘娘子千般缱绻，

实难忘娘子她性温柔心良善人称赞，
却为何难容天地间？
可叹我一介凡夫狂涌难挽，
我只能在塔前清扫路径，
赎前愆泪洗青衫。
对苍天把青妹千呼万唤，
青妹啊青妹！
你速来救娘子莫再迟延。

[小和尚甲、小和尚乙后区上，面朝壁龛，祭香三炷。

许　仙　娘子！

小和尚甲　嗨！许仙，白娘子长受塔中镇压之痛，又罪加一重，永没仙籍……

小和尚乙　可她也曾与你同舟巧合，两心相许……

小和尚甲　不枉人间姻缘一遇，于心足矣。

小和尚乙　是啊！许仙，你也不要过多自谴，保重为宜啊！

许　仙　（愧悔地）往事不堪回首！想当年，风雨同舟，结为夫妻。可怜她思慕人间，却天不容予。端阳因酒，痛生祸由；昆仑盗草，深情大义。可叹我辜负盟誓，执意痴迷。害她金山水斗，孕身抗敌；败至断桥，腹痛难抑！可悲我那亲生的儿呀！他脆生生，呱呱落地，初次见娘，却是雷峰塔前祭！（痛哭失声，拭泪）

小和尚甲　（感慨）你们一家人的遭遇，可真是古今第一传奇！

小和尚乙　但天有好生之德，所幸你们生有子嗣……

小和尚甲　续下情缘，平生足慰矣！……

衙　役　（外声）闲人闪开，闲人闪开！

小和尚甲　（望远处）看远处过来一班人马，好不热闹！

许　仙　（低头扫路，抬头一望，心上一惊，旁白）难道是我儿仕林金榜

高中，钦赐荣归？（隐于塔后）

［喜乐齐鸣、锣鼓震天，许仕林官花红袍，带随从上。

许仕林　（唱）琼林宴罢忙归骑，

宫花耀眼人称奇。

三榜夺魁遂母愿，

骨肉相聚何是期？

（许仕林趋步向前，跪倒雷峰塔前）母亲，孩儿得中状元，奉旨荣归，前来拜见母亲。（悲伤难抑）

小和尚甲　（扶起）状元公，您今身受国恩，为国效力，你母塔中有知，定也是称心如意呀！

小和尚乙　赐您拜母，皇恩浩荡。无奈天人两界，当节哀自重！

许仕林　（悲，起，无奈地）我十载寒窗，发愤图强，只为救母出塔！如今回转雷峰，依然是母子难聚，孝难以表，于心痛矣！（哭介）

许　仙　（听到亲儿哭声，心中不忍，从塔后隐出）仕林！莫要难过！

许仕林　（诧异）你是何人？

许　仙　（愧疚地）我……我是你父许仙！

许仕林　（气）许仙？哼！我无有你这样的父亲！

［许仙愧疚掩脸，欲转身退下，被和尚甲、乙拉住。

小和尚甲　状元公在上……

小和尚乙　听我等一言……

小和尚甲　（唱）你孝慈母天可鉴，

小和尚乙　（唱）慈父的恩情也要记心间。

许仕林　（接唱）十八年，生而不养恩何在？

小和尚甲　（数板）十八年，他青灯黄卷把经念，

小和尚乙　（接唱）只盼妻儿皆平安。

许仕林　（接唱）他不辨是非信谗言，

害一家飘零千古冤！

许　仙　天呀！（凄惨地）谁知我心哪！

小和尚甲　有了！（与和尚乙耳语）

小和尚乙　（兴奋点头）有了！（忙下）

许　仙
许仕林　（惊诧）有了什么？

小和尚乙　（拿红伞出）许仙，你的红伞！

许　仙　（接过红伞）红伞！（眼前一亮）儿啊！（抚摸红伞）这把红伞，是为父与你母亲的订情之物，为父珍藏至今，日夜不离。你若不信为父爱你母子之情，这把红伞，就是证凭！

许仕林　（惊看）红伞！

许　仙　儿啊！往事不堪回首！所幸我儿承天之佑，屈志得伸，出人头地，孝心可嘉！（急）只是你母今在塔底，时日无多，危在旦夕，如今还是快快救出你母要紧！

许仕林　（沮丧）仕林何以救母？仕林无能救母！

许　仙　（问伞）红伞啊红伞，你可有救人之法吗？……（突然眼前一亮）哎呀！儿啊！……救母有法了！

许仕林　（惊）何法之有？

［幕外响起了柔美的主题歌旋律——

许　仙　红伞！你就带着这把红伞，快快前去峨嵋寻找青姨，搭救你母！

许仕林　（感动，诧异）一把红伞焉能救母？

许　仙　一年前，你青姨来到雷峰搭救你母，力不能敌，重返峨嵋。如今一年将至，法海要将你母化为原形，永不为人！你母危在旦夕，你快到峨嵋求助青姨前来相救！

许仕林　只是我与青姨从未相见，如何认得？

许　仙　青姨见到这把红伞，定能与你相认。

许仕林 只要能救得母亲，就是上刀山下火海，孩儿也在所不辞！……

许　仙 仕林，快去快回！

[许仕林兴奋欲奔下。

小和尚甲 （急拉住，示意）状元公，你别而不告……

小和尚乙 非礼也！

[许仙尴尬。

许仕林 （慢慢转身，凝望着许仙）爹爹……！

许　仙 （惊喜）你……你……你叫我什么？

许仕林 儿叫你爹爹！

许　仙 仕林！

许仕林 爹爹……！

许　仙 儿啊……！

[父子俩抱头痛哭，许仙老泪纵横。

[交响化的主题曲轰然响起——

轻舟红伞，漾开西湖三月天，

烟雨断桥，守着钱塘江月圆。

[在极为动情的主题音乐旋律中，父子挥泪相别，慢慢收光。

[光起。峨嵋山道，冰冻三尺，雪冷地寒。白猿率俩鹤仙飞跃而上。

白　猿 二位鹤仙，前番小青与我等前去雷峰搭救白娘，不料功力未到，难敌法海的金刚法阵，如今小青又在峨嵋苦行修炼，你我不免去至峨嵋金顶，寻找七彩宝石，助她炼火修真，以达神功！

俩鹤仙 好，我们走……

[许仕林内唱：登天梯，攀陡壁，坡滑路险……

[白猿与俩鹤仙，静观片刻，同下。

[许仕林身背红伞，抵挡狂风暴雪，艰难地上。

许仕林 （接唱）风刺骨，雪满天，风雪密布天昏暗。

顾不得饥肠辘辘身疲倦，

为寻亲人来到峨嵋山。

娘在塔中受磨难，

爹爹盼儿眼望穿。

千山万壑寻找遍，

不见青姨在哪边？

奋力再上金顶岭，

冰滑路陡攀登难。

骤然狂风漫天卷，

撑起红伞避风寒。

［幕外女声合唱——

一柄红伞风雪拦，

撑起人间情爱天。

纵使千根骨，

终归一点圆。

爹爹，纵然冰天雪地，刀山火海，仕林定要寻着青姨，救出母亲！

（接唱）为救母亲脱苦海，

哪怕千辛与万险。

天若有情天开眼，

感我孝心酬我愿！

（呼唤）青姨！你在哪里？你在哪里呀——！

［突然一阵大风，携伞飞起，许仕林慌张，追。

许仕林 （喊）伞，我的红伞——！（追伞跌落山崖）

［许仕林外声：伞！我的红伞——！

［白猿与俩白鹤上。见到红伞。

白　猿（撑着红伞）**伞！我的红伞！**

［许仕林外声：伞！我的红伞——！

［白猿听山崖传出叫声，令俩白鹤前去搭救。俩白鹤飞下。

［许仕林被救上。

许仕林（奄奄一息，四处寻找，见伞，急切地扑上）**伞，我的红伞——！**（昏迷）

［白猿带伞，俩白鹤背许仕林上山。

［切光。

五、见伞

［幕外女声合唱——

只叹炉火未纯青，
神功难显怎救人？
不忍姐姐骨肉散，
青儿山中苦发愤。

［合唱声中，灯光渐起。山中冰窟，一鼎三昧真火，熊熊燃烧。冰凌雪柱，垂挂如帘。

［小青坐在青石板上，面对鼎炉，苦闷万分。

小　青（唱）最痛莫过哭无声，
最恨莫过冤难伸。
最悔莫过功未到，
最愁莫过失信心。
最爱莫过姐妹情，
最恐莫过永离分。
但愿能收拾起胸中千仇万恨，

化雷电化血火炼就神功再战雷峰！

［蒙眬中法海外声：妖孽！白素贞若要重见天日，除非西湖水干，雷峰塔倒。

［小青被激起万千愤怒，拔出峨嵋双剑，在冰窟之中漫天飞舞，四处劈砍，巨大的冰棱瞬间被砍裂震断，纷纷凌空坠下……

豹　仙　（隐上，看此情此景，焦急，念）白虹贯日示凶险，重义轻生双剑知！小青！

小　青　（躲闪不及，似有羞愧地）豹兄！

豹　仙　豹兄前来劝说与你，那法海法力无边，又有天神庇佑，你纵然神珠炼就，大功告成，也是斗他不过！你还是断了倒塔救姐之念，静心在这峨嵋山修身养性吧！

小　青　豹兄，知你一片真心，欲保小青无虞！可将心比心，青儿对姐姐更是情深义重，难以相弃！想到姐姐将要销声匿迹，与姐夫、娇儿永不相聚，（悲切）小青我……（转身掩饰）

豹　仙　（被打动）小青！（更加坚定）只是你……

小　青　（毅然打断）只要小青尚存一气，定要拼死炼就神珠，摧毁雷峰，救出姐姐！

豹　仙　小青！摧毁雷峰谈何容易？你可不要走火入魔，自毁这多年道行！

小　青　豹兄！小青只愿早日炼就神珠，救出姐姐，不想自毁苦修的道行！

豹　仙　（一把擎住小青手臂，惊，忍性劝导）可是以你微薄的蛇仙功力，硬闯那金刚法阵，岂不是以卵击石？你还是听兄一劝吧！

小　青　小青救姐之心早定，你莫要再三阻拦！

豹　仙　（急）小青，你这功力是斗不过那金刚法阵的，你为成神功，斗倒法海，忍性炼珠，已达险境。……我握你之手，已感你全身燥热难熬，深陷自焚之苦……

小　青　（决意）多谢道兄关爱！小青我不救出姐姐，誓不罢休！

豹　仙　小青！待愚兄与你实说了吧！纵然神珠炼就，大破金刚法阵，摧倒雷峰，白娘复生，可你多年苦修的道行也将毁于一旦！

小　青　此话怎讲？

豹　仙　你神珠炼就，神功也成。可你要斗胜法海的金刚法阵，必定使出全身力气，难能自保……唉！到那时，千载根基，顷刻自毁，你将蛇形毕露，痛苦难忍，魂消魄散……小青你、你、你、你将永难成人！（叹气隐下）

小　青　（惊诧，唱）

听道兄一番言语殷殷关切，
不由我心潮翻卷难以平息。
为炼神珠心血熬尽，
为盼团圆烈火不熄。
法海神功难匹敌，
若再战势必要以命抵。
拼一死，功力尽，
现回原形人间永离。
欲保自身千年道，
又谁来救姐出樊篱？

姐姐！姐姐——！

我与姐姐患难情谊，
同生共死心心相依。
为看人间团圆美，
我小青纵然化物也不惜。
若遇那烟柳断桥飘丝雨，

那是我小青与姐姐，

叙情谊的绵绵私语。

[小青毅然自悬火上，发愤修炼神珠。众火精灵纷纷从火焰之中腾跃而出，炙热的火苗簇拥燃烧着小青，烈焰冲天……

[幕后合唱——

赤焰烈烈日夜焚，

寸心似铁百炼成。

姐妹情谊山样重，

发誓救姐不变心。

[火焰之中，小青日以继夜，发愤苦炼，终于大功告成。巨大的神珠在冲天燃烧着的火焰中凌空隐现，光彩夺目，璀璨四射……峨嵋众仙暗上，为眼前小青炼珠的壮观景象而惊诧……

豹　仙　（念）乾坤鼎沸神珠现，

狐　仙　（念）不枉峨嵋斗志坚。

豹　仙　（念）为能冰天不移性，

狐　仙　（念）总是奇骨炼珠前。

鹿　仙　（念）千年灵光聚一体，

豹　仙　（念）百日精血凝娇妍。

狐　仙　（念）救姐之盟终不负，

豹　仙　（念）神功炼就，可小青她……

众　仙　（惊叫）小青！小青！

[小青耗尽体内精元，昏厥在地，众仙惊慌冲上，搀扶而起。

众　仙　（急切地呼唤）小青！小青！

[小青依然闭目未答，头上冒起了一缕青烟。

豹　仙　嗨！小青，你真是不听劝啊！难道你真的要为了白娘的一点凡心，反撇下千载根基……

（接念）自毁峨嵋道千年！

众　仙　（急叫）小青！小青！

［小青慢慢苏醒过来……

［远处传来一声猿啸……

豹　仙　哎！白猿大仙回来了！

［白猿背着许仕林上。众帮着放下许仕林，为其哈气取暖。

小　青　猿兄，这是何人？

白　猿　我在峨嵋雪岭上救下的一位书生。哦，这是他的伞！一把红伞！

众　仙　红伞？

小　青　（一看，惊，接过，细看）这不是姐姐的红伞吗？你你你你是从哪里得来的？

白　猿　（示意地上躺着的许仕林）是这位书生的。在漫天大雪中，只见他冻僵在地，是我将他救了出来！

小　青　（一探）快快救醒于他。

［众施救。许仕林醒转。借着炉火，与小青对望。

小　青　（唱）眼前此人旧曾见，
　　　　　　恰似西湖遇许仙。

许仕林　（唱）闻气如兰心房暖，
　　　　　　青姨可是梦中现？

小　青　（接唱）红伞传信到峨嵋，
　　　　　　定是姐姐有危难。
　　　　　　问声红伞何处来？
　　　　　　你是何人来到峨嵋山？

许仕林　（接唱）爹命我持伞进峨嵋，
　　　　　　寻找青姨解危难。
　　　　　　我虽然不识青姨面，

青姨见伞便知因原。

小　青　（接唱）莫非你是仕林儿？

许仕林　（接唱）我就是许仕林，你的亲甥男！

小　青　你是仕林？

许仕林　我是仕林，你是青姨？

小　青　我是青姨，仕林！

许仕林　青姨——！

小　青　仕林——！

许仕林　青姨——！

小　青　（哭抱）仕林，（拭泪，急问）你母现在怎么样了？

许仕林　（声泪俱下，哭诉）可怜我母塔中大限即至，我父无能，仕林不孝，只得攀上峨嵋，求助青姨速速相救！

众　仙　（惊叫）白娘子大限将至！

许仕林　（悲）法海要将我母除去仙籍，永难成人，我们一家，再也不能团圆了！

小　青　（唱）闻此言不由我牙根咬断，

法海贼苦苦逼迫忒凶残。

我姐姐与许郎真心爱恋，

为什么偏要拆散这美满姻缘。

看今朝神珠炼成下峨嵋，

定要救姐姐出深渊。

［小青施法，神珠飞跃而起，三昧真火轰然而烈，把冰窟融化。

［收光。

六、倒塔

［光起，小和尚甲、小和尚乙上。

小和尚甲 （念）大限将到仙籍没，

小和尚乙 （念）正是天人永诀时。

小和尚甲 师兄，白娘子大限已到，法海禅师今日要将她打回原形。

小和尚乙 眼看着许仙一家就将天各一方，人妖永诀。

小和尚甲 真是令人撕心裂肺、欲哭无泪呀！

小和尚甲
小和尚乙 唉！阿弥陀佛！

［佛乐起，众和尚诵经上。俩小和尚走入诵经的队列中，和众僧一起低头虔心念佛。

［雷峰塔前，西子湖畔，凄云惨雾，林木森森，天神摆阵，武僧狞立，众护法神把守在法台高处。

［法海高坐莲花道台，一声法号，钟鸣鼎盛，香烟四散，幡幢飘摇。

［数通鼓后，僧众诵佛声起。

法　海 （念）顶礼浮图莲台妙，

法相尊严立云霄。

万里乾坤倚锡杖，

宏愿普施在今朝。

（威严地，唱）

施宏愿诵莲华法堂森严，

看人间雾弥漫熙熙攘攘，

名利羁牵欲海浪翻呐！

叹白蛇在峨嵋千年修炼，

原本当成大道忝列仙班；
大不该下峨嵋人间眷恋，
与许仙结孽缘妖惑人间。
看今朝大限到当销此案，
定叫她形消影灭化尘烟！

护法神！

护法神 （出）在！

法　海 （肃然）蛇妖白素贞，被镇压雷峰塔下，如今大限已到。佛法镇妖，化她原形，永不超生！

护法神 领法旨！

法　海 （闭目合十）阿弥陀佛！

［佛号响，诵佛声起，法海施法，金钵高照，禅杖飞升。众护法神呼风唤雨，顿时雷电交加，雷峰塔在电火之中，裂变震颤。

众　仙 （上）秃驴，还我白娘，还我白娘，还我白娘！

法　海 孽畜，佛门重地，休得再来纠缠！

小　青 秃驴，快快还我姐姐！

法　海 白素贞孽缘深重，十八年来得佛超度，理应还其深山。

小　青 她敬夫爱子，何罪之有！你拆散夫妻，分其母子，天理何存！

法　海 既知天理，就不该人妖混界，我佛慈悲，劝你速速离去！阿弥陀佛！

小　青 哼！收起你的假慈悲！还我姐姐！

法　海 （恼羞成怒）大胆妖孽！休得猖狂。护法神！降妖者！

［法海飞出金钵，众护法天神施法收妖。

［小青拔出青龙双剑，斩断金钵万道紫金霞光。顿时金钵失去神力，化为器皿，坠落在地。众守塔天神簇拥而上，小青大战护法神将……

［小青越战越勇，取出神珠，使出浑身解数，用劲发力，神珠犹如一团炙热的火球向法海飞速滚去，越滚越大，团团缠绕着法海。法海被烧灼得浑身热燥，难以念咒，手中之钵变形，禅杖失灵，袈裟破碎。

［此时，围绕着法海的神珠变幻成三昧真火，冲天的火苗托出坐于火顶的小青。小青凝神息气，倾尽全力操纵着飞旋的神珠。

［神珠突然光焰四射，球体迸裂炸向雷峰塔，塔上顿时火光一片，法海黯然失色，慌忙躲避。

［音乐声中，雷电交加，霹雳裂天，雷峰塔在电火中震动摇晃。

［一声炸雷惊天而落，雷峰塔顷刻摧毁坍塌。

［一片废墟中。一束白光，照出塔中缓缓升起的白娘子。

［许仕林冲上，大叫：母亲——！

［许仙冲上大叫：娘子——！

［黑暗中白娘子大叫：青妹！

［众仙扶着全身无力的小青慢慢地倒地。

白素贞　（急速地跨出塔基，扶起小青，痛声大叫）青妹，青妹……！

小　青　姐姐！小青终于救出你了！

白素贞　（紧紧地抱住小青）青妹……！

［逐渐痛苦变形的小青一把推开了白素贞，全身扭曲，在地上翻转、颤抖不已……

白素贞　（满面热泪不止）青……妹……！

许仕林　（着急地呼喊）青……姨……！

许　仙　（痛苦地抽泣）青……妹……！

［小青被全身裂变的剧烈疼痛折磨得满地翻滚，盘延抽搐，最后慢慢坠入冰冷的西湖水中，消失于潋滟水波深处……

白素贞　（痛哭不已）青儿，青儿……！

小　青　（画外音）姐姐……姐姐……！

白素贞　青儿……

小　青　姐姐……

［幕外主题曲音乐回旋响起——

［灯暗转。

八、尾声

［景转西湖，人间三月天。许仕林携父母许仙、白娘子向断桥走去。

［行过断桥，白素贞向西湖一甩素帕，化成一只轻舟缓缓飘来，和风细雨，一把红伞，一家三人同舟共济，和美无比。

［云层深处，小青的俏丽形象慢慢隐现……绽开着笑容望着云下和谐的钱塘西湖天地……

［主题歌声起——

轻舟红伞，漾开西湖三月天，
烟雨断桥，守着钱塘江月圆。
唤一声许郎，有着千娇百媚的眷恋，
应一声娘子，有着千回百转的缱绻。
只有青儿知道，千年的期盼，百年的姻缘，
尽付与桃红柳绿，留连在人间。

［西子湖畔，南屏山下，净慈寺。晚钟初动，山谷齐应，随波悠扬……

［小和尚甲、小和尚乙两边隐上。

小和尚甲
小和尚乙　（合掌）阿弥陀佛！

小和尚甲 （念）湖山深处藏故事，

小和尚乙 （念）又是南屏送晚钟。

小和尚甲 各位看官，《雷峰塔》这出传奇大戏演完了！

小和尚乙 尽管尾声有些凄丽，但结局还是团圆如意！

小和尚甲 我们师兄师弟也该就此收官谢幕了！

小和尚乙 祝各位平安快乐，

小和尚甲
小和尚乙 吉祥如意！

［幕渐落。

［剧终。

二〇一三年一月十二日初稿于鹿城

二〇一三年十月二十七日

参加浙江省第十二届戏剧节修改稿

十月三十一日微调

浙江京剧团排演，首演剧名为《青蛇》

大渡河

京剧

人　物　林志勇——红军某先遣连连长，质朴粗犷虎虎生威。

刘大可——红军某营营长，带副眼镜，斯文刚毅。

李大姐——红军某救护连指导员。

圆　圆——红军某救护连女医生，怀有身孕。

米　贵——红军某先遣连侦察员，入伍不久的彝民。

火云飞——彝族女子，后参加红军。

李银根——红军某先遣连一排排长。

唐金祥——红军某先遣连战士。

王秀英——红军某救护连副连长。

彝族阿妈——火云飞阿妈。

韩营长——白军某营长。

老　傅——红军某救护连医生。

陈副官——白军某副官。

小　超——红军某救护连警卫员。

匪兵甲——国民党白军士兵。

匪兵乙——国民党白军士兵。

彝族头人——彝族山寨头人。

红军战士、彝民、白军、俘虏等若干。

序　幕

[1935年5月。四川省西南地区汉彝共处之地。悬崖峭壁下的大渡河，惊涛拍岸，浊浪排天。河岸的山坡上，正是山花烂漫、五彩缤纷时节。

[应和着大渡河亘古不变的节拍，《大渡河》主题歌“船工号子”的旋律随之激情地响起——

哟嗬哟，哟嗬哟嗬！
哟嗬哟，哟嗬哟嗬！
大渡河哟，出云涧哟，
跌峻岭哟，飞险滩哟。
携来三川雪，催开二月花，
千尺浪拍岸，万丈涛入天。
凄风苦雨（嗨嗬、嗨嗬）倚峰寒（嗨嗬、嗨嗬），
飞花如戟（嗨嗬、嗨嗬）劈层峦（嗨嗬、嗨嗬）。
气贯长虹（嗨嗬、嗨嗬）奔如电（嗨嗬、嗨嗬），
幽壑空谷（嗨嗬、嗨嗬）散霞烟（嗨嗬、嗨嗬）。
四海为家日，哟嗬哟嗬！
故园梦里甜，哟嗬哟嗬！
洪波亘古情长在，
砥柱中流话沧桑。
哟嗬哟，哟嗬哟嗬——！

[在回旋的主题歌音乐旋律中，远空一声闷雷突然炸响，阵阵霹

雳刺破云天……雄浑而沉重的男声话外音响起——“九一八”事变后，中国共产党提出了停止内战、建立抗日民族统一战线的主张，但国民党蒋介石仍然顽固坚持“攘外必先安内”的反动政策，调动百万大军“围剿”红军和苏区。在“左”倾路线错误领导下，中央苏区第五次反“围剿”最终失败！红军被迫进行战略转移，踏上漫漫征程！瑞金突围！湘江惨败！国难当头！敌我殊死搏斗！能否抢渡大渡河？红军走到了生死关头！

[朗诵声中，大渡河边高崖上，红军转移部队战士的身影在大渡河惊涛骇浪的衬映下艰难地向前挺进着……挺进着……

[大渡河的涛声由远而近，最后形成强大的轰鸣，仿佛在召唤着红军部队。

[主题歌声中，红军部队渐行渐远。

[灯暗转。

第一场 抢 渡

[紧接前场。大渡河畔，安顺场。夜气氤氲，星月惨淡。

[国民党安顺场河岸渡口守军把住渡口碉堡，警戒四周动向……

[突然，一阵激烈的枪炮声打破了河岸的沉寂。国民党守军拼命开火防守还击。

[枪炮声中，中央红军抢渡大渡河某先遣连连长林志勇激越的幕外导板响起——

大渡河水浊浪哮……

[火光中，林志勇扛着机枪，率领着李银根、米贵、唐金祥等红军先遣连战士冲上，群体亮相。

林志勇 （接唱）大渡河水浊浪哮，

难抵战士斗志高！
抢占渡口不畏死，
先遣连队真英豪。

同志们，给我打！

［林志勇与战士们一阵猛烈扫射，碉堡前后的敌人纷纷应声倒下。

［一排长李银根带队冲向碉堡后方前后夹击，一举攻克了敌碉堡。

林志勇 （大喊）缴枪不杀！……押下去！

［红军战士从碉堡内押上几个举手投降的俘虏。

林志勇 米贵，金祥！这一仗打得还真解气啊！

米　贵 是啊！连长，刚才攻打渡口阵地，我和你上下手配合得怎么样啊？

林志勇 臭小子！还行！你这彝族汉子一打起仗来够猛的！

米　贵 连长！我参加红军虽然只有个把月，我跟着您和白匪军也打了好几仗了！连长啊，米贵我真的感激您啊！要不是你当初救了我，我现在肯定还关在山寨的水牢里呢！

林志勇 嘿嘿！你小子！挺会说话的！你看眼前，大渡河波浪汹涌，如山崩地裂！强渡大渡河，将有一场恶战！跟着连长好好干，努力成为一名优秀的红军战士！快！去附近找船去！

米　贵 是，连长！（下）

李银根 （内喊）连长！……报告连长！发现一艘渡船！

林志勇 好！拉过来！

李银根 是！（急急跑下）

［营长刘大可上。

林志勇 营长，我们找到了一艘渡船！

刘大可 太好了！通讯员！

［通讯员跑上。

通讯员 （跑上）到!

刘大可 马上向上级报告，河岸边已找到了一艘渡船!

通讯员 是! （下）

刘大可 林连长! 从情报得知，蒋介石已经飞到昆明，精心制定了“大渡河会歼”计划，他调动了滇、黔、川三省的军队以及他的嫡系中央军，严密部署在大渡河畔，并亲自督战，想要围堵我们的部队。（拿出一纸）你看，这是老蒋空投的传单!

林志勇 狗娘养的! 褂子改棉袄，还是老一套!

刘大可 这回老蒋可是要置红军于死地呀! 你听听! （念）“大渡河是太平天国石达开覆灭之地，今共军入此汉彝杂处、江河阻隔、地形险要、给养困难的绝地，必步石军覆辙，希各军师鼓励所部建立殊勋。”

林志勇 想要老子做“石达开第二”! 痴心妄想! 【二黄摇板】

（唱）战罢顽敌立水边，

浪急河宽把路拦。

刘大可 （接唱）追兵紧随军情险，

欲渡天堑少舟船。

林志勇 （接唱）石达开，兵败河边前车鉴，

我红军，有坚兵定能排万难。

米　贵 连长……（带一位彝族船工，急上）连长，我巡查了沿途所有河岸，岸边所有的船只全被白匪军烧毁了!

老船工 白匪军太狠毒了! 说是“宁可焚烧千里，也决不让红军渡过大渡河!”

林志勇 狗娘养的! 眼镜蛇摆尾——好毒的一招!

老船工 当年的太平天国翼王石达开，就是在这样的五月天，在大渡河畔全军覆灭的!

刘大可 是啊，蒋介石就是想让我们成为第二个石达开，我们就是要让他的梦想彻底破灭！

老船工 长官，我们山寨的老人们，曾留下一句老话！

刘大可 什么话？

老船工 大军行至大渡河，此地不可多停留！

林志勇 大军行至大渡河……

刘大可 此地不可多停留？！是啊！时在五月，雨季河溢，大部队集结于此，实乃兵家大忌！志勇、米贵，我们得尽快想办法渡过河去！

老船工 大渡河湍急滩险，若不了解水情，就会葬身鱼腹！你们红军为咱们穷人打天下，今天渡河登岸，有我老船工舍命为你们掌舵！

刘大可 （激动地握住老船工的手）大爷，太感谢您了！

米　贵 营长，我们只有一条渡船，老船工说，这条船一次只能载十几个人！

林志勇 （焦虑）一次最多只能渡过十几个人！照这样的速度，全军渡河，那就要好几个月啊！

通讯员 （内喊）营长……（上）报告营长！接上级命令，后方大部队马上到达，首长命我们强渡大渡河，抢占北岸渡口！

刘大可 （当即立断）先遣连林连长！

林志勇 到！

刘大可 挑选精兵，组成强渡大渡河突击队，一举拿下北岸渡口，保护大军顺利渡河！

林志勇 是！（大声）李银根！唐金祥！

李银根
唐金祥 （上）到！

林志勇 命令你们组成强渡大渡河突击队，一举拿下北岸渡口，保护大军顺利渡河！

［强劲的气氛音乐起，刘大可四下指挥渡河，林志勇跃上高处，指挥机枪火力掩护。

［老船工导引船只靠岸，跳上掌舵。

李银根 同志们，上船！

［众战士身背冲锋枪、大刀、手榴弹，在排长李银根的带领下，踏入惊涛骇浪。

［红军战士顶着汹涌的巨浪、奋力划桨前行。冒着疾飞的枪弹和炮火，拼死强渡。

［幕外嘹亮的船工号子响起——

（男合）嗨哎嗨呦吼嗨……嗨呦……哎嗨呦……

大渡河水呀落九天，

一重浪灭呀一重掀。

孤舟勇士遏飞流呀，

凌波踏浪呀吼吼勇向前呦！

孤舟勇士遏飞流呀，

凌波踏浪呀吼吼勇向前呦！

李银根 同志们，冲啊！

［李银根、唐金祥等率领着众战士驾舟冲上了北岸，众人跃上河边磐石，在猛烈的炮火中群体冲锋造型亮相。切光。

［舞台空间通过灯光切换，瞬间将时空转换到了安顺场东岸渡口。

［对岸枪炮声时起时落。刘大可和林志勇、米贵等冲上，他们攀上大渡河畔的堤坝焦急地向对岸瞭望……

刘大可 （当机立断）志勇，看对面船已掉头，估计李银根他们已经冲上对岸了，他们必须尽快拿下敌营阵地！

林志勇 营长，听对岸枪炮激烈，看来敌我双方交战犹酣，敌人的布防一时不易攻下，我们得赶紧组织第二次强渡！

刘大可 好！

林志勇 同志们！

众战士 到！

林志勇 对岸敌人负隅顽抗，我们必须马上组织第二次突击强渡，一定要端掉敌人对岸的防守阵地！……

米　贵 连长，我去……

[米贵话音未落，激烈的枪炮隔岸轰鸣。一颗炮弹从对面呼啸而来，落在米贵等战士身边。

林志勇 （大叫）卧倒！（一下子扑到米贵身上）

[众卧倒。浓烟散处，米贵翻过林志勇起身。

[林志勇毅然起身，突然脚下一软，一个踉跄，被刘大可扶住……

刘大可 （惊）林连长，你受伤了！……

林志勇 （故作镇定）没有！（看河）看，船已靠岸！快组织第二次强渡！米贵！仇虎！山娃！……

众战士 到！到！到！

[林志勇脚上的血已濡湿了绑腿，人已难以平衡支撑……

米　贵 （蹲下扶住林志勇的腿，大叫）连长！你腿部血流不止！看来伤势不轻啊！

林志勇 （痛得眉头紧锁，强硬地）没啥事！就吃了颗小花生米！香着呢！嘿嘿！你小子还愣着干吗！快快登船渡河去……（话音未落，瘫倒于地，欲撑起，又倒地）

刘大可 （严肃地）志勇，别撑了！米贵，你熟悉这一带地形，赶快把连长送到驻扎在后方彝人区的红军救护连，接受治疗！

米　贵　是！

［米贵欲扶林志勇，被林志勇一个鲤鱼打挺跳起甩开，弹出好远。

林志勇　（站稳）不！（狠了狠心）营长！大战临头，你不能让一个先遣连的连长，丢下部队，离开战场！这是对一个战士的侮辱！

刘大可　（被刺激，瞪大眼，狠了狠心，用枪顶着他的脑门）少说废话！我可不想兵将两失！你再不退下，难道还要我们大家都在这里跟你磨蹭着？！贻误了战机，你可担当不起！服从命令！米贵！

米　贵　到！

刘大可　把林连长带走！

米　贵　是！（强行背起林志勇急下，林志勇在米贵身上嗷嗷大叫，不断挣扎）

刘大可　（抖擞精神）同志们，任务险要，时间紧急！先遣连兵分两路，一路继续突击渡河，一路四处找船！

众战士　是！

［刘大可指挥战士兵分二路。一路跑下，一路登船……

［暗光。

［光重启，变幻场景。环境转到了另一处河边野渡，背景伴随着“呜嗬——呜嗬——”的怪叫声。叫喊声中，先是从山沟里急奔出一位惊慌失措、满脸惊恐的彝族姑娘，随后窜出一队凶悍的“彝民家丁”，他们在彝族头人的带领下挥着长矛，手执钢叉，追捕着四处逃闪的彝族姑娘。

［彝族姑娘敏捷地躲进一岩洞内，“彝民家丁”找不着人影，恼怒地四下搜寻……

［米贵背着林志勇急上，一不小心，脚下被“彝民家丁”们铺设的暗藤勾住，一个踉跄，两个人摔了个滚地球。

［彝族头人率领彝民冲出树丛，把林志勇、米贵团团围住。

彝族头人　什么人?

林志勇　（冷静地）老乡，我们是红军。在此地寻找渡船，要渡过大渡河，借道北上，打击日本侵略者。

彝族头人　我不管你们是什么人，到了我彝人山寨的地盘，就要向我头人交出买路钱。

林志勇　哦！来的匆忙，没带钱。

彝族头人　没带钱，那就把你们身上的武器抵上。

众　对！抵上，哈哈哈！（齐拥上抓住米贵的手）

［米贵发怒，一把甩开。

彝族头人　啊！给我绑了！

［头人一声呼哨，其手下一拥而上，对着腿上受伤的林志勇就是一个扫堂腿，林志勇招架不及，一个趔趄，伤腿脚下一软，跪倒在地。但立马挺住，拼命抵抗。最后终因腿上有伤，寡不敌众，被彝民们强行架走。

米　贵　（着急地呼喊）连……长……！

［米贵边喊、边与彝民搏斗、边追赶。

［急切之际，密林中一个暗红色的人影就像一团火一样飞旋而上，是刚才躲在岩洞内的彝族姑娘火云飞，她和米贵联手，救下被绑住的林志勇。

火云飞　（指着一条树影深处的栈道）快走！

［米贵猛地背起林志勇，火云飞一旁紧紧搀扶着，三人迅速跑下。

彝族头人　（气急败坏）给我追……！（率手下“彝民家丁”急急追下）

［灯暗转又渐起。河边云雾突起，一片弥漫。米贵背着林志勇从另一条山间栈道急上，火云飞搀扶着跟上。

［三人回身察看，发觉已远远躲开了彝族头人的追赶，俱都松了口气。

林志勇 姑娘，多谢你在危难时刻出手相救啊！

火云飞 长官，我想参加红军！

林志勇 啊？！

火云飞 长官，我受尽了我们山寨头人的欺凌，只想逃离这可恨的山寨，参加劳苦大众的红军队伍。

林志勇 不行啊，姑娘，我们是冲在战场前沿的红军先遣连，不收女战士的。

火云飞 长官，你就收下我吧！如果我被他们抓住，就会死在他们的皮鞭之下的。

林志勇 这样吧，我们红军有一支救护连，那里全是女战士，我刚好要去那里医治我的伤腿，到时我就把你交给他们吧！

火云飞 谢谢长官！

林志勇 哎！别老长官长官的，我们红军不兴这套，我们都叫同志。

火云飞 同志？

林志勇 对！

火云飞 谢谢同志！

米　贵 连长，你的腿伤不能再耽搁了，咱们尽快赶往救护连。

林志勇 好，我们走！

［米贵背起林志勇，火云飞一旁搀扶着，三人造型亮相。灯暗转。

［收光。

第二场　夜　袭

［大渡河北岸的桃花渡渡口，川军某营防地。

［河边迷雾，如带飘游。

［川军韩营长带着陈副官，督促川军士兵尽快加固沿岸碉堡工事。

陈副官 （小心地，上前递上一纸）营长！刚刚已查得昨晚我军与共匪交火的情况！

［韩营长接过，细看。

陈副官 共匪昨晚靠一条小船，强行渡过大渡河，占领了我安顺场北岸的据点！

韩营长 （怒）军座不是已经密令：收缴南岸所有渡河船只以及可用作渡河的工具，实行坚壁清野，扫清射界，不给红军留下任何余地！怎么还有遗漏船只让他们渡河过岸呢？

陈副官 （恼怒地）这……这都怪那个驻守安顺场北岸的赖营长啊！

（唱）驻守安顺敛财多，

一街房产半掠夺。

他掩人耳目装抵抗，

为转家财湾口藏舟留灾祸。

韩营长 （狠狠地摔掉手上之纸）唉！老赖呀老赖！“大渡河会战”，可是委员长亲自督战，调集了川、滇、黔三军及嫡系中央军共百万之众，布下天罗地网，欲最后置红军于死地！可这开局之战，就他妈败在了他的手上！真是狗娘养的！

（唱）大渡河恶浪滔滔抵岸难，

险不过人心暗自藏波澜。

大战临头军心动，

开局不利旗鼓偃。

为保川军兄弟命，

早做布防巧周旋！

陈副官！

陈副官 在！

韩营长 命令工兵加紧修筑工事！沿河再次搜索渡船和船工！所见之船

一律烧毁！所见船工一律扣押！

陈副官 是！

韩营长 还有，少量共军已渡过大渡河，命令弟兄们严加防守，若发现共军踪迹，即刻围剿消灭。

陈副官 是！

［光暗。韩营长、陈副官二人隐下。

［光启，匪兵甲乙摇摇晃晃带着醉态上，斜挎在肩上的长枪上吊着从老百姓那里抢来的鸡鸭和衣物，腰间各挂着酒葫芦。

匪兵甲 （下坡时一个趔趄，差点摔倒，稳住）走着！走着！

【扑灯蛾】（念）

当差镇上走一遭，走一遭，

匪兵乙 （接念）满街难把船工找，船工找！

匪兵甲 （举葫芦，接念）顺手捞个酒葫芦，

匪兵乙 （接念）再搜鸡鸭美佳肴。

匪兵甲 （接念）军爷海量醉不倒，

匪兵乙 （接念）昏天黑地军营到！

匪兵甲
匪兵乙 （同念）军营到！

［俩人晃悠到阵地碉堡前身不由己醉倒在地，倒头睡去……

［夜深人静，大渡河浪声阵阵轰鸣……

［红军排长李银根率领唐金祥等渡河红军小分队悄悄潜伏而上。

［突然，一匍匐前进战士，不小心碰到碉堡前的铁丝网，弄出响声……

［匪兵丙、丁冲上，四处巡视……

［李银根悄悄从背后扑上，一刀结果了匪兵丙的性命。匪兵丁也被唐金祥一刀了结。

[醉倒地上的匪兵甲、乙也听到了动静，摇摇晃晃地从地上爬起来四下查看。

[韩营长、陈副官等闻声也冲上四处查看……

韩营长 （闻到一股酒气，怒）大战临头，胆敢违抗军命，擅自喝酒！来！给我绑了！……

[匪兵甲、匪兵乙吓得趴倒在地求饶。韩营长怒火中烧，举起鞭子就朝着匪兵甲、匪兵乙猛抽一顿，抽得他俩满地打滚，鬼哭狼嚎。

韩营长 闭嘴！如果不严肃军纪，严申军命，怎么能够抵挡红军的攻击？！给我狠狠地打！

[趁着这杂乱之际，李银根率领战友暗上，众战士迅速掏枪控制住了敌碉堡上的白匪军机枪手。

李银根 缴枪不杀！

韩营长 （惊诧）啊！红军！

李银根 （唱）勇士飞桨斩惊涛，
虎穴生擒胆气高！
惊涛骇浪难挡道，
杀敌制胜呈英豪！

韩营长 （举枪朝天鸣放）弟兄们，打！

李银根 同志们，打！

[众匪兵们慌乱举枪射击，李银根、唐金祥和红军战士们敏捷地避开枪弹，三下五除二，迅猛地擒住了韩营长和众匪兵，押下。

[外声："排长"！一红军通讯员飞奔而上。

通讯员 （敬礼）报告排长！（递上一纸）连部命令，安顺场渡船不够，难以全军通过！命已渡部队沿大渡河左岸路线，与右岸部队夹击前进，火速抢占 240 里外的泸定桥，确保大军渡河！

李银根 （接看，坚决地）同志们，随我整装束鞋，提枪挎弹，穿栈道，攀悬崖，沿着大渡河左岸，直奔泸定桥全速进发！

［集体造型亮相，灯暗转。

第三场　抗　医

［大渡河边彝族山区。5月的阴雨天，瓢泼大雨中，草丛间闪出一支队伍。

［这是由红军女战士、医生和若干伤员组成的红军救护连，他们头戴野草编织的大草帽，衣着单薄，身背枪支弹药与行李，相互搀扶着，在风雨中艰难地跋涉前进。

［红军救护连指导员李大姐幕外独唱——

滂沱天雨摧花季……

［李大姐、傅医生搀扶着怀着身孕的红军女医生圆圆踉跄走上。

李大姐 （接唱）战火颠连映红旗。

突围北上追兵紧，

抢渡大河鏖战急。

枪林弹雨无畏惧，

救死扶伤拼全力！

［突然，远处传来了激烈的枪炮声，顿时火光冲天。

李大姐 （高喊）卧倒！

［众各自急忙寻找隐蔽处卧下隐藏。

［“轰轰轰——！”远处又是连声爆炸。

［警卫员小超端着机枪警惕地守护在四周。

小　超 （匍匐向前观察）大姐，听这枪炮声好像是从大渡河那边传来的！

李大姐 （掸去炮灰，坚强地挺起）同志们，加把劲！我们要尽快赶到战斗最前沿，救护前线受伤的同志！

［风雨中李大姐率领救护连战士艰难向前挺进。

［炮火的轰鸣中，米贵背着林志勇急急奔上、火云飞一旁搀扶着跟上。

［李大姐、老傅等发现了他们，带着大家急忙迎上。

米　贵 （喘着粗气）快快，先遣连林连长腿部中弹，请医生赶快救治！

火云飞 （着急地）医生啊，他一路流了好多血，快帮他止血吧！

李大姐 （征询的目光）这位姑娘？

米　贵 哦，她叫火云飞，是我的彝族乡亲，这一路上，幸亏有她帮助护送连长！

李大姐 噢！谢谢姑娘！

［老傅引导米贵把林志勇放在丛林岩石高处，仔细检查伤情。

李大姐 老傅，伤势如何？

老　傅 （严肃地）李大姐，林连长腿部多处弹片嵌入，受伤严重，失血很多，需要马上手术！（对圆圆）圆圆你看，这块弹片就挨在动脉边上，非常危险！

圆　圆 是啊，这块弹片要是再多动几下，那就麻烦了！

老　傅 快！准备手术，取出弹片！

［众人紧张地把林志勇抬下……老傅医生和圆圆也拿着手术器械跑下……急促的音乐起，舞台内不时传来林志勇痛苦的叫唤声……

老　傅 （画外音）林连长，不好意思，没有麻醉药了，会很疼，你要忍耐坚持一下……

林志勇 （画外音）没事……来吧医生……啊！……老子不疼！不疼……！啊……！

［沉重的气氛音乐起，救护连副连长王秀英用托盘托着傅医生夹出的弹片慢慢走上……

王秀英 林连长真是一条硬汉，这么大的弹片嵌在肉里，都能忍住，还说不痛！

李大姐 （动情地）是啊！战地手术条件艰苦，没有麻醉，就这么活生生地在血肉里刀割针缝！林连长再硬的汉子，也是肉做的人呀！

火云飞 红军战士真是英雄铁汉！

老　傅 （擦了擦额头的汗上）终于取出了！

王秀英 （数着托盘上的弹片）大大小小一共4片啊！

圆　圆 要是不取出来，林连长这条腿可就废了！

米　贵 （急切地）连长！连长现在怎么样了？……

老　傅 痛昏过去了！

米　贵 啊！连长！（呼喊着急跑下）

［怀孕的红军医生圆圆突然感觉肚中一阵绞痛，她咬紧牙关忍住疼痛，轻声呻吟。

李大姐 （忙扶圆圆在岩石上坐下）圆圆，怎么了……

圆　圆 大姐，我……我怕是要生了……

李大姐 别怕，圆圆！生孩子虽然痛苦，却融注着幸福，你们母子一定能够平安的！

圆　圆 啊……！大姐，我疼得不行了！（疼得弯下腰来）各位大姐，这可怎么办啊？

李大姐 （急中生智）圆圆，来，我给你唱首山歌吧，你听了会好些的！

［李大姐与王秀英用力扶起圆圆，紧紧抱住疼得身体不停颤抖的圆圆。

圆　圆 好！

李大姐 （唱）小溪出水大溪流，

同志姐妹处处有；

今日重上铜鼓峰，

来日下县打九州。

圆 圆 （轻松了许多，感激地）大姐，你唱得真好听！肚子里的小家伙也安静多了！

老 傅 山歌这剂特效药，还真灵啊！

李大姐 （解水壶）来，喝口水！（喂圆圆喝水）再坚持一下！

小 超 （高兴地拿着一颗红果子，奔回）圆圆姐姐，这颗草莓，给你吃！

圆 圆 （满怀谢意，接过，在众人注目下细嚼慢咽，充满深情地，唱）

口含草莓酸又甜，

想起了出征送别热泪含。

身有孕难以随征战，

千言万语编在鞋里面。

临别时情急忘把鞋送上，

悔断了肝肠心不甘。

藤缠树树恋根，

山抱水水绕山山水紧相连。

因此上跟随部队紧追赶，

涉水越山不怕难。

但只闻噩耗传来夫已战场遇险，

忍悲伤请求大姐安排在救护连。

鞋送战友征程迈，

救死扶伤同志们战斗并肩，

这一份革命的情谊铭刻心间。

李大姐 （深情地）妹妹！

（唱）风萧萧，雨飘飘，征程漫漫。

枪如林，弹如雨，共度时艰。
野菜难饱有孕身，
泥潭没膝步履艰难。
孩子爹他出生入死，
圆圆你战地救治意志更坚。
革命人帐月席茵刀枪枕，
只为那新生降临有个好人间！

老　傅　（唱）纵然是，乱世流离兵相害，
却欣喜，侠骨柔肠结珠胎。
虽则是，战火纷飞难相随，
却看到，青山踏遍情不改！

圆　圆　（唱）生死与共长征路，
战友情深同手足。
待到孩儿降生后，
你们都是孩儿的亲父母！

［突然，远处又传来了激烈的枪炮声，山峦间又顿时火光冲天。

李大姐　（护住圆圆）大家快找地方躲藏！

［众各自慌忙寻找隐蔽处卧倒隐藏。

［“轰轰轰——！”远处又是连声爆炸。

［米贵背着林志勇在硝烟中跑上，跑到大岩石边放下昏睡着的林志勇。

［火云飞看林志勇昏迷不醒，焦急心伤，用心守护。

米　贵　（匍匐着向前观察）枪炮声，是从那边山岙里传过来！

林志勇　（被炮火声惊醒）枪炮声？米贵！听枪炮声，部队正在加强强渡大渡河的攻势，我们得赶快赶回部队去！

［林志勇猛地跃起，但打着绷带的腿部一阵痉挛，疼得出汗，他

咬紧牙关，强忍住剧痛。

米　贵　连长！（一把搀扶住）

林志勇　（一把甩开）不用扶，老子没事。走！赶快赶回部队！

圆　圆　（一把抓住林志勇）林连长，你刚做完手术，不能动！

林志勇　（顿时火起，一把甩开圆圆）不行，老子是先遣连连长！这手术做了，弹片取了，现在就得立马赶回部队……打——仗——去——！

圆　圆　林连长，你现在是病人，得听医生的话！

林志勇　哎！我五大三粗的一个硬汉，可不能这样躺着，让挺着大肚子的娘们看笑话！

圆　圆　（挣扎着挺起，生气）你？你说什么话呀！

林志勇　（跳起）老子就这么说话！谁要是不让老子上前线，老子跟谁急！

李大姐　（安抚林志勇坐下，动情地）林连长！

（唱）林连长，你求战心切我知晓，

你一仗不打心如猫爪挠。

你建功立业为报国，

生死度外堪称英豪。

常言道，身体是革命的本钱，

你养好伤病，才能杀敌制胜再传捷报。

林志勇　李大姐！

（唱）大渡河战斗已经打响，

先遣连怎能缺了连长！

轻伤不应就此下火线，

铁打的汉子死也要在战场！

老　傅　（唱）磨刀不误砍柴功，

轻伤不治酿灾凶。

血肉之躯需医护，

留得青山待葱茏。

米　贵　（恳切地）连长，李大姐和医生们，都是为你好！你就安心在这里把伤养好，这一路上，仗有你打的！

林志勇　你小子也教训起我来了！（试着走动）你们看！我的脚不是还能瘸着走吗？回到部队后我一边打仗一边调养，这点小伤马上就会好的！

通讯兵　（内喊）指导员！（跑上）报告指导员！接上级通知，渡船不够，难以全军通过。命令救护连紧随大部队，沿着右岸向泸定桥进发！

林志勇　啊！（抓住米贵）米贵！情况紧急，快跟我走！速速追上先遣连！（一把拽着米贵就往外拖）

［米贵本能地一个挣扎脱开林志勇。

米　贵　可连长，你的腿……！

林志勇　顾不了这么多了，先遣连不能没有我指挥员啊！我们快走！（瘸着腿奔下）

［李大姐、众人着急地叫喊：林连长……！

圆　圆　（也着急地挺身向前）林连长，你的伤口不能跑动呀！啊……！（突然一阵肚疼，圆圆慌忙捂着肚子，忍着剧痛）

李大姐　（急）米贵，快去追回林连长！

米　贵　是！（急奔下）

火云飞　（急追）哎，林同志，米贵……

米　贵　（回）李大姐，火云飞，她想参加红军，一起战斗，您就收下她吧！

火云飞　（恳切地）李大姐，收下我吧！

李大姐　（郑重地）米贵，快去追赶林连长，火云飞就交给我吧！

［米贵奔下。

[远处一阵枪炮声响起。众紧张地躲避。

李大姐 （拉过火云飞，向王秀英）王连长，交代大家赶快收拾医疗用品，上级已经命令，我们救护连，要跟紧大部队，向泸定桥进发！

王秀英 是！（带人员收拾）

圆　圆 （咬紧牙关，忍住疼痛，轻声呻吟）啊！……大姐……

李大姐 圆圆，怎么了……

圆　圆 我……我不行了……怕是要生了……

李大姐 （对火云飞）火云飞，你过来！小心照顾圆圆医生。

[火云飞连忙小心搀扶着圆圆。

老　傅 （贴着李大姐耳边，轻声）李大姐，得赶紧找个房子住下，千万不能让圆圆生在这荒山野地！

李大姐 不行啊，老傅！上级命令我们，要尽快跟上大部队！

老　傅 可是，圆圆马上就要……这可怎么办啊？

李大姐 （为难）这……

圆　圆 （突然一下子来了劲，大踏步向前走）不！走！不能为了我，耽误大家的时间！（突然一个晃悠，差点摔倒……）我们快走！（扶着大肚子，抑制不住地呻吟）……哎哟……哎哟……（痛得在地上打滚）

[呼啸声起，一颗炸弹落下，一阵气浪将众人打翻。

圆　圆 （大叫一声，捂着肚子"哎哟"不断，轻声地）啊……哎哟……

老　傅 （急上前诊断）李大姐，看来圆圆就要生了！

李大姐 老傅，快准备生产！

[李大姐冷静地指挥大家把圆圆抬入山岩背后隐蔽处躺下，傅医生急忙准备各种接产的医疗器械；小超带队在外围警戒防敌；王秀英等在一旁助产……

[火云飞见此情景也十分担忧，她登上高高的山岩，仰望天空，

向上苍默默祈祷……

［伴随着凄冷的山风山雨，伴随着不断传来的圆圆痛苦的惨叫声……凄美的彝族山歌响起……

爬地火草就地生，
一道叶子一道根。
生郎主根长得牢，
生妹叶子紧连根。

［歌声中，祈祷的火云飞慢慢跳起了彝民生育祝福习俗舞蹈。

［山岩后不时传来圆圆一阵阵痛苦的叫唤声。山岩外，众人应和着彝族山歌与“火云飞”一起默默祈祷，默默祝福圆圆母子平安……

老　傅　（内喊）圆圆，使劲！快使劲！

圆　圆　（无力地）使不动了！我没劲了！

王秀英　圆圆，加油加油！

李大姐　（急入内）圆圆，再使把劲！再使把劲！

圆　圆　（虚弱地）李大姐……啊……！

［雨止风歇，夕阳落山，一片鲜血染红了雨后的草地。

［一声炸弹轰响之后，紧接着一声婴儿的啼哭冲天而起——“哇”——！

李大姐　（强抑抽泣）圆圆！你看,你的孩子！（抱孩子贴在圆圆的胸前）

圆　圆　（睁开眼，深情地拥抱孩子，递上一条红丝带）李大姐，这条红丝带，是我和孩子他爹结婚时他送给我的！请你交给我们的孩……子……吧……（咽气）……

众　（哭叫）圆……圆……！

老　傅　（擦着眼泪，痛苦地走向远方）……

［四周一片沉寂，众人不停地悲泣。“火云飞”被眼前的这一幕

深深地感染震动了！她激动地抓住李大姐的手……

火云飞 大姐，我是个被头人欺凌压迫的女奴，我逃出来就是想参加红军，脱离苦海，您就收下我吧！

（唱）留下我，苦难的种子盼甘霖，

留下我，火云飞我要做新人。

大河深，比不过红军的真情深，

亲人亲，比不过红军救苦救难救百姓。

李大姐 说得好！如今咱们汉彝一家亲！火云飞，欢迎你加入红军！

火云飞 （高兴地）是！（向李大姐行礼）

[远处又传来一阵激烈的炮火轰炸声……李大姐怀中的孩子被猛烈的炮火惊醒，惊慌的哭声大起……

李大姐 （生怕孩子的哭声会暴露队伍的目标，但又无法控制孩子的哭声）……

火云飞 （毅然）大姐，把孩子交给我，让我送到山寨，交给我阿妈去抚养！

李大姐 （惊喜）好，谢谢你，火云飞！（郑重地嘱咐）火云飞，这是红军的孩子！革命的后代！你和你阿妈说，我们给他取名叫"红婴"。来，把这条红丝带和银元一起交给抚养孩子的阿妈，拜托她了！（藏银元、红丝带于孩子襁褓）

火云飞 （抱过"红婴"）李大姐！你放心吧！

李大姐 （笑）快去快回，我们在泸定桥等着你！

火云飞 （抱着"红婴"向李大姐敬礼）是！（急下）

李大姐 同志们，我们掩埋好圆圆，整顿好行装，擦干眼泪，朝着泸定桥出发。

[《大渡河》主题歌旋律渐起，灯暗转。

第四场　归　队

［黎明前黑暗时分。大渡河川流不息,《长征组歌——红军不怕远征难》的豪迈旋律在天地间低声萦回。

［红军队伍在大渡河岸崎岖的山道间，凭着高举着的星星之火，急速地奔跑行进。

［红军营长刘大可内声唱【西皮导板】——蜀道之难难于上青天。

［天降大雨，道路泥泞。刘大可率领着先遣连等部队急行军上。

刘大可　（接唱）【西皮原板转流水】

子规夜啼愁空山，畏途高岩耸云间。

雨滂沱，路泥泞，涉水凭飞步，

石栈越，鸟道翔，如风过山涧。

何惧那，大渡河，激流狂奔如离箭，

战士们，必胜信心冲云天。

血肉之躯平天堑，

为抗敌，抢夺泸定心如石坚。

［大渡河滔滔水声，在漆黑的山涧中，回旋轰鸣。刘大可率领部队飞速急行军，红军们的身影渐渐融入夜幕，急速地飞奔而下。

［另一时空定点光启，林志勇隐现在丛林间，他孤身一人，一瘸一拐，在夜幕间急速穿梭行进，着急地寻找、追赶自己的部队。

林志勇　（接唱）撩夜幕，借星光，把战友呼唤，

暗夜中，想部队心似箭穿。

打泸定，先遣连勇挑重担，

可是我，因伤痛困在深山。

心急火燎往前赶，

天黑路险行走难。

［舞台后区又一表演区。米贵飞奔而上。

米　贵　（接唱）行走难，嫌步慢，

踪影不见心似油煎。

急忙向前高声喊——

连长，连长……

暗夜中不见人我心急如煎。

［另一表演区，刘大可带队急行军复上。

刘大可　连长，连长！

（接唱）不知你，伤病愈否人可安？

抢夺泸定选中先遣连！

崖边山道如臂挽，

急速行军忆当年。

从来你我并肩战，

如今是，我刀正出鞘你却箭离弦！

［另一表演区，林志勇瘸着伤腿艰难地奔走着。

林志勇　（接唱）穿山越坎往前赶，

难顾旧伤新痛添。

战场拼死杀敌把功建，

好男儿立要成峰倒如山！

［另一表演区，米贵着急地在丛林间寻找跋涉。

米　贵　（接唱）夜更深，更思念，往事涌现，

米贵我，本是奴，鞭下命悬。

连长救我出苦难，

枪林弹雨心相连。

刘大可 （接唱）志勇啊，你我从来并肩战，

我盼你，伤痛痊愈部队返！

米　贵 （接唱）归去养伤莫迟延。

林志勇 （接唱）心急如焚快步赶，

刘大可 （接唱）血洒泸定换新天。

［白浪翻卷的大渡河险峻岸边，三人急切地在不同区域奔跑……

［主题歌“船工号子”在三重唱的高潮结尾处，以强烈的节奏融入，并逐渐提升变奏，浩然之气充斥云天……

［激昂的音乐中，林志勇终于瘸着腿追上了先遣部队，米贵也与林志勇和刘大可率领的大部队相遇了。

林志勇 （高喊）营长……！

刘大可 （惊喜地）志勇……！

米　贵 （冲上，高喊）连长……！

众战士 （冲上，高喊）连长……！

林志勇 米贵（眼里泛着激动的泪花），我们终于赶上大部队了！

刘大可 志勇啊，上级命令我们营日夜兼程，赶在敌人到达泸定之前，占领泸定桥！

林志勇 （向米贵暗示）营长，我匆匆赶来，就是不愿错过攻打泸定桥这场硬战！

米　贵 （迟疑地）营……营长！……

林志勇 （急向米贵使眼色）米贵！……

刘大可 （警觉）怎么回事？

米　贵 （找回木棍）连长他，刚取出弹片，做完手术，伤还未好，不听劝告，就擅自逃离了救护连！

林志勇 瞎说！（假装利索地走路）营长，你看，我的脚好着呢！再说，回到前线也可以养伤的！

刘大可　（查看林志勇的绑带，大惊）志勇！绷带都已经被鲜血浸透了！你不要命啦！

林志勇　（恳求）营长！你一定要让我带领先遣连，参加夺取泸定桥的战斗！

刘大可　（严肃地）志勇，现在任务紧急，没有时间讨论你的问题，我们要尽快赶到泸定桥。你的事情容后再说。

林志勇　营长！

刘大可　服从命令！米贵！照顾好你的倔连长！

米　贵　是！

林志勇　你这忘恩负义的，关键时刻也不帮我说说情！

米　贵　连长，我……我也想参加夺取泸定桥的战斗啊！

林志勇　臭小子！想死都有私心啊！

米　贵　嘿嘿！（突然发现河对岸敌情，上前，侦察）营长，前面有敌人！

林志勇　打着火把，像一条游龙！

刘大可　好像是增援泸定桥的匪军！

［对岸传来四川话外音：喂！你们是啥子部队？

刘大可　米贵！用当地话回答！

米　贵　（高声）啥子部队！我们也是川军，还不都是为了那座桥，你说老子是啥子部队？

［对岸话外音：哄鬼哩！红胡子能来得这么快么？晚上走这鬼路，连觉都不让老子睡！

［此时天闪霹雳，下起了暴雨。

米　贵　（在刘大可暗示下，高声）喂……！兄弟！下大雨了，赶紧找个地方躲躲雨顺便打个瞌睡吧！

［对岸话外音：说得对啊兄弟，格老子桥是铁打的哦，人可不是铁的。我们找个地方躲躲雨打个瞌睡吧。（对岸的火把逐一熄

灭了）

刘大可 同志们，上级命令我们在24小时之内，急行军240里，现在任务紧急，大家扔掉火把，放轻脚步。米贵，搀着林连长。我们冒雨直奔泸定桥，急速前进！

众 是！

[霹雳声中，先遣部队红军战士们悄悄扔掉火把，全体鸦雀无声，冒着倾盆大雨，继续疾步奔袭前进。

[电闪雷鸣中，灰暗的天色渐亮，远处隐约出现泸定桥的模糊身影。

[先遣连渐行渐远，切光。

第五场　护　婴

[光启，彝族山寨。山林葱郁，烟雾弥漫。

[阿妈家门外。阿妈站立高处，焦急地向远方眺望。

彝族阿妈 （唱）杏子一年不开花，

蜜蜂花下等一年。

一天不见儿回转，

阿妈山头望穿眼。

你违抗头人救红军，

生死未卜我心不安。

你阿爸为奴，霸主鞭下已丧命，

留下母女，忍辱负重受苦寒。

今又是，虎狼过门多凶险，

怕则怕，你进退维艰命难全！（伤心落泪，无望地回身家门）

[火云飞背着红婴儿悄悄暗上。

［头人家丁挥枪擎棒，耀武扬威巡视而过。

［火云飞敏捷躲避，进入自家院落。

火云飞 （轻声）阿妈！阿妈！

彝族阿妈 （转身，惊喜）云飞，你总算回来了！（相拥，喜极而泣）山寨里的人说你救了红军，又跟着他们走得无影无踪，叫阿妈一直为你着急担忧啊！

火云飞 （娇嗔地）阿妈，我不是好好的回来了吗？

彝族阿妈 （关切地）孩子，这些天你去哪儿了？

火云飞 （解下背上的红婴，抱向阿妈）阿妈，你看！

彝族阿妈 （惊讶）孩子？你哪儿来的孩子？！

火云飞 阿妈呀！

（唱）我救红军好连长，

红军救咱脱魔掌。

这红婴，父亲战死沙场上，

枪炮催产母身亡；

不忍见，初生孩儿失父母，

为报恩，我抱红婴儿来请阿妈亲抚养。

彝族阿妈 （深情地抱过孩子，细看，怜悯，唱）

怀抱着红婴儿爱满心，

可怜他瓜刚落蒂母子分。

你看他圆睁小眼将咱认，

你看他口吐弱气寻娘亲。

他亲人舍命杀敌保穷人，

我定要深山育雏护苗根！（拿碗为红婴喂水）

火云飞 （跪拜）阿妈！这孩子就拜托您了！

彝族阿妈 （扶起）傻姑娘！这不是阿妈份内之事吗？

火云飞 只是战火纷飞，度日艰难，阿妈您又怎能独自抚养这红婴呢？

彝族阿妈 独自抚养？（惊慌）孩子，你要去哪儿啊？

火云飞 阿妈，我已经参加了红军，要跟着红军为穷苦人打天下！李大姐命令我托付好红婴后尽快赶上大部队，参加抢夺泸定桥的重要战斗。

彝族阿妈 那就是说你已经是红军战士了？！（细细端详火云飞）

火云飞 （掏出红军帽，戴上，敬礼）报告阿妈！红军战士火云飞向您报到！（偷笑）

彝族阿妈 （惊喜，突然悟到什么，跑到门边从缝里向外张望，悄声地）小点声！（拿下红军帽，递给火云飞）快把红军帽藏起来！小点声！头人手下的恶棍们，正到处寻找你的踪影，寻求报复……

火云飞 啊！（担心）那红婴万一被他们发现，阿妈和红婴的性命，就难以保全啊！

彝族阿妈 （沉稳地想了想）有了！（拿下背篓，放入红婴）阿妈独自一人藏到深山野岙里去，那里有你阿爸打猎时留下的吊脚楼，你放心，我会躲开这些豺狼虎豹，尽心抚养好红军的后代！

火云飞 （与母相拥而泣，拿出银元递上）太好了，阿妈，这是李大姐让我转交给你抚养红婴的费用……（拿出红丝带）这红丝带是以后和红婴相认的标记，您要藏好啊！

彝族阿妈 （接过，郑重地收藏，噙着泪花，背起背篓，示意火云飞快走）放心走吧！等红军打了胜仗，早点回来看阿妈哦！

火云飞 阿妈，深山岙里，天寒地冷，您要多多保重！等红军胜利了，我回来看望您，看望红婴！

彝族阿妈 孩子，你跟着红军路上要多加小心哪！

火云飞 （欲下又上，再次和阿妈相拥而泣）阿妈！我记住了，您……多多……保重！云飞走了！

[悄离家门，跃上高处，似箭般隐入了茫茫丛林之中。

[彝族阿妈含泪目送火云飞离去，紧紧抱着红婴坚毅地走向远处高坡……

[灯暗转。

第六场 誓 战

[光启，雨过天晴，旭日慢慢爬上山头。山间小涧，流水潺潺。李大姐、王秀英与救护连同志，抬着一副担架，扶伤携弱，在丛林间摸索行进而上。大渡河轰鸣的浪涛声一阵紧似一阵地传来，仿佛在催促着什么……

[晨光照亮大地，蜿蜒的大渡河赫然眼前。

众 （叫喊）大渡河，大渡河到了！

王秀英 指导员，我们已经到达泸定县境内的大渡河了！

李大姐 （往远处观察，倾听，高兴地唱）

大渡河，涛声急，似胜利招唤，
抬眼望，东方旭日升，如希望温暖。
青山处处埋忠骨，
血肉鲜红筑新篇。
枪炮里杀出革命路，
黑暗中盼来破晓天。

[大渡河水声越来越响，李大姐登上危崖察看。

李大姐 同志们，我们已经顺利抵达了泸定县境内的大渡河！为了迎接新的战斗，让我们借着大渡河两岸清清的泉水、凉凉的山风，洗把脸，梳个头，喝口清泉水，再把路赶！

众 （开心地）好咧！

［众女战士们在流向大渡河的小溪边嬉笑着、打闹着，纷纷洗脸、梳头。清澈的溪水，在旭日映衬下，流光溢彩。红军女战士们犹如一个个超凡脱俗的下凡仙女，在晨雾间若隐若现，在清流上摇曳生姿，秀美无比……

［大渡河涛声时而轰鸣，时而低沉，仿佛在吟唱着一首清晨之曲。

老　傅　（吟）晨涛似梦吟，短笛入山风！这大河奔腾，旭日东升，清风徐来，碧雾轻去，好不令人神驰啊！

［大渡河边大磐石上，衬着旭日东升，迎着微微山风，老傅吹起了悠扬的竹笛。小超倚靠在老傅膝头，用手支着脑袋，听得渐渐入迷。

［李大姐与众姐妹们在溪流边洗涤完毕，英姿飒爽的红军女战士们在旭日的映照下，个个靓丽动人。

小　超　（充满了对美好生活的向往）李大姐，要是不用跟白匪军打仗，我真想就在大渡河边，一直听着傅医生吹笛子，一直听着你唱山歌！

李大姐　（激动地拉起小超）那一天一定会到来的！小超！你们这些小战士就像大渡河边初升的太阳，未来是属于你们的！新中国是属于你们的！

火云飞　（内喊）李大姐！（急急跑上）

李大姐　火云飞！你回来了？红婴儿都托付好了吗？

火云飞　都托付给我阿妈了，您就放心吧！李大姐，你看，前面不远那座飞架在大渡河上的铁索桥就是泸定桥！

李大姐　哦！那就是泸定桥！

［救护连的同志们纷纷涌上高坡，向泸定桥方向眺望……

［汹涌的大渡河上，一架铁索桥飞架东西两岸，13 根硕大的铁索链在旭日的映照下，寒光逼人。

李大姐 （唱）飞奔来到泸定桥，

大战将临四处静悄悄。

见铁索，寒月千秋来相照，

见波涛，灵蛇飞舞清光耀。

三国武侯始开此道，

太平军将泪化秋涛。

今日里红军北上抗敌寇，

泸定桥定是通往胜利的桥！

老　傅 先遣连肯定早已赶到泸定桥了！但不知林连长他们驻扎在哪里？他腿上的伤口也不知怎样了？

李大姐 他们肯定就在附近驻扎！小超，你到附近搜寻，一定要想办法找到林连长，告诉他和刘营长，我们救护连已经抵达泸定桥。

小　超 是！（摸索寻下）

李大姐 同志们，你们看，泸定桥上只有冰冷的铁索，一块铺桥板都没有了，肯定是被对岸的蒋匪军全部抽掉了。

王秀英 是啊！这样光秃秃的大铁链在大渡河的狂风巨浪中飘荡，先遣连根本冲不过去啊！

李大姐 火云飞！王秀英！

火云飞 到！

李大姐 你们赶紧去附近的老乡家，挨家挨户，想办法动员他们拿出一些木板、门板来，我们要帮先遣连的同志准备好铺桥的木板。

火云飞
王秀英 是！（欲下）

［小超引领着林志勇、米贵等奔上。火云飞、王秀英迎上前去。

林志勇 李大姐！（微跛着奔上）大姐！你们都跟上来了！

李大姐 是啊！

林志勇 总攻泸定桥的战斗就要打响了。

李大姐 我们红军的生死就在泸定桥之战了!

林志勇 可大姐,他们那里点兵选将,却没有我的份呀!唉!(沮丧至极)

李大姐 (关切地看他的腿)志勇!肯定是因为你的腿伤未好,才不让你参战的!

林志勇 (使劲正步走)大姐你看,我的脚已经没事了!我知道自己这条粗腿,没那么娇贵!大姐啊!

(唱)只因我负伤抗医擅归队,

营长他免我参战判违令!

求你们出手帮我去说明,

我誓死参战铁打的主意定!

李大姐、傅医生,恳求你们帮我出个证明,证明我的伤腿没什么大碍,可以参战。

傅医生 (蹲身检查)可是林连长,你的伤口还没有完全愈合好啊!!

李大姐 是啊,不能逞强硬来!

林志勇 哎呀傅医生呐!(接唱快板)

革命者要似那昆仑崩绝壁,

勇红军更犹如狂风扫寰宇。

我怎能因小伤逃离生死界,

咱必须领铁军血战铁索役。

李大姐,我的腿伤是傅医生和圆圆医生帮助医治的,只要你们能帮我证明这腿没什么大碍,刘营长就会同意我参战了!哎!大姐,圆圆医生呢?

李大姐 (悲伤)她……

林志勇 (诧异)她……!她怎么了?她怎么了?

李大姐 (痛心地)……她离开了我们了……!

林志勇 （惊诧）什么？

李大姐 圆圆在炮火中遭遇难产，她生下了她的孩子，就陪伴着她的红军丈夫，长眠青山了！

（唱）风雨如磐碧血漫，

炮火连天催新生。

玉骨青山伴夫眠，

慈母舍身诞红婴。（抽泣）

林志勇 圆……圆……医生，你身怀着六甲，还硬撑着医治我的腿伤，我却对你瞎吼！对你乱讲粗话！我真他妈的不是人！我该死！我对不起你呀！（捶胸顿足，悔恨不已）圆圆医生！（强抑悲痛，唱）

猛听得阴阳隔难再重见，

猛听得生死别新生降临。

禁不住万千仇恨填胸膺，

禁不住血泪喷涌痛失声！

原谅我不是一个好同志，

原谅我不是一个好军人。

原谅我匆匆离别未表谢意，

原谅我莽撞粗暴刺伤你心。

原谅我未听规劝直奔生死场！

更坚定我誓死杀敌以血报英魂，

以血报英魂！

[灯光变幻，另一表演区，云雾缭绕处，圆圆隐现。

幻觉中圆圆 （悲情，接唱）

谢战友生前常呵护，

谢同志孕时伴我身。

可怜他红婴儿生不逢时，
多亏了战友们待如亲生！

李大姐（接唱）可喜他红婴儿彝族阿妈亲抚养，
山寨人热心肠意切情深。

［灯光变幻，另一表演区，寒月深山，彝族阿妈怀抱红婴隐现。

阿　妈（接唱）可疼他红婴儿年幼人乖巧，
你听他睡梦中甜甜有笑声。

米　贵（接唱）可叹他红婴儿出世遭劫难，
离母爱失父亲自幼尝苦辛。

林志勇（接唱）可痛她好战友这般年轻炮火中殒命，
战友啊我多想抱抱红军血脉小红婴！

幻觉中圆圆（唱）念红婴，痛断肠，
阴阳相隔不能亲近。

李大姐（接唱）忧红婴，哭圆圆，
战乱年头不能再相逢？

阿　妈（接唱）抱红婴，心贴心，
精心养育为红军为亲人护好苗根。

米　贵（接唱）愿红婴，得平安，
有朝一日享太平。

林志勇（接唱）为红婴，再请战，
含泪忍悲杀敌人。

幻觉中圆圆（接唱）未了遗愿寄战友，

李大姐（接唱）血泪深仇记在心，

阿　妈（接唱）真情永洒山峦处，

米　贵（接唱）牺牲只为主义真！

林志勇
众　人（合唱）牺牲只为主义真！

幻觉中圆圆（接唱）不惜骨肉隔天地，

林志勇（接唱）抛头洒血肝胆照。

李大姐（接唱）不惜蓬蒿没青春，

林志勇（接唱）忍看青山埋英豪。

阿　妈（接唱）不惜热血沃新苗，

林志勇（接唱）洒去犹能化碧涛。

米　贵（接唱）不惜短刀刃顽敌，

林志勇（接唱）誓将战功家国报！

圆　圆
米　贵
李大姐
阿　妈（同唱）不惜转战三千里，

林志勇（接唱）一夫能把百万消。

幻觉中圆圆（接唱）阶级仇，民族恨，

阿　妈（接唱）夫妻离，父子抛；

李大姐（接唱）化做泉台咫尺近，

米　贵（接唱）笑跨山河一步遥。

林志勇（接唱）为自由，为幸福，

为亲人，为明天，

拼将热血呈英豪，

献出忠魂长空笑！

五　人（合唱）长……空……笑！

［音乐尾声中，舞台后区的虚幻空间里，圆圆悄悄隐去……

［舞台另一空间的彝族阿妈也抱着红婴儿隐去……

［现实空间内，李大姐和众红军女战士等关切地围聚在心情极其

激动的林志勇身边。

李大姐 志勇，我们知道，先遣连“泸定桥之战”离不开你这位勇猛的好连长。但是……你带伤参战，我们真是于心不忍哪！

林志勇 大姐，泸定桥之战，是我们红军生死存亡之战，先遣连是红军主力的尖刀连，我离不开连队，连队也离不开我呀！（紧紧抓住李大姐的手）

李大姐 （被深深感染）好！我和傅医生再帮你仔细包扎好伤口，陪你一起去请战！

老　傅 志勇，大战之际，先遣连离不开你！我也陪你去请战！

火云飞 林连长，我也陪你一起去！

王秀英
米　贵 我们也去！
小　超

众 对，我们一起去！

林志勇 （感动涕零）李大姐，傅大夫，同志们，谢谢大家！谢谢大家！只要上级能让我再上泸定桥参战，我林志勇满腔热血洒尽大渡河、洒遍铁索桥，也就死而无憾了！

［“川江号子”的激昂旋律响起——

哟嗬哟，哟嗬哟嗬！
哟嗬哟，哟嗬哟嗬！
大渡河哟，出云涧哟，
跌峻岭哟，飞险滩哟。
携来三川雪，催开二月花，
千尺浪拍岸，万丈涛入天。
凄风苦雨倚峰寒，
飞花如戟劈层峦。
气贯长虹奔如电，

幽壑空谷散霞烟。
四海为家日，哟嗬哟嗬！
故园梦里甜，哟嗬哟嗬！
洪波亘古情长在，
砥柱中流话沧桑。
哟嗬哟，哟嗬哟嗬——！

[主题歌音乐旋律在变奏提升中越来越铿锵、激昂，充满着军人的悲壮，充满着红军战士赴汤蹈火的力量……众人渐渐围聚在林志勇周围，坚毅地远望着战云弥漫中的泸定桥桥影，造型亮相，切光。

第七场　勇夺

[场景变换。午后。

[舞台上，泸定桥13根铁索在5月骄阳映照下，铁光逼人，横亘在惊涛骇浪的大渡河之上，抖擞着钢铁的寒意与坚硬。

[舞台前区定点造型光渐起……刘大可和红军战士们隐现在大渡河边的巨大磐石处，仔细地观察对岸的敌情。

刘大可　同志们，东岸守敌李团之部昨晚才到，立足未稳，上级命令我们抓住时机，飞速夺取泸定桥。

众红军　好！

刘大可　紧急集合！

班　长　集合！

[先遣队所有红军战士急速奔上，迅速集合。

刘大可　夺取泸定桥的战斗马上就要打响，现在我要挑选22名夺桥突击队员！

红军甲 营长，我去！

红军乙 营长，我去！

红军丙
红军丁 营长，我们去！

众红军 营长，我们去！

林志勇 （内喊）营长！让我去！

［林志勇飞奔而上，米贵随上。

［众救护连女战士们也在李大姐、老傅的率领下紧紧跟上。

林志勇 （唱）身怀血仇报家国，

热血沸腾涌真情。

战死杀场男儿事，

慷慨赴义建奇勋。

营长，让我参加泸定桥的战斗吧！

刘大可 林志勇，你的腿伤没有痊愈，不能参战啊！

林志勇 （着急地）营长！

李大姐 刘营长，先遣连飞夺泸定桥这么重要的战役离不开林连长啊！他求战心切，满腔的参战热情我们应该理解。我和傅医生又为他做了伤腿的仔细包扎，以他现在的身体状况应该可以参战！

老　傅 对！营长，我已经把他的伤口全都牢牢地扎紧了，林连长参战应该没有问题！

火云飞
王秀英 营长！让连长参战吧！

小　超
米　贵 营长！让连长参战吧！

众 让连长参战吧！

刘大可 （犹豫）这……

林志勇 营长！救护连的圆圆医生，身怀六甲，依然忍着剧痛为我医治伤腿。可是她……却在白匪军的炮火中痛苦难产，不幸离开了人世。请求营长让我参战，我要为圆圆医生报仇！我要为红军的生死存亡杀开一条血路！

众 （凝重地）营长！

刘大可 （感动擦泪，扶起颤抖中的林志勇）林志勇，归队！

［刘大可激动地跃上高处站立。

刘大可 同志们！（斩钉截铁，高声点兵排将）听我点名：林志勇、金小山、张大力、米贵、陈大庆……

众红军 （争先恐后地）到……

刘大可 同志们，你们看！这泸定桥，左有贡嘎山，右有二郎山，陡峭险峻，直插云端；再看那泸定桥上——桥板都被敌军撤去，只剩下降龙铁索伏波悬挂！这大渡河水浪急涛涌，深不见底，同志们，你们说怎么办？

众 营长！这泸定桥——

林志勇 再大的风浪也挡不住我们红军铁军前进的脚步！

众 这敌兵营——

林志勇 再强的火力也阻碍不了我们先遣连战士顽强的斗志！

众红军 营长，下命令吧！

刘大可 好，总攻即将开始！我们22名红军战士将组成夺桥敢死队。我们要用自己的生命夺下泸定桥，为总攻的胜利，为中国革命的胜利，勇往直前！

（唱）大渡河水波涛险，
泸定桥上铁索寒。
视死如归浴血战，
同心协力排万难。

（大声）飞夺泸定桥！

[雄浑悲壮的气氛音乐骤起。

[西桥头高处，10个红军司号员一齐吹响了冲锋号，全团所有武器一齐向对岸敌军开火，号声、枪声在峡谷中回响，两岸的高山像是要崩裂一般。

[林志勇带领第一突击队22名突击队员，每人手持冲锋枪或手枪，背插大刀，腰缠10多颗手榴弹，冒着敌人的弹雨，攀援着铁索，像二十几只金猴，奋勇向前扑去。

[火云飞、李大姐带着救护连女战士，背着各种大小不一的木板、门板，轮番地匍匐而上，一块块地送到突击队员手中。

[紧随其后突击队第二梯队，他们除了武器，每人夹一块木板，边在剧烈摇晃的铁链上铺设木板，边在敌军密集的炮火枪弹中匍匐前进。

[警卫员小超在铺递木板时被敌人机枪突然击中，鲜血立马染红了瘦小的胸膛……

[敌人的火力依然像毒焰似的铺天盖地喷射而来……

[林志勇急忙让战士们把受伤的小超背下去。他继续瘸着伤腿率领敢死队冒着疾飞的枪林弹雨，继续攀着铁索链向前一步步艰难地挺进……

[冲在最前头拼死铺板的米贵，又被敌军的机枪击中，猛地弹飞出去……吊挂在剧烈晃动的大铁链上摇摇欲坠……

林志勇 （敏捷地回身一把抓住米贵，发疯似地大叫）米贵！抓紧我，抓紧我！

[又一阵枪弹击中米贵胸部，米贵身中数弹，鲜血直流，瞬间染红了硕大的铁索链。

林志勇 米贵！不能死！坚持住！

米　贵 连长，我不行了，你快放手！快放手！

林志勇 不！不！我不放！我不放！你不能死！我他妈的不许你死！

米　贵 连长，你已经救过我两次了，我米贵今生今世永远记住你的恩情！这次放手吧！我不……行……了……！你赶……快……铺板，一定要……替我、替红军夺……下……泸……定……桥……

［敌人密集的枪弹又猛烈地向铁索桥上扫射过来，米贵猛地甩开林志勇抓住的手，缓缓掉入了滔滔大渡河。

林志勇 （泪如泉涌，仰天大叫）米——贵——！

刘大可 （满眼泪花）米——贵——！

众红军 （抓住大铁链摇晃哭喊）米——贵——！

［幕外男声合唱——

铁索桥链鲜血染，

大渡河水铸英魂。

［林志勇从摇晃的铁链上站起来，扛起机枪一阵阵地向东岸疯狂地猛扫……

林志勇 兔崽子们，你们来吧……你们……来……吧……！

刘大可 （艰难地挥舞着手中的红旗，跨步冲向前去）同志们，冲……啊……！

众红军 （一个个艰难地攀援着大铁索，奋力向前）冲……呀……！

［红军战士顶着敌军的炮火，非常艰难地向前冲击着。枪弹不断地击中冲在前面的战士，一个战士倒下，坠入汹涌的大渡河，又一个战士紧跟上，挺着胸膛往前冲……林志勇头部被枪弹击中，鲜血染满了铁链，但他毅然举着红旗向前挺进……挺进……

［东岸守兵气急败坏，将堆集在桥头的木板和柴草点着，让熊熊大火烧向铁索桥……

［浓烟滚滚中，一个个被烧成黑人似的红军战士毅然勇往向前，一步步攀着大铁链向东岸逼近……

[西岸红军后援大部队的冲锋号再次响起，嘹亮的军号声强烈地呼唤和激励着艰难匍匐在铁索桥上火人般的突击队员们。

[林志勇第一个猛然跃起，就像烈火金刚般屹立于桥中，咆哮着冲过火海……紧接着，铁索桥上幸存的红军突击队员们也一个接一个在铁索上跃起，冲过火海，杀向敌营……

[泸定桥上红旗飘扬，喊声震天……中央红军终于胜利夺取了天险“泸定桥”，一举占领了敌军把守的“泸定城”！

[灯暗转。

尾声　道　别

[紧接前场。环境光亮，《红军不怕远征难》的激情旋律渐起……

[大渡河畔，泸定桥边，刘大可、林志勇、李大姐率领着先遣连、救护连的所有男女战士，一排排、一队队……整齐地肃立在巍峨险峻的山石悬崖上，向着涛涛东流去的大渡河水庄严肃穆地敬礼……向着为强渡大渡河、飞夺泸定桥献出宝贵生命的红军烈士们致以崇高的敬意……

[雄浑的男声画外音在空中深沉地响起——

中国工农红军在毛主席、党中央的正确领导下，强渡大渡河，飞夺泸定桥，取得了万里长征艰苦奋战极其关键的战略胜利。大渡河，胜利之河；泸定桥，生死之桥。80年前，将满腔热血抛洒在大渡河上的红军先烈们，用自己的血肉之躯为中国革命的未来开创出充满希望的胜利之路！

[应和着大渡河亘古不变的节拍，《大渡河》主题歌“船工号子”的激情旋律高昂地响起——

哟嗬哟，哟嗬哟嗬！

哟嗬哟，哟嗬哟嗬！
大渡河哟，出云涧哟，
跌峻岭哟，飞险滩哟。
携来三川雪，催开二月花，
千尺浪拍岸，万丈涛入天。
凄风苦雨（嗨嗬、嗨嗬）倚峰寒（嗨嗬、嗨嗬），
飞花如戟（嗨嗬、嗨嗬）劈层峦（嗨嗬、嗨嗬）。
气贯长虹（嗨嗬、嗨嗬）奔如电（嗨嗬、嗨嗬），
幽壑空谷（嗨嗬、嗨嗬）散霞烟（嗨嗬、嗨嗬）。
四海为家日，哟嗬哟嗬！
故园梦里甜，哟嗬哟嗬！
洪波亘古情长在，
砥柱中流话沧桑。
哟嗬哟，哟嗬哟嗬——！

[幕落。

[剧终。

二〇一六年四月二十日初稿于鹿城

二〇一六年九月七日参加浙江省第十三届戏剧节修改稿

此剧为纪念中国共产党建党95周年、中国人民解放军建军89周年、
中国工农红军长征胜利80周年献礼剧目

浙江京剧团排演

孔雀翎

京歌剧

人　物　阿吉——少年猎人

老太公——老猎人

阿布——少年猎人

阿旺——少年猎人

阿美——少年猎人

孔雀姑娘

猴太公

熊爸爸

鸟妈妈

熊哥哥

熊妹妹

众猎人

众动物等

序　幕

［寂静幽黑的舞台，一缕乐音从远处传来。一束追光中，隐现出美丽的孔雀姑娘。孔雀姑娘欢快地跳跃轻舞……

［幕外响起主题歌声——

孔雀翎，孔雀翎，
七彩光，亮晶莹。
一闪一闪多么神奇，
飘飘荡荡传友情。
飘呀飘，孔雀翎，
飘呀飘，孔雀翎，
飞过大山飘进森林，
飘飘荡荡传友情。

孔雀姑娘　小朋友们，你们好！我是来自远方的孔雀姑娘，我的身上有一支神奇的孔雀翎！小朋友们，你们想知道她有多么神奇吗？好！今天我就给大家讲讲我这支神奇的孔雀翎的故事。那年春天,我随着天边飘浮的彩云来到了一个美丽又神秘的大森林……

［追光渐收，闪光的雀翎神秘地飘走……

（一）

［主题歌音乐声中，舞台灯光朦胧亮起。在梦也似的雾岚缠绕之下，一个美丽的森林家园若隐若现。

［晨光照耀，在金色阳光照抚下，千枝万柯，奇花异卉，林鸟草虫渐次苏醒。顿时，森林家园彩光闪烁，山泉琤琮，晨鸟啁啾，众动物沉浸在欢乐之中。

［众动物欢乐地歌舞——

阳光阳光照树梢，
风儿风儿轻悄悄；
星星雨洒落了，
欢乐的歌谣。

［鸟妈妈带着小鸟们，站在枝头边舞边唱——

鸟妈妈 （甜甜地唱）

我的歌谣嘀哩哩……

小鸟们 （接唱）与太阳一道升起。

鸟妈妈 （接唱）同朝霞一样美丽，

小鸟们 （接唱）像露珠一样甜蜜，嘀哩哩……

［一部分动物翩翩起舞，应和着说唱——

［熊爸爸带着小熊哥俩，蹒跚起舞歌唱——

熊爸爸 （憨憨地唱）

我的歌谣嗷嗷嗷，

俩小熊 （接唱）同风儿一道赛跑，

熊爸爸 （接唱）跑到东跑到西，

俩小熊 （接唱）我的歌谣把朋友找，找呀找……

［一部分动物应和着说唱——

狐　狸 （说唱）跳起来吧跑起来，

众小鸟 （说唱）快乐的一天要乐起来！

梅花鹿 （说唱）跳起来吧跑起来，

众小猴 （说唱）快乐的一天要闹起来！

小斑虎 （说唱）新朋友和老朋友，

众小鸟 （说唱）和我们一起玩起来！

众动物 （说唱）大朋友和小朋友，

众小猴 （说唱）一起唱起来，唱起来！

猴太公 （唱）我的歌谣荡秋千，

一荡它就飞上天。

呀呀嘿，嚯嚯嘿，

歌谣悠悠它乐无边……

众动物 （接唱）它乐无边。

［猴子们的秋千荡得太厉害了，结果摔了一地，大家捧腹哄笑。

［突然间，一阵奇异的乐音传来，一片炫目的彩光，飞掠而过，众动物都伸长了脖子仰头向天，寻找光与音的来源。

［舞台灯光渐暗。一束追光中，一个七彩雀屏，在慢慢展开，无以言状的神奇与美丽，让一阵阵惊叹声在黑暗中发出。

［灯光渐亮，美丽可爱的孔雀姑娘出现在动物们之间。

众动物 （一片欢呼）孔雀姑娘！是孔雀姑娘！

猴太公 （热情地）孔雀姑娘，你可好久没来喽！

众动物 哇！（争先恐后地）孔雀姑娘你好！你好！你好！你好！

熊爸爸 （忸怩上前，装出"嗲嗲"的声音）哦哦！你……好！

鸟妈妈 你好！你好！嘿嘿嘿！你好！

孔雀姑娘 你们好！

熊爸爸 （瓮声瓮气地）孔雀姑娘，有一阵子你没有来了，我还以为，你把我们给忘了呢！

众动物 是啊，把我们给忘了呢！

孔雀姑娘 （激动地）不，不，不，我是很想念森林家园的朋友们的！（发现其身后两只小熊，惊喜）很长一段时间不来，（拉住俩小熊）小熊弟弟、小熊妹妹都长得这么大了！

熊妹妹 （羡慕地）嘿嘿！你真漂亮！

熊哥哥 （傻傻地）我爸爸好好……好喜欢你哟！

孔雀姑娘 （开心地）谢谢！谢谢！

猴太公 （高声）孩子们！今天，是个快乐的日子，让我们大家一起为吉祥之鸟孔雀的到来欢舞祝贺吧！

孔雀姑娘 （开心地四处飞翔，翩翩起舞——）

（唱）花儿对你笑，

叶儿把头摇；

云霞天边轻轻跑，

林中七彩飘。

鸟儿枝头唱歌谣，

蝴蝶把手招。

这一切快乐又美妙，

让雀翎光芒闪耀。

[众陶醉在美好之中。

[突然，远处响起牛角号声，一片火光冲天而起，大树轰然倒塌声和猎人的吼叫声响成一片。动物们神情慌张，缩成一团，屏息静听——

[幕外响起猎人的歌声——

九百九对火把，

烧光九百九道岭；

九百九把弓箭，

射死九百九种畜牲。

猴太公 （大叫）猎人来了！猎人来了！大家快逃呀！

[众动物乱成一团。猴太公瘸着一条腿，指挥大家逃难。

[灯暗转。

(二)

[森林家园。猎人歌声中，小猎手阿吉与阿布等威风凛凛猎杀而上。大刀与利箭所到之处，树木倒下，动物惨死。森林家园一片狼藉。

[熊爸爸带着俩小熊奔逃而上。

[阿吉追上，张弓欲射。熊爸爸边掩护小熊边与阿吉周旋。俩小熊在熊爸爸掩护下惊逃而下。阿吉一箭射出，熊爸爸痛苦地嗷嗷大叫，带箭仓皇逃下。

[阿吉正要追下，阿布带阿美、阿旺追赶两只小金丝猴奔上。老金丝猴赶上，将俩小猴紧紧护住，并凶狠地要和伤害小猴的阿布等拼命。

阿　吉　（大叫）阿布，小心！

[阿吉用弓挡住抓向阿布的老金丝猴，将它推向别处，老金丝猴护着小猴逃下。

阿　美　我的妈呀！把我的魂都吓掉了！

阿　布　哇！这老猴子可真厉害！

阿　吉　阿布，你们要杀它的孩子，它还不跟你拼命？

阿　旺　阿吉，我们休息一会吧。

阿　吉　好！休息会儿。

阿　布　（难为情地）哎！阿吉，今天是我老太公九十九岁生日，也是他传授大铁弓的日子。

阿　美　谁要是得到大铁弓，谁就是山寨子里的大英雄！

阿　布　阿吉，我老太公就是偏心，他是不是想把大铁弓传给你呀？

阿　吉　（威风地）阿布，老太公说了，谁要是能够打到最大最凶猛的野兽，谁就能够得到大铁弓！咱们一定要打到最大的猎物，好好地孝敬他老人家！

阿　旺　难怪老太公就是喜欢你。

阿　布　要不我老太公怎么会把最厉害的本领都教给他呢？

阿　吉　（兴奋地）阿布、阿旺、阿美，咱们快打猎去吧！

［孔雀姑娘在混乱中穿梭奔逃而上。

［阿布等小猎人发现孔雀姑娘，蜂拥而上。

阿　布　啊，孔雀！（喊）抓住她！抓住她！（与阿旺猛扑上）

［孔雀姑娘惊慌，逃。

阿　布　阿旺，追！快追！要抓活的！

阿　旺　（捋起袖口，蹑手蹑脚地靠上）看我的！（一扑，孔雀姑娘敏捷地逃离）

阿　吉　（走近一看，高兴地）真是一只漂亮的孔雀！

阿　美　（发现孔雀姑娘机灵地逃跑）哎，跑了，跑了！快抓住她！

［四小伙伴兴奋地围住孔雀姑娘，阿布、阿旺累得满头大汗，终于将孔雀姑娘抓住。阿布看到孔雀姑娘身上漂亮的羽毛，伸手就拔。

孔雀姑娘　（惊恐地）咕咕……

阿　吉　（看到孔雀姑娘痛苦挣扎的样子，不忍心地）阿布，慢！阿布，咱们把这只孔雀给放了吧。

阿　布　（不解地）怎么了？阿吉，你不喜欢吗？

阿　吉　（情不自禁地用手抚摸孔雀羽毛）不！我喜欢！我还从来没有见过这么漂亮的羽毛呢！（回忆似的）老太公对我说过，美丽的羽毛是梦的翅膀，它能够让我在梦中见到我的阿妈！

阿　布　（讨好地）那我把这孔雀的羽毛全拔下来给你！……

阿　旺　让你一天做一个梦。

阿　美　这样，你就能天天梦到你的阿妈了！

阿　旺　来，我们一起拔喽！（三人动手欲拔）

［孔雀姑娘缩紧身体，发出嘤嘤啜泣，现出一副可怜的样子。

阿　吉　（拦住阿布等）不要拔，她会疼的！（对着孔雀姑娘）拔你的羽毛，你会疼是吗？

［孔雀姑娘像是听懂一样，点了点头。

阿　布　（逞能地）阿吉，我有一个办法，保证她不痛！

阿吉等　什么办法？

阿　布　（威风地举箭对着孔雀姑娘）射死她！她就不痛了！

［孔雀姑娘拼命挣扎，但无力脱身。

阿　吉　（迅即上前，挡在箭头，护住孔雀姑娘）阿布，把她给放了！

阿　旺　（惊异地）什么？把她给放了？

阿　吉　把她放了吧！你们把她杀死了，梦里的阿妈也会伤心的。

阿　布　阿吉，别忘了，咱们可是猎人！

阿　旺
阿　美　对！我们是猎人！

阿　吉　猎人，就应该在杀猛兽的时候比个高低！

阿　旺　比就比！

阿　布　谁怕谁啊！

阿　旺　猛兽要杀！

阿　布　这小孔雀我也要抓！（猛地扑向孔雀姑娘，阿旺紧跟着扑上去）

［阿吉机灵地将孔雀姑娘拉出阿布、阿旺的合围，示意她躲在身后。

阿　吉　有我在，看你们谁敢伤害她。

阿　布　我抓了她，献给太公做寿礼！（又返身抓捕孔雀姑娘）

［孔雀姑娘躲开阿布，机灵地在阿吉身后东躲西藏。

［阿美、阿布、阿旺围圈奋力捕抓孔雀，都被阿吉左挡右挡给挡过去了。

［阿旺气急败坏，拿出牛角要去砸孔雀姑娘，却不料误砸在阿布头上。

阿　布　（被误伤的阿布眼冒金星，气得坐在地上，嚎啕大哭）啊……！你们干吗老打我呀！

阿　旺　（歉意地扶起阿布，把怨气发到阿吉身上）哼！阿吉，等着瞧！等着瞧！

阿　布　（赌气地）走着瞧！走！（和阿旺相扶着下）

阿　美　（欲走又回）阿吉哥！跟我们一起走吧！

［阿吉还是不放心地护着孔雀姑娘。

阿　布　（上来，扯）阿美，别理他，我们走！

［阿美看了看阿吉，无奈地随阿布下。

阿　吉　（回头，一望无人，着急地）哎！阿布！阿美！……（欲追下，但已不知阿布、阿美、阿旺去向，顿觉凄清，四顾茫然）

［空中传来声音：咕咕！咕咕！咕咕！咕咕！

［阿吉停住脚步。

［孔雀姑娘从隐蔽处出。

孔雀姑娘　咕咕！咕咕！咕咕！咕咕！

阿　吉　（看了看孔雀姑娘，惊讶之余，不免懊恼地）你怎么还不飞走哇？快飞走吧，再不走他们又要来抓你了！

孔雀姑娘　（跳到阿吉跟前）咕咕！咕咕！咕咕！咕咕！

阿　吉　（四处寻觅）哎，她好像要对我说话？

孔雀姑娘　咕咕！咕咕！咕咕！咕咕！

阿　吉　（鹦鹉学舌般的）咕咕！咕咕！咕咕！咕咕！叽里咕噜的，她说些什么呀？

孔雀姑娘　（着急）咕咕！

阿　吉　（感到好玩）哎！咕咕！

孔雀姑娘　（突然想起）嗳！咕咕！（转身从身上变出一支美丽的孔雀翎，雀翎闪闪发光）

［阿吉惊喜地上前去看，孔雀姑娘俏皮地躲开。

孔雀姑娘　咕咕！咕咕！你好，你好！

阿　吉　（惊愕地停下脚步）谁？谁？谁在跟我说话？

孔雀姑娘　（跳到阿吉跟前，用手指戳着自己）咕咕！咕咕！你好，你好，是我在叫你！

阿　吉　（奇怪地）你？是你在跟我说话？（旁白）哎，我怎么一下子能听懂她说的话呢？

孔雀姑娘　因为这支雀翎，它能让我听懂你说的话，也能让你听懂我说的话！

阿　吉　（惊奇地看着孔雀姑娘）哦！也就是说这支孔雀翎，能让我听懂你说的话，也能让你听懂我说的话！

孔雀姑娘　（点了点头）是的，你叫阿吉！

阿　吉　（更加惊奇）神了！神了！神了！她连我的名字都知道！嘿！这支孔雀翎太神奇了！

孔雀姑娘　（得意地）对啊！这支神奇的孔雀翎，它可大可小，可长可短，你要是喜欢它，我就把它送给你吧！

阿　吉　送给我？为什么呀？

孔雀姑娘　（甜甜地）因为你跟他们不一样，你是一个善良的小哥哥！……你喜欢它吗？

阿　吉　当然喜欢喽，它太奇妙了！

孔雀姑娘　（挥舞着手中的孔雀翎）那我就把它送给你了！

阿　吉　（十分高兴地望着孔雀翎）真的？那我拿了，我拿了！我拿了！（阿吉兴奋地一把抢过孔雀翎，狂奔跳跃）啊！太棒了！（满场飞奔，边舞边唱）

我得到的雀翎多么神奇，

孔雀姑娘　（高兴地边舞边旁唱）

我送他的雀翎多么神奇。

阿　吉　（接唱）它能听懂动物的话语，

孔雀姑娘　（接唱）让你听懂动物的话语。

阿　吉　（接唱）能帮我打猎比赛得第一，

孔雀姑娘　（接唱）能带他走进新天地。

阿　吉　（接唱）为太公的生日献上贺礼，

孔雀姑娘　（接唱）让人类与动物结成真诚的友谊。

阿　吉　孔雀姑娘，谢谢你！

孔雀姑娘　你救了我，我要谢谢你！（以优美的舞姿，向阿吉表示感谢）

阿　吉　（腼腆地）不客气！不客气！

孔雀姑娘　（突然想起）噢，对了，阿吉！有一件事你可一定要记住。

阿　吉　什么事？（向阿布离去方向张望）

孔雀姑娘　（郑重地）孔雀翎能听懂人和动物说话这件事，你可千万不能告诉别人！

阿　吉　（不在意地）如果告诉了呢？

孔雀姑娘　那，那就会……

阿　吉　会怎么样？

孔雀姑娘　（神情慌乱地）你就会失去生命，变成一块冷冰冰的大石头！

阿　吉　什么？失去生命，变成一块冷冰冰的大石头？

孔雀姑娘　（认真地）对！

阿　吉　哈哈哈哈！我倒真想变成一块冷冰冰的大石头！（装石头样）

孔雀姑娘 （慌张）我……我不是和你开玩笑，我是认真的！

阿　吉 （看到孔雀姑娘傻傻的认真相，又忍不住捧腹大笑）对！认真的！认真的！哈哈哈……

孔雀姑娘 我……我不送你孔雀翎了，你把孔雀翎还给我！还给我！（欲拿回孔雀翎，被阿吉躲过）

孔雀姑娘 还给我！还给我！（一急之下，"呜呜"地哭了起来）

阿　吉 （看着好笑）哭什么呀？我答应你不告诉别人，不就是了嘛。

孔雀姑娘 真的？

阿　吉 真的！

孔雀姑娘 （伸出小手掌）……

阿　吉 击掌？好！我们三击掌，一百年……（两人三击掌）

孔雀姑娘
阿　吉 不许变！

［孔雀姑娘破涕为笑。

［远处隐隐传来打猎的号角声。

阿　吉 孔雀姑娘，我有事，我要先走了。

［阿吉看着手里的孔雀翎，很是得意……

阿　吉 有了这支孔雀翎，我就能打到更大更凶猛的野兽，献给老太公了。（飞速奔下）

孔雀姑娘 （一怔）啊——！阿吉——！阿吉——！（急切地追下）

［灯暗转。

（三）

［傍晚。山林，古木参天。天边流霞映红了树林；林中的罅隙闪耀着斑驳的光辉。

[一条被野兽踩出来的林中小路蜿蜒伸展，路边花草丛生，小动物们不时地交头接耳，慌里慌张地来回奔窜。

[阿吉头插孔雀翎，身背弓箭，威风凛凛，一路飞奔而上。

[幕后合唱——

越千山，
跨万涧，
不怕艰险，
勇敢向前。
雄狮的力量，
山鹰的锐眼；
祖传的宝刀，
神赐的利箭；
更有那神奇的雀翎，
能把狼窝虎穴指点。
任凭你豺狼虎豹，
血盆大口，
爪利牙尖；
看阿吉神弓飞箭，
宝刀血溅，
威震虎狼；
做个英雄凯旋。

[山林中，各种动物惊慌地在躲闪阿吉，小鸟们飞来飞去，害怕地寻找鸟妈妈。

[阿吉在山林中敏锐地观察着，有意地晃动手中的孔雀翎。

[鸟妈妈紧张地飞上，探头探脑着急地找寻着失散的小鸟们。

[突然，“啪”地一下，从空中掉下一只小鸟。片刻，鸟妈妈俯

冲下来，停在小鸟身边，众小鸟也飞上，关切地围在受伤小鸟的身旁。

鸟妈妈　（悲痛地抚摸小鸟甲的翅膀）孩子,你的翅膀被猎人的箭射伤了。

众小鸟　还流了这么多鲜血!

小鸟甲　妈妈，我疼，我好疼啊!

鸟妈妈　（焦急地）妈妈知道你疼!可是你不能待在这个地方，你得飞起来，你得飞起来呀!

众小鸟　飞起来呀!快飞起来呀!

小鸟甲　（使劲提起翅膀，但最终无法展开，哭）妈妈，我的翅膀，一点力气都没有了，我想飞，我想飞，可是我飞不起来呀!

鸟妈妈　（趴下身子，坚定地）孩子，你必须得飞!要不然猎人会把你抓走的!

小鸟甲　妈妈，我害怕!我害怕呀!

鸟妈妈　孩子，别怕!有妈妈呢!妈妈驮着你一块飞!

众小鸟　对!我们驮着你飞!

［小鸟甲艰难地挪动着身子，三番五次，使出吃奶的力气，还是爬不上妈妈的背。

鸟妈妈　（使劲贴着地面，鼓励地）叽叽叽、喳喳喳、叽叽叽、喳喳喳、叽叽叽、喳喳喳、叽——叽——叽!喳——喳——喳!

［在众小鸟和鸟妈妈的艰难配合下，小鸟甲艰难地飞起，众小鸟簇拥着一起飞进了丛林。

［阿吉在暗处瞪大眼，看得又意外又吃惊。

阿　吉　（情不自禁地）哇!鸟妈妈对小鸟真是太好了!（若有所思地）我妈妈要是还活着，她也会对我这样好的!

［山林重归静寂。

［隐蔽处，猴太公探头探脑，一瘸一拐，轻悄悄地上，四处打探。

片刻，大手一招，一队小猴，相互搀扶着上，个个缺胳膊断腿，头伤脸破，“哎哟”连天。猴太公气喘吁吁，一瘸一拐地拉拉这个，扯扯那个，指挥着“伤兵”队伍安全撤离。

［阿吉在隐蔽处张大眼睛，看着猴子“伤兵”队伍艰难地走过丛林。孔雀翎闪烁不已，把猴子们的哀号之声放大，让他听了有些揪心。

［天色逐渐昏暗。

阿　吉　（悄悄地出来，目送着猴子们远去，擦了擦手中的箭镞）嗨！这些猴子，一个个怪可怜，真叫我杀不下手！（懊丧地摊开两只手）今天怎么了？到现在还一点猎物都没有打到！（对着雀翎）雀翎呀雀翎，你也不帮帮我，说不定阿布阿旺他们早就打到老虎和狮子喽……

［孔雀翎突然闪烁不已，空中远处传来受伤大熊“嗷嗷”的惨叫声。

阿　吉　（兴奋地跳起）熊！是大熊的声音！我赶快把陷阱布置起来！（布置陷阱）

［大熊的惨叫声越来越近……

［阿吉挥舞着孔雀翎，一跃跳进山崖后面。

熊爸爸　（画外音）嗷！

［阿吉急转身，隐蔽于陷阱旁。

［熊爸爸屁股上插着一支长长的箭，在两只小熊的搀扶下，笨拙地挪动着身躯。

［鸟妈妈带着受伤的小鸟们，鼓励它们飞到树上的大鸟窝里去。

［猴太公牵着一串猴子猴孙气喘吁吁地爬上了树荫下的山坡。

［熊爸爸就势在山石上一坐，“哎哟”大叫一声，在地上痛苦地挣扎着。俩小熊惊恐地大叫“爸爸、爸爸”。

[熊爸爸察看伤处，试图拔箭，结果痛得“嗷嗷”直叫。

熊爸爸 （痛苦地唱）

嗷嗷嗷，箭头扎肉，

钻心痛，痛苦难受。

鸟妈妈 （背着小鸟艰难地边飞边唱）

呜呜呜，翅膀血流，

飞不动，无路可走！

猴太公 （护着众猴子“伤兵”，悲哀地唱）

唉哟哟，

家园被毁，新窝难寻，

旧恨新仇涌上心头。

熊爸爸 （接唱）最可恨那射箭的人，

心狠手辣良心丢。

鸟妈妈 （接唱）不知是什么时候，

人要与我们为仇。

众小猴 （接唱）哎哟哟，哎哟哟，要等到什么时候，

我们才能无忧无愁？

熊爸爸 （接唱）嗷嗷嗷，

俩小熊 （接唱）这箭头扎肉；

鸟妈妈 （接唱）呜呜呜，

众小鸟 （接唱）翅膀血流；

猴太公 （接唱）唉呀呀，

众　猴 （接唱）又添新愁！

众熊等 （接唱）痛痛痛，箭头扎肉痛，

众鸟等 （接唱）流流流，翅膀血直流。

众猴等 （接唱）愁愁愁，又添新愁。

众熊等 （接唱）痛痛痛，

众鸟等 （接唱）流流流，

众猴等 （接唱）愁愁愁，

众熊等 （接唱）痛痛痛，

众鸟等 （接唱）流流流，

众猴等 （接唱）愁愁愁，

众 （合唱）仇仇仇！

［幕外童声独唱——

什么时候，森林家园，

［三组动物家庭合唱——

能重有欢乐自由。

［舞台后区的鸟家庭和猴家庭的定点造型光随着忧伤的音乐尾声慢慢收掉，动物们隐去。

熊哥哥 （小心地四处观察，轻声）爸爸，这里好像没人？

熊妹妹 （扶着熊爸爸，体贴地）爸爸，到这里歇会儿吧！

熊爸爸 （哼哼唧唧地）好！歇会儿吧！总算找到一个没有人的地方了！

熊爸爸 （身上的箭不小心又扎了一下）嗷嗷，疼死我了！

熊妹妹 爸爸，你很疼，是吗？

熊爸爸 （呻吟着）这么尖尖的一支箭，扎在肉里，你说，能不疼吗？

熊哥哥 （小心地）爸爸，很疼吗？让我来把它拔出来。

［熊哥哥毛手毛脚地准备拔箭。熊妹妹一边"小心！轻点！"地直叫。

熊哥哥 （不以为然地）放心！没问题！

［使足力气，伸手一拔。"哇"，熊爸爸咬牙切齿，强抑住叫声，痛得低下了头。

熊妹妹 （急得团团转，埋怨地）叫你轻点，你就是不听！

熊哥哥 （赌气地，粗着嗓门）有本事，你来拔呀！

熊妹妹 （仔细地察看爸爸屁股上的箭，害怕地无从下手）我……我……爸爸，你这么疼，就不拔了，好吗？

熊爸爸 （痛苦地）不，再疼，也得拔！你们见过身上长着一棵树枝的熊爸爸吗？

俩小熊 没见过！

熊爸爸 所以，一定要把它拔出来，不然，你们爸爸的老命就没了！

熊妹妹 （犹豫地）那爸爸，我们一起拔，就能把它拔出来了！爸爸，你忍着点！

熊爸爸 你们使劲拔，爸爸什么都不怕！

俩小熊 好！（用尽全力）一！二！三……！

［俩小熊用力拔箭，箭离熊身，俩小熊跌了个四脚朝天，熊爸爸“哇”地一声，伏地不动。

［俩小熊丢掉手中的箭，扑上，猛摇熊爸爸，大声叫喊，熊爸爸一动不动。俩小熊惊慌失措，趴在熊爸爸身上大声哭叫起来：爸爸——！爸爸——！哭叫之声撕肝裂肺。

阿　吉 （情不自禁地扑上）小熊！（脚下一绊，弯腰捡起箭，一看，惊）啊？这不就是我射出的箭？熊爸爸被我射死了，我……我……我为了争大铁弓，为了当打猎英雄，让小熊变成了孤儿，我……我好浑啊我！（起动情的背景音乐）我明白了，动物和我们人是一样的，它们也有父母也有爱！它们也有亲情也有恨！我不能再杀它们了，我不能让它们没有爸爸妈妈，我不能让它们再变成我这样的孤儿了。（用力把箭一折两断，奋力丢掉）

［熊爸爸苏醒过来，阿吉关切地上前拉它。

熊爸爸 啊！！人！！

俩小熊 （恐惧地）人！人！人来杀我们了！（大声咆哮，凶猛地扑上去，

撕咬阿吉）

阿　吉　（左右躲避）不要怕我，我不是来害你们的，我是来帮助你们的！

俩小熊　可怕的人！害爸爸的人！（冲上去，阿吉躲闪；使劲过猛，“扑通通”掉进陷阱）爸爸，爸爸，救救我呀！……（声嘶力竭地叫喊）

阿　吉　糟糕！（设法营救）

［熊爸爸猛扑狂啸，阿吉艰难地躲闪。

熊爸爸　（短促地）小熊！孩子！孩子！……

俩小熊　……爸爸！……爸爸！

熊爸爸　（奋力追抓，用力过猛，“扑通”一声掉进陷阱，大叫）啊！……（泄气地）这一下全完了！

俩小熊　爸爸！爸爸！我怕！我怕！

阿　吉　（趴在陷阱边，好意地伸出手）熊爸爸，把手伸给我……快把手伸给我！

［俩小熊想伸手，熊爸爸“啪”地一下，用厚实的熊掌扑打阿吉；阿吉猛地缩手，鲜血从手上淌下来。阿吉痛苦地在地上打滚。

阿　吉　啊！痛死我了！怎么办呢？小朋友们！我该怎么办？我该怎么办呀？

［小观众们喊叫：用“孔雀翎”！用“孔雀翎”！

阿　吉　（恍然大悟）对！用“孔雀翎”！

［主题音乐响起。阿吉从头上拔出雀翎，旋转……

［美丽的孔雀翎在空中挥舞，空中遥遥传来了阿吉对熊爸爸的呼喊声……

［阿吉外声：熊爸爸……熊爸爸……我是来救你们的！

熊爸爸　（奇怪地）熊爸爸……我是来救你们的！哎，是谁在说话？（静听）……他是在对我们说话？

俩小熊 爸爸，我们怎么能听懂他说的话？

［阿吉向熊爸爸友好地伸出自己鲜血淋淋的手……

阿　吉 熊爸爸，把手伸给我……

熊爸爸 把手伸给我？手？我们这是掌！

阿　吉 （充满友好地）来！熊爸爸，把手伸给我……

熊爸爸 （相信地）人是来救我们的！小熊，快快把手掌伸上去！

［熊爸爸托起小熊，两小熊一一被拉上来。

［孔雀姑娘从远处快速飞上，招来森林众多动物。大家连成一串，跟在阿吉身后，把熊爸爸拉上悬崖。

［孔雀翎在高处快乐地飞舞，天空中回荡着阿吉和动物们的欢笑声……

［欢笑的回声中，主题歌声起——

孔雀翎，孔雀翎，
七彩光，亮晶莹。
一闪一闪多神奇，
飘飘荡荡传友情。
飘呀飘，孔雀翎，
飘呀飘，孔雀翎，
孔雀翎！

［切光。

（四）

［山寨，祝贺老太公九十九岁生日的隆重庆典。

［幕外合唱——

高山寨里篝火红，

九十九岁生日传铁弓。

九十九头野兽九十九缸酒，

九十九个少年争英雄。

［银须飘飘的老太公拄着大铁弓，威武地站在高处。他的一只眼睛用黑布蒙着。

［阿布及其他小猎手披挂着兽皮猎物，满载而归。

老太公 哈哈哈哈！

众小猎人 （下跪高喊）祝老太公长寿！

老太公 哈哈哈哈！

（唱）没有雄鹰，

听不见弓箭的长啸；

没有猛虎，

显不出猎人的骄傲！

众小猎人 （合唱）英雄的少年是我们山寨的自豪，

勇敢的猎人是我们光荣的称号。

老太公 （接唱）听这把古老的大铁弓在铿锵鸣叫，

看哪位少年人擎它射飞雕！

［老太公顺势欲擎弓射箭，终因力不从心而歉意放下。

老太公 （自我解嘲地）哎哟哟！老骨头喽！不中用喽！（仔细观看，笑眯眯地）孩儿们，人都到齐了吗？（移眼他处）

阿　布 （迫不及待地）到齐了！到齐了！

老太公 哦？（摇摇头）好像还差一个人吧？阿吉怎么还没回来？等阿吉回来了，看谁打的猎物最多、最大、最凶猛，我就把这张大铁弓传给他！

阿　旺 （急切地）老太公，我打的猎物最多！

阿　美 老太公，我打的猎物最漂亮！

猎人甲 老太公，我打的猎物最凶猛！

阿　布 （满怀信心地献上猎物）我的亲太公！（得意地）我打的猎物最多、最大、最凶猛，这大铁弓啊……

老太公 （捋着胡须）嘿嘿！都不错！都不错！都有长进！（突然紧锁眉头，向远处）嗳！阿吉怎么还不回来啊？

阿　布 （委屈地）老太公，你张口阿吉，闭口阿吉，从来不把你的亲孙孙放在眼里！（不服输地）这次比赛，我一定得第一！阿吉肯定比不过我！

老太公 （深觉有趣地）嘿嘿,这孩子,今天的口气,还真不小啊！（暗笑）

小猎人甲 （牵一金丝猴上）老太公，我给你逮了一只漂亮的金丝猴！

小猎人乙 （牵一小老虎上）老太公，我也给你逮了一只凶猛的小老虎！

小猎人丙 （牵一梅花鹿上）老太公，我给你逮了一只梅花鹿！

老太公 （捋着胡须，美滋滋地）好！好好！嘿嘿，你们瞧啊，这只猴子皮毛金光闪闪的，多可爱呀！

阿　布 老太公，给您做顶皮帽，还真不错！

小猎人丁 （发现金丝猴和小老虎挣脱绳索逃跑）哎！……跑了，跑了！

［众拥上抓金丝猴，金丝猴跳到老太公身上，乱抓乱咬，抓得老太公一会儿痒，一会儿痛，一会儿恼，一会儿笑，“哎哟”连天，无奈之极，最后气得吹胡子瞪眼，仰天大吼。

老太公 反了！反了！把这几只野兽给我逮起来！剥了它们的皮！

［众猎人与动物们一阵混战。

阿　吉 （奔上）住手！（护住众动物，转身示意它们）快跑！快跑！

［众动物一哄而散。

众猎人 （丈二和尚摸不着头脑）怎么？都跑了？

老太公 （不敢相信地看着阿吉）阿吉？！……（绕着阿吉转了一圈，看了又看）

阿　吉　（伏地叩头）祝老太公长寿！

老太公　（颇感失望地）阿吉！你的猎物呢？

阿　吉　猎物？……（摊开两手）……

老太公　（忍耐不住地）你的弓箭呢？

阿　吉　（恍惚地）弓箭？……（在身上四处寻找）……老太公，我丢了！……

老太公　（大怒，一个趔趄）什么？身为一个猎人，竟把弓箭给丢了？这么长时间你在大森林里干了些什么？

阿　吉　我在大森林……

老太公　（强抑住火气，语气缓和地）孩子，遇到什么麻烦了吗？

阿　吉　没有！

老太公　（生气地）那你拿什么给老太公祝寿呢？

阿　吉　我……

阿　布　（神秘地）老太公，我知道怎么回事！

阿　吉　（争辩）你不知道！

阿　布　（幸灾乐祸）知道！

阿　吉　（生气）不知道！

老太公　（呵斥）不许胡闹！

阿　布　老太公，让我告诉您吧！阿吉他被怪孔雀给迷住了。

阿　旺　（站到阿布身边）他丢了弓箭，打不到猎物，他不配当猎人了！

阿　布　（更加起劲地）您看，他头上还插着怪孔雀的羽毛呢！

众猎人　真的！（哗然，交头接耳）

老太公　（按捺不住）孩子，到底是怎么回事？你快说呀！

阿　吉　（申诉）老太公，我没有被怪孔雀迷住！我没有打回猎物来，是因为我……是因为我……（大胆地）因为我再也不想打猎了！

众猎人　（大吃一惊）不想打猎？

老太公 （不敢相信地逼近）你这孩子都说些什么？……

阿　吉 （坚决地）老太公，我再也不想打猎了！动物和我们人是一样的！我们再也不要杀害它们！

老太公 （生气地）什么？动物和人是一样的？我们再也不能杀它们了？难道你不知，我们是靠什么生活的吗？难道你不知，我们吃的、穿的、用的是靠什么吗？（越说越激动）难道你不知老太公这只眼睛是怎么瞎的吗？还不是被那只瘸腿的黑叶猴挖去了眼珠！人和野兽血泪冤仇，永远为敌！

小猎人 对！永远为敌！

阿　吉 （真诚地）老太公，只要我们对动物好，动物也会对我们好的！只是我们太不了解它们了！

老太公 （拄弓颤抖）你……（大怒）胡说八道！我们世代相传，靠打猎，生活在这大森林，这大森林就是我们的家呀。这里的一草一木、一鸟一兽，都是上天赐予我们的财富啊！可你！身为一个猎人，打猎比赛，却空手而来，还口口声声为野兽求情，你这是对祖宗的侮辱！来！将阿吉赶出山寨去！

[众一片骚动。

阿　吉 （跪倒于地，死死抱住老太公的双腿）老太公！老太公！老太公！不要赶我走！老太公！阿吉离不开您啊，离不开山寨，离不开这个家呀……！

阿　美 老太公，饶了阿吉吧！

众猎人 饶了阿吉吧！

阿　吉 （大叫）老太公，不要赶我走呀！——

老太公 嗨！

（唱）不忍见双腿紧抱依恋样，

　　不忍听撕心裂肺求饶声……

阿　吉　（唱）我不愿远离太公失去家，
我不愿远离山寨孤零零……
老太公　（接唱）可你空手归来让人失望，
满口胡言忘了根本！
阿　吉　（接唱）我说真话有天作证，
动物与人要做一家亲。
老太公　（接唱）说什么动物与人做一家亲，
疯言让人怒气生。
今日若不幡然悟，
莫怪山寨不留人！
阿　吉　（接唱）阿吉说的真情话，
太公切莫怒在心。
森林万物是一家，
要相惜相爱永相亲。
老太公　（大怒）还在满口胡言，来呀，赶出山寨！
众猎人　老太公！
老太公　再若有人求情，一同赶出山寨！
［众人惊诧。
阿　布　阿吉，走吧！
阿　吉　（坚决）不！
阿　旺　阿吉，走吧！
阿　吉　（依然站立）不！
众猎人　阿吉，走吧！
阿　吉　（更加坚定）我不走……！
老太公　（气得连大胡子都发抖）……你……你……（站不稳，踉跟后退）
［众小猎人拖着阿吉往山寨外走……阿吉甩开大家的手，向着老

太公伏地跪下。

阿　吉　（凄凉地）老太公！你就忍心让阿吉再变成孤儿吗？

老太公　（悲愤交加地持弓击地，对阿吉）阿吉啊阿吉！我真后悔呀！后悔当初收留了你！十几年来……这十几年来把你养大成人，对你寄予了多大的希望啊！可是你已经变了，变得不像个猎人了！到底是什么……是什么迷住了你的心窍？

众猎人　（痛苦地）是啊！是什么迷住了你的心窍？

阿　吉　雀翎啊雀翎，你能让阿吉听懂动物说的话，你为什么不让我的老太公明白我的心愿哪！（心生希望）老太公……老太公！假如您能够听懂动物说的话，那您就全明白了！

老太公　（暴怒地）疯了！疯了！给我赶出山寨！

［众驱赶阿吉，阿吉疯狂挣扎，狂叫。

阿　吉　老太公……！

［众捉住阿吉，阿吉无法逃脱，被架起来，往山寨外抬去。

阿　布
阿　旺　（惊恐地追赶）阿吉——！阿吉——！
阿　美

老太公　嗨！（定了定神，举起大铁弓，重重地敲击地面，大铁弓发出铿锵巨响）

［切光。

（五）

［深秋，深山老林，由于人的砍伐，断枝残柯，一片破败。

［众动物急速奔上。

金丝猴　（叫喊）阿吉被赶出山寨喽！

小老虎 （叫喊）阿吉被赶出山寨喽！

众动物 （齐喊）阿吉被赶出山寨喽！

［众动物四下寻找，急急奔下。

孔雀姑娘 （飞上，急切地）阿吉——！阿吉——！

［众动物纷纷呼唤寻找上。猴太公瘸着一条腿随后跟上。

［众动物边寻找边唱——

阿吉……咕哩嘀……
阿吉……阿吉……
善良的阿吉，我们寻找你，
你在哪里？你在哪里？
咕哩嘀……咕哩嘀……
善良的阿吉，你在哪里？
我们在寻找你。
咕哩嘀……咕哩嘀……
你在哪里？你在哪里？
善良的阿吉，你在哪里？
你在哪里？你在哪里？
善良的阿吉，你在哪里？
你在哪里？你在哪里？

（呼唤）阿吉，你在哪里啊？

［众动物寻找下。

［风雪交加，天寒地冻。阿吉衣衫褴褛，饥寒交迫，踉跄而行。

阿　吉 （唱）九十九天风雪铺天盖地，
九十九般饥寒命在旦夕。
天地茫茫哪里是家？
寸步难行又冷又饥。

多想太公将我原谅，

重返山寨紧紧相依。

多想太公知我心意，

森林家园相亲相依。

［狂风暴雪骤起，阿吉顶着风雪，力不可支，摔倒在茫茫雪地中。

［孔雀姑娘寻找上，发现倒地的阿吉，急切地将他扶起。

孔雀姑娘 （唱）阿吉啊阿吉，

终于找到了你。

阿吉啊阿吉，

风雪冻僵了你。

我后悔送雀翎让你受伤害，

我心疼风雪中你昏迷不起。

阿吉啊阿吉快醒来，

朋友们都在寻找你。（急切晃动）

阿　吉 （醒，惊）孔雀姑娘！我……

孔雀姑娘 阿吉，你一定后悔了吧？后悔救了我，后悔得到这支孔雀翎，害你被赶出了山寨，害你无家可归，害你失去亲人？！

阿　吉 不，孔雀姑娘，我不后悔，我感谢孔雀翎，是她，把我带进了动物的天地，让我和你们成为了好朋友，让我懂得了真正的爱！可是我的老太公他就是理解不了我的心哪！

阿　吉 （唱）真心不被人理解，

真情难向人说明。

风雪中饥寒交迫，

雀翎啊——！

孔雀姑娘 （唱）啊！雀翎——！

阿　吉 （接唱）哪里再有回家的门？

孔雀姑娘 （接唱）劝你不要太伤心！

阿　吉 （接唱）雀翎啊！

孔雀姑娘 （接唱）雀翎啊！

阿　吉 （接唱）哪里再有我的亲人？

孔雀姑娘 （接唱）亲人就在大森林！

[狂风肆虐，雪花飞旋。悲伤欲绝的阿吉精疲力尽，再次昏迷，不省人事。

孔雀姑娘 （着急地抱住僵硬的阿吉）阿吉！阿吉！（喊）快来救救阿吉啊！快来救救阿吉啊！

众动物 （闻声跑上，惊呼）阿吉——！阿吉——！（阿吉昏然不知，众慌张）

猴太公 （往阿吉身上探了探）阿吉是冻僵了！

众动物 那可怎么办呢？得快想办法呀！

猴太公 （心疼地抚摸着）阿吉他需要温暖！

熊爸爸 （爱惜地紧紧搂住阿吉，温柔地）让我来温暖阿吉！

猴太公 我也要暖暖阿吉，我有长长的皮毛。

熊哥哥
熊妹妹 （紧紧挨上阿吉）我们有厚厚的皮毛！

众小鸟 我们有柔柔的翅膀。（挨上）

孔雀姑娘 （展开雀屏）让我的雀屏为阿吉遮挡风雨吧！

熊爸爸 （慈爱地）好！让我们大家一起来……

众动物 温暖阿吉！

[风雪漫天飘舞，天色更加阴暗，众围着阿吉，唱起了动听的歌谣。动人的歌声，似一团燃烧的火，在冰天雪地里燃烧——

月儿暗，星儿躲，
腊月天里雪花落。

天也寒，地也冻，
冻得宝宝直哆嗦。
靠着爸爸的胸，
贴着妈妈的脸，
爸爸妈妈的心中有团火，
温暖宝宝喂呀啰！
宝宝不再冷，宝宝甜甜睡，
宝宝甜甜睡，喂呀啰！

［歌声中，阿吉舒展四肢，睁开双眼，蓦地坐起。

阿　吉　（惊叫）你们是谁？

熊爸爸　（温柔地）阿吉，你醒了！我是熊爸爸呀！

俩小熊　（争先恐后地）我是小熊！我是小熊！

阿　吉　（高兴地跳起）啊！熊爸爸！小熊！

猴太公　嘿嘿！嘿嘿！我是瘸腿的老黑叶猴！

孔　雀　阿吉！

阿　吉　孔雀姑娘，猴太公！

猴太公　（慈爱地）孩子！为了我们鸟兽，可苦了你了！

众　是啊！可苦了你了！

阿　吉　（被触动）猴太公，老太公他……他把我赶出山寨了！我没有了亲人，没有家了！（嘤嘤而泣）

猴太公　（把阿吉揽入怀中）孩子，别哭！别哭！我们都是你的亲人！这大森林就是你的家！

众动物　对！我们都是你的亲人！大森林就是你的家！

［突然，远处隐隐地传来“轰隆”“轰隆”的响声。

［阿吉和众动物静听。

猴子甲　（慌张奔上，抖了抖身子，气喘吁吁地）猴太公！不好了！不好了！大地晃动，冰雪崩塌，洪水冲下来了！

［天空一声霹雳，众动物缩成一团。

熊爸爸 （贴近地面听听，紧张地）猴太公！猴太公！我听到很远的地方，有“轰隆轰隆”的响声。

猴太公 （仔细观察四周，沉吟）洪水真的来了！这地方，跟过去是大不相同了！大片大片的森林被人烧了，砍了；山坡光秃秃的，一下雨，山就塌，水就漫……

［天空顿然乌云四起，一声炸雷响彻天宇，众慌做一团。

猴太公 快！大家快逃命吧！

［众惊逃。

［阿吉慌张地跳上高处，往山寨张望。

［天越来越黑，雷声又起。

［猴太公猛回头发现阿吉站在岩头、不知逃走。

猴太公 （惊叫）阿吉！

阿　吉 （坚决地）猴太公！大水马上就要淹没山寨，我得回去报信哪！

猴太公 （欲拉阿吉）傻孩子，他们这样对你，你还管他们干什么？快，快跟猴太公逃命吧！

阿　吉 不！猴太公，动物朋友们！阿吉是个孤儿，是老太公救了我，是山寨人抚养了我，他们都是疼我爱我的亲人啊！

俩小熊 阿吉！

阿　吉 小熊！你们爱你们的熊爸爸，阿吉也爱我的老太公！你们要救熊爸爸，阿吉也要去救山寨人哪！我……我走了！（毅然奔下）

众动物 （惊叫）阿吉！

孔雀姑娘 （求助）猴太公，快想想办法呀！

猴太公 （抓耳挠腮）我想想，想想……嘿！我们比人跑得快，是不是？

众动物 对！我们有翅膀！我们有四条腿！

猴太公 好，我们飞的飞，跑的跑，赶在阿吉之前，去救他们！

［雷声接二连三，滚滚而至。

猴太公 走！（带头飞奔）

众动物 （高喊）走！（飞奔而下）

［切光。

［光起。光影营造出的一条巨龙般的“洪水”汹涌而上。

洪　水 我来了！洪水来了！我来了！洪水来了！

［幕外独唱——

天昏地暗，

风驰电闪。

［阿吉与“洪水”搏斗，奋力前行。

［幕外接唱——

搏风雨，斗霹雳，

心似火，志更坚。

阿吉他健步如飞，

奔腾在“洪水”浪尖。

奔驰在“洪水”潮前。

［众动物在洪水中狂奔，赶上阿吉，帮助阿吉摆脱洪水的追赶。

［幕外合唱——

不怕那艰难险阻任重道远，

拯救生灵动物们勇往直前。

哪顾得黑夜沉沉雨骤风狂，

要让那山寨人早离危险！

［众动物、阿吉跟洪水搏斗，向山寨奔去。

［阿吉体力不支，鸟儿们飞上，扬起硕大的翅膀驮起阿吉。众动物齐心协力，向山寨飞奔而去。

[灯暗转。

（六）

[山寨高地。天空布满乌云，四周一片阴暗，隐隐雷声“隆隆”而来。老太公拄着大铁弓站立高处，焦虑地向远处张望。

阿　美　（疲惫不堪地奔上）老太公，你看，前面黑压压跑来的是什么？

老太公　阿吉？是不是阿吉啊？

阿　美　不是阿吉！是野兽！是！野兽！

老太公　野兽！（“突”地一振，抖擞精神）好！现在正是大雷大雨时节，野兽总是惊慌四逃！阿美，准备好弓箭，我们要大杀一场！

[一声号角响过，隐隐的火光在山后映动。阿布站在高处瞭望。小猎人甲、乙托起大铁弓，老太公双手使劲引弓……

阿　布　你们看！它们来了！来了！

[猴太公率众动物跑上，站在寨边岩头上。

[一排猎手从山岩后冒出，弯弓搭箭，严阵以待。

[一声响雷带着闪电劈头盖脸迎面而来。雨点随之“噼啪”而下。

众动物　（大叫）快逃啊！洪水来啦！快逃啊！洪水来啦！

老太公　末日来临了，野兽在哭叫呢！阿美，准备放箭！

猴太公　（惊叫）慢！我们好心好意来救他们，他们竟还要来伤害我们！

老太公　老黑叶猴！就是这只瘸腿的黑叶猴，抓瞎了太公的眼睛！孩子们，准备——放箭！

猴太公　孩子们，就是这个瞎眼的老头子，打瘸了太公的腿！

老太公　孩子们——放箭！

鸟妈妈　哎——慢着！我们是来救你们的！

[猎人们乱箭射出，鸟妈妈中箭，众动物纷纷躲避。

猴太公 啊……！忘恩负义的东西，我们跟他们拼了！

［众猎人和众动物混战一团，在千钧一发之际，阿吉从高处跃下。

阿　吉 住手！

众猎人 （惊奇）阿吉？阿吉！

众动物 阿吉？阿吉！阿吉？阿吉！

阿　吉 （站在岩头，隔开动物和人）老太公，你们都听着：大地在动，冰雪崩塌，洪水马上要冲过来了！老太公，你们快逃吧！你们快逃吧！你们快逃吧！

老太公 阿吉！你怎么知道的？

阿　吉 （脱口而出）是动物们告诉我的！

老太公 你能听懂野兽说的话？

阿　吉 这……

孔雀姑娘 阿吉，你不能说呀！

阿　吉 老太公，我不能说呀！

老太公 为什么不能说？

阿　吉 因为我说了，我就会，就会……

众猎人 （紧逼）会怎么样？会怎么样？

阿　吉 我说了我就会，就会……（痛苦得难以言表）我就会变成大石头的！

［一声炸雷响。

众猎人 变成石头？啊！哈哈哈哈！

老太公 （使尽力气大喝）不许胡闹，快把阿吉扶回山寨！

［众猎手欲托阿吉下，阿吉挣扎脱身，挡住箭头。

猴子甲 （急切地窜上）猴太公！洪水离我们只有两个山头了！

猴太公 阿吉，别管这些黑心肠的人，我们快逃命吧！

老太公 野兽要逃，放……箭！

［阿吉急挡住箭头。

众猎人 阿吉闪开！

众动物 阿吉快走！

众猎人 阿吉闪开！

众动物 阿吉快走！

阿　吉 （毅然地挡住）不！老太公……

孔雀姑娘 （奔上封住阿吉的口，哀求地）阿吉！

阿　吉 （深情地看着孔雀姑娘，摇摇头，口中喃喃）……（轻轻地推开孔雀姑娘）

［又一声炸雷，大水声哗哗响起。

阿　吉 （转身面向太公）老太公！

老太公 你快说！

阿　吉 （痛苦地回身面对小观众）我该怎么办？我该怎么办呀？小朋友们，你们说，我该不该说？我要不要说？我要不要说呀？

小朋友 不能说！不能说！

众动物 不能说！不能说！

众猎手 说！说！说！

［孔雀翎熠熠闪光。

［雷声、雨声、水声轰然杂响。

老太公 （下令）准备放箭！

阿　吉 （疯狂地拦在箭头，拔出雀翎）老太公！这支孔雀翎，它能听懂人和动物说的话！

老太公 啊？

众猎人 什么？

阿　吉 （举起孔雀翎）老太公，小伙伴们，你们听！

众动物 （真诚的画外音）我们真的是来救你们的！快上竹筏，快上竹筏，和我们一起走吧！

［众动物划上一张竹筏。

［老太公和众小猎人突然听懂了动物们说的话，惊诧不已。

猴太公 我们真的是来救你们的！

阿布等 快上竹筏！

众小猎人 我们一起走吧！

众动物 是啊！

［阿吉深情地注视着手中荧光闪闪的孔雀翎，高举着向众小猎人和动物们召唤着。在他的真情感染下，大家慢慢地、友好地靠近，最后相聚在一起。

［主题歌响起——

孔雀翎，孔雀翎，
七彩光，亮晶莹。
一闪一闪多神奇，
飘飘荡荡传友情。

［阿吉和孔雀姑娘慢慢穿过相聚一起的众小猎人和众动物，双双走向舞台前区。

孔雀姑娘 （紧张地）阿吉，你怎么这样傻呀？

阿　吉 （欣慰地）孔雀姑娘，谢谢你让我救了老太公和山寨里所有的亲人！

孔雀姑娘 （懊悔莫及）可你是和我三击掌的呀！你当初可是答应过我会信守诺言的呀！（越说越急，终至嘤嘤而泣）你……你……你当初可是答应过我，绝不会说出孔雀翎的秘密的呀！

阿　吉 （歉意地笑笑，身躯已有隐痛，但还是真诚地向着孔雀姑娘鞠躬）孔雀姑娘，对不起！……（突感疼痛，身躯已在僵硬，强抑住）噢！……

孔雀姑娘 （控制不住地抱住阿吉，大叫）阿吉！你明明知道自己要变成冰冷的石头，可你还是要说出孔雀翎的秘密！你为什么这样傻呀？！

阿　吉 ……孔雀姑娘……我……我……

孔雀姑娘 我好后悔好后悔！我真不应该把孔雀翎送给你啊！

阿　吉 不！孔雀姑娘，你不要后悔！……老太公……小伙伴们……

［主题歌再次响起——

飘呀飘，孔雀翎，
飘呀飘，孔雀翎，
孔雀翎！孔雀翎！

［阿布、阿旺和阿美冲上前去，紧紧抱住阿吉和孔雀姑娘，不忍离去。

阿吉阿布 （齐念）我们再也不分开了！

阿旺阿美 （齐念）我们再也不分开了！

［阿吉更觉身体不适，体内剧烈爆发的疼痛使他跪倒在地上，极度扭曲的身体，在地上痛苦地挣扎、翻动。

老太公 （失声惊唤）阿吉！

阿　布 （惊惧地）阿吉！

［一声炸雷，阿吉全身僵硬，痛楚难忍。他用颤抖的手艰难地握着老太公和猴太公的手——

阿　吉 （用尽全力喊出）我——爱——你——们！

［雷声在天地间回荡，阿吉的声音在天地间回荡。隆隆回声中，阿吉慢慢变得僵硬，变得越来越大，最后变成一个巨大的石人……石人又慢慢变成了巨大的山峰。

［顷刻间，乌云滚滚，电闪雷鸣，大雨倾盆，洪水迅猛而来。人和动物们跳上竹筏，齐心协力划向远方……

[阿吉变成的巨大山峰挡住了凶猛的洪水，极大地减缓了洪水的迅猛流势，洪水分流而泄……

[主题歌声轰然响起——

孔雀翎，孔雀翎，

七彩光，亮晶莹。

一闪一闪多神奇，

飘飘荡荡传友情。

[孔雀翎在主题歌声中急速地飘飞，似对阿吉的热切召唤，深情婉惜，真情歌颂。

[幕落。

[剧终。

二〇一三年七月二日改稿于鹿城

浙江京剧团排演

拜月记

越剧

人　物　王瑞兰——金朝兵部尚书王镇之女

蒋世隆——金朝丞相蒋祖良之子

蒋瑞莲——金朝丞相蒋祖良之女

陀满兴福——军中义勇之士

王　镇——金朝兵部尚书，后官升丞相

王夫人——王镇之妻，王瑞兰母亲

兴儿——王镇仆人

老张头——郊外旅店店主

老张婆——老张头老婆

刘公公——内廷总管

公差、丫环、家奴、伴舞

（一）

［音乐起，幕外独唱——

月高在天空，
穿梭成古今。
春去秋来长相随，
圆缺牵人心。
花月映成趣，
阴晴皆美景；
悲欢离合总为情，
明月惜青春。

［幕在歌声中启。

［金朝宣宗年间。

［金朝兵部尚书王镇府第花园。夜，月儿当空；有乌云飘过，使月儿时明时暗，时隐时现。王镇女儿王瑞兰月下抚琴忧思，给月夜带来几分神秘几分清幽。

王瑞兰（抚琴，对月轻叹）月儿啊月儿！

（唱）你明净高洁到波心，
偏教乌云遮清影！
丝弦悠悠上碧霄，
可感月下一片情？
应怜我，行又坐，到深更，
心系朝堂老父亲；

深宫早朝晚不回，
长夜寂寂人不宁。
唯求天风散乌云，
还我高天一轮明！

［四更鼓响。

内　声　老爷回府——

［王夫人上，侍女跟上。

王瑞兰　母亲，爹爹回府了！

王夫人　快，快到门口迎接！

［二丫环提灯笼前导，兴儿引王镇上。

王　镇　（浑身颤抖）哎呀夫人、女儿，大事不好了！

王夫人　（警觉地）朝廷出事了？

王　镇　夫人！

（唱）番兵入侵扰京师，
御敌无人肯驱驰；
圣上日夜苦忧虑，
兵临京畿不宜迟。
可叹我大金立国经八世，
如今是中道衰落弱难支；
宣宗他避重就轻欲迁都，
左相他犯颜阻驾遭罪诛。
可怜那一代忠臣蒋祖良，
顷刻间身首异处被处死！

王夫人　（大惊）啊？！蒋祖良丞相被杀了？

王　镇　一家三百余口，尽皆诛杀，寸草不留！（凄惨地）可怜他留在原籍的一男一女，也不放过，皇上已命铁骑前去捕杀了！

王夫人　（慨然长叹）啊？真是伴君如伴虎！好在我们一家团团圆圆，平平安安……

王　镇　国之不宁，哪有家安？我乃兵部尚书，国难当头，该尽臣职。今在朝堂，已奏请皇上，让我前往边关，深入敌阵，相机行事，以战求和……

王夫人　哎呀，老头子，你又要到边关带兵作战了？

王　镇　兵马已经列队，特来向夫人、女儿交代几句家事！

王夫人　老爷有何吩咐？

王　镇　皇上已决定迁都汴梁；不论官员百姓，尽皆随迁。请夫人速速遣散家人，收拾行装，随驾起程。

王夫人　老爷一走，家中无主，叫我母女两个，依靠谁呀？

王瑞兰　爹爹此去，我和母亲就没依靠了！（轻泣）

王　镇　我将兴儿留下，让他侍候夫人、女儿！

王瑞兰　（急忙）不，不！爹爹年迈，征途险恶，兴儿还是随爹爹出征，鞍前马后，好好照应！

王夫人　对对，兴儿留在老爷身边，让老爷平安归来。

兴　儿　兴儿明白。只是迁都路上，车来人往，夫人、小姐千万要小心啊！

［五更鼓响。

外　声　兵马列队，请主帅下令！

王　镇　啊！（下令）出发！

［号角响，鼓声急。

王　镇　夫人、女儿，保重！（带兴儿匆匆下）

王夫人　老爷！

王瑞兰　（悲切地）爹爹！（与母亲相拥而泣）

［乌云渐盖缺月，倍生凄凉。

[幕外合唱——

前程各东西，

重聚难预期；

乌云盖缺月，

相别情更凄！

[收光。

（二）

[左丞相蒋祖良原籍府第花园。

[月夜。公子蒋世隆手拿诗书，徜徉在月光下。

蒋世隆 （抬眼四望）啊！好一轮明月呀！

（唱）你出云破雾中天来，

蟾光桂影呈清辉。

十年寒窗黄卷苦，

世乱国危，哪得蟾宫折桂酬胸怀？

叹则叹，父在朝堂忧国事，

儿在月下空徘徊！

[外有动静，蒋世隆警觉。

[突然，一人（陀满兴福）翻墙入内。

蒋世隆 （惊叫）什么人？（被惊跌倒）哎哟！妹妹！快来呀！快来抓贼呀！

陀满兴福 相公，莫惊！（上前欲扶蒋世隆）

[蒋瑞莲手持棍棒带家丁上，见状，一棒打去，陀满兴福避开，刚好打在蒋世隆头上。

蒋世隆 （大叫）哎哟！我的好妹妹呀！

蒋瑞莲 （慌叫）哥哥！（揉哥哥痛处）

［混乱之中，家丁扭住陀满兴福，却被他几下挣开。

陀满兴福 请问相公，这里可是蒋祖良丞相旧居？

蒋世隆 （迟疑地）是……是……

蒋瑞莲 （大胆地）正是蒋家旧居！

陀满兴福 公子蒋世隆何在？

蒋世隆 （惊疑地）小生便是蒋世隆。

陀满兴福 （扑上）哎呀蒋相公，你家大祸临头了！

蒋世隆 （大惊）怎讲？

陀满兴福 蒋相公！（念）【扑灯蛾】

大金迁都避敌威，

老丞相阻驾犯忌讳，犯忌讳！

九天震怒起风雷，

三百家口受连累；

丞相他，法场之上遭诛杀，

顷刻间，铁骑追捕你兄妹，追捕你兄妹！

众 （惊呆）啊？

蒋世隆 此事当真？

陀满兴福 （凄切地）我本军中将士，丞相临刑，偷去探望。老丞相血书一封，托我报灾逃命！（掏出血书）

蒋世隆 （展看，跌足哭喊）啊呀，天哪！爹爹！

蒋瑞莲 （哭叫）爹爹！（兄妹相拥而泣）

陀满兴福 （镇定地）事情危急，哭叫何用？

蒋世隆 （醒悟）壮士舍命来报，世隆叩谢大恩了！（叩拜）

陀满兴福 事不宜迟，速速逃生！

蒋世隆 对！逃生，逃生！

众 逃生？

蒋世隆 对！你们速速逃生去吧！

众 是！（众散下）

蒋世隆 （拉妹欲下，转而一想）哎！我们乃朝廷钦犯，上天无路，入地无门，何处逃生？

陀满兴福 这……我有一计！

蒋瑞莲 壮士请讲！

陀满兴福 你们更改名字，混到迁都难民之中，可以逃命！

蒋瑞莲 那我们改什么名字呢？

蒋世隆 ……有了！妹妹，你就叫“雪莲”，我就叫“日昌”，可好？

蒋瑞莲 雪莲？日昌？

陀满兴福 雪莲、日昌？如此甚好！望相公、小姐保全性命，后会有期！

蒋瑞莲 壮士，你去哪里？

陀满兴福 此去招兵买马，到边关决一死战，以了丞相遗愿！

蒋瑞莲 （被感动，冲动地）那我们也跟你一起去！

蒋世隆 对，对对！我们也随你去战场拼杀……

陀满兴福 （笑）你们？文弱书生，闺阁千金！手无缚鸡之力，岂能驱驰战场？……你们还是逃生去吧！告辞！（欲下）

蒋瑞莲 （急追）哎，哥哥，救命之恩，我们连个名字也不知道……

蒋世隆 对！对！请问壮士高姓大名？

陀满兴福 在下陀满兴福。

蒋世隆 患难之交，世隆欲与恩人结为生死兄弟，不知意下如何？

陀满兴福 仁兄在上，受小弟一拜！（拜）

蒋世隆 （扶）义弟请起。

蒋瑞莲 义妹见过义兄！（含情下拜）

陀满兴福 （深情还礼）患难之中，生死相交，兴福永志不忘！

蒋世隆 （悲叹）国危家破，不知几时能与义弟相见？

[外传马嘶声，众惊慌。

陀满兴福 不好！铁骑追捕来了，你们快逃！告辞！（众急下）

[收光。

（三）

[荒郊野外，从金朝大都通向南方汴梁的道路上，寒风凛冽，阴云凄惨。迁都逃难车马如流，人似潮涌；马蹄声、格斗声从远处传来，喊杀声、惨叫声此起彼伏，到处一片狼藉。

[幕外合唱——

孤雁失旧巢，
悲风拂蒿草。
最是离乱苦，
一步一煎熬！

[王夫人、王瑞兰在逃难人群推搡下艰难上。

王夫人 （晕眩）啊呀！

王瑞兰 母亲，你怎么了？

王夫人 没有什么，走吧！

王瑞兰 哎哟！母亲，我脚痛得很，实在走不动了！（蹲下揉脚）

王夫人 （急拉）儿啊！这兵荒马乱的，只得快走几步，走吧！

王瑞兰 哎哟！（滑倒在地上，边哭边唱）

可惜了新簇簇玲珑绣鞋，
只踏向污泥浊水！

王夫人 （悲唱）兵马乱家国难回首，
迁都路风雨更相摧！

[内喊：番兵来了！快逃啊！

王瑞兰 （慌起）母亲，娘——

王夫人 瑞兰，儿啊——（慌乱中与瑞兰失散而下）

[蒋世隆、蒋瑞莲随逃难人流上。

蒋瑞莲 （唱）悲戚戚祸不单行，

蒋世隆 （唱）恨幽幽生路何在？

[风雨大作。

蒋世隆 妹妹啊，有一件事，千万要牢记！

蒋瑞莲 什么事？

蒋世隆 你叫“雪莲”，哥哥叫“日昌”，千万不可泄露真名！

蒋瑞莲 哥哥放心，妹妹记住了！

[“番兵来了！”“快逃呀！”在一片喊杀声中，蒋世隆兄妹被冲散。

蒋瑞莲 哥哥——哥哥——

蒋世隆 （追喊）雪莲——妹妹——你在哪里——（追喊下）

内　声 （唱）叫一声悲，我的娘！

[王瑞兰顶风冒雨，衣衫湿透，颤颤悠悠上。

王瑞兰 （接唱）止不住浑身乱颤，

停不了心头狂跳；

眼前是风阻雨挡，

耳边是喊杀嘶叫。

哪里找父母依靠？

弱无助像风雨中一棵小草！

只怕那刀枪砍杀，

赶快向密林中逃。

[外传喊杀声。王瑞兰胆战心惊，四处躲藏，无处容身。探向从

林，衣服皮肤尽被荆棘划破，哭声哀哀，泪水涟涟，艰难前进，隐入丛林。

[蒋世隆从另一草丛钻出，腋下紧护雨伞，东张西望，任凭风吹雨淋。

蒋世隆 （喊）雪莲！雪莲——嗨！真是叫天天不应，叫地地无声！妹妹啊，你让哥哥找得好苦呀！

（唱）叫得我声嘶哑，心颤抖，

慌寻路，步难走。

遇天灾遭人祸你怎经受？

长兄为父当相守。

怕只怕，你东躲躲西藏藏迷失方向，

南辕北辙难寻求！

（灵机一动）想必妹妹慌乱中把更改的名字忘了，（四处瞧瞧，心惊肉跳）朝廷追杀是死，乱兵掳掠也是死，还不如用原名叫她！（轻声）瑞莲！瑞莲——（向丛林高叫）瑞莲——

内　声 哎——我在这里——

[王瑞兰鬓发散乱，衣衫不整，喜不自禁出。彼此相见，目瞪口呆。

王瑞兰 （嗔怪地）你是何人，胆敢叫我的小名？

蒋世隆 我……我没叫你……是你自己……（害羞地遮眼转身）

王瑞兰 （看看蒋世隆，又看看自己，害臊得无地自容，赶紧整理衣衫；但衣不蔽体，抱身远逃，大叫）走开！你给我走开！

蒋世隆 好，好，好！我走开，我走开！（走向远处）

王瑞兰 （想走又不敢走远，回头观望，恰好与蒋世隆目光相遇，赶紧各自回头，责怪）你不是我母亲，为何叫我名字？

蒋世隆 我是叫瑞……（急掩口）我连你叫什么也不知道，怎么会叫你名字？

王瑞兰 （任性地）不，你在叫“瑞兰、瑞兰”，我不会听错，（哀哀地）我以为叫我的就是我的母亲！可惜是你……

蒋世隆 你叫瑞兰？

［王瑞兰怯怯地点头。

蒋世隆 （旁白）瑞兰，瑞莲，两音相谐！姑娘，不怪你，也不怪我，大家空喜一场！（转身欲走）

王瑞兰 你……（慌张靠上）乱兵之中，我与母亲失散，孤身一人，好不害怕！

蒋世隆 （焦急地前瞻后顾）是啊！兵荒马乱，一个娇弱小姐，与亲人离散，孤苦伶仃，实在叫人放心不下！

王瑞兰 （颇感安慰，搭讪地）相公也在找人吗？

蒋世隆 对！对！找人！

王瑞兰 你找的是什么人？

蒋世隆 是我的妹……噢没……没……没有什么！

［王瑞兰窃笑。

蒋世隆 （懊恼地）时候不早了，你我还是各自找人去吧！（去找丢在地上的雨伞欲往前走）

［王瑞兰见状，欲喊不能，欲拦不敢，急中生智，上前踩住雨伞穗子。

［蒋世隆见状，傻了眼，示意王瑞兰把脚移开。王瑞兰任性地站着不动。蒋只得用力拉伞，穗子拉断。蒋世隆无奈而去。

［王瑞兰捡起穗子急追。

王瑞兰 （喊）哎，踩坏的穗子，什么时候赔给你？

蒋世隆 算了，算了，何用你赔？（突有所悟）哎，你是不是有什么事需要我帮忙？

王瑞兰 相公，可否带上我，一路同行？

蒋世隆 （惊骇）带上你，一路同行？噢，不可，不可，万万不可！

王瑞兰 难道相公不曾读书？

蒋世隆 （生气地）秀才人家，学富五车，才高八斗，何书不读？

王瑞兰 那你怎么不知“恻隐之心，人皆有之”？

蒋世隆 哎呀呀！你只知道“恻隐之心”，就不顾“男女有别”了？我是寡男，你是孤女，男女授受不亲，怎么可以一路同行？

王瑞兰 （执意地）那就称作兄妹，不就行了？

蒋世隆 称作兄妹？（摇头）不行！不行！你我相貌不同，口音各异，称作兄妹，会遭嫌疑；何况我……嗨！你我还是各奔前程吧！（欲下）

王瑞兰 （急得要哭，无望地上前，哀求）我这里还有一个说法！

蒋世隆 （停步惊愕）还有一个说法？什么说法？

王瑞兰 就……就……

蒋世隆 快说呀！

王瑞兰 （狠狠心）就权当夫妻吧！（捂脸大哭，逃向别处）

蒋世隆 （大受震动）啊？（旁白）听她说出此等话语，实在是出于无奈。想我妹妹，沦落战乱，要是也得人相助，那岂不是再生有恩？哎呀呀，看来，今天，我是撒手不得了！（向瑞兰）小姐，果然是“恻隐之心，人皆有之”。来，来来，你我一路同行吧！

王瑞兰 （如释重负）真的？多谢相……（脚一歪）哎哟！（蹲下揉脚）

蒋世隆 你又怎么了？

王瑞兰 （娇弱地）我脚痛……

蒋世隆 脚痛？哎呀呀！我来扶你……（近前又觉不妥，只得把雨伞的一头递给瑞兰）

［王瑞兰含羞拉住伞柄，与蒋世隆踏雨而行。

［雷雨大作，蒋世隆撑伞递给王瑞兰，王瑞兰羞拒；轰轰雷响，蒋世隆一把抓过王瑞兰，相拥而行。

［幕外合唱——

同在伞下行，

权做假夫妻；

同在伞下行，

风雨两相依。

［蒋世隆、王瑞兰同下。

［夜幕降临，四周愈加昏暗。

［内声：瑞兰！瑞兰——！哥哥！哥哥——！蒋瑞莲、王夫人分别叫喊寻找上。王夫人步履蹒跚，哭声凄凄。

王夫人 （哭喊）瑞兰——我的儿啊！天昏地暗，叫老母到哪里去找你呀？瑞兰啊瑞兰——

蒋瑞莲 （喜不自禁）哎——谁在叫我——

王夫人 （大惊喜，不敢相信地大喊）你在哪里——

蒋瑞莲 我在这里——（欢喜上，一见，大失所望）

王夫人 瑞兰，女儿！（合掌拜）哎呀，谢天谢地，我的宝贝女儿，总算找到你了！儿啊！（上前搂住）

［蒋瑞莲任凭搂抱，傻傻站立。

王夫人 （疑惑地）儿啊，你这是怎么了？

蒋瑞莲 老人家，我不是你的女儿！

王夫人 （惶惑地）啊？你不是瑞兰？（愤怒地）你，你怎么能捉弄一个老人？（哭叫）天啊！我好命苦啊！瑞兰，你到底在哪里呀？（晕倒在路旁）

蒋瑞莲 （见状，又惊慌又委屈，大哭）啊！老人家，你快醒醒，你快醒醒呀！老人家，我不是故意的。只因我叫瑞……瑞……不，不，

我叫“雪莲”，慌乱之中，应错了叫唤，你不要生气。（扶起王夫人）

王夫人 （心气略平）我不生气，我不生气。（哀哀而去）

蒋瑞莲 （怔怔地往相反方向而去，突然转身）老人家！（递上王夫人丢在地上的拐杖）这天黑路滑的，您年岁大了，眼力不好，还是让“雪莲”我扶您走吧！

王夫人 （深受感动地）姑娘啊，你也是孤苦一人，举目无……（听见凄凄哭声，上前）姑娘，不要哭，不要哭。

蒋瑞莲 老人家若不嫌弃，就把“雪莲”带在身边，路上也有个照应。

王夫人 好，好！听你声音，观你举止，与瑞兰女儿十分相像，老身就认个女儿，彼此相依！

蒋瑞莲 （感动地就地一跪）娘！

王夫人 （忙扶住）雪莲，儿啊！我们就相依相伴，一同寻找亲人吧！

蒋瑞莲 （高兴地）哎！（扶王夫人下）

［收光。

（四）

［荒郊野岭，一间破屋。老张头、老张婆躺在地上睡觉。一声鸡叫，老张头夫妇惊起。

老张头 （念）一声鸡叫，

飞了梦中金元宝，

（唱）吓跑怀里的小娇娇，

醒来真懊恼！

老太婆，起来，起来，好做生意哉。

老张婆 嗨！（念）荒郊野岭无人到，没啥生意睡懒觉！（又想睡下，

被老张头一推，一个踉跄，扭歪了脚）你这个死老头，看我不打死你！（脱鞋欲打）

老张头 （嬉笑，背起地上门板逃，门板一反，现出一个“酒”字，靠在墙上）嘿嘿嘿嘿！

老张婆 （嗔怪地）死老头子！

老张头 避灾逃难落荒郊，为求生计旧业操。老太婆哎，勿要闹，勿要闹，打扫店堂哉！

老张婆 好格，好格！酒店开张咧！（四下张罗）

老张头 （累了，坐下歇息，凳脚断，摔到地上）哎哟！

老张婆 （忙扶，责怪）哎呀老头子！（不满地念）凳子断脚，

老张头 （边修边念）一修便好；

老张婆 （接念）眠床缺脚，

老张头 （接念）有梦就好；（不小心木棒敲在老张婆腿上）

老张婆 （“哎哟”连声，接念）毛手毛脚，

老张头 （嬉皮笑脸，接念）勤快就好！

老张婆 死老头！

老张头 好老婆！

［凳子修好，双双坐上歇息。天已黄昏。

老张头 （向远处眺望）等了半天，怎么没一个客人上门啊？

老张婆 （担心地）老头子哎，我们也是逃难的，客人来了，我们拿什么东西来招待呀？

老张头 （突露喜色）哎呀！来了，来了，财神菩萨来了！

老张婆 （紧张）真的来了？那可怎么办呢？

老张头 （兴高采烈）接进来再说，接进来再说。

［二公差上。

二公差 里面有人吗？

老张头 有，有，我们就是人！

公差一 废话。

老张婆 客官是要酒还是要菜？

公差二 酒菜都不要，我们是来要人的！

老张婆 要人？要什么人？

公差一 （指图形文榜）你们可曾见过这一男一女？

老张头 （细看）老太婆，这一男一女，年轻貌美……

老张婆 老头子，我们年轻辰光，也有这般光景……

公差一 哼！休得啰嗦，到底见过没有？

老张头 见过，见过。我们两个就是一男一女，你看可以吗？

公差一 哼！休得胡说八道！你们听着：这一男一女，是一对兄妹，男的叫蒋世隆，女的叫蒋瑞莲，乃朝廷钦犯，若是经过这里，速速报到官府衙门，不得有误！

［老张头、老张婆抖成一团，连声说“是”。

公差一 走，走走！

公差二 走了！（同下）

老张头 客官走好，客官走好！（与老张婆惊魂未定）

［蒋世隆携王瑞兰上。

蒋世隆 （喊）里面有人吗？

老张头 （慌上前）有，有有，我们就是人……嘿嘿……

老张婆 （赔笑）嘿嘿……嘿嘿……

老张头 客官是要酒还是要菜？

蒋世隆 酒菜都不要，我们是来住店的。

老张头
老张婆 （相视一喜）住店？（转而尴尬）没地方住呀！

老张头 客官……住店吗？你往西走，走五十里山沟；再往南走，过十八个渡口；再往北走，走一百里沙洲，那里有客店可住！

[王瑞兰疲惫不堪。老张婆扶王瑞兰坐下歇息。

蒋世隆 （着急）天色已暗，我们还得往前赶路？

老张头 （怀疑）老太婆，他们这一男一女……

老张婆 同样年轻貌美……

老张头
老张婆 （惊叫）可是一对兄妹？……

蒋世隆 不，不不！我与她相貌不同，口音各异，不是兄妹，不是兄妹……

老张头 那你们是？

王瑞兰 （半犹半豫，羞羞涩涩）我们是夫妻……

蒋世隆 （感激地，加重语气）娘子，你还走得动吗？

王瑞兰 （可怜兮兮）我的脚，全都起了血泡，实在走不动了！

蒋世隆 （无奈）嗨！这可怎么办呢？

老张头
老张婆 （疑虑消去）原来他们不是兄妹，是对夫妻！

老张婆 是夫妻，就好办了！（热情地）客官是要住店啊？

蒋世隆 是，是。

老张婆 真是不好意思，我们只有一张床，只要客官多给些银子，我们就把自己的床让出来。

蒋世隆 （松口气）好，好好，只要有地方睡下，多给银子就是了！（从怀里掏出银子）

王瑞兰 （也拿出银子递上）相公……

蒋世隆 怎能叫你来付？还是我来付。

王瑞兰 （递上）我来……

蒋世隆 我来付。（递上）

老张婆 （接过银子，高兴）啊呀，够了，够了，今天真是碰上财神菩萨哉，多谢相……（见到蒋世隆与王瑞兰分开而坐，奇怪）

老张头 老太婆，他们两个……好像……

老张婆 老头子，别管闲事，快快打扫房间，铺床展被，放一个联二枕头。

老张头 （咧嘴笑，旁白）这死老婆，什么联二枕头，还不是一张破门板，两张瘸脚凳！

［老张头夫妇张罗着铺床，见两张凳子被蒋世隆、王瑞兰坐着，便不好意思地请他们站起，弄得他俩莫名其妙。

老张婆 老头子，快铺起来！（铺好床，转向蒋世隆两个）嘿嘿，嘿嘿……相公、小姐，请，请！

［蒋世隆、王瑞兰一看“床铺”，深表惊讶。

王瑞兰 （怯怯地）敢问婆婆，能否为我另外打扫一个房间，铺下一张床铺？

老张婆 姑娘，我这里拢总也只有一张床铺，让出来给你们，我与老头子只能睡草堆了！

王瑞兰
蒋世隆 （急切地）那就麻烦婆婆，为我铺些干草，打个地铺吧！

老张婆 （意外地）啥？你们两个怎么了？吵架了？

［蒋世隆、王瑞兰相互一视，陷于尴尬之中。

老张婆 老头子，这小两口儿，好像吵架了！

老张头 嘿！你管他个啥，我和你不也是天天吵架，还不是一张床上睡吗？

老张婆 对，对对！夫妻上了床，怒气全跑光！相公、小姐，请！

王瑞兰 （向着蒋世隆）那，我就不睡了……

老张婆 啥？不睡了？（向老张头示意）噢，不睡！老头子哎，他们不睡，那我们可要去睡了。（与老张头欲下）

蒋世隆
王瑞兰 （紧张地追喊）店家！店家！

老张头 （递过烛火）同床共枕，做个好梦！（与老张婆掩门下）

蒋世隆
王瑞兰 （拉不开门）店家！店家！（无奈，疲惫之下不由自主地坐向床铺，瞌睡连连；一阵风吹来，烛火熄灭）

王瑞兰 （惊慌）相公！（黑暗中摸索）你在哪里？我怕，我怕……

蒋世隆 （黑暗中找到王瑞兰）我在这里，不要怕……（扶王瑞兰重坐铺上。片刻，王瑞兰坐着睡着，把头靠在蒋世隆身上；蒋世隆大受震动，深感不妥，但又不知如何是好）嗨！礼法有约，教化有条，男女“授受不亲”！我乃读书君子，男女大防，不能不讲。（欲起身，王瑞兰却顺势向他倒来；他只得侧身用手托住，左右为难，僵持片刻，只好把她放在铺上。大松口气，不停地捶腰揉臂。转而一看）只可惜，这寒凉板铺，委屈了千金之体！（左右寻找，无物盖身，脱下衣衫，盖在瑞兰身上。突然眼前一亮，只见点点月光洒在瑞兰熟睡的身姿上，如梦如幻，如真似假）啊！好一个月里嫦娥呀！（欲离不忍，欲近不能，惶恐不安地）嗨！你这窗外的月儿啊！

（唱）你平日照我东书房，
蟾宫折桂在眼前；
今日照我在荒郊，
身为钦犯苦难言。
国难当头父蒙冤，
兄妹失散成孤雁。
穷途末路得奇遇，
却不忍与她来相恋。

她那里楚楚动人紧相依，
我这里惶惶惊恐怕牵连。
常言道有缘千里来相会，
我只是咫尺姻缘无线牵！

［蒋世隆仰天长叹，月下徘徊。

王瑞兰（突起，惊叫）母亲！母亲……相公……（见窗外点点月光洒在蒋世隆身上，一个朦胧洒脱的背影，让她顿生爱怜。旁白）啊！你这窗外的月儿呀！

（旁唱）你平日照我闺中情，
一腔幽怀诉丝弦；
今日来此荒郊夜，
映他身影让我怜。
国难当头父征远，
母女失散泪涟涟。
穷途末路得奇遇，
莫非是，天赐良缘邂逅间？
他那里若即若离把我远，
我却是如梦如幻暗生恋。
常言道有缘千里来相会，
何不让美好姻缘一线牵？

（略一沉思）待我前去探他一探。（上前）相公！

蒋世隆（一惊）哎呀小姐，你怎么起来了？

王瑞兰（温柔地）相公，你也该睡下了。

蒋世隆（忙拒）噢，不，不，我就这样站着，站着好，站着好！

王瑞兰（笑）站到天亮，熬坏了身子，可是瑞兰罪过！

蒋世隆 不，不，不，你礼已到，何罪之有？站着受累，乃自作自受，不用你管！

王瑞兰 （语气含酸）是用不着我管！相公自有亲人会管！

蒋世隆 （一震）什么亲人？

王瑞兰 相公的心上人呀！

蒋世隆 心上人？（释然一笑）我一个落魄书生，流落穷乡僻壤，还有什么人肯到我的心上来？

王瑞兰 （放松地）那么，是否相公心眼太高，放在眼前，也看不上呢？

蒋世隆 （欲退又前）小姐，你是说，你……

王瑞兰 （娇羞地）让我管管你，好吗？

蒋世隆 （慌忙辩解）噢，不，不不！小姐如花似玉，天仙下凡，我一个凡夫俗子，哪有这样的福气，配得上小姐的照管？

王瑞兰 （温柔地）不！相公！你看这窗外的月儿！

（唱）点点荒郊月，
缕缕送清光。
犹如君子情，
伴我在他乡！

蒋世隆 （唱）郊月送清光，
朝夕情难忘。
世乱月不圆，
人情各一方！

王瑞兰 （唱）相逢皆有缘，
郊月放光芒。
但借今夜月，
诉我意中郎！

蒋世隆 （唱）钟情独相怜，
更惜月中光。

顾影漫嗟叹，

无缘结成双！

王瑞兰 （深感失落，羞愧难当）你……如此说来，倒是瑞兰自作多情了……（哭，天真地）可这一路行来，便是三岁孩童，也说我们是一对真夫妻，好夫妻……可是你……你……（越哭越伤心）这往后的路，你就忍心叫我一个人走？……（泣不成声）

［老张头夫妇悄上，偷听。

蒋世隆 （手足无措）小姐莫哭！小姐莫哭！我不是要丢下小姐，只是我，只是我……（僵立着，陷入沉思）

王瑞兰 “我”什么呀？快讲呀！

蒋世隆 我……（灵机一动）哎，我们是对假夫妻，若要成为真夫妻，没有父母之命，媒妁之言，野外苟合，成何体统？岂不是玷污了小姐千金之躯啊？

王瑞兰 （委屈地）我一路上，与相公相伴同行，瓜田李下，难逃嫌疑；（伤感地）今生来世，除了相公，谁还能相信我的清白？（大哭）

蒋世隆 哎呀！这……（慌乱无措）

老张头 （破门进来，大声）好哇！原来你们是对假夫妻啊！

蒋世隆
王瑞兰 （慌乱不已）店家，不是这么一回事，我与他……他与我（越说越说不清楚）嗨！

老张头 不要急，不要急，看你们两个心里相爱，事儿难排，来来来，我们两个来想个办法。

老张婆 哈哈，同是天涯沦落人，相逢何必靠父母；若缺媒公和媒婆，得来全不费功夫。

蒋世隆 （左右为难）老人……

老张头 你们看我二老权做主婚之人，成就姻缘，你们愿意吗？

[蒋世隆只得向王瑞兰示意，王瑞兰羞笑点头。

老张头
老张婆 哈哈哈哈！（各拉一人）来来来！快快拜堂成亲！

[一点烛光，满地碎月。老张头夫妇为两人披红；蒋世隆、王瑞兰拜堂。

[收光。

（五）

[通向孟津渡路上，漫天飞雪。

[幕外合唱——

孤雁结新伴，
离人思团圆。
历尽战乱苦，
走过风雪天。

[王镇、兴儿打马上。

王　镇（唱）万里征途息胡尘，
夫妻团聚儿失踪。
天寒地冻何处觅？
雪隐行迹心增痛！

兴儿，走吧！（王镇和兴儿圆场，寻觅下）

[陀满兴福寻觅上。

陀满兴福（唱）战事平息寻义兄，
飞雪茫茫没行踪。
纵然天寒地也冻，
深情厚谊在胸中。

[陀满兴福圆场，下。

[王瑞兰一手撑伞，一手扶蒋世隆顶风冒雪艰难上。蒋世隆形容憔悴，病体恹恹。而一天风雪，却减去了王瑞兰的娇弱稚嫩，为她添上几分成熟和坚强。

王瑞兰 （向远望，喜）夫君，前面就是孟津渡口，过了此渡，新都汴梁就快到了。

蒋世隆 （迟疑）过了此渡，新都快到了？（松口气）……就可以自己去找父母了……这样，我就放心了……

王瑞兰 （一怔）蒋郎，你怎么说出如此令人伤心的话来？

蒋世隆 （无奈地）我？嗨！

王瑞兰 蒋郎！

（唱）忘不了雨中踏伞情一片，

忘不了荒郊月下意绵绵。

若无夫君巧相遇，

瑞兰哪里得爱怜？

白头偕老有盟誓，

患难相依苦亦甜！

蒋世隆 （感伤地唱）

往事历历如眼前，

一一提起心头颤。

病体渐危难治愈，

路途茫茫求生难。

宁受夫妻分离苦，

免你牵连前程暗！

王瑞兰 不！蒋郎！

（唱）你恹恹病弱为谁起？

柔肠寸断是瑞兰。
纵然前程风雪寒,
瑞兰终将长相伴。
瑞兰是你的眼,
瑞兰是你的肩;
扶你走过这一程,
风雪过后有晴天!

蒋世隆 (潸然泪下)瑞兰,我的好妻子!为夫恐怕要辜负了你的一片深情呀!

王瑞兰 (深情地)不要说了,前面有个亭子,你先到那里歇歇,让我为你去寻医买药。(在风雪中与蒋世隆分头下)

[王镇、兴儿打马上,圆场。

兴　儿 老爷,我们还是再到前面去找吧!

王　镇 (观察四周)不!这孟津渡,是由北向南的主要通道,瑞兰若要向南走,定会路过此地,我们还是先在这附近查找吧!

兴　儿 是!

[王镇和兴儿在风雪中圆场。

[王瑞兰怀揣药包,用伞顶着风雪欣喜上。不意间与兴儿马匹相撞,马嘶叫腾空,王瑞兰被撞倒地,雨伞丢在一边。

兴　儿 (上前,关切地)啊呀大姐,摔痛了没有?

王瑞兰 不要紧!不要紧!(抬头、惊看)你不是我家兴儿吗?

兴　儿 (看瑞兰)啊?你不是我家小姐吗?(惊叫)老爷,小姐;小姐,老爷!老爷,小姐在这里;小姐,老爷在这里!(来回奔跑)

王　镇 (惊喜)女儿!

王瑞兰 (扑上)爹爹!(哭泣)

[兴儿跪地叩头。

王　镇　（心疼地）莫哭，莫哭！老天有眼，总算找到你了……

王瑞兰　爹爹，母亲她……

王　镇　哈哈哈哈！儿啊！为父得胜回朝，天下太平了！

王瑞兰　天下太平了？可母亲她……

王　镇　儿啊，你母亲已在汴梁家中等你了！

王瑞兰　（高兴地）真的？我们一家团圆了？我们一家团圆了？

王　镇　你母亲还为你认下了一个妹妹！

王瑞兰　（深感意外地）为我认下了一个妹妹？

王　镇　她名叫"雪莲"。

王瑞兰　"雪莲"妹妹！（兴奋地）啊，爹爹，女儿也为你认了一个女婿！

王　镇　（深感意外地）女婿？什么女婿？

王瑞兰　就是女儿的夫君啊！

兴　儿　（喜）啊哈！老爷，小姐在逃难路上居然找到了个姑爷！

王　镇　（呵斥）胡说！（转向瑞兰）我来问你，你何来夫君？

王瑞兰　……爹爹……

王　镇　他是何方人氏？

王瑞兰　这……

王　镇　他家人居何高官？

王瑞兰　爹爹，我只知道他名叫蒋日昌，知书达理，其他的我就不知道了。

王　镇　岂有此理！不明不白，私订终身！……你怎么做下这等伤风败俗之事？

王瑞兰　（委屈地）……爹爹……

王　镇　（严厉制止）不用说了！谁也不许再提这件事！兴儿，快扶小姐上马！

王瑞兰　不！（突忆起）我的药呢？

兴　儿　（递上药）小姐，药在这里。

王　镇　女儿，这药？

王瑞兰　（乞求）爹爹，蒋郎他，为了瑞兰，落得一身病痛。要走，那就带他一起走吧！

王　镇　（略一思索）一起走？他人呢？

王瑞兰　就在前面亭子里。

王　镇　（看看兴儿，狠狠心）这样吧，你随为父先走一步；这药吗，就交给兴儿，一切由他照料。

王瑞兰　（痛苦地）爹爹！那就让瑞兰再留几天，等他病情有所好转，再一起回家吧！

王　镇　（强抑心头之气）你，你，你母亲思儿成疾，难道你连这点孝心都没有了吗？

王瑞兰　爹爹！

（跪唱）想当初，母女失散在乱世，

苦伶仃，幸遇蒋郎保性命。

风雨中，两情相依真心在，

荒郊月，两心相印结成亲。

夫君他，为了瑞兰得重病，

我岂能，欣逢亲人独自行？

爹爹呀，曾经患难共生死，

莫逼我，做一个不仁不义薄情人！

王　镇　（唱）相逢歧路认夫婿，

不明不白订终生。

父母有命丢脑后，

伤风败俗辱门庭。

如今要一刀两断斩孽缘，

悬崖勒马回头行！

你给我上马回家！（猛一托，瑞兰跃上马）

王瑞兰 （痛苦大叫）兴儿，你一定要好好侍候相公服药，早日带他回家……

王　镇 （掏出银钱）兴儿，这银子，就留给蒋相公！（带瑞兰策马下）

兴　儿 （捡起地上的银包，看看手中的药包，无奈地）嗨！亭里的病人呀，莫怪兴儿心狠，这姻缘本来就不对门！（下）

［内声——瑞兰——！瑞兰——！蒋世隆一手拿银子、一手拿药包踉跄上。

蒋世隆 瑞兰，我的妻啊！

（唱）你怎能一去不回头，（见风雪中雨伞）

空留此伞结寒冰？

曾经风雪严相侵，

是你亲手缝补丁；

针针线线分明见，

唯独不见你踪影。

信誓旦旦何从觅？

天地茫茫我要把你寻！

寻你归来相依偎；

风雪之中一路行！

瑞兰——你回来吧——（踉跄仆地）

［内声——义兄——！陀满兴福风尘仆仆上。

陀满兴福 义兄——你在哪里？（见雪地一人，扑上）弟弟我来救你来了！义兄！你快醒醒，你快醒醒啊！

蒋世隆 （醒转）你……你是谁？

陀满兴福 我是你的义弟陀满兴福！

蒋世隆 （惊）啊，陀满义弟？我这是在做梦吗？

陀满兴福 不，现在天下太平，我解散了义军，就来找你。

蒋世隆 你怎么知道我在这里？

陀满兴福 适才路上，碰到一位名唤兴儿的小哥，他说你身患重病，冻倒在雪地中，要我快来救你。义兄，瑞莲妹妹呢？

蒋世隆 妹妹？（惨然）可怜我的妹妹，途中失散，生死不详！

陀满兴福 啊？那，那你怎么不去找她？

蒋世隆 天啊！天地苍苍，人海茫茫，哪里去找啊？我现在身患重病，妻子离散，痛不欲生，只怕死在这里了！

陀满兴福 义兄已经成婚了？嫂嫂怎地离散？

蒋世隆 被那王尚书活活拆散了啊！义弟，为兄家破妹散，病重妻离，生不如死，还是死了的好啊！（大哭，欲去自尽）

陀满兴福 （急拦）义兄！你不能死！也不该死呀！

蒋世隆 这是为何？

陀满兴福 你有三件大事未了，怎能去死？

蒋世隆 哦？哪三件大事？

陀满兴福 你且听了！第一件：朝廷错杀全家，父冤未申，怎可去死？死为无孝！

蒋世隆 （一震）啊！

陀满兴福 第二件：兄妹失散，未知生死，怎可不找？死为无义！

蒋世隆 （一震）啊！

陀满兴福 第三件：义嫂离散，不求团聚，怎可一死了之？死为无情！

蒋世隆 （大惊）天啊！难道连死也不能吗？

陀满兴福 不能！（进逼）你若一死，必成无孝、无义、无情之人，必遭世人唾骂，死亦难安！

蒋世隆 （猛然顿脚）苍天！我，我真的不能死，不该死啊！

（唱）句句话语震痴迷，

兄弟情意暖人心。
男儿有志当自强，
一息尚存不轻身。
今有兄弟来相助，
何惧泰山压头顶？
待等云开雾散日，
成就诸事慰亡灵！

陀满兴福 （高兴地）义兄，我们走！

蒋世隆 （高兴欲走，突忆起）我的伞呢？（四处寻找，陀满兴福找到递上，相扶而下）

［收光。

（六）

［兵部尚书汴梁新都宅第花园。

［拜月亭。春夏之交。夜，新月初上。

［幕外合唱——

高空月又新，
从古走到今。
不知今夜何处来？
圆缺牵人心，牵人心！

［合唱声中，王瑞兰、蒋瑞莲分别上。

王瑞兰
蒋瑞莲 （焚香拜月）月儿呀月儿！

（唱）今夜又来祈求你，
求你找寻我亲人。

王瑞兰 （接唱）请到荒郊月中寻，
请到雨里伞下寻……
蒋瑞莲 （接唱）请你避开阳关道，
去到孤村野地寻……
王瑞兰 （接唱）他若病弱卧寒衾，
请你代我送温存；
他若郁闷添悲愤，
请你代我传真情。
可叹一片爱女心，
落下千古离别恨；
几多绵绵思念苦，
几多悔恨心头萦！（泪流满面，泣不成声）
蒋瑞莲 （接唱）我隐瞒身世得太平，
他可埋名免搜寻？
兄妹失散苦难言，
结拜义兄无音讯。
亲人何时得相见？
寄身他乡暗伤神！（泪流满面，泣不成声）
王瑞兰
蒋瑞莲 （唱）月儿缺时总有圆，
难道人去永离分？
今夜又来祈求你，
待你圆时人相亲……
［双双哭泣，双双惊觉，四处探看。
王瑞兰
蒋瑞莲 （惊奇）有人在哭？
蒋瑞莲 （发现花荫深处王瑞兰的身影，蹑手蹑脚走到王瑞兰身后，调皮地）姐姐！

王瑞兰　（吓一跳）呀，死丫头，吓我一跳！（掩去泪痕，试探）刚才我听见有人在哭……

蒋瑞莲　（装出笑脸）我没哭，是姐姐在哭吧？！

王瑞兰　是你在哭！

蒋瑞莲　是你在哭！（关心地）自从姐姐回家之后，从未见你笑过。不是愁眉苦脸，就是唉声叹气！（调皮地）姐姐，俗话说，“女大当嫁”，你是不是……在想一个人？

王瑞兰　（一惊）你胡说什么！（故做镇静，端起架子）“雪莲”妹妹，我来问你，你我虽不是同胞共母，可爹爹、母亲和姐姐平日待你如何？

蒋瑞莲　如同亲生，情胜手足。

王瑞兰　那你为何瞒着我们在此哭哭啼啼，倒像有说不出的委屈！

蒋瑞莲　（慌张）我没有什么委屈！只是，只是……

王瑞兰　妹妹，你快告诉姐姐吧！

蒋瑞莲　我真的没有什么！

王瑞兰　（故作生气地）你不说，我告诉爹爹去了！

蒋瑞莲　（故作镇静地）你告诉爹爹什么呀？

王瑞兰　（神气地）就说你这个小丫头呀，心里在挂念一个人了！

蒋瑞莲　（急辩解）不不不！

王瑞兰　你瞒得了爹娘，可瞒不了我！（欲下）

蒋瑞莲　（惊慌）哎呀，姐姐，你千万不能告诉爹爹；你若告诉了爹爹，我和他可就没有命了……（噤声，呆住）

王瑞兰　（好奇）你和他？他是谁呀？

蒋瑞莲　（可怜地）姐姐，我跟你说了，你还去告诉爹爹吗？

王瑞兰　只要你不瞒我，我就不去告诉爹爹。

蒋瑞莲 （欲说又止）这……

王瑞兰 （不耐烦地）快说呀！

蒋瑞莲 （悲伤地）他是雪莲的亲人……

王瑞兰 你的亲人？他姓什么呀？

蒋瑞莲 他姓蒋呀。

王瑞兰 他姓蒋？叫什么名字？

蒋瑞莲 他叫蒋日昌！

王瑞兰 （一震）你说什么？

蒋瑞莲 蒋日昌呀！

王瑞兰 啊？他也叫蒋日昌？

蒋瑞莲 （奇怪）姐姐，你认识他？

王瑞兰 这？

蒋瑞莲 姐姐，你怎么了？

王瑞兰 （掩饰）不不不……（起疑心，旁唱）

蒋郎他途中曾把人来唤，
我应错名儿结成双。
莫非雪莲是他的心上人，
与我同嫁一夫郎？

蒋瑞莲 （摇动王瑞兰）姐姐，你怎么不说话了？

王瑞兰 （醒转，逼问）我来问你，他是你的什么人？

蒋瑞莲 姐姐！（悲伤地唱）

逃难时节离家乡，
乱军冲散心悲伤。
若问他是什么人？
雪莲的同胞亲兄长。

王瑞兰 （惊喜）啊！他是你的兄长？！（放心地）好啊！好啊！

蒋瑞莲 （不满地）人家兄妹离散，你还说“好啊好啊”？哼！

王瑞兰 （急切地）妹妹，我认识你的哥哥！

蒋瑞莲 （大惊）啊，真的？

王瑞兰 他是我的夫君！

蒋瑞莲 （不敢相信地）你说什么？

王瑞兰 你哥哥是我的夫君！

蒋瑞莲 啊？我哥哥是你的夫君？啊呀，姐姐，这是怎么回事啊？

王瑞兰 妹妹！（不胜悲哀地唱）

想当初，战乱之中一路行，
患难情，荒郊月下结成亲；
孟津渡，爹爹他生生拆散好姻缘，
不知他，贫病交加何处求生存？

蒋瑞莲 真是这样？姐姐，噢不，该叫嫂嫂了！嫂嫂！

王瑞兰 “雪莲”！（相拥而泣）

王瑞兰
蒋瑞莲 （唱）今日姑嫂巧相聚，
悲泪和着喜泪流。
亲上加亲愁更愁，
月下双双同祈求！（双双跪下拜月）

［收光。

（七）

［左丞相王镇府第中堂，张灯结彩，喜气洋洋。

王　镇 夫人！真是双喜临门哪！

（唱）保国安邦立奇功，

官升丞相得殊荣；
皇上怜我老无嗣，
特赐文武状元做乘龙！

王夫人　（笑）老爷！
（唱）历尽劫难终相逢，
合家团聚沐春风。
皇恩又赐乘龙婿，
真是霜后枫叶老来红！

王　镇　你可知我们乘龙女婿文武状元，姓甚名谁？何处人也？

王夫人　（笑）啊呀，老爷，你不说，我哪里知道？

王　镇　好好好！我先说那文状元。

王夫人　好！

王　镇　（唱）那文状元，名叫蒋世隆，
他父亲，就是左丞祖良兄！

王夫人　（吓一跳）啊！老爷，是不是那个被杀了头的蒋祖良？

王　镇　正是他！

王夫人　哎呀，老爷！被朝廷诛杀是逆臣儿子，我可不敢要！

王　镇　夫人不要急。
（唱）我上奏本诉冤枉。
世隆赦免入考场。
钦点状元赐婚姻，
蒋门从此又风光！

王夫人　哎哟，（合掌）阿弥陀佛，老天爷总算开眼了！老爷，还有那武状元呢？

王　镇　那武状元……哈哈！老夫就更加喜欢了！

王夫人　哦？

王　镇　（感慨地唱）

老夫常叹膝下无儿子，
武功兵法难传承；
如今得婿武状元，
上天赐我后继人！

王夫人　那他叫甚名字？

王　镇　陀满兴福！

王夫人　匹配哪个女儿？

王　镇　“雪莲”义女。

王夫人　嘿嘿，老爷！（得意地唱）

我相逢歧路得义女，
配你钦赐武状元。
水有源头树有根，
是我栽树开源泉！

老爷，你快谢谢我吧！

王　镇　哈哈哈哈！夫人，是该谢谢你哩！（施礼）

王夫人　（施礼）还礼，还礼！哈哈哈！

王　镇　（犹豫再三）夫人，有一事，久藏心中，看来今日不能不告诉你了。

王夫人　哦？老爷还有什么喜事瞒着我吗？

王　镇　（思之再三）还是把瑞兰唤来，一起说吧！

王夫人　（奇怪）哟！这老头子心里，还有什么鬼？好好好！把女儿叫出来再说！（向内）瑞兰女儿——

王瑞兰　（上）母亲唤我，有何吩咐？

王夫人　儿啊，你爹爹有话和你说。

王瑞兰　爹爹！（行礼）

王　镇　儿啊，为父曾经亏待过你，你还记恨吗？（语重心长地）女儿，为父也一直隐痛在心，总想为儿补过。幸好今日有了机缘，为父替你找到女婿了！

［王夫人在一旁越听越糊涂。

王瑞兰　（大感意外）怎么？爹爹替女儿找到蒋郎了？

王　镇　是姓蒋，不过……

王夫人　（大声）哎，慢！我越听越糊涂哉！莫非女儿已有夫君？

王瑞兰　女儿是有夫君。

王夫人　（惊退）啊？！你，你怎么瞒着我？

王瑞兰　（痛苦地）是爹爹不让女儿说。

王夫人　（一把抓住王镇）好啊！这女儿是我生的，你倒逼她瞒我！老糊涂，你给我讲清楚！

王　镇　唉，夫人！女儿在逃难途中，自作主张，私订终身，此乃伤风败俗之丑事，不可张扬！

王夫人　不可张扬？瞒天瞒地，不能瞒我做娘的！女儿，娘可不瞒你，你爹找的女婿不是那个姓蒋的，而是另一个姓蒋的，说起来都是姓蒋的，其实是两个姓蒋的！

王瑞兰　（大惊）啊？母亲，他叫什么名字？

王夫人　你问前一个姓蒋的还是后一个姓蒋的？

王瑞兰　女儿夫君叫蒋日昌！

王夫人　这后一个叫蒋世隆！

王瑞兰　（大怒）爹爹！你好忍心啊！

（唱）想当时，流落天涯遇蒋郎，

患难与共结鸳鸯。

爹爹你，不近情理把我骗，

强折姻缘将人伤。

如今又将儿改嫁，
不仁不义太荒唐！
女儿对天盟重誓：
至死要嫁蒋日昌！（痛不欲生）

王　镇
王夫人（慌）女儿，你可不能这样！

王夫人　老糊涂，老糊涂啊！你一女嫁二夫，又把事做错！

王　镇　啊呀夫人，这婚姻，乃是皇上钦定，谁敢抗旨？

王夫人　活该！是你欺君！

王　镇　啊呀，欺君是要杀头的呀！

王夫人　活该！做了不仁不义的丑事，杀了好！

王　镇　夫人，杀了我不要紧，还会诛杀全家的！

王夫人　啊？！这还了得？啊，老爷，你快向皇上认个罪……

王　镇　唉，晚了！皇上已命刘公公，去那状元府宣旨赐婚去了！

王夫人　啊哟，这可怎么办呢？（在王镇示意下，向瑞兰）我说女儿啊，你前一个丈夫姓蒋，这后一个丈夫也姓蒋，反正都姓蒋，你便将就将就，要后一个算了，也救救你爹爹欺君大罪呀！

王瑞兰（惨笑）好，好，你们都为自己性命担忧，却不管女儿死活。我有一计，既可救得爹爹，也可救得女儿，两全其美。

王　镇
王夫人（高兴）女儿，你快说！

王瑞兰　就让女儿去死吧！

［说罢，瑞兰向墙撞去。王镇夫妇急忙抱住。瑞兰大哭，王夫人也大哭，王镇呼天叫地，一时大乱。

［外声——刘公公到！

王　镇（大惊）啊？！刘公公来宣旨完婚了！你们快回避！来人哪，把厅堂布置成喜堂！

［王夫人扶瑞兰下。众慌忙布置。

［刘公公慢慢踱上。

刘公公 这府上张灯结彩，还真像办喜事的样子。

王 镇 （施礼）刘公公！

刘公公 （还礼）王大人！

王 镇 公公从何而来？

刘公公 （慢条斯理地）咱家从状元府来。

王 镇 （心神不定地）公公，这婚事如何？

刘公公 你仔细听着！

（唱）这文武状元真奇怪，

你家两朵鲜花他不采！

王 镇 （脱口而出）好，好！真是太好了！

刘公公 好个屁！

（接唱）皇上特赐花好月儿圆，

谁知道，月不圆来花不栽。

他们是，违旨抗婚命难保，

我和你，难复皇命下火海！

王 镇 （大惊）是啊！公公，这便如何是好？

刘公公 嘿！

（接唱）咱家无能保大媒，

唯请状元自己来。

当面说清其中谜，

好免你我一场灾！

王 镇 （释然）如此甚好！不过……

刘公公 不过什么？

王　镇　状元上门拒婚，老夫不免有些尴尬，还是请刘公公出面为好……

刘公公　好，好，咱家就给你一个面子，由我出面，你在帘子后边听吧！

王　镇　有劳公公了！

［外声——文、武状元到！

［刘公公示意王镇躲到帘里，王镇慌下。

［老张头夫妇大摇大摆上。

刘公公　（吃了一惊）呀，你们是什么人？

老张头　哈！我们是证人！

刘公公　什么什么？什么证人？

老张婆　状元公专门请来的证人！

刘公公　要证人做什么？文武状元呢？

老张头　老的开道，小的就到！（向外）你们两个进来吧！

［蒋世隆、陀满兴福冠带上。

刘公公　二位状元公！

蒋世隆
陀满兴福　拜见刘公公！

刘公公　免礼！请！（指向老张头夫妇）请问，这两位……

蒋世隆　是晚生的大恩人，请他二老到此……

老张头　到此做证！

刘公公　这里又不是公堂，做什么证？

老张婆　现在不说，该出口时就出口。

刘公公　（大感兴趣）哦？看来今天有好戏看了。二位状元公，咱家奉旨赐亲，你俩同声拒绝，原想请二位到丞相府，当面向王丞相说个明白，谁知皇上召王丞相议事去了，让我先来听一听，二位请道其详。

蒋世隆　啊！公公，此事说来话长。

刘公公 不忙，你慢慢说吧！

蒋世隆 公公啊！

（唱）父亲蒙冤受重刑，

三百家口俱丧生。

兄妹逃难避追捕，

途中失散苦伶仃。

刘公公 （感叹）唉！可怜一代忠良，却受冤屈！皇上深悔失误，又亏王丞相鼎力平反，方得今日昭雪。王丞相于你有德，你却不要他女儿，是何道理？

蒋世隆 公公！

（接唱）丞相之恩岂敢忘？

只因晚生已结亲；

患难之交情意在，

何能再娶忘旧人？

刘公公 （大惊）什么？你已有妻房？

老张头 哎哎哎，我们该出口了！

刘公公 好！证人上来。

老张头 大人，听了！

（唱）为逃战乱入荒山，

开个小店把钱赚；

那天来了两个客，

一个女的一个男。

看像夫妻又勿像，

一张床上出麻烦！

老张婆 我来说，我来说！

（接唱）想做夫妻没媒人，

私下结合太荒唐；
哭哭啼啼到半夜，
我俩老听了也心酸！

老张头
老张婆（接唱）便做媒人兼父母，
让他俩拜堂成亲结凤鸾。

刘公公 哈哈哈哈！不错不错！难得你俩老成人之美，做了好事！但不知此女姓甚名谁？现在何方？

蒋世隆 内人姓王名瑞兰，乃是王尚书之女。

刘公公（惊叫）什么？是王……王尚书之女？

［帘内王镇失声惊叫，又急噤声。

陀满兴福 刘公公，蒋状元之妻正是王尚书的女儿，可恨那王尚书说这是私定终身，伤风败俗，将我义兄义嫂拆开，至今嫂嫂下落不明。

刘公公 呵呵！（朝帘内）呵！呵！我说这个该死的王老头呵！你这不是自作孽，自讨苦吃么？！（向蒋）状元公，此仇不报非君子，咱家要向皇上奏报，把这个不仁不义、仗势欺人的王丞……王……王……

老张头 王尚书！

刘公公 对！把这个王尚书告上一状，让他丢掉乌纱帽！就这么办！

［帘内王镇听后惊慌失措；王夫人急上。

蒋世隆 公公，岳父虽然无理，贤妻却是有情；只要王尚书还我爱妻，恩怨一笔勾销。

刘公公 哈哈！你听，你听，多好的女婿哟！通情达理，有仁有义！王尚书，你听到没有？

［王夫人频频点头，越看越欢喜，转身手戳王镇，王镇低头不语。

老张头 大人，蒋状元已有妻房，这丞相千金小姐的亲事，就可以免了吧？

刘公公 嗯！免了！那么，你武状元为何不要王丞相另一个女儿呢？

陀满兴福 公公，我也已有所爱之人。

刘公公 啊？你也有了？

［兴儿拉出王瑞兰，示意往外看。

蒋世隆 陀满义弟已向我家求亲，我已为妹妹允婚了。

［王瑞兰一看，脱口惊叫“爹爹”，呆然不动；半晌，想起什么似的，转身往里跑拉出“雪莲”。

刘公公 这是怎么一回事？

陀满兴福 公公！

（唱）为报大祸到蒋家，

义结金兰情谊深。

楚楚动人小义妹，

一见钟情记在心！

蒋瑞莲 （惊叫）啊呀姐姐，他……他……他就是“雪莲”的义兄陀满兴福！

王瑞兰 （惊喜）啊呀母亲，他就是“雪莲”的兄长、女儿的蒋郎！

［王夫人笑逐颜开，王镇向夫人耳语，夫人恍然，带两个女儿入。

刘公公 哈哈哈哈！难得二位状元公如此重情重义，可敬啊可敬！

老张婆 那么，王丞相两个千金的婚事，都可以免了吧？

刘公公 免了！免了！统统免了！咱家带你们到皇上那里告他老糊涂一个“欺君之罪”！走！（带蒋世隆、陀满兴福、老张头、老张婆鱼贯欲出）

［王镇、王夫人慌带王瑞兰、蒋瑞莲新娘妆扮出，兴儿跟出。

王　镇 （急忙掀帘追出）刘公公转来，两个我都要！都要！

刘公公 （停步）咄！你这个老湖涂，人家都有妻房了，你还想把人家姻缘拆开？你该清醒清醒了！

王　镇　（急不可耐地）状元公，你可知老夫是谁吗？

蒋世隆　你是王丞相王大人啊！

刘公公　不，不不，他就是那个仗势欺人的王尚书！

众　啊？！你就是王尚书？

王　镇　（羞愧）你不是叫蒋日昌吗？

蒋世隆　那是为逃难改的名字，晚生真名叫蒋世隆。

刘公公　哈哈！王丞相就是王尚书！蒋世隆就是蒋日昌！嘿！一个升官了，一个平反了！这就叫“歪打正着”！

蒋世隆　（半信半疑）啊？这就是王尚书的家？那瑞兰呢？瑞兰在哪里？

王夫人　（把蒋瑞莲、王瑞兰推到面前）蒋状元，这两个你自己挑，可别挑错了，另外一个可是武状元的意中人啊！

众　你们快去挑呀！

［蒋世隆、陀满兴福双双寻找，王瑞兰与蒋瑞莲被老张头夫妇拉着羞躲。王瑞兰气喘吁吁，暗示蒋世隆掀开自己的头巾；在陀满兴福的鼓励下，蒋世隆一掀——正是瑞兰。

蒋世隆　瑞兰贤妻！

王瑞兰　蒋郎！

蒋瑞莲　（迫不及待地自掀头巾）陀满哥哥，陀满哥哥在哪里？

陀满兴福　瑞莲妹子！

蒋世隆　（喜出望外）啊？瑞莲！你让哥哥找得好苦啊！（拉瑞莲）快去见过陀满哥哥！

陀满兴福　瑞莲妹妹！（扑上）

［瑞莲羞躲哥哥身后；陀满兴福与蒋世隆拥成一团，惹得哄堂大笑。

刘公公　哈哈哈哈！这门亲事都是皇上订的，别忘了我这个大媒人呵！

众　哈哈哈哈！叩谢皇上恩典，多谢公公保媒。

王　镇（高声）来呀！奏乐，完婚！

［喜乐起，宾客上；丫环、家人上为蒋世隆、陀满兴福披红簪花。

［天幕上升起了一个大圆月。

［幕外合唱——

圆月升，圆月升，
阅尽千古人世情；
圆月升，圆月升，
倾诉一片祝愿心。
今夜月更圆，
圆月惜青春；
今夜月更圆，
圆月满乾坤！

［幕落。

［剧终。

（本剧根据同名南戏新编）
一九九八年九月十二日初稿于平阳
二〇〇〇年九月一日定稿于昆阳东门
平阳小百花越剧团首演

出宫回宫

越剧

人　物　唐明皇——大唐皇帝，年约60岁。

杨玉环——贵妃，年约30岁。

高力士——内廷总管，年约60岁。

李林甫——丞相，年60多岁。

李　瑁——明皇第十八子，封寿王，贵妃前夫，年30多岁。

王　利——寿王府内侍太监，年约30岁。

杨　钊——后赐名国忠，贵妃堂兄，年约40岁。

袁思艺——内廷副总管，年50多岁。

杨　怡——贵妃堂妹，后封虢国夫人，年20多岁。

杨　铦——贵妃堂兄，年50多岁。

杨　绮——贵妃堂弟，年20多岁。

太华公主——明皇女，杨绮妻，年20多岁。

小太监若干

内务府刑监若干

宫女若干

舞女若干

第一场

［大幕低垂。

［太监袁思艺撩开大幕出。

袁思艺 （高声宣旨）皇上有旨：请贵妃娘娘开排《霓裳羽衣曲》，圣驾随后便到！（入）

［《霓裳羽衣曲》起。

［大幕缓缓上升。

［华清宫。杨玉环领衔，率众宫女翩翩起舞。

［合唱歌声——

骊宫高处入青云，
仙乐风飘处处闻。
纤纤素手云托月，
摇摇轻步水飘萍。
袅袅霓裳成彩虹，
闪闪珠翠布天星。
最是君王看不足，
轻歌曼舞乐升平。

［杨玉环独舞。幕外独唱——

歌喉度仙曲，
琴心化彩云。
回眸朝天子，
低眉承新恩。

长得君王带笑看，

聊慰深宫寂寞心。

袁思艺 （看得心驰神往）啊！莺歌燕舞，醉人心魂，真个是“此曲只应天上有”呵！

［太监王利匆匆上。

袁思艺 （用拂尘一拦）站住！你是何人，胆敢擅入深宫，惊扰贵妃练舞？

王　利 禀公公：我是寿王府近侍太监王利，受寿王之命，求见贵妃娘娘。

袁思艺 （一惊）什么？寿王要见娘娘？

王　利 是。

袁思艺 （逼视王利）你要找死？！

王　利 这……

袁思艺 （拉过一边，叱责地）嫔妃与亲王来往，就是死罪一条，何况寿王和贵妃……怎可相见？！你不要命了！

王　利 （镇定地）奴才知道。不过，此事非同小可，不能不禀告贵妃！

袁思艺 哦！何事？

王　利 这……（与袁思艺耳语）

袁思艺 （大吃一惊）啊！此事当真？

王　利 岂敢欺骗！

袁思艺 ……你等着！（急近前）启禀娘娘，有人求见。

杨玉环 你不知我在练舞吗？不见！

袁思艺 （进前一步，轻声）是寿王有急事派人求见！

杨玉环 啊？（停舞）寿王……（挥手，众宫女下）人呢？

王　利 （急趋前）奴才在！

杨玉环 寿王有何急事？快说！

王　利 寿王命奴才进宫禀告娘娘：小殿下病危，命在旦夕，请娘娘速回寿王府相见一面，以尽母子之情。

杨玉环 （大惊失色）啊？你，你说什么？

王　利 娘娘！

（唱）恨天公，降下灾，

小殿下，无端病体危。

明眸皓齿失光彩，

杏脸桃腮色成灰。

气如游丝咬牙断，

命似浮尘随风吹。

惊魂常呼母相会，

奄奄一息盼娘归。

杨玉环 （几乎昏厥）啊，天啊！（冲动地）去寿王府！

袁思艺 （跪拦）娘娘，不可！皇家家法森严，无有皇命，内宫嫔妃与外府亲王来往，罪在不赦！

杨玉环 （不以为然）难道儿子病危，做母亲的去探视一回，也是死罪？

袁思艺 皇法难违。

杨玉环 （决然）管不得那么多了！（走）

袁思艺 （急而脱口）娘娘！您和寿王关系不同一般，更是大忌啊！

杨玉环 （猛醒）这……（犹豫，痛苦地）天啊！

（唱）一句话，将沉梦惊醒，

猛记起，此身已非寿王妃！

太真院里度道士，

昭阳宫中换凤帔。

金册改名分，

玉律锁宫闱。

九重宫墙高似天，

徒唤奈何不能归！

王　利　娘娘，皇上原是仁慈之君，自有骨肉之情，定然体谅贵妃爱子之心。娘娘如若迟疑，只怕……

杨玉环　只怕什么？

王　利　只怕见不着小殿下生前一面了！

杨玉环　（脸色陡变，决然）王利，备车！

袁思艺　娘娘，请先奏明皇上……

杨玉环　来不及了！（走）

袁思艺　（跪拦）娘娘！……

杨玉环　（泪下）我儿命在旦夕，你忍心不让我母子一别么？

袁思艺　奴才不敢！

杨玉环　那好，你替我向皇上奏报，我去和娇儿生死一别，即便回宫！

［杨玉环推开袁思艺，匆匆下。王利一笑，随下。

袁思艺　（慢慢爬起，惊惶不安）唉！只怕从此多事了！这怎么办呢？

［外声——皇上驾到！

［袁思艺急忙趴下。唐明皇手拿乐谱，边走边吟上。高力士随上。

唐明皇　（举目一望，惊异地）人呢？贵妃呢？

袁思艺　（嗫嚅地）皇上……

唐明皇　（大声）袁思艺，人都到哪儿去了？

袁思艺　（向内）还不出来接驾！

［众宫女纷纷上场，跪下。

众宫女　叩见皇上。

唐明皇　（巡视）贵妃呢？贵妃到哪儿去了？（众不语）

高力士　袁思艺，快奏明皇上！

袁思艺　是，是！启奏皇上，贵妃娘娘她，她……

唐明皇　（惊疑）她怎么啦？快说！

袁思艺　娘娘她，到寿王府去了。

唐明皇　（一震）啊！（大怒，将乐谱一摔）大胆！是谁放她出宫的？讲！

袁思艺　是娘娘自己……

高力士　（踢袁思艺一脚）狗奴才，你就不会拦住娘娘？

袁思艺　奴才拦不住她呀！

唐明皇　（震怒）好啊！你们这班狗才，串通一气，糊弄寡人，蔑视皇法，破坏宫规，都不要命了！

（唱）尽是些狗豕奴才，

守不住宫殿门台！

平日间诚惶诚恐忠诚相，

暗地里弄神装鬼奸佞态。

莫道朕，恩宠有加，

莫道朕，宽宏如海。

冒天威，必食恶果，

犯皇法，严惩不贷！

（厉声）来人！

［外声——在！

唐明皇　传旨——

高力士　（扑地跪下）皇上且慢！息怒，息怒！请皇上先查明贵妃出宫原因，再处置不迟！

唐明皇　不！不管是甚原因，就是不准去寿王府！

高力士　是，是！不过，总会有个道理……

唐明皇　朕不管！你混蛋！寿王府是她去的地方吗？！

高力士　娘娘是不该去寿王府，应该接娘娘回宫。这事要紧！

唐明皇　对，立刻将她追回来！快把她追回来！

高力士　是，是！这事交给奴才办。

唐明皇 你还跪着干什么？快走啊！

高力士 是！（起身欲下）

唐明皇 高力士！你听着，过了三刻，她不回官，朕唯你是问！（踢翻谱架，怒下）

［高力士躬身领旨。抬头见众宫女等仍跪着，生气地——

高力士 还跪着做啥？还不给我滚下去！

［众急忙溜下。

高力士 袁思艺！

袁思艺 高公公！

高力士 你说，贵妃娘娘为甚去寿王府？

袁思艺 刚才寿王府近侍太监王利来报，贵妃在寿王府所生的小殿下病危，寿王要娘娘去见一面，故而她……

高力士 （顿足长叹）唉！糊涂啊！糊涂啊！寿王妃已变成皇贵妃了，还顾得了什么小殿下！全忘了自己的身份，全不懂皇上的忌讳！这祸可闯大了！

袁思艺 （担惊地）高公公，这事会怎样了结呢？

高力士 谁也难说！你知道皇上的脾气，老人家已经杀了三位皇子，只怕这事一起，刀光血影，还会人头落地哩！

袁思艺 （惊悚）高公公，全靠您老人家化解了。

高力士 （沉思）是啊！（决然）不能再伤社稷根本了！我尽力去办吧！你快备车马，让我去寿王府，接回贵妃，再做道理。

袁思艺 是！

［二人匆匆下。

［幕后合唱——

雷霆万钧震天宇，

惊破“霓裳羽衣曲”。

龙颜一怒天下秋，

顿教霜冷花落去。

[灯暗。

第二场

[寿王府书房。李瑁正在研读诗书。

李　瑁　（手捧《离骚》，高声朗读）“日月忽其不淹兮，春与秋其代序。惟草木之零落兮，恐美人之迟暮。不抚壮而弃秽兮，何不改乎此度？乘骐骥以驰骋兮，来吾道夫先路。”（大有感触）啊！屈大夫的《离骚》，不正是我李瑁的忧愁吗？

（唱）日月轮转换春秋，

草木零落美色休。

君父威夺寿王妃，

儿臣忍辱断鸾俦。

深宫秽事朝朝有，

王府蒙羞志难酬。

何时乘骥驰天宇，

指点江山改神州。

[内侍匆匆上。

内　侍　启禀殿下，贵妃娘娘驾到！

李　瑁　（一愣）贵妃驾到？她来何事？

内　侍　不知。

李　瑁　可有凤辇仪仗、宫娥太监随来？

内　侍　没有。只有贵妃单身独来。

李　瑁　（惊疑）啊，她一人独来？（悄声）不可声张！速请贵妃到此相见！

内　侍　是！（急下）

李　瑁　（紧张地）唉！她怎么可以到我这里来呢？有什么急事让她不顾利害安危，到这是非之地呢？（焦急地踱步）……

［内侍引杨玉环上。

李　瑁　臣，寿王李瑁，叩见娘娘！（跪下）

杨玉环　（顿足）唉！这是什么地方，旧夫妻还讲什么礼仪！快起来！

李　瑁　（命内侍）守住通道，不准任何人靠近书房！

内　侍　是！（下）

杨玉环　阿瑁，快告诉我，孩子的病怎样了？

李　瑁　（一怔）什么？谁的孩子病了？

杨玉环　（焦急地）我们的孩子呀！还有谁的？

李　瑁　（惊异）我们的孩子？他活泼健壮，谁说有病？此话从何说起？！

杨玉环　真的没病？

李　瑁　岂有此理！刚才我还教他读诗，怎会有病？

杨玉环　（抚心合掌）谢天谢地！幸亏是一场虚惊！（不满地）阿瑁，你不该如此骗我出宫相见！

李　瑁　且慢！此话正该由我问你：是谁谎报孩儿生病，骗你出宫的？

杨玉环　是你的近侍太监王利。

李　瑁　王利？！他怎么说？

杨玉环　他说我们孩儿病危，是你叫我速速出宫，不然不能相见了。

李　瑁　（惊跌椅上）难道王利他……（猛起大喊）来啊，传王利！

［外声——是！

杨玉环　（渐觉事态严重）阿瑁，真的不是你派王利来叫我的吗？

李　瑁　（跌足）唉，玉环，你好糊涂啊！

（唱）我身为皇子懂宫规，
律法森森谁敢违！
亲王嫔妃禁来往，
私下沟通一死罪。
便是王儿真病危，
也该上本奏万岁。
岂敢私自禀贵妃？
无端自招大祸灾。

杨玉环 （点头）这也是。那，王利他，为什么骗我出宫呢？

李　瑁 正是这话！（猛想起）玉环，你出宫之时，有否奏明父皇？

杨玉环 没有。来不及了。

李　瑁 （惊恐）嘿！糟了！糟了！糟了！（急推玉环）快走，快走，快回宫去！

杨玉环 （不以为然）看把你急成这样！既来之，则安之，我要看看孩子，和你叙叙心事……

李　瑁 （长揖到地）我的好娘娘，皇上察觉，大祸临头，快请回宫吧！

杨玉环 （满有把握地）不怕！皇上那边有我呢！阿瑁——

（唱）天大地大，
王儿平安事最大。
寿王之子皇帝孙，
骨肉相连是一家。
玉环入宫蒙恩宠，
回府看儿也无差。
违犯宫规我承受，
回宫笑听皇上骂。

李　瑁 天啊！你说得好轻巧呀！入宫多年，还是这样不懂世事！

（唱）你可知，风雷全由帝心变，
阴晴皆看帝王脸。
你本是，寿王妃，
偷桃换李入宫眠。
帝君有心避人诽，
寿王大恐受猜嫌。

杨玉环 阿瑁！
（唱）你我本是同林鸟，
棒打鸳鸯分两边。
朝廷上下人皆知，
何用避嫌怕人言！

李　瑁 唉，你真不懂事理啊！
（唱）你可知，天下男子都一样，
最怕娇妻有外恋。
你私出宫门已有罪，
旧情相通事更险。
倘若父皇翻了脸，
刑鼎之下化尘烟！

杨玉环 未必如此凶险。阿瑁，你把事情看得如此严重，是不是怕失宠于皇上，不利于你争立太子……

李　瑁 住口！玉环，你呀！你真不知轻重！（轻声）此事只能放在你的心中，岂能……

杨玉环 我才不管这些呢！好，不说了，我要看看我的孩子。

李　瑁 不能。你得赶快回宫！

杨玉环 我不！既然来了，我要看看孩子！

李　瑁 （左右作揖）玉环，我求你了，快回宫去吧！快回宫去吧！

[外声——圣旨下——

李　瑁　（吓得发抖）接……接……接旨！

[高力士率两宫娥上。

高力士　（朝北站定）皇上口谕："立请贵妃杨玉环回宫！"

李　瑁　领旨！万万岁！（起）高公公……

高力士　贵妃娘娘，请回宫！来啊，搀扶娘娘回宫！

[宫娥扶杨玉环急下。

李　瑁　高公公，请留步！

高力士　（站定）寿王殿下，咱家皇命在身，不能久留！

李　瑁　不敢久留。皇上他……

高力士　雷霆震怒，乾坤变色！

李　瑁　（目瞪口呆）啊？！（扑地跪下）高公公救我！

高力士　（长叹，扶起李瑁）唉！殿下！

（唱）咱知道，殿下无过，
怕只怕，其中有故。
造成贵妃罪错，
点燃君王嫉火。
迅雷落在寿王府，
只怕大祸难逃脱！

李　瑁　（委屈地）高公公，我真的全然不知啊！是有人害我！

高力士　王利呢？

李　瑁　（猛醒）王利！（向外）王利何在？！

内　侍　（急上）禀殿下！王利不见了，正到处寻找。

高力士　（冷笑）哼，找不到了，不用找了！！

李　瑁　啊！王利不见，更说不清了！

高力士　嘿嘿！

（接唱）事有八九已清楚，

盘根错节难说破。

但求苍天多保佑，

逢凶化吉消灾祸！

告辞！（下）

[寿王惊恐，焦急，团团乱转。见内侍站着，勃然大怒——

李　瑁　狗奴才，还不派人去寻王利！快给我去找、去寻，把整个长安翻个遍，也得把王利抓来！滚！

内　侍　是！是！

[欲下，李林甫大笑上。

李林甫　哈哈哈哈！不用去找了，王利已经被逮住。

李　瑁　（一喜）王利逮住了？谁逮住的？

李林甫　我——李林甫啊，哈哈！

李　瑁　多谢李相国！（宽慰地）这下可好了，审一审，事情就清楚了，皇上不会怪我了。

李林甫　哈哈，审一审，皇上不怪你？审一审，这大唐天下，就变了样哩！哈哈哈哈！

李　瑁　（一愣）李相国，此话怎讲？

李林甫　寿王殿下！

（唱）身为丞相立朝堂，

总揽江山如指掌。

朝廷政事多诡变，

宫中无处不风浪。

王利胆敢骗贵妃，

背后必定有文章。

暗箭直射寿王府，

是谁弯弓暗中藏？

李　瑁　王利背后，有人指使，这一层，我也想到了。可是，是谁在背后暗弄于我，却不明白。望相国指教！

李林甫　哈哈，殿下，你可明白——

（接唱）自古宫廷难立储，

腥风血雨不胜防。

为争太子夺帝位，

骨肉亲情皆可伤！

李　瑁　（一惊）啊，难道是……他？

李林甫　（阴险地）他，是谁啊？

李　瑁　不，不！他已是太子，绝不会暗算于我！

李林甫　哈哈哈哈！寿王，你太自欺欺人了！

（唱）谁不知，贵妃原是寿王妃，

如今入宫侍帝皇。

旧情难忘须报答，

枕边吹风求补偿。

春风吹得君心醉，

东宫易储立寿王。

李　瑁　（被道破心事，大惊恐）啊，李相国，你可不能乱猜想！我李瑁谨慎小心，绝无野心……

李林甫　哈哈哈哈！寿王，不必惊慌，也不必瞒我！贵妃未入宫，你也许不敢想当太子。贵妃入宫之后，你就想争位了！（正色地）争得好！应该争！

李　瑁　李相国何出此言？

李林甫　殿下不是不知，我和太子李亨，水火不容。他若登基，必置我于死地。因此，李亨贬出东宫，寿王你成太子，老夫后患即除了！这不是“争得好，应该争”吗？！

李　瑁　这……还有一个“如何争”呢？

李林甫　将事情闹大！闹得越大越好！

李　瑁　（又惊）啊，不行，不行！父皇正在震怒，闹大了，朝野震动，两败俱伤！

李林甫　哈哈哈哈！寿王，你怕什么？

李　瑁　我怕贵妃和我都会获罪。

李林甫　不！获罪的不是你们，而是那使阴谋的他们！只要揭出他们的阴谋，大功就告成了！

李　瑁　相国是想……

李林甫　严审王利！

李　瑁　那就有劳相国了！（一揖）

李林甫　不敢！只是，将来寿王继承帝位，可不要忘了老臣哟！哈哈哈哈！告辞！

[李瑁送李林甫下。

[幕外合唱——

自古皇权太诱人，
骨肉相残惊鬼神！
祸起萧墙风雷动，
九重城阙烟尘生！

[灯暗。

第三场

[内宫。

[灯火辉煌。宫女、太监们肃然侍立，唐明皇焦躁不安……

[幕外合唱——

天颜色变雷霆震，

九重城阙烟尘生。

往日宫闱春阳暖，

今朝内苑秋霜冷。

唐明皇 （厉声）贵妃回宫了没有？

一太监 （上前）启奏皇上，贵妃凤辇已过承天门，即刻进宫了！

唐明皇 （生气地往龙椅上一坐）传旨：命贵妃速来见朕！

[外声——贵妃娘娘回宫！

唐明皇 哼！（转身朝内）

[杨玉环上。

杨玉环 （行礼）臣妾叩见皇上！

[唐明皇不予理睬。

[杨玉环含笑起，挥手令众宫女、太监下。

杨玉环 （轻拉明皇衣袖）三郎，干吗生我的气呀？我不是回宫了吗？

唐明皇 （将手一挥，推开杨玉环，怒冲冲地）你去哪里了？

杨玉环 我去一趟寿王府呀！

唐明皇 （跳起，叱责地）谁让你去的？

杨玉环 是我自己去的。我……

唐明皇 （怒斥）你好大的胆！你不懂皇家规矩吗？你不怕家法惩罚？！

杨玉环 （笑）我不怕。

唐明皇 （惊讶）啊，你，你倒不怕？

杨玉环 （撒娇）有你皇上护着我，我还怕什么呀！

（唱）玉环可比一朵花，

三郎本是护花架。

娇花无力经风雨，

花架有力挡风沙。
花受风雨花零落，
架无娇花空有架。
有架挡风任风起，
娇花有架花不怕。

唐明皇 （苦笑）嘿嘿！玉环，你错了。
（唱）花架有力挡风雨，
难护青虫咬花芽。
架自有心防花害，
花却自残招虫傍。
如今娇花已零落，
架自无须护残花。

杨玉环 （委屈地）皇上，你这话从何说起？便是去一趟寿王府，也不致招虫残花，让皇上不护玉环呀！

唐明皇 你和寿王，关系不同，而你却瞒着朕，私去相会，旧情难忘，令朕伤心！

杨玉环 （苦笑）皇上，你说我旧情难忘，倒真是伤了我的心了！
（唱）忆昔春风开紫殿，
温泉水滑洗凝脂。
花前月下共缱绻，
品诗吟曲初相知。
轻歌曼舞听丝竹，
梨园静夜两心痴。
金风玉露一相逢，
天长地久连理枝。
此心唯属君王有，

往事如梦早已逝。

唐明皇　（冷笑）哼，我却不信！我问你——

（唱）若是旧情如梦逝，

岂能私会了相思？

皇家律法丢脑后，

敢冒刑鼎以身试！

可见你，旧爱未断迷心窍——

恋情如火不畏死！

杨玉环　啊，皇上，你言差矣！

（唱）私出宫门我知罪，

冤我恋情你太痴！

妾记得，七夕之夜有盟誓。

莫忘无人私语时。

唐明皇　（怒意渐起）哼！

（唱）七夕密誓犹在耳，

彩凤已栖旧时枝。

杨玉环　（唱）旧时枝，绝难栖，

舐犊之情难自制。

惊闻王儿病体危，

惶惶遽出未请旨。

唐明皇　哼，王孙果真有病么？

杨玉环　未有。不过——

唐明皇　（怒起）却又何来？

（唱）舐犊之情朕可恕，

借口偷情又何辞？

藕断丝连暗相通，

阳奉阴违有谁知？

杨玉环 （大受委屈）皇上！你将玉环看得大贱了！

（唱）此身已属君王有，

岂能再系旧情丝！

汉宫秋月清如水，

昭阳碧玉洁无疵。

唐明皇 （唱）即便碧玉洁无疵，

亦应顾忌人笑嗤。

瓜田李下该避嫌，

怎可招摇不知耻！

杨玉环 （深受伤害，被激怒）三郎！你也太羞辱人了！玉环不是水性杨花之人，侍奉皇上，事出有因。若说避嫌，何必当初！

唐明皇 当初如何？

杨玉环 （愤懑地）当初你就该避嫌！

唐明皇 （被触痛，大怒）你！你！你好啊！

（唱）一句话，泄漏了你心含怨恨，

想当初，错以为你善解朕心。

错以为，你衷心爱朕，

错以为，你醉心艺文，

错以为，你同心偕老，

错以为，你安心宫门。

却原来，你虚情假意，

却原来，你不忘旧情！

罢罢罢，玉龙金锁难锁凤，

花落花飞不留春！

（大喝）来人！

[高力士和宫女、太监急上。

唐明皇 听旨：贵妃杨玉环，不守宫规，出言不逊，应受杖责！

[杨玉环跪下。

[高力士和众宫女、太监亦跪下。

唐明皇 怎么？你们也敢不遵朕的旨意了？！（冷笑）好，好，你们不打，朕自己打！（去寻找刑杖）

高力士 （跪着爬向明皇，紧紧抱住他的双腿）皇上，皇上！娘娘乃一宫之主，一时失言。可令思过，不可杖责，求皇上宽恕！（向杨玉环示意求饶）

杨玉环 （不服）皇上，臣妾失言，顶撞有罪，甘愿受罚。不过，我只是去寿王府探望小殿下，他也是你的骨肉亲人，你何必如此震怒，不予体谅呢？

唐明皇 （震怒，气得说不出话来）你！你！你！……（举杖欲打）

[杨玉环闭目仰面，准备受杖。唐明皇又不忍下手，气不能出，便转向宫女、太监，举杖乱打。

唐明皇 反了！反了！平日把你们宠惯了，宠坏了！你们眼中还有我这个皇帝吗？啊！啊！我要打死你们！死了干净！

杨玉环 （哭）皇上不必拿他们出气！你要打要罚，玉环领受！

唐明皇 （冷笑）哼哼！难道朕就不能惩罚你？

杨玉环 身为九五之尊，手握生杀之权，当然能够，莫说一个妃子，就连亲生皇子，也要杀。

[高力士猛扑上去，捂住杨玉环之口。

[众皆失色，全殿悚然。

唐明皇 （脸如死灰，突然大吼）你好大的胆！（怒喝）贵妃失德，蔑视朕躬，立时逐出宫门！求情者，斩！

众 遵旨！

［杨玉环跌坐在地。高力士欲言又止。全殿鸦雀无声。唐明皇痛苦地跌坐椅上，以袖掩面。

［幕外合唱——

舌剑不慎伤圣心，
斩断了，七夕密誓缱绻情。
鹊桥坍塌谁修复，
从此天河隔双星！

［高力士扶杨玉环起，杨玉环欲言，高力士摇手，暗示她出宫。杨玉环掩面哭下。宫女、太监们随下。

［静场。

高力士 （悄悄地走向唐明皇，轻声）皇上，贵妃娘娘，已逐出宫门了！

唐明皇 （猛然跳起）她走了？

高力士 娘娘走了！

唐明皇 （颓然坐下。突然又跳起）高力士听旨！

高力士 （以为收回圣命，高兴地）奴才在！

唐明皇 （咬牙切齿地）传旨：命龙武军包围寿王府，将李瑁逮捕，交刑司审问！

高力士 （大惊，扑地脆下）皇上，皇上，奴才不敢领旨……

唐明皇 你也敢抗旨？！

高力士 不敢。奴才哪一天、哪一件事不忠于皇上您啊？皇上在盛怒之下，出这么一道圣旨，天下会大乱的呀！不能下，不能下！不能贸然处置！

唐明皇 李瑁胆敢派遣内监，私入宫闱，骗引贵妃出宫私会，罪已致死，怎么是“贸然处置”？

高力士 奴才以为，寿王殿下，素性懦弱，知书达理，行事谨慎，绝不敢有此忤逆之举……

唐明皇 那入宫传话的狗才，就是寿王内侍太监王利，证据已在，还有何说？

高力士 皇上圣明，干系就在王利身上！皇上！

（唱）王利胆敢闯内宫，
背后必有人操纵。
王子有病可明奏，
寿王何须暗相通？
事出有因非寻常，
定有文章在其中。
皇上暂息雷霆怒，
刀虽出鞘兵不动。
王利身上究底细，
水落石出惩元凶。

唐明皇 （点头）唔，此话说得倒有道理。王利现在何处？

高力士 已被李林甫相国逮捕。

唐明皇 好！召李林甫！

高力士 （高声）皇上有旨：召李林甫进见！

［外声——召李相国进见！

［李林甫匆匆上。

李林甫 臣李林甫，叩见皇上。

唐明皇 平身。李林甫，那擅入深宫，私引贵妃出宫的狗才王利，你已拿获了吗？

李林甫 是！皇上！

（唱）为丞相，忠心保国，
除奸佞，日夜提防。
狗王利，私入内宫，

早落在，我的手掌。
这其中，必有阴谋，
动乾坤，乱我大唐。
严拷问，追出首犯，
除祸根，保国安邦。

唐明皇 好！难得你一片忠心。李林甫听旨！

李林甫 臣在！

唐明皇 王利一案，朕命你……

高力士 且慢！皇上！

唐明皇 （不悦地）你！

高力士 皇上恕罪。奴才想说，太监犯罪，自有宫中内务府审理，这是祖宗家法规定，不能交外臣审问。

唐明皇 这……

李林甫 哈！高总管，王利一案，不同一般，他骗娘娘出宫定与外臣勾结，自然交外廷有司审问。

高力士 李相国，王利一案，是不同一般。他牵涉到贵妃、寿王，都是皇亲国戚，事关皇家内眷隐秘，外臣不许与闻！这道理你身为宰相，难道也不懂吗？！

唐明皇 （被提醒）唔，高力士说得有理！

李林甫 皇上，只有交外廷严审，才能挖出祸根！

高力士 李相国，你敢在刑堂之上，深究贵妃与皇上的内宫之事吗？诽君就是死罪，怕你担当不起！

李林甫 这……

唐明皇 （裁决）不用争了！高力士说得有理。此案事关内宫，不得外传。高力士听旨：着你会同袁思艺，审问王利，务必追出首犯，不得有违！

高力士 遵旨!

唐明皇 李林甫听旨:速将罪监王利,解交高力士审问,不得有误!

李林甫 遵旨!

[唐明皇下。

李林甫 (冷笑)哼,高总管,您好厉害啊!

高力士 (冷笑)哼,李相国,您好胃口啊!

李林甫 (冷笑)哼,王利这块肉,已被您抢走,我吃不成哩!

高力士 (冷笑)哼,我是怕您被噎死,是在救您啊!

李林甫 (拱手)多谢!多谢!(狠狠下)

[幕外合唱——

一个是,唯恐天下不乱,
一个是,力挽狂澜不倒,
一个是,欲保利禄小化大,
一个是,欲求平安大化小。
自古朝廷多风浪,
载舟覆舟事难料!

[高力士沉思。

[灯暗。

第四场

[内务府刑堂。

[夜。阴森森的大堂上,摆满恐怖的刑具,两个落地大灯笼,照着两行执刑太监,活像阎罗大殿。

[高力士端坐在案桌后面,袁思艺斜坐在一张小桌后,准备做口供记录。

高力士 （一声断喊）带罪犯王利！

［满堂传呼：带罪犯王利！

［在堂威声中，王利被两狱卒牵上刑堂，跪倒在地。

二狱卒 （跪禀）奉皇上谕旨，李相国将罪犯王利，移交内务府审理，请高总管验明正身！

高力士 （一挥手）下去！

［二狱卒取镣铐下。

高力士 （将惊堂木一拍）王利，你知罪吗？

王　利 （一笑）哈！当然知道。

高力士 所犯何罪，从实招来！

王　利 好啊，不就是骗贵妃娘娘去寿王府的事吗？

高力士 （被他的傲慢激怒，冷笑）哼！谁要你讲这些皮毛罪行！你听着——

（唱）咱家奉旨审奸徒，

高力士就是活阎罗！

剥你皮，碎你骨，

油煎火烤任凭我！

只要你招供谁主谋，

我便可大事化小开网罗！

王　利 要我招供阴谋和主使人？哈，这个不能讲！

高力士 为何不能讲？

王　利 高总管！

（唱）王利身为皇家奴，

宫廷机密不可露。

我劝总管莫追问，

留得后路好退步！

高力士 （大怒）大胆！

（唱）狗奴才胆大包天不自量，

欲盖弥彰太猖狂！

内务府向来不吃素，

敢叫阎罗魂魄丧！

不杀你，不剐你，

先让你，各式各样，千奇百怪，

欲死不能的大刑都品尝！

来啊！

众太监 在！

高力士 让这亡命之徒，看看咱内务府的东西，让他一件件尝尝！

众太监 喳！

袁思艺 （拉王利）王老弟，请吧！这玩意儿叫作——

众太监 老虎吼！

袁思艺 啊！老虎都受不了！这种是——

众太监 死猪愁！

袁思艺 啊！死了的猪都发愁！可怕！这些东西是——

众太监 凤凰晒翅、仙人献果、玉女登天、仙童拜佛……

袁思艺 好了，好了，名目倒是挺好听的哩！王老弟，您要选哪一件尝尝滋味呀？别客气，我们给您一天尝一种，够您尝一年的哩！

王　利 （脸都吓白了）我不尝！我不尝！（扑地跪下）高总管，您行行好，干脆给我一刀吧！

高力士 （冷笑）哼，想死？没那么便宜！咱家要你死去活来，活来死去，一天死三次，一年死一千零九十五次！（大声）来啊！先让他死一次！

袁思艺 （高喊）上“老虎吼”——

众太监 （呐喊）啊！

王　利 （吓倒在地）不，不！我招！我招！

高力士 讲！

王　利 （欲说又止，憋了半天，终又摇头）不能，不能讲！死也不能讲！

高力士 好啊！你还是想尝尝“老虎吼”！

王　利 （决然）高总管，这事实在太大，不讲会死，讲了也得死！既然都是死，何必多言！您就上刑吧！（说罢，盘腿闭目，不再开口）

［高力士和袁思艺交换一下眼色，挥手让众太监下，然后离座，走向王利。

袁思艺 （扶起王利）王老弟，起来吧！

王　利 （睁眼一看）不审了？

袁思艺 冲你那倔劲儿，有骨气！不审了，咱谈谈。

王　利 嘿！这还差不多，够意思！

高力士 王老弟，咱们都是太监，都是侍候主子的奴才。宫廷之中，确有不少不能跟外头讲的事儿。我体谅你的忠心！

王　利 是这话。

袁思艺 所以，高总管才不让李相国审你。

王　利 我领情！

高力士 你说“不讲会死，讲也得死”，这不一定！

王　利 这话够意思！怎么不一定呢？

高力士 （笑）王老弟，你听着——

（唱）我身为总管掌内府，
奉旨审问权在身。
杀你但凭一句话，
超生只须笔留情。

太监本是同命人，
抱成一团相照应。
有福原该同享受，
有祸亦应共担分。

王　利　着啊！够朋友！高总管，我告诉您吧！
（唱）王利不是发疯的人，
敢闯内宫自有因！
骗得贵妃去私会，
拼将生死赌输赢。
若是总管放一马，
我保您，富贵荣华享不尽！

袁思艺　（大感兴趣）哦？快讲讲道理！

王　利　不忙，不忙！我先问问您俩。

高力士 袁思艺　问吧，问吧！

王　利　（唱）我问你：道不变来天可变？

高力士 袁思艺　（接唱）日月轮回时变迁。

王　利　（唱）我问你：地不动来时可变？

高力士 袁思艺　（接唱）冬去春来又一年。

王　利　（唱）我问你：江山不改人可变？

高力士 袁思艺　（接唱）山河万代人寿浅。

王　利　（唱）我问你：朝廷不变君可变？

高力士 袁思艺　（接唱）改朝换代开新天！

王　利　嘿嘿！您俩明白了吧？

（接唱）岂不闻，一朝天子一朝臣，

江山易主换旧人。

未雨绸缪先备伞，

黄盖伞下好安身！

袁思艺　（急拉椅子，按王利坐下，长揖到地）啊，多谢提醒，承教，承教！

高力士　想不到王老弟如此高瞻远瞩，未雨绸缪，先下一手。

王　利　（得意地）政坛就是赌场，从政便是参赌，没这一手，就会输光！

高力士　（突然一吼）你已经输光了！

王　利　（吓一跳）啊？！怎么会呢？

袁思艺　您不是被我们逮住了吗？

王　利　（讪笑）嘿嘿！所以嘛，请您哥儿俩高抬贵手，放我一马，将来我王利赢了，保您俩荣华富贵！

高力士　（冷笑）哼！你绕了半天，还不吐句真话，尽卖关子，叫我们如何信你？

袁思艺　就是！你不讲清来龙去脉，让我们判个虚实是非，能糊里糊涂跟你卖命吗？你做梦！

高力士　我高力士岂是等闲之辈，能让你牵着鼻子走吗？告诉你，你的命运还捏在我们手里！

王　利　这是，这是！是我王利不知天高地厚，该死！该死！

袁思艺　你可明白，高总管是皇上近侍，皇上一举一动，只有他最清楚。他若跟你抱成一团，怕什么大事办不成！

王　利　（猛敲额头）我混！我混蛋！（忙向两人招手）过来，过来！

（唱）太子李亨坐东宫，

心悬九天多恶梦。

一怕龙心常变化，

二怕寿王使神通。
三怕贵妃入宫闱，
易储常吹枕边风。
天长日久坚冰融，
水到渠成毕大功。
有朝李瑁为太子，
李亨落得一场空！

高力士　（点头）这自然有其可能！皇上对贵妃，真是“三千宠爱在一身”啊！

王　利　对嘛！所以……

高力士　所以李亨太子就让你假传寿王之命，谎报王子病危，将贵妃骗进寿王府，使皇上嫉恨震怒，置他们于死地，除了太子李亨心腹之患，以保将来登基，你也就成了一大功臣，是这样吗？

王　利　（竖起大拇指）高！高公公不愧是宫廷总管！洞察秋毫！高！高！

高力士　（笑）高的不是我，而是这计谋高啊！一箭双雕。不过，为什么派你进宫呢？

王　利　我是寿王府内侍太监，让我去传话，贵妃才相信啊！

袁思艺　你就不怕出了事，犯杀头之罪？

王　利　李亨太子说，传了话，马上躲到东宫去，谁也找不到我。

高力士　可是，你却被李相国逮住了！

王　利　（丧气）咳，倒霉！想不到李林甫这样厉害，我从宫中一出来，就让他截住了！

袁思艺　李相国耳目遍天下，谁逃得过他的眼睛啊！你若在他手里审问，不仅你活不了，只怕……

王　利　我知道，知道！他和太子李亨水火不容，发现是太子主谋，太子的祸就闯大了！咳！幸好是你们审问！上天保佑！

高力士 （冷笑）只怕上天不保佑你！

王　利 （一惊）高总管，此话怎讲？

高力士 （大吼）升堂！

［众刑监齐声呐喊，挑灯拥上。王利吓得瘫倒在地，瑟瑟发抖。

高力士 （一拍惊堂木）王利，好奸徒！

（唱）卖主求荣作走狗，

诡计多端行阴谋！

无端掀起滔天浪，

大唐社稷险覆舟！

天理难容无义贼，

来啊！

（接唱）乱杖打杀一笔勾！

［众刑监齐声呐喊，乱杖齐下，王利立毙杖下。

众太监 罪犯王利，已被杖杀！

高力士 拉下去埋了！

［众拉王利尸体下。

袁思艺 （目瞪口呆，惊恐地）高公公，王利是个钦犯，他未画口供，将他打杀，怎样向皇上交代？

高力士 让他活着，拿这样口供，又怎样向皇上交代？

袁思艺 这……（茫然不解）

高力士 袁老弟，这场公案，不能明了啊！

（唱）李亨设计害寿王，

失德诬陷罪两桩。

天威震怒杀心起，

霎时腥风血雨狂！

皇上已杀三皇子，

再杀只怕乱朝纲。

今日灭口息刀光，

大事化小保大唐！

袁思艺 （频频点头）啊，高公公，您真是高瞻远瞩，忠心可嘉啊！敬佩，敬佩！不过，此案如何了结呢？

高力士 （笑）无头公案，如何了清？还不是不了了之！

袁思艺 那王利之死，追查起来……

高力士 他自己要死，谁也没办法！

袁思艺 （心领神会，笑）对，对！畏罪自杀，谁也没办法！

[二人相视而笑。

[灯暗。

第五场

[内宫寝殿，重闱低垂。时已黄昏，寂静幽暗。

[唐明皇在来回踱步。

[幕外合唱——

晚风起，月昏黄，

夕殿萤飞倍凄凉。

迟迟钟鼓初长夜，

冷冷寒衾别梦长。

唐明皇 （唱）冷冷寒衾别梦长，

离情难断忆流光。

初识丽质难自制，

玉楼宴罢夜未央。

华清池暖洗凝脂，

骊宫人醉舞霓裳。

七夕双星同盟誓：

生生死死不相忘。

[推窗遥望天宇，不胜凄楚。

唐明皇 （长叹一声）唉！天河双星犹在，唐宫朕已孤身！说什么生生世世为夫妇，却不料今生今世已变心！玉环，你辜负了朕啊！

（唱）耿耿星河不堪望，

信誓旦旦恨相忘！

耳畔犹闻《霓裳曲》，

芳心却恋旧鸳鸯！

[幕外助唱——

你负了朕！

你背了盟！

你藕断丝连将朕伤！

你恃宠妄为太张狂！

你害得朕啊——

孤零零，不堪寂寞，

冷清清，难挡恐惶。

空虚虚，一身惆怅，

黑沉沉，满眼凄凉！

[颓然落座。猛抬头，见月影昏昏，暮色沉沉，顿觉孤寂，深感空虚。

唐明皇 （大声）来人！来人哪！

[众宫女急入。

唐明皇 （怒责）为什么黑沉沉漆黑一团？为什么冷冰冰死寂无人？难道贵妃不在，你们就可以怠慢偷懒吗？

众宫女　奴婢不敢！

唐明皇　掌灯！

众宫女　是！（连忙点灯）

［一时间灯火辉煌。

唐明皇　（强光刺眼，双目难睁，忙以袖遮掩）狗奴才！为什么点那么多的灯火？难道要刺瞎朕的双眼，好让你们胡作非为吗？（大喝）灭掉，留一盏！

众宫女　是！（灭灯，留一盏。退下）

［唐明皇坐在孤灯之旁，又陷入苦恼之中。

［幕外合唱——

独对孤灯思悄然，
心事茫茫与谁言？
往日灯前共谱曲，
琴瑟和谐倍甘甜。

［杨玉环外声唱——

今朝君王心太狠，
天颜一怒断情缘！
倾国名花易相得，
高山流水知音鲜。
从此后，新腔初成谁先试？
歌舞排时谁领先？
可怜堂堂天子家，
难栖堂前一飞燕！

唐明皇　（自问）难道是我错了不成？我应细细查问，再作处置才对！为什么如此不慎！落得如此烦恼！咳！（焦躁地走动，欲拿茶润喉，无水。怒，高声）来人！

[众宫女急入。

唐明皇 你们想渴死朕呀！贵妃不在，你们都不守宫规了？上茶！

众宫女 是！（急献茶水）

[唐明皇喝一口，急忙吐出，摔杯。

唐明皇 （怒吐）该死！你们想烫死朕呀！滚！（众宫女退下）回来！（众宫女又急回）高力士来了没有？为什么还不来见朕？

众宫女 皇上，高总管还未回宫。

唐明皇 （生气地）该死的！这死奴才也放肆起来了！

[高力士悄然上，在宫门外偷向宫女示意不要声张，并示意她们请皇上吃饭。

众宫女 （跪下）皇上好几天没好好进膳了，请先进些点心，等高总管回来。

唐明皇 （挥手）我不想吃！不吃！

众宫女 （叩头）皇上不进膳，饿坏龙体，奴婢都是死罪！求皇上可怜奴婢吧！

唐明皇 （无奈地点头）好吧，好吧！真烦死人了！

[宫女们捧点心献上。明皇扒一口，将碗放下，叹口气，不吃了。宫女们向门外求教。高力士在门外暗示：弹奏歌舞。

众宫女 （下跪）皇上平日进膳，总是钟鸣鼎食，今天吃得不香，还是让奴婢们弹奏歌舞，让皇上宽宽心，解解闷，吃得香一点。

[唐明皇无可无不可，宫女们自搬乐器开始歌舞。

[宫女歌舞——

云想衣裳花想容，
春风拂槛露华浓。
若非群玉山头见，
会向瑶台月下逢。

唐明皇 （大声）停下，停下！什么乌七八糟！难听死了！平白糟蹋了李学士的好诗！贵妃在时，是这样教你们的吗？快给我滚下去！滚！

［众宫女急忙出殿，被高力士拦住。

高力士 （顺势进宫）你们这是干什么了，怎么惹皇上生气了？

唐明皇 高力士，你总算回来了！朕好不心焦啊！

高力士 （回头骂宫女）皇上心烦着呢！你们偏偏不体谅圣心，惹皇上生气！都给我跪下！

［众宫女跪下。

唐明皇 （过意不去）咳，高力士，不关她们的事！是朕心烦，看什么也不顺眼，吃什么也不香，所以拿她们出气。你们都起来，下去吧。

众宫女 谢皇上！（下）

高力士 皇上的心情，只有奴才最清楚。依奴才看，这后宫内苑，没有贵妃娘娘，就乱成一窝蜂！吃不成吃，歌不成歌，舞不成舞！奴才担心皇上，真的没有了贵妃娘娘，这日子可怎么过呀！

（唱）皇家也是一个家，
是家得有内当家。
家中若无主妇在，
家事纷烦乱成麻！
吃不香，睡不香，
夜无灯火渴无茶。
三天两日犹可过，
一年半载龙体垮！

唐明皇 （激动地）咳！力士，朕何尝不知宫中不能没有贵妃呵！可她……竟做出这样的事来，叫朕如何能忍受！不惩罚不能儆将来；惩罚她吧，朕真的又舍不得！朕这个皇帝，也苦啊！

高力士 奴才知道。这些话，皇上也只能和奴才讲，也只有奴才最明白皇上的心意。

唐明皇 是的。譬如朕命你审问王利，很想听你的审问结果，却又怕听结果！你明白朕的心情？

高力士 明白！总之皇上爱贵妃太深了，只怕……

唐明皇 （猛然一挥手）不用说了！不管怎样，总是要听个结果的！（坐下，闭目靠椅）你说吧，朕听着！

［高力士见状一笑，稍停，悄悄走到明皇身边。

高力士 （轻声地）皇上，不必担心，是好消息！

唐明皇 （猛地跳起，睁大眼）你说什么？

高力士 （大声地）是，好——消——息！

唐明皇 （一把抓住高力士）与贵妃无关？

高力士 无关！

唐明皇 （长嘘一口气，放松地）你快说说，王利怎样招供？

高力士 启奏皇上：

（唱）审得王利查明，
怀有叛逆之心。
受人收买行好，
阴谋陷害好人。
假传寿王命，
入宫谎报信。
有意嫁祸贵妃，
获罪逐出宫门。

唐明皇 那王利为什么要骗贵妃出宫？他受何人指使？又是为了什么图谋？

高力士 这正是奴才要审问的根本！

唐明皇 王利招供了吗？

高力士 可惜，他没招。

唐明皇 （怒）用重刑！不怕他不招！

高力士 重刑也没用。

唐明皇 为什么？

高力士 他死了！

唐明皇 （惊）是你用刑过重，打死的吗？

高力士 不，是王利畏罪自杀身亡。

唐明皇 唉！如此重犯，怎么管守不严，让他死去了呢！

高力士 皇上，人若想死，随时可死，无人能防。不过，奴才想，王利死得好，死得是时候！

唐明皇 此话怎讲？

高力士 皇上！

（唱）贵妃疑案已澄清，
宫闱之中保安宁。
王利不死乱招供，
只怕朝廷起风尘。
人心惶惶株连众，
社稷不安伤根本。

唐明皇 （沉吟）你说的也是。不过，不害别人，为什么偏要陷害贵妃和寿王呢？

高力士 （笑）皇上，这还不明白吗？

（唱）三千宠爱在一身，
必招后宫嫉妒人。
收买王利设陷阱，
好让皇上断恋情。

唐明皇 哈哈哈哈！岂有此理！这后宫三千佳丽，有谁能比玉环的吗？她们抱什么怨，争什么风？！

高力士 （笑）我看难怪！你看，贵妃才出去几天，皇上就睡不安，吃不香，不是太偏心了吗？

唐明皇 不是朕偏心，而是这宫中少不得贵妃！这几天她不在，你看朕过的是什么日子！

高力士 （故作难过）咳！皇上日子不好过，贵妃娘娘的日子，我看更难过啊！

唐明皇 （关心地）她怎么样了？

高力士 据说娘娘出宫之后，日夜啼哭，不吃不睡，好好一朵牡丹花似的娘娘，憔悴得像雨打梨花了！

唐明皇 （惊）真的么！这可不行。她哭坏身子，乃朕之过啊！力士，你去，叫她吃饭，不要哭泣！

高力士 遵旨！（向外）皇上有旨："命贵妃娘娘吃饭，不要哭泣！"

［外声——遵旨！

唐明皇 力士，你怎么这样传旨的呢？这样一道旨意，岂不是朕赦贵妃无罪了吗？

高力士 皇上，贵妃本来无罪的啊！

唐明皇 （摇头）不，她私出宫门，顶撞朕躬，都有过失！不然，朕逐她出宫，岂不是朕错了吗？

高力士 不，皇上没有错。教训一下贵妃，也是要的。

唐明皇 对啊！不然，她恃宠倨傲，那还了得！

高力士 是的。不过……

唐明皇 不过什么？

高力士 不过，教训一下也就是了。宫内可不能没有贵妃啊！接娘娘回宫吧。

唐明皇 这要看她如何认错。

高力士 （故作沮丧）那好吧，等她一个月、半年、一年，再说吧！

唐明皇 （笑）你就不会去开导开导她吗？

高力士 我？奴才不去！

唐明皇 （推高力士）去吧，去吧！

高力士 奴才没有圣旨，怎么能去啊？

唐明皇 朕不是叫你去吗？

高力士 （欣然一拜）领旨！

［二人相视而笑。

［幕外合唱——

一个是，急待喜鹊搭天桥，
一个是，搭桥喜鹊待君邀。
但等天清云散时，
且看鹊桥架碧霄。

［灯暗。

第六场

［杨钊府第。

［一桌酒筵摆在当中，完好如初。杨玉环木然地坐在一张太师椅上，她的身边围满了人，其中有杨钊（国忠）、杨怡、杨绮、太华公主、杨铦等人，他们都在焦急地劝说杨玉环。

［幕外合唱——

情海爱河波光敛，
君恩如水过境迁。
唇亡齿寒共休戚，

创巨痛深一身连。

杨　钊　娘娘！

（唱）汉皇暮色思倾国，

杨家有女选君前。

姐妹兄弟皆列土。

门户生光耀九天。

君王一旦恩爱绝，

杨家富贵化云烟！

杨　怡　（唱）岂止富贵化云烟，

只怕全家获罪愆！

杨　铦　（唱）龙颜一怒血光起，

一族冤鬼有谁怜？

杨　绮　（唱）一荣俱荣同命运，

一损俱损共相连！

太华公主　（唱）还请贵妃认过错，

挽回天心求赦免。

杨玉环　（不胜其烦、发作地）你们吵什么！吵什么！我有什么过错？孩子生病去看看，也是罪错吗？

杨　钊　可是王子没有病啊！

杨玉环　人家骗了我，我怎么知道？（冷笑）哼，都在骗我！骗我进宫，骗我探病，现在你们又在骗我认错！你们都在骗我，都在骗我啊！（放声大哭）

［众默然。唯闻杨玉环抽泣声。

［杨钊叹口气，暗示太华公主、杨怡，让她们劝说。

太华公主　娘娘，我们也知道你的委屈。可是那是皇帝啊，再委屈，只有和着眼泪吞到肚里去，有什么好说的呢？

杨　怡　就是嘛！别哭了，你好几天没吃东西了。又哭又饿的，坏了身子，皇上会心疼的呀！

杨玉环　他心疼什么？！都把我赶出来了，还心疼我吗？我看，是你们心疼吧？

众　（同声）是啊，我们真的心疼死了！

杨玉环　（惨哭）哈哈哈哈！我就知道你们心疼！（爆发地）你们心疼我什么？！

（唱）心疼我，瘦了冰肌，
心疼我，肿了眼皮，
心疼我，废了贵妃，
心疼我，失去皇帝；
心疼你，丢了富贵，
心疼你，没了府第，
心疼你，断了骄奢，
心疼你，剥下官衣！
声声“心疼”为自己，
哪管我，含冤受辱悲泪泣！

你们都给我走开！走开！

[众杨受创，木然无策。又是冷场。

杨　钊　（小心地）贵妃的话是不错。我们的荣华富贵，全是贵妃赐给的，没有贵妃，哪有杨家光彩！不过，大家劝贵妃首先还是为了贵妃好。

杨　怡　是嘛！贵妃不是说“含冤受辱”吗？就是要死，也得把冤枉说清楚，不然，谬误流传，岂不有损贵妃清白吗？

杨　绮　（鼓励地）贵妃若想弄清是非，就该养好身子，住好，睡好，才有精力辩明冤屈。

杨玉环 （长叹）唉！我现在心乱如麻，哪有口味吃东西？你们让我静一静，别这样围着我叽叽喳喳，好不好？

杨　钊 也好。让贵妃静心想想，会有好处。大家扶贵妃进房歇歇吧！

［众人扶杨玉环下。

［杨钊一个人在堂上思考着，显然无策解难。

［外声——李相国到！

杨　钊 （一怔）李林甫来此作甚？我与此人素来不合，从无来往……唔，必为贵妃而来！（高声）有请！

［李林甫笑容满面上。

李林甫 哈哈哈哈！（拱手）杨大人，贺喜！贺喜！大喜啊！

杨　钊 （愕然）李相国，莫不是皇上回心转意，迎请贵妃娘娘回宫了吗？

李林甫 （摇头）不，不！比这更为可贺可喜哩！哈哈哈哈！

杨　钊 李相国，请直言相告吧！

李林甫 好！杨大人！

（唱）无事不登三宝殿，

专为贵妃进一言：

蒙辱逐出宫墙外，

必得申冤洗罪愆！

杨　钊 李相国说的极是！可是，如何申辩呢？

李林甫 （接唱）王利入宫将人骗，

背后有主售其奸？

杨　钊 这会是谁呢？

李林甫 （接唱）太子李亨防事变，

最怕贵妃侍君前；

枕风频吹惑君王，

寿王争得太子衔！

杨　钊　哦，我明白了！骗得贵妃出宫，嫁祸寿王，一箭双雕！

李林甫　哈哈！对，对，你很聪明！

杨　钊　（警惕地）事既如此，李相国找我何事？

李林甫　特来救你一家性命！

杨　钊　（大惊）此话怎讲？

李林甫　我深知李亨对你杨家恨之入骨，必欲除之而后快。他若登基，只怕你杨家难逃浩劫！此话可信？

杨　钊　（深深点头）我信！

李林甫　若是阴谋得逞，你们大祸就将临门！幸亏上天保佑，让我逮住王利，揭出阴谋，岂不可喜可贺？

杨　钊　李相国布置周密，逮住王利，方能逢凶化吉！多谢了！（一揖）

李林甫　（扶住）老弟不必谢我，我还有大事要求你老弟哩！（一揖）

杨　钊　（扶住）啊，请讲。

李林甫　杨大人！

（唱）李亨与我积怨深，

早有誓言杀老臣！

他若登基我必死，

你我原是一根藤！

杨　钊　呵呵！李相国此来，莫非要和我携手，共同对付李亨？

李林甫　同仇敌忾嘛！哈哈哈哈！

杨　钊　（沉吟）此事甚大，相国何以教我？

李林甫　（阴险地）请贵妃写一奏本，就说李亨设谋，陷害无辜，离间君臣，罪该万死。此本一上，既能洗雪贵妃冤枉，又置李亨于死地。

杨　钊　也是一箭双雕！

李林甫　以其人之道，还治其人之身嘛！哈哈哈哈！

杨　钊　若是李亨被贬，这东宫太子？

李林甫 老臣必力保寿王为太子！有贵妃从中相助，事必成功。那时，你杨家妹夫当朝，自然永保荣华，哈哈哈哈！

杨　钊 （点头）事果如此，自然大好。李相国真乃神机妙算啊！

李林甫 谬奖了！

杨　钊 好吧，让我们劝说贵妃，再做定夺。

李林甫 愿你们杨家逢凶化吉，遇危转安！老夫静候佳音！告辞！

［外声——圣旨到！

［二人一怔。

杨　钊 （急忙）请往后门走！请！

［李林甫匆匆下。

杨　钊 接旨！

［小太监上。

小太监 请贵妃娘娘接旨！

［众拥杨玉环急上。杨玉环跪听。

小太监 皇上口谕：请贵妃娘娘“不要哭，要吃饭”。钦此！

杨玉环 （起身，失望地）就这么几句话？

小太监 就是这几句话。

杨　钊 （突然拍手笑）哈哈！皇上这么说，就是心疼贵妃，想着贵妃了！皇上怕贵妃哭坏、饿坏身子，才特来抚慰，这是转机啊！喜事！喜事！喜事！

众 （均喜形于色）向贵妃道喜！

杨玉环 （亦喜亦嗔地）谁希罕！他没说委屈了我，我就要饿，我就要哭！饿死了，哭死了，他才高兴呢！（哭）

小太监 （认真地）娘娘这些话，要奴才奏告皇上吗？

［高力士已悄悄上。

高力士 （大声）混账！这些赌气话能上奏的吗？你是怎样当差的！滚回

宫去！

小太监（慌）是！是！（急下）

众　啊，高总管来了！

杨玉环（急上前，拽着高力士）高公公！我好委屈啊！

高力士（安慰）娘娘，莫急，莫急！我全明白，保你无事！保你平安！

杨玉环　我是被人骗出宫去的，你要向皇上讲明白。

高力士　我知道，皇上也知道了！

杨　钊　高公公审过王利，这主谋之人，是太子李亨……

高力士（大喝）住口！（变色）这话是谁告诉你的？

杨　钊（尴尬地）是，是李相国。

高力士　胡说八道！你们听着！

（唱）王利未曾招口供，

畏罪自杀已送终。

相国无凭信流言，

翻云覆雨太汹汹！

他口蜜腹剑须防范，

切不可，人云亦云乱起哄！

须知道，朝廷事大家事小，

皇室安宁泰山重。

你们明白了吗？

众（悚然点头）高总管说的是！请总管指教！

杨玉环　高公公，皇上欺侮我，他不该冤枉我啊！

高力士　咳，娘娘，皇上怎么会欺侮您呢？他只是太爱您了，才发这么大的脾气啊！您看，皇上不是逼着我看您来了吗？

杨玉环（眼睛一亮）是他叫你来看我的？

高力士（笑）皇上不下旨，我能来吗？他呀，等一刻也不肯，硬逼着我快来！

杨玉环 他怎么说？

高力士 皇上要你认个错，就算了。

杨玉环 （火从中生，任性地）我不！他叫我认错！我没错，是他错，是他错！

高力士 （笑）娘娘，您没向皇上告假，私出皇宫，总是错的吧？您说话不留神，顶撞了皇帝，总是错的吧？他是皇帝呀，除了老天爷，就是他最高最大的呀，您跟他赌气，能赢吗？

［杨玉环不语。

高力士 你们大家都听着：

（唱）这场公案尚未已，

可大可小难预期。

大则朝廷争斗血风起，

小则夫妻吵嘴为赌气。

杀人救人皆可以，

何去何从想仔细！

众 是，是！贵妃娘娘，是祸是福，全看你如何了！

杨玉环 （长叹一口气，向高力士一揖）多谢公公指教，我明白了。你叫我如何认错呢？

高力士 娘娘是聪明绝顶之人，深知皇上之心，自有高明之举！

［杨玉环稍思片刻，理下一缕发髻，拿剪子剪下，并随手写下几行字，连同头发，一起交给高力士。

杨玉环 高公公，你将这青丝和这素笺，交给皇上，你说我……（招高力士过来，与之耳语）

高力士 （频频点头，大笑）哈哈哈！娘娘真是聪明，好，好，好极了！（藏好发丝和素笺）告辞了！（下）

［杨家众人瞠目结舌，凝视玉环，杨玉环含笑。

杨玉环　呆着干什么？摆饭吧！

［众哗然，忙叫开筵。喜乐起。

［灯暗。

第七场

［骊山。长生殿。

［袁思艺正在指挥宫女们布置祭品。

［幕外合唱——

月光如银秋空静，
银河迢迢缀双星。
天上佳会年年是，
人间情缘夜夜心！

袁思艺　（唱）骊山深处宫院静，
长生殿中悄无声。
贵妃无心听孤雁，
君王有情祭双星。
心香一瓣告织女，
可怜不忘密誓情！

［布置毕，挥手让宫女下。然后，轻轻拍掌。

［一小太监提宫灯，引唐明皇漫步上。

唐明皇　（抬头望天）啊，秋云淡淡，银河迢迢，正是那鹊桥待渡之时呵！袁思艺，祭品备齐了吗？

袁思艺　祭品已备。

唐明皇　（点头）唔，你为朕拈香！

袁思艺 是！（点香烛）

唐明皇 记得当年七夕，与贵妃同对牛女双星，共成密誓，岂知今宵河下，独留朕一人在此！往事如梦，不堪回首啊！

袁思艺 皇上今日特来骊山，在这长生殿祷告双星，一片诚心，上天定然保佑琴瑟和谐，百年偕老！

唐明皇 朕心愿如此。朕写得《秋歌》一首，以作祷辞，盼天、神共鉴也！（唱《秋歌》）

秋云淡，秋殿静，
秋风秋雁泣秋声。
秋心凄寂秋夜永，
遥对秋空看秋星。
忆昔秋河渡秋女，
人间秋期动秋情；
秋宵密誓开秋祭，
秋华久渴得秋霖。
深悔秋飚太秋厉，
秋霜严逼摧秋英。
秋宫冷落听秋雨，
秋水伊人秋怨深！
但求秋莲霁秋色，
喜待秋溟转秋晴。

袁思艺 （感叹）唉！皇上对贵妃如此多情！《秋歌》一曲，感人肺腑，然而不必自责过甚，贵妃也有不是之处！

唐明皇 她有错处，朕过于酷责，不该逐她出宫！也不知今日七夕，她是如何度此秋宵？（有些焦急）高力士怎么还未回宫？

袁思艺 奴才已遣人传话，让高力士快马赶到骊山见驾。

唐明皇 朕便在此等他。（拿清香，祝拜，俯地默祷）

［高力士挥汗上。见状，暗笑。袁思艺悄悄过来，与高力士耳语。高力士又和袁思艺耳语。二人正说得起劲，被明皇察觉。

唐明皇 高力士！

高力士 （一惊）啊，皇上！（急忙过来）

唐明皇 你倒是来了！

高力士 奴才回到大明宫，听说皇上到骊山了，便马不停蹄，赶来向皇上回奏。

唐明皇 贵妃她怎样了？

高力士 （故做难过状）贵妃娘娘日夜哭泣，不思饮食，面黄肌瘦，已无往日风采了！

唐明皇 （顿足）咳，坏了，坏了！国色天香，让朕害成残花败柳了！力士，你就没有劝劝她？

高力士 怎么没劝她？我口都劝干了！不然，我会待到这时候回来？

唐明皇 你怎么劝她？

高力士 我呀？我说：

（溜报）贵妃娘娘您没错，

去看孩子没过错。

说错全是皇帝错，

皂白不分判断错。

赶您出宫处置错，

忘了恩爱薄情错。

今朝皇上知过错，

让我代他来认错！

唐明皇 （生气地）咳，咳，咳！你好大胆，怎么这样说得全是朕的错呢？该死，该死！

高力士 呀，皇上，我不这样说，贵妃怎么能消气呢？我是让娘娘消消气呀！

唐明皇 得了，得了！她消气了吗？说下去！

高力士 娘娘消气了！她说："高力士，你不该这么说。皇上发这么大的脾气，说明是很爱我的。不然，他不会这么焦急，也不会叫你来看望我。"

唐明皇 （感动地）哎，哎，哎！还是玉环知朕之心啊！真是知音哪！说下去，说下去！

高力士 娘娘说："我也有不是。我应当先奏明皇上，再去不迟。我太任性了，我不尊重皇上！"

唐明皇 （点头）咳！她总算明白了，明白了，也就算了嘛！

袁思艺 既然算了，皇上就该接娘娘回宫啊！

唐明皇 那，不行！就这样接她回宫，不合皇家规矩。朕是皇帝啊，按规矩，她应当上本，认错，求宽恕。然后朕下旨，恕她无罪，到那时……

高力士 （着急地）到那时，只怕娘娘人也不在了。

唐明皇 （大吃一惊）为什么？

高力士 （摸出鬓发、素笺）这是娘娘叫奴才带给皇上的，皇上自己拿去看吧！

［唐明皇急忙接来，看了鬓发，展开素笺。

唐明皇 《青丝词》！（读）

［幕外女声独唱——

一缕青丝寄心意，
话在青丝里；
相思千万缕，
一把付与你。

它本连一体，
是你剪断才分离。
哪一根是情？
哪一根是义？
还有那说不清的委屈，
像乱丝儿一样给你去分理！

［唐明皇读罢，激动不已，连连抚摸鬓发，泪水涟涟。

高力士 娘娘说："身上所有东西，都是皇上赐给的，唯有这缕鬓发，是父母所生，自身所有，送与皇上，以表深情吧！"

唐明皇 啊，玉环，玉环！朕太辜负你了！太委屈你了！

高力士 皇上，据奴才看，娘娘剪发，不仅示情，也有断情之意啊！

唐明皇 （警觉）此话怎讲？

高力士 剪断青丝，出家礼佛，或则剪断情丝，决心去死哩！

唐明皇 （大惊失色）啊呀！真的会有这层意思？（惊慌地）高力士、袁思艺，快，快去把娘娘接回宫来！快去，快去！迟则生变！

高力士 夜深了，九城皆闭，进不得城门了！

袁思艺 明早去吧！

唐明皇 （顿足）不行，不行！一刻也不能等待！朕是皇帝，还怕城门不开？

袁思艺 皇帝也要守法呀！

唐明皇 废话！皇法是朕定的，朕就是皇法！传旨："大开禁城，接贵妃来骊宫！"

高力士 遵旨！不过，皇上为什么接娘娘到骊宫呀？回长安大明宫去吧！

唐明皇 蠢才！贵妃受尽委屈，哭坏凤体，朕要让她在骊山好好养息啊！

袁思艺 （笑）咳！皇上真是细心，恩宠有加啊！

高力士 怪不得皇上到骊山来，原来早有准备的呢！

唐明皇 （厉声）胡说什么！还不快去！

高力士
袁思艺 领旨！（欣然下）

唐明皇 （追喊）多派军马，小心护驾！

［幕外合唱——

《秋歌》一曲见真心，
青丝万缕寄深情。
天河鹊桥已架就，
情急岂能待天明！

［灯暗。

第八场

［骊宫。

［灯火辉煌，弦乐悠扬。唐明皇坐立不安，焦急地等待贵妃回宫。众太监肃立一边。

［幕外合唱——

天高云散秋空净，
鹊桥架就渡双星。
天河情满盈盈水，
人间风波起又平。

唐明皇 贵妃到了吗？她到哪里了？

太监甲 （跪）启奏皇上，娘娘已上西绣岭了！

唐明皇 （向众）快准备奏乐，准备酒筵，准备好华清池温泉！

众 遵旨！（分头下）

太监乙 （急上）启奏皇上，娘娘已进华清宫了！

唐明皇 奏乐！接贵妃！

［外声——娘娘回宫！

［乐声大起，唐明皇起迎，杨玉环姗姗而来。

杨玉环 （跪下，哭）臣妾有错，求皇上恕罪！（泣不成声）

唐明皇 （心疼已极，连忙扶起）朕也有错，不用说了，不用说了！（连忙为她拭泪）

杨玉环 （撒娇地）不，我要说，我偏要说！

唐明皇 好，好，你说吧，消消气，好吗？

杨玉环 你还生我的气吗？

唐明皇 咳！你看，我这是生气的样子吗？

杨玉环 你还赶我出宫吗？

唐明皇 咳！（轻声）再也不敢了！

杨玉环 （白他一眼）这么说就算了？

唐明皇 朕赔不是，好不好？（长揖）

杨玉环 （戳他一指，笑）你呀！（扑向明皇）

［幕外合唱——

破涕一笑化旧怨，
两心相融合新欢。
天河双星已相会，
骊宫帝后庆团圆。

唐明皇 传朕旨意，献上歌舞！赐贵妃沐浴！

高力士
袁思艺 （大声）皇上有旨：献歌舞，赐贵妃沐浴！

［灯光变幻，宫女歌舞上，在歌舞队伍遮掩下，贵妃更衣。

［台后大宫帏升起。华清池。蒸气腾腾，香雾蒙蒙。唐明皇挽杨贵妃入内，众宫女拥下。

［舞女边舞边歌——

秋凉赐浴华清池，

温泉水滑洗凝脂，
侍儿扶起娇无力，
又是重承恩泽时。

［宫帏在歌声中渐下。众舞女在帏外守候。

［高力士、袁思艺分立宫门外。

［李林甫匆匆上。

高力士 （拂尘一拦）李相国留步！

李林甫 我要谒见皇上。

袁思艺 皇上与贵妃沐浴，不见！

李林甫 和好了？

袁思艺 当然！

李林甫 （冷笑）哼，高总管真有回天之力，佩服！

高力士 李相国，咱家劝你几句——
（唱）贵妃原是寿王妃，
寿王岂可承玉玺？
明君自有戒心在，
相国切莫生是非！

李林甫 哦，领教，领教！（拱手下）

高力士 袁思艺 （高声）闭宫门！

［太监拉大幕，徐徐闭合。

［剧终。

一九九四年一月初稿于平阳
一九九五年四月修改第二稿
平阳县越剧团（平阳小百花越剧团）首演

琴缘

越剧

人　物　康士伦——唐古琴国手

段玉轸——唐古琴高手，段善本之女

段善本——唐古琴名家，后出家为僧人

焦　桐——康士伦琴童

琴　心——段玉轸侍女

刘　琳——唐教坊使、太监

小沙弥、市令、观众等

序　幕

[台上一琴，琴声起。

[幕外对唱——

我是丝呀，纤纤巧巧飘飘逸逸的丝啊！

我是桐呀，伟伟岸岸宽宽厚厚的桐啊！

我幸为纤巧丝，

得附桐木身。

我幸为桐木身，

得你纤丝萦。

[幕外合唱——

丝桐结缘合为琴，

但得清声长泠泠。

[幕外独唱——

不辞为君弹，

只为高山流水有知音。

纵然遥相隔，

人在天上听。

一、比琴拜师

[幕启，唐贞元年间，长安天门街，东西两市各搭彩楼，笙箫管弦、歌舞杂戏竞相赛技。“天下第一国手”御书金匾赫然眼前。

［幕外合唱——

桑条无叶土生烟，

笙箫迎龙天门前。

长安处处赛歌舞，

奉旨祈雨比管弦。

［教坊使、太监刘琳带随从上。

刘　琳（手捧诏旨，高声）奉天承运，皇帝诏曰：关中大旱，特择元宵之夜，于蓬莱宫教坊前，设东西牌楼，举行赛琴祈雨，胜者获“天下第一国手”御书金匾，待诏入宫供职。钦此！

［东西牌楼前，人头攒动，人声鼎沸。

［礼炮大作。东西彩楼乐声大起。

刘　琳（高声）比赛开始！

［羯鼓三通。一市令手拿蒙红锻牌子上。

市　令　赛琴开始！（挑开红锻，高声）东市彩楼特聘洛阳琴家康士伦登台献技。

［众涌向东彩楼。

［康士伦带琴童焦桐上。

［焦桐登楼置琴后退下。

康士伦（向众作揖，唱）

琴为尚品堪通神，

修德弭灾诚则灵。

但得声动卧龙起，

乞与甘霖慰众生。

一观众　康士伦，九岁学琴，遍习琴曲，无人能敌。

二观众　康琴士，周游四方，闻有擅琴者，必往学之。

三观众　看来，这“天下第一国手”非他莫属。

［东彩楼，人头攒动，人声鼎沸。

［康士伦登楼整冠，宽衣，屏气，凝神。双手轻落弦上。刹时，琴音泠泠而起。众声静寂。

［一书生（段玉袗）带琴童（段玉袗丫环琴心）匆匆上，挤进人群，往台上观望，两人交头接耳，指指点点。

段玉袗　（观望）好一派祈雨盛会呀！

（旁唱）京华祈雨开盛会，

星月落凡齐争辉。

你听那，声声清音悠然起，

阵阵繁弦赞声来。

段玉袗　（聆听，惊奇）呀！弹的是《风雷引》！这可是一首威武之曲，非高手不选呀！（因观者嘈杂，拉着琴童往前挤）

琴　心　小姐！……

段玉袗　（暗示）嘘——

琴　心　（改口，轻声）相公……

段玉袗　嘘——

［康士伦如入无人之境，琴音轻重疾徐，卷舒自如。

段玉袗　（凝神细听）好一首《风雷引》呀！

（旁唱）听此琴音令人惊，

气定神闲有奇情。

才觉旌旗弦上舞，

又闻威风指下生。

苍郁险峻非常曲，

风雷声中……

（旁白）呀！这风雷声中（凝神细听）……可惜呀可惜！

（接唱）风雷声中过纷纭……

［康士伦曲罢，鞠躬，退下。

［众高呼——康士伦第一名！第一名康士伦！

市　令　（高声）西市彩楼有谁登台与康士伦一比高低？

［静场。众四处观望。

［焦桐欲到街心取匾。

琴　心　（阻拦）不！（旁白）相公，你的琴艺比他高，必能赢他！

段玉轸　（旁白）赢他？不不不！老父常说：山外有山，人中有人！刚才此君虽有纰漏，但也算是琴中高手，已让我得一番见识，此行足矣！（欲回走）

市　令　（高声）有谁敢与康士伦比赛？

［静场。

市　令　……无人敢比！好！比赛就此……

［琴心在段玉轸身后猛一推搡。

段玉轸　（踉跄上步，随即镇定）且慢！（谦逊一揖）红花须得绿叶扶，君如红花，弟愿做绿叶，以衬托康君之奇艺！

康士伦　（好奇地）不敢，然愿闻仙音。

市　令　报上名来！

段玉轸　段……段……段自南，苏州人氏。

［琴心一旁窃笑。

市　令　（高声）西市彩楼特聘苏州琴手段自南登楼献技！

［众交头接耳，议论纷纷。

［段玉轸登上西彩楼，向台下观众见过礼后，坐定。琴心呈琴。

［静场。众翘首以待。

［段玉轸端坐颔首，眼观鼻，鼻观心，调匀气息，心手相应，琴声隐约而起……

康士伦　（凝神屏气，捕捉琴音，惊讶地）呀！也是一曲《风雷引》啊！

（旁唱）只觉他，心意传琴若有神，
　　未成曲调先有情。
　　恍若流泉指间落，
　　又似玉石闪寒星。
　　只听他，伶伦钧弦风云起，
　　伯牙按节来空庭。
　　忽觉风发松声紧，
　　又感电闪雷声鸣。
　　别有神妙须意会，
　　于无声处更惊心！

（叹）呀！好一曲《风雷引》啊！真是出神入化，妙不可言！果然是山外有山，人外有人呀！

［段玉轸带琴心下得西楼。

康士伦　（一揖）听君一曲，康某顿开茅塞呀！

段玉轸　哪里哪里！街心闹市，无法专注，还须多多包涵！

［琴心直奔街心欲取金匾，焦桐不肯，两相争执。

琴　心　我家相公琴艺最高！

焦　桐　我家相公比你家相公琴艺高！

众　康士伦琴艺高！康士伦琴艺高！

［羯鼓三通。

市　令　肃静——赛事已毕！听候评判！

刘　琳　（高声）疏鼓繁丝祈得雨，飞起卧龙叩雷君。赛事完毕，胜负分明！康士伦比段自南略胜一筹！这“天下第一国手”金匾，归洛阳名士康士伦！

［众呼应。康士伦跪接金匾，若有所思。

市　令　康士伦，还不快快谢恩？

康士伦 （对匾叩谢）谢皇上恩典！

刘　琳 你得此金匾，还得多下功夫，待诏供职宫廷！

康士伦 康某当更下苦功，增长琴艺，效力宫廷！

刘　琳 回宫复命！（带众下）

［段玉轸整理行装欲下。

琴　心 （不服）相公，依我听来，还是你的琴艺比那个康相公高，这朝廷的评判，太不公平了！

段玉轸 （一笑）琴家不争胜负，要的只是相互切磋。今以琴会人，我愿已足。天色不早，还是快快赶路吧！（携琴心欲下）

康士伦 （赶上）且慢！

段玉轸 （回首，一笑）请问相公，有何赐教？

康士伦 （就地一跪，呈上金匾）这块金匾，当属段相公！

段玉轸 （意外）岂敢岂敢！（欲扶又止）

焦　桐 相公，这金匾可是皇上御赐，怎好随便送人！

康士伦 真正的高手，不是常人能识，所谓曲高和寡也！康某不愿失此拜师良机！请段相公收为徒弟，不吝赐教！

段玉轸 康相公不必多礼！（相扶起，眼看金匾，笑道）有你这份诚意，方敢直言。听你《风雷引》，尚有不足之处！

康士伦 （真诚）愿师傅明示！

段玉轸 再弹一曲，让我仔细听来！

康士伦 焦桐，呈琴来！

焦　桐 （呈琴，不服）相公，何必呢！堂堂“天下第一国手”，还由他一个无名之辈调遣，未免太失身份了！

康士伦 （笑）哎！你哪里懂得这琴中之道呀！（席地演奏《风雷引》）

［段玉轸凝神静听。

段玉轸 （示意）停！你的指法过于杂乱，琴音带有邪气，从小走的不是正路！

康士伦 （惊讶）师傅真乃明察秋毫，艺可通神啊！

（唱）少年学琴拜女巫，

后有名家皆追慕。

旁门左道艺不精，

根源不正境难图。

今得高人拨迷雾，

改邪归正愿为徒！

段玉轸 （一笑，唱）

一张白纸好描画，

半路出家难成佛。

莫非立志停操琴，

三年过后再为徒！

你是个会弹琴的人，可以练成高手。我也愿意指点你。但必须停琴三年，把过去学的一切忘掉，才能受我所教；否则，将会更加杂乱。你做得到吗？

康士伦 （兴奋）谨遵师命，停琴三年，忘掉一切，从头学起！

段玉轸 （惊）……真能下此决心？

康士伦 （坚决）只是三年之后，为徒何处寻找师傅？

段玉轸 （含笑）请到江南苏州西郊外庄严寺找一个老法师，名叫善本的，就能找到我……

康士伦 停琴三年，定去拜师！请段相公收下这块金匾，以证三年之约！

段玉轸 （略一沉吟，接过）这块金匾吗，暂且替你收着，三年后，再还给你！（交金匾与琴心）告辞！（带琴心扬长而去）

康士伦 （送别）师傅慢行！后会有期！……

琴　心 （返回）康相公，三年之后，可一定要来呀！

康士伦 一言为定！（目送琴心下）

焦　桐 哼！三年之后，人各东西，早把你给忘了！

康士伦 不不不！君子一言，驷马难追！（沉浸在喜悦之中）停琴三年，忘掉一切，从头学起！妙呀妙！……真是太妙了！

焦　桐 （赌气）人也走了，金匾也没了，还有什么可妙的！

康士伦 （笑）你哪能知晓这琴道之妙噢！这正是——

（唱）云水平生付丝弦，

琴心久病得人怜。

京都良宵相见晚，

恨不三年弹指间。

[灯暗转。

二、访师收徒

[三年后，苏州西郊，庄严寺外，迎客亭。

[时近黄昏，夕阳斜照松林，山花暗传芬芳。

[康士伦带着琴童挑行李瑶琴上。

康士伦 （拭汗，抬头）迎客亭！（进亭）此处摆设茶水，定有人在！（向远眺望，激动）焦桐，你来看，那松柏间，屋檐高耸，灰瓦粉墙，定是庄严寺了！

焦　桐 （放下行李）让我仔细看来。（探看）正是庄严寺！师傅，我们总算找到了！

康士伦 （喜，唱）

三年光阴非等闲，

梦中江南在眼前。

顾不得，飞花如蝶乱人眼，

一路赴约心似箭。

总算是，庄严寺眼前巍然立，

（静听）哎！有人在弹琴！妙啊！

（接唱）迎客亭，隐隐琴音把客心牵。

焦　桐　（唱）停琴不弹整三年，

焦桐欲去口难言。

耳边今得泠泠响，

听得琴童喜开颜。

［琴音悠然而来。

康士伦　（细听，喜）弹的是《高山流水》，这琴音指法，只有师傅才有，一定是他！一定是他！

（唱）耳边听得天籁音，

顿有百感心间萦。

三年不理匣中器，

只拂心头无弦琴。

光阴荏苒如水逝，

亟待如约践旧盟。

（白）焦桐，快快请来师傅！快快有请呀！

焦　桐　哎！（欲下，与一上来的小沙弥相撞）哎哟！

小沙弥　（礼佛）阿弥陀佛！请问施主何处而来？

康士伦　我乃洛阳康士伦。请问小师父，这传来的琴音，是谁在弹？

小沙弥　是段师父！

康士伦　（喜）真是他？

小沙弥　正是！

康士伦　（急切）我是来向他拜师学琴的！可否请段师傅前来一见？

小沙弥　一曲终了，师父便来！

［琴音停。

小沙弥 （向里一指）师父来了！

［康士伦与焦桐激动紧张。

段善本 （内声）徒儿，时候不早，快快收拾回寺。

小沙弥 是！（收拾亭中用物）

段善本 （上，一看）两位施主……

［康士伦、焦桐面面相觑。

小沙弥 师父，施主来自洛阳，姓康名士伦，是来拜师学琴的！（端用具下）

段善本 ……（捋须）哦……（揣摩）康施主是来拜师学琴的……

康士伦 ……是……是……（疑虑）老法师，恕晚生冒昧相问，你也是段师傅？

焦　桐 （急切）康相公是来找庄严寺善本老法师，再通过他去找少年书生段自南！

段善本 （恍然大悟）呵呵呵呵！你受骗了！

康士伦 （惊慌）什么？受骗了？此处没有段自南？

段善本 对！没有段自南！

焦　桐 （急）那他，怎么会叫人停琴三年，前来此处找他……

段善本 呵呵呵呵！你们听着！

（唱）此处无有段自南，

只有那，俗家女儿段玉轸！

康士伦 （惊异）什么？不不不，分明有个相公段自南！

焦　桐 啊！难道是相公变成了小姐？有意思……有意思！

段善本 （接唱）三年前，她女扮男装偷出行，

京都祈雨去赛琴。

年少气盛不自量，

竟叫国手把琴停。
老纳知情严辞训，
只想金匾归主人。
今朝有诚客远来，
定叫小女负罪荆。

康士伦 （惊奇）原来如此！老法师，晚生远道而来，为的只是拜师求艺，今听得段师傅乃是琴中女流，愈发感佩，请求准予一见！

段善本 呵呵！佛讲随缘。三年前，你们以琴为缘，因缘相识。今日既然因缘而来，岂能不会？小女正在此听我弹琴，待老纳叫上她来！（向内）玉轸，女儿！

［内女声：哎，来了！

［月上东山。

［康士伦翘首以待。

段玉轸 （抱琴，边歌边舞上）

月上东山清气生，
万籁皆寂起心声。
匣中素琴依枕静，
玉笋不弹风自鸣。

（见来人，羞避）爹爹有客在此，女儿先走一步！（欲下）

段善本 （阻）哎，今天的客人，可是你约来的！

段玉轸 （惊）我约来的？（停步，回首）你们是……

焦　桐 （靠近看）像，真像！

段玉轸 （惊）啊?！你们真的找来了！

康士伦 （惊呆）……太美了！

焦　桐 （推动）师傅，就是她！

康士伦 （清醒）……噢！是她！是她！（情不自禁，念）雄兔脚扑朔，雌兔眼迷离；双兔傍地走，安能辨我是雄雌？师傅，你让我想起《木兰诗》了！

段玉轸 （笑）要是在兵荒马乱的年代，我也要当花木兰，代父从军去！

段善本 尽是胡闹！

段玉轸 ……（柔声）康兄，别来无恙！

康士伦 康某谨遵师命，三年不理琴弦，按约来求师教，请师傅见怜。

段善本 小小年纪，有甚技能，竟收享有盛名之士为徒，真不知天高地厚！

康士伦 不然！

（唱）康某虽然艺认输，
鉴赏之能堪自负。
京都一曲泾渭明，
停琴三载用心苦。
但愿是，千里奔波酬夙愿，
一诺千金不我误。
却不料，少年变身窈窕女，
难煞我，求艺如何对娇娃？

段玉轸 这？（羞愧，动情地唱）
一张素琴置空谷，
幽居终日对遗谱。
高山流水情自古，
但得有人与相诉。
爹爹呀，女扮男装偷出行，
只为山中知音无。
想不到，世人多是耳听琴，
却有康君用心悟。
他虚怀若谷甘下拜，

谦谦君子有气度。
想不到，年少气盛一语出，
招来名士欲为徒。
他信守前盟时不误，
求艺千里来奔波。
爹爹呀，女儿就此荆棘负，
万望助儿把罪赎。（跪）

康士伦 （不忍）不！都是我的不是！（欲扶不敢）

段善本 （感动）女儿起来！（扶女起）女儿啊！

（唱）为父老去绝尘缘，
残生与鹤作忘年。
但恐清声杂众乐，
山寺独传赛神仙。
想不到，你为觅知音改行装，
山外与人经纶辩。
想世人，骄矜自满难为学，
更恐后生胜于前。
难得他，为臻琴艺甘下问，
虚怀堪比古圣贤。
老父已是方外人，
却喜高手解丝弦。
漫言知音不可遇，
高山流水皆因缘。

（喜）看这位相公，原是高人，竟如此谦虚，千里来访，岂可拒之门外？就此留下，互相切磋琴艺吧！

康士伦 （大喜，向段玉轸跪下，恭敬地拜师）师傅在上，再受徒弟一拜！

段玉轸 （慌乱）爹爹！

段善本 （捋须）呵呵呵呵！（飘然远去）

段玉轸 （向内）琴心，快来！

琴　心 （内应）哎！（上，一看情景，了然于心）

焦　桐 （迎看）你也是个女的？

琴　心 （窃笑，向康士伦）相公，快快请起！

［康士伦不起。琴心向段玉轸示意。

段玉轸 （娇羞地）康相公请起！

［康士伦还是不动。

段玉轸 （无奈，得琴心示意，正声）徒儿请起！

康士伦 （高兴地）哎！（起）

［琴心、焦桐拍手称快。

焦　桐 琴心，那块“天下第一国手”的金匾现在何处？

琴　心 （笑）你们随我来！

［琴心带康士伦、焦桐下。

［琴心内声：小姐快来！

段玉轸 （痴痴地）哎——来了！来了！（步不能移）

［康士伦上。

康士伦 （谦恭一揖）师傅有请！

段玉轸 （强抑情绪，含羞）哎！

［幕外唱——

我幸为纤巧丝，

得附桐木身。

我幸为桐木身，

得你纤丝萦。

丝桐结缘合为琴，

但得清声长泠泠。

[灯暗转。

三、学艺生情

[庄严寺后花园，天籁亭。晨光初现。

[琴心置琴于台，洒扫拂拭，炉上添香。

琴　心　（唱）昔日曾笑卓文君，

难信丝桐能误身。

教学相长一年整，

安得琴音对旧人。

自从康相公拜师学艺，小姐不辞辛劳，日夜授课，难说相公琴艺长进多少，倒是看他对小姐的情谊，日增夜长，无心于琴了！

[焦桐匆上。

琴　心　焦桐，已是早课辰光，你怎么不抱琴上来？

焦　桐　琴心呀！

（唱）相公他，一夜辗转到天亮，

不知无眠为哪样？

神情慵懒难就学，

特来告假求原谅。

琴　心　（窃笑）真是巧了！

（唱）小姐她，也是辗转到天亮，

不知无眠为哪样？

神情慵懒难授课，

怕耽搁，硬撑弱体来逞强。

为了相公学琴，小姐是一课也不敢落下，今日相公真要告假，但不知小姐可否准许？

焦　桐　琴心，我们相处一年，你待我如同手足，我是不敢把话瞒你！

琴　心　有什么难言之隐，但说无妨！

焦　桐　（不满地）段小姐到底是怎么教琴的！想我康相公，堂堂天下第一国手，他为了琴艺，甘拜下风，居然停琴三年不弹！今来拜师，又过一年，我看他是，旧的技艺全忘光，新的技艺也没学多少，他是想走也走不了，想留又难以留，真是进退两难呀！

琴　心　小姐心里也是着急，她说康相公学琴用心不专，看来，这样的教学，是于事无济了！

焦　桐　那她还有什么好法子，叫她快快使出来！不然的话……

琴　心　却又怎样？

焦　桐　相公可要离开此地，别处拜师去了！哼！（下）

琴　心　哎，半途而废，万万不可！（欲追下）

段玉轸　（哈欠连连，上）琴心！

琴　心　（止步）哎！小姐！

段玉轸　调好丝弦，准备授课。

琴　心　刚才焦桐前来告假，说是康相公贵体欠佳，请求谅解。

段玉轸　（意料之中）如此，你到厨房煨些热粥送去，代我问候一番！

琴　心　（会意地）是！（欲下又止步）不过，焦桐还说……

段玉轸　还说什么？

琴　心　（窃笑）……要小姐好好教学，不然康相公要别处拜师去了！

段玉轸　（娇嗔）去去去！死丫头，（追打）连你也打趣我了！……

琴　心　（认真地）小姐，我不是跟你开玩笑，只是想跟你提个醒，康相公可是停琴三年而来的！

段玉轸　（严肃）我比你清楚！快快送吃的去吧！

琴　心　哎！（下）

段玉轸　（坐于琴前，轻拨丝弦，若有所思，唱）

师徒教学整一年，
两相而对勤理弦。
男女授受本不亲，
哪经得，日日琴声传心言。
最怕听，相如一曲《凤求凰》，
万千情丝乱胸前。
昔日曾笑卓文君，
夤夜而奔失肤浅。
今日始知丝桐语，
胜比人间媒妁言。
他百尺竿头须进步，
我悬崖勒马不迟延！

琴　心　（上）小姐，我已前往问候康相公。他用过清粥小菜，精神好多了，稍候片刻，即来相谢！

段玉轸　哦，他还要来此相谢！（灵机一动）也罢！琴心，附耳过来！（与琴心耳语）

琴　心　如此甚好！我去了！（下）

［康士伦神情慵懒上。见段玉轸，强打精神。

康士伦　（一揖）学生见过师傅！

段玉轸　（暗笑）不必多礼。

康士伦　学生谢过师傅送来的清粥小菜！

段玉轸　（打起精神）听说贵体欠佳，尽管休息好了，何必前来相谢！

康士伦　嗯……学生前来，还有一事相求！

段玉轸　……相公何事相求？

康士伦 （清清嗓子）师傅听着！（试探地唱）

康某不才难受艺，

时过一年无收益。

为免师傅费心机，

择日拜别返故里。

从此罢琴弦不理，

余生只把天音忆。

段玉轸 （感叹，唱）

停琴三年世所稀，

不耻下问实不易。

如今改弦易辙去，

半途而废令人惜。

叹只叹，品艺难以为人师，

只把光阴误徒弟！

康士伦 （意外）如此说来，师傅同意学生相辞而去？

段玉轸 悬崖勒马，为时不晚。玉轸无能，还望相公海涵！

康士伦 （沉吟）那……老法师他，意下如何？

段玉轸 父亲近日出外云游，小女无从以告。只是康君在此无所收益，玉轸实在不敢耽误前程！

康士伦 （暗生憾意）如此，万请师傅谅解！师傅啊！（惆怅，唱）

非是学生不用心，

七条丝弦自有情。

涧水松风皆生指，

总教大音发余韵。

最怕弹，相如一曲《凤求凰》，

“绿绮”传情难自禁。

但恐犯下亵渎罪，
跳进黄河洗不清！
今欲辞别实无奈，
万请师傅相怜悯。

段玉轸 （感动，唱）
你乃堂堂一国手，
珍惜声名堪自守。
难怪琴心总三叠，
不教生情不罢休。
如今辞别恰当时，
但得谅我不相留！

康士伦 （动情，唱）
一声师傅心上叫，
相见时难别亦愁。
此去云鹤任东西，
再见恐是梦中游。

段玉轸 （唱）师生一场世难得，
欲得后会难有凭。
何不相携一日游，
聊慰你我师生情。

康士伦 （意外，掩饰激情）……如此甚好！只是你我两人，就此出行，有所不便。

段玉轸 我已有安排。（向内）琴心！

琴　心 （提篮上）小姐，来了！（向内）焦桐，快来！

焦　桐 （艄公打扮，划船动作，上）相公，小姐，请！

［康士伦愕然。段玉轸窃笑。

[灯暗转。

四、订亲泣别

[湖中一岛。岛上一石屋密室。琤琮琴声传出。

[焦桐背鱼篓上。

焦　桐　（敲石屋门）相公，相公，我给你钓来了一条大鱼，你也该出来吃些东西了！

[琴音不断。

焦　桐　真是走火入魔了！嗨！段小姐真是狠心！丢下我和相公，在此孤岛，一别就是二年！这二年呀！

（唱）我恰是，烟波垂钓蓑笠翁，

世事只在琴声中。

月上柳梢影成双，

不知何处卧孤篷。

[琴声戛然而止。

焦　桐　总算停下来了！

[康士伦开密室门出，满脸络腮胡子，一身邋遢，仿佛老去十岁。

焦　桐　（吓了一跳，上前以手探其额）相公，你该不会生病了吧？

康士伦　（欢声）焦桐，我高兴得很，哪会生病！你快随我来！（拉焦桐）

焦　桐　（不动）相公，你已在里面关了整整三天三夜，你难道不饿吗？

康士伦　（急切地）不饿！一点都不饿！（拉焦桐进）

[灯光变幻。密室中，四幅装裱考究的"孔子学琴图"挂于壁上。

焦　桐　（光线暗，适应一下）相公，这"孔子学琴图"我都看了无数遍了！

康士伦　你不用看，你听我弹！（琴音起）

焦　桐　这是孔子学弹的《文王操》。（学康士伦口气）想当年，孔子向师襄子学琴，没几天就学会了。师襄子让他学习别的琴曲，孔子不肯。他反复弹奏，感受琴声，直到最后，他告诉师襄子他的脑中出现了形象高大、目光深远、称王四方的周文王。师襄子惊叹：呀！你让我想起此曲正是《文王操》。

康士伦　（高兴）真不愧是我的焦桐呀！

焦　桐　可这首曲子，我已经听你弹过上千遍，耳朵里老茧都听出来了！

康士伦　（弹奏）我也像孔子一样，反复弹奏，由表及里，每次都有新的感悟。你听，你听，这回，我弹得可是不一样呀！

焦　桐　（装听）嗯，是有些不一样……

康士伦　（兴奋）……

焦　桐　可……大体上都是一样的！

康士伦　（强抑）你仔细听！

焦　桐　（执拗地）仔细听，还是一个样！

康士伦　（琴声戛然，生气）真是对牛弹琴！

焦　桐　（发作）啊！对牛弹琴！好！我是牛！我去耕田犁地，开荒种粮，也比守在这个连鬼也见不到的地方好！（一甩鱼篓，奔下）

康士伦　（惊醒，大叫）焦桐，焦桐，你给我回来！给我回来！（欲追出，因体虚，跌坐于地）

［幻觉。瑶琴飞升，不弹自鸣，托举段玉轸翩然而至。

康士伦　（跪拜）师傅，你总算来看我了！

段玉轸　（相扶，柔情地）康兄，玉轸遗你于此，一去不返，于心实属不忍！

康士伦　不！弟子闭关密室，习此琴艺，得孔子学琴之真谛，深知你的良苦用心也！

（唱）四幅琴图寓学理，

　　习曲求旨得深意。

昔日圣贤不厌学，
只为琴操藏大义。
一曲《文王》传千古，
浩然正气贯天地。
此身枉为七尺男，
感戴巾帼相提携。

师傅在上，受徒儿再拜！（叩首）

段玉轸 （爱惜地相扶）这二年，你面壁苦练，琴艺大进，日臻至境，世人难及。为你潜心感悟，不受情扰，我是狠心相离，断了往来……

康士伦 （痴情地）师傅啊！

（接唱）最难堪，夜静湖声拍岸语，
恰似《关雎》来胸臆。
关关雎鸠河之洲，
君子好逑窈窕女。
但得灵犀一点通，
鸾凤和鸣双比翼。

（抚出曼妙琴音，如诉如慕）这二年里，不见你的踪迹，可每时每刻，都跟你在一起，用琴声诉说对你的情意！你可听得？可听得？……

段玉轸 （感动）我已听得！已听得！我无时无刻不在倾听，用心倾听……（深情唱）

听得灯前细雨声，
丝丝入夜扣心弦。
听得花荫飞鸟语，
间关呢喃意缱绻。

听得落叶随风去，
片片回头旧枝旋。
听得飞雪报春来，
春暖又是花蝶恋。
听得山高水流长，
听得海枯石也烂。
听得凤游四海求其凰，
听得百花齐开放！

［灯光变幻。满台春色。

［段玉轸在百花簇拥下翩跹起舞。康士伦忘情而鼓。

［幕外合唱——

不辞为君弹，
只为高山流水有知音。
纵然遥相隔，
心心两相印。

［康士伦弹到兴奋处，突然“嘣”的一声，弦断琴止。

［康士伦猛醒。幻境消失。

康士伦　（看琴，惊）君弦突断，恐有大事？（警觉）门外何人？

焦　桐　（跳出）是我！

康士伦　（生气）你怎么当面不听，背后偷听，乱我琴思！

焦　桐　（神色紧张）老法师有要紧事找你来了！

［内声：阿弥陀佛！段善本上。

康士伦　（意外）法师驾临，有失远迎，敬请恕罪！

段善本　善哉！善哉！士别三日，当刮目相看！可老纳此来，不是切磋琴艺，而是有要事相告！

［焦桐机警地到外望风。

康士伦 （紧张）士伦弹琴之际，君弦突断，料有大事发生！老法师，你就快快讲来！

段善本 （肃然）朝廷知你转交金匾，拜师学艺，就派钦差，来到苏州，要召你的师傅，进宫供职，即日起程！

康士伦 （大惊）啊？朝廷要召段小姐进宫供职？

段善本 （焦虑）那钦差正在寺中等候！

李　琳 （带随从上）不，咱家已寻到此处！

段善本 阿弥陀佛！

康士伦 （慌张）刘公公！康某有话要说！

李　琳 不！朝廷要召国手进宫，寻你多年！想不到，你甘拜下风，隐居学艺。国手拜师，世所罕见，可见你的师傅艺高一筹，因而下旨召你师傅段玉轸进宫供职！

康士伦 （急）这！……（求情）刘公公，当时，金匾是你亲手颁给我，这三年，我琴艺更佳，正可入宫侍奉！

刘　琳 钦命不可违！咱家念你三年师徒之情，容你师徒临行作别！（带随从下）

段善本 阿弥陀佛！

［焦桐拿着“天下第一国手”金匾，带琴心、段玉轸匆上。

段玉轸 （惊慌）爹爹，康相公，我怕，我害怕！

琴　心 （惊魂未定）钦差重门把守，我和小姐是从后山密门逃出的！

康士伦 （焦虑）宫中禁地，万万不是段小姐能去的地方！

［焦桐向外察看动静。

段善本 （肃然）恰是进退两难啊！

（唱）钦命如山不可违，

抗旨连坐如吹灰。

宫中禁地难出入，

女儿岂能去展才！

段玉轸 （手抚金匾，嘤嘤而哭）爹爹！

（唱）只恨当年性乖张，

惹祸遭殃万不该。

世间难觅后悔药，

但求一死免罪灾！（欲寻短见）

康士伦 不！（阻拦，接过金匾，唱）

当年国手金匾接，

入宫供职理所该。

若言灾祸皆因我，

七尺男儿当赎罪！

琴 心 （着急，唱）

钦差暗访已分晓，

国手之师是娥眉。

他们是，官轿坐等山寺中，

限时梳妆过时催。

康士伦 这……

段善本 ……嗨！（无奈摇头）……

焦 桐 （灵机一动，唱）

情急之中七窍开，

因何而起用何解。

当初是，女扮男装偷比琴，

如今呀，男扮女装去顶差！

康士伦 （高兴）此计甚妙！只是我一介男身，怎能蒙混？

琴 心 我有办法！（与段玉轸耳语）

段玉轸 用绢带捆扎，削腰收腹，可这岂不憋煞康相公！

康士伦　（削腰收腹，学段玉轸动作）是这样的吗？

段玉轸　（苦笑）爹爹……

段善本　不能胡来！

段玉轸　（暗下决心）爹爹，女儿一人作罪一当！就让女儿随……

康士伦　（阻拦）不！万万不可！老法师，三年来，玉轸不仅是我的琴师，还是我的知音。她送我至此，告诉我"密室传琴"，传内不传外，可见她没把我当做外人。如今，我的琴艺，我的生活，都离不开她。我受恩段家，当效犬马之劳！我现在就向她求婚，结成百年之好，让我为之赴汤蹈火，不知法师意下如何？

段玉轸　爹爹……

段善本　我已脱尘世，难评世情。只是，一旦入宫，何能再见！

（唱）我本是，天宝年间琴待诏，
安史乱，梨园星散一亡人。
为避人琴遭不测，
隐姓埋名遁空门。
密室研谱撰《琴诀》，
只为清音一脉承。
今喜唐宫又兴琴，
却恐此去难返身。

康士伦　啊！前辈在上，受我一拜！（向段善本叩拜）法师放心！只要进得宫去，我自会周旋。情急之处难细思量，就留下焦桐，以伺时机，逃离京城，前来此处，双双成亲，隐居练琴，以乐天年！

段玉轸　（感动）康郎！

康士伦　（深情相拥）轸妹！让我们就此订下婚约，以证未来！（在《孔子学琴图》前跪下，呈上琴）康某半生飘泊，唯琴相随，视同性命，愿以此为聘，订下终身！

段玉轸 （跪接，递己之琴）以琴换琴，琴人如一，康郎！玉轸愿如琴相随！

［幕外唱——

我幸为纤巧丝，
得附桐木身。
我幸为桐木身，
得你纤丝索。
丝桐结缘合为琴，
但得清声长泠泠。
不辞为君弹，
心心两相印。

［幕外唱中，双双向善本叩首。

段善本 阿弥陀佛！（从《孔子学琴图》下取出一卷，递给康士伦）出家人无以为礼，只此《琴诀》，集前人琴法之大成，乃老衲一生之心血，愿传之久远！

康士伦 （受而再拜）晚生谨记！

段玉轸 （相拥而泣）康郎！我等你回来！

康士伦 （眼含热泪）轸妹！你一定要等我回来！

琴　心 （感动）时候不早，快快动身。为免嫌疑，请让我一路相随，好好照应！

段玉轸
康士伦 （感激）琴心……

琴　心 请相公快快与小姐互换衣裳，让我为他装扮一番！（康士伦、段玉轸进内）

焦　桐 （追上）琴心，你们要早去早回，我会好好侍候段小姐的！

琴　心 （感动）焦桐！（互换信物）

段善本 阿弥陀佛！

[灯暗转。

五、相思情殁

[三年后，湖中孤岛。秋。

[密室。段玉轸习琴记谱。焦桐熬药。

焦　桐 （端药，旁白）嗨！这已经是第九十九帖药了！不知这一帖，对不对小姐的病症！（向段玉轸）小姐，请吃药！

段玉轸 （按案娇喘，接饮，猛咳，吐出，烦躁）怎么还是这种苦味！

焦　桐 （无奈）小姐，这十里八方，所有的名医良药，都访遍了，他们说你……

段玉轸 （敏感地）说我什么？

焦　桐 ……哎，没说什么！

段玉轸 你不说，我也知道！我本心病，无药可治！这日衰之躯，恐不久于人世！

焦　桐 不不不……小姐，你可千万不能多心！老法师外出讲禅，算来已是回来的辰光，他定能带回康相公的佳音！

段玉轸 多谢焦桐费心！我父年事已高，已脱尘俗，再也不能烦劳于他！康郎，他……一去三年，不见归来！琴心她，三年未归，生死未卜！（拂琴又止，凝思）琴呀琴，见你如见康郎，但不知康郎身在何方，何处拂琴？是否与我一样，见琴如人，琴人相依？（外望，叹）秋色如许，愁情满襟，如若今生不能相见，你可传我心声，诉我衷情！（哀怨拂琴，唱）

　　摹此秋声拟秋词，
　　秋情更比春情痴。

春情浪漫不知虑，
情到秋时愁自知。
不堪离人难相聚，
一腔深情付远思。
为有琴缘多幸事，
他日得怜聆朱丝。（泪眼垂珠，奋笔记谱，凄然，阅谱）

康郎，玉轸万千情愫，尽付丝弦，望来生能再相见！（剧咳）

焦　桐　（急）康相公与琴心，定会如约而归的！小姐呀！

（唱）我也是，日有所思夜有梦，
昨夜梦里钟磬鸣；
焦桐急把远客迎，
迎入分梨与来人。
此梦是个好兆头，
预示离人将临门。
小姐呀，你要放宽心，静养病，
琴能通神，它定会为你传心声。
你苦等三年情不移，
我也是，伴你三年不移情。
天公若有悲悯心，
定叫离人再相亲！

小姐，不瞒你说，你是朝思暮想，我是暮想朝思。你是朝思暮想与康相公早日团聚喜结连理！我是暮想朝思早日见到琴心，好把满腹话语向她表明！

段玉轸　（感激）焦桐，谢你一番安慰。但愿康郎、琴心托你好梦，平安归来！……我也真想为你和琴心牵线做媒……

焦　桐　（高兴）多谢小姐好意！

段玉轸 只是（欲咳强抑）……

焦　桐 （关切）小姐，我听说庄严寺外姑苏古渡，一个茶室里，来了一位长安的乐工，待我前去打听打听，算不定，能问到康相公与琴心的消息！请小姐宽心以待！（急下）

段玉轸 （目送，剧咳，帕印鲜血，昏然）……

段善本 （急上，扶起）玉轸，女儿！醒醒，你醒醒！

段玉轸 （虚弱地）爹爹……

段善本 儿啊！为父已探得宫中消息，眼下德宗驾崩，新皇登基，三年国丧，乐工尽遣，士伦定会来此，与你团聚！

段玉轸 爹爹，为儿恐已等不及了！

段善本 （见白帕鲜血，悲惨）儿啊！你可要振作精神啊！

段玉轸 （递上琴谱）爹爹，承蒙教导，苦苦钻研，写下这些乐曲，演奏的心法，也都记在上面……若是康郎寻来，就把这乐谱交给他……（泣不成声）

段善本 （看谱，凄然落泪）都是为父害了你！

段玉轸 （摇头）不……

段善本 （唱）为父已是方外人，

本应该，心如止水远俗尘。

万念皆空修禅道，

不该把心牵世情。

想当初，不该授你七弦艺，

允你京都去比琴；

还不该，明阻暗喜你收徒，

企望琴艺传世人；

更不该，不识时务订姻缘，

害你相思成疾情相侵。

女儿呀，世事如流逆难进，
万物随缘顺则生。
谅父苦心酿大错，
你要宽怀祈福保身心！

段玉轸　爹爹，父亲！（强抑悲戚）这三年呀！
（唱）心病难治把药怨，
望穿双眼人未还。
三年苦等梦不圆，
幸得丝弦诉心愿。
我有幸，年少学艺师父亲，
教我乐理明奥玄。
美妙琴音伴我长，
青春更把琴艺传！
我不悔，九年前，长安赛琴出狂言，
收得徒弟结琴缘；
我不悔，六年前，他停琴三载如约来，
师徒传艺生情缘；
我不悔，三年前，情急之处情难却，
以琴为聘，为父做主结良缘。
我只悔，不应让他代入宫，
恐为欺君获大冤；
我只悔，当初何不双双行，
有苦同吃有难共担。
如今是，人各东西无音讯，
生死未卜心高悬。
望得春尽秋意寒，

唯有琴音，把我切切思念、美美期盼、深深担忧、苦苦等待的相思之情随风传！（含泪弹奏，气郁而停）

段善本 阿弥陀佛！女儿，士伦是个守信有义之人，他不来，定有原因，目下时局不稳，路上恐有艰险，你得再耐心等等……

段玉轸 （气息奄奄）我一直在等，今生来世，都会在等！（递上曲谱，与父亲告别）爹爹多保重！请把它，交给康郎！

段善本 （大叫，拥住）女儿！

［外声：小姐——！我回来了！

［段玉轸警醒。段善本出迎。

［焦桐扶蒙眼琴心上。

焦　桐 小姐、老法师，琴心回来了！

琴　心 （摸索，寻找）……

段善本 琴心，你的眼睛……

段玉轸 （微弱地）琴心……（挣扎欲起）

琴　心 （焦桐引导下，扑向小姐，哭泣）小姐！

段玉轸 （微弱）琴心……相公——

琴　心 （泣不成声）小姐！

（唱）当初入宫混过关，

幸得刘公公，他暗中垂怜多周旋。

保得性命盼自由，

一等等得三年国丧把乐工来遣散。

时局动荡路途远，

心意慌张两离散。

哭寻多日成病眼，

姑苏渡，幸遇焦桐，求得名医把病看……

段善本 康士伦如今人在何方？……

琴　心　（接唱）相公他，定是归心似箭一路兼程，

　　　　快马加鞭盼团圆！

焦　桐　小姐，康相公马上就要到了！

段玉轸　（气弱）康郎，快来，我等不及了！……

琴　心　（哭）小姐，你等得及，你一定等得及！……

焦　桐　让我再出去找找！（下）

段善本　阿弥陀佛！

　　[灯暗转。

六、归舟哀奠

　　[大河。月夜。康士伦顺流而下。

康士伦　（坐船头，拂琴，对月，唱）

　　　　三年禁宫难脱身，

　　　　一夜归舟箭离弦。

　　　　月是明镜照我心，

　　　　心如明月高空悬。

　　　　三年来，难通音讯绝往来，

　　　　一旦归去思万端。

　　　　不知她，是否日日对琴诉相思，

　　　　望眼欲穿心凄然？

　　　　不知她，是否情比真金守盟约，

　　　　不见归人意生寒？

　　　　不知她，年复一年空守候，

　　　　玉体是否得康安？

　　　　但得明月传佳音，

佑我离人早团圆！

这一路上，与琴心两相失散，但愿她能早日回转，先报佳音！

[明月生辉，云烟四起。

[幻境，段玉轸姗姗踏波而来。

段玉轸 我等不得了！我等不得了！康郎，快来！你快来呀！……

[幻境消失。

康士伦 （大惊）哎呀！（推琴而起，抬头望去，月落星移，接唱）

突然一梦玉轸现，

踏波而来将我唤。

悠悠之水生云烟，

似载魂魄赴九泉！

（白）哎呀！大事不好！快快行船！（船如箭飞）

[灯暗转。庄严寺，偏廊。段玉轸灵堂。木主前一琴醒眼。

[木鱼梵音中，康士伦风尘仆仆上，见木主一琴，一个踉跄，呆立。

康士伦 （迟缓近前，抚琴，喃喃）琴在人何在？（大叫）琴在人何在？（拥木主入怀）难道你真的离琴而去？（失声而泣）你怎么没看到，你的琴一直与我日夜相守，生死未离呀！（解下身上之琴，抚而痛心，跌地而跪）

[段善本、焦桐、琴心急出。

焦　桐 （扶起，泣）相公，你终于回来了！

琴　心 （泣不成声）相公，小姐她，一直等你回来！

段善本 （凄然）我佛慈悲，终遂人愿！康施主，玉轸生前遗愿，定要等你回来，见上一面，方欲入殓。今天遂人愿，也是玉轸三生之幸，请随我来！阿弥陀佛！

[焦桐、琴心扶康士伦随段善本下。康士伦复上。

康士伦 （泣不成声）玉轸，师傅呀！

（唱）睹你天颜泪潸然，

心似刀绞肝肠断！

本应是，花好月圆洞房日，

却落得，你忍痛含悲赴九泉。

忆起长安初见时，

你女扮男装，英气逼人，才情卓绝夺人眼。

忆起初见你女儿身，

令我神思恍惚心生恋。

忆起师徒传艺时，

你谨守琴道，传于，督琴艺臻精不可。

忆起临别琴为聘，

你情意绵绵心相连。

我以为，此生得你一知音，

别无所求乐无限；

却不料，天妒人间好姻缘，

分离你我，天人相隔难相见！

［焦桐、琴心随一队祭奠法师上。祭奠仪式。康士伦焚香祭拜。

［幕外唱——

焚此心香心意虔，

只愿此情感天地。

悠悠青烟悠悠魂，

伴我佳人永不离。

［外声：祭毕！起棺！

［幕后起棺。康士伦以师生之礼跪拜。

康士伦 （痛哭）玉轸，师傅，一路走好！

［外声：棺不动！

［众大惊。

段善本 （礼佛，上）阿弥陀佛！康施主，你可知晓，玉轸生前有何愿望？

康士伦 （猛醒，大惊）法师提醒，醍醐灌顶！请法师允我所求，换灵堂为喜堂，让我与玉轸即刻成亲，永证三生！

众法师 阿弥陀佛！

［主题音乐中，灯光变幻，变灵堂为喜堂。康士伦新郎打扮，捧木主，由焦桐、琴心伴郎、伴娘相陪，在赞礼官主持下，与段玉轸拜堂成亲。

［外声：棺动。出殡。喜乐起。众相送。

［灯暗转。洞房。康士伦坐于琴前，对木主痴痴而望。

［段善本上。

康士伦 （迎）法师！

段善本 生死无常，一切皆缘。愿施主节哀自重！（递出一卷）此乃玉轸三年所成，依愿转交予你！

康士伦 （急翻看，惊）琴谱？！……《秋词》……

（坐于案前，拂琴，唱）

摹此秋声拟秋词，
秋情更比春情痴。
春情浪漫不知虑，
情到秋时愁自知。
不堪离人难相聚，
一腔深情付远思。
为有琴缘多幸事，
他日得怜聆朱丝。

康士伦 （拂琴，泪流满面，对天）玉轸，我在弹奏你的琴曲，你听到了吗？听到了吗？

［段善本执拂尘飘然隐去。焦桐、琴心相携上。

焦　桐
琴　心　相公，小姐一定会听到的！

［幕外唱——

我是丝呀，纤纤巧巧飘飘逸逸的丝啊！
我是桐呀，伟伟岸岸宽宽厚厚的桐啊！
我幸为纤巧丝，
得附桐木身。
我幸为桐木身，
得你纤丝萦。
丝桐结缘合为琴，
但得清声长泠泠。
不辞为君弹，
只为高山流水有知音。
纵然遥相隔，
人在天上听。

［琴音飘然于山水间。

［幕落。

［剧终。

二〇一〇年十月二十日黄昏
初稿于鹿城锦江家园
二〇二二年三月改稿于杭城

玉蝉情

越剧

人　物　曹芳儿——出场时十八岁

沈梦霞——出场时二岁

吕碧云——出场时十八岁

曹观澜——曹芳儿父亲

曹族长——曹氏宗族族长

沈族长——沈梦霞父亲托孤之族人

惜　玉——吕碧云侍女

吕翰林——吕碧云父亲

吕夫人——吕碧云母亲

族人、吕府家人等若干

序　幕

[幕启。一双玉蝉，迎风飞翔，择枝而栖，鸣声依依。

[幕外合唱——

也曾美目巧盼兮，
也曾娇容嫩欲滴。
也曾青春十八自生情，
如今十八青春何处觅？
又见婷婷立，
光阴悄然易，
何情长相守？
唯有蝉鸣声依依！

[蝉声大起。

第一场　惊蝉

[紧接序幕，大噪蝉声，转换成小儿哭声，惊天动地。

[曹芳儿内声哭叫：不！不——！（一身红妆哭奔而上）爹爹呀父亲！我不要成亲！你们不能逼我跟他成亲！

曹观澜　（气喘吁吁追上）芳儿，芳儿，你听为父把话说清……

曹芳儿　（大叫逃奔）我不听！我不要成亲！你们不能逼我跟他成亲！

[曹族长拄杖上。

沈族人　（抱一红毯包裹孩儿追上）曹族长，你可要为我们沈家做主呀！

曹族长 （大喝）曹芳儿，你不得违抗已订婚约！如若冥顽不化，将大开宗祠，族规惩处！

曹观澜 （求）族长公……

曹芳儿 （哭求）族长太公！你们不能逼我跟他成亲！

曹族长 你还是不从已订婚约！那就别怪族长太公了！（大喝）大开祠堂，家法侍候！

曹观澜 （哀求）族长公……

［灯光变幻，曹氏宗族祠堂大开。曹芳儿一身红妆，披头散发，跪在烈祖烈宗木主之前。族人持家法分列两边。

［曹观澜奔上，沈族人抱着孩儿跟上。

曹观澜 （见状，心痛）芳儿！

曹芳儿 （哭叫）爹爹呀父亲！

（唱）三岁母病命归阴，
爹爹呀，含辛茹苦把儿育成人。
视女如同掌上珠，
亲择夫家配婚姻。
一双玉蝉终身定，（拿出玉蝉）
从此待嫁守妇行。
日里蝉声催我嫁衣绣，
夜来独对玉蝉诉衷情。
想夫君，他定是，玉树临风才貌全，
配我娴淑女儿身。
待来日，双双如蝉高枝栖，
夫荣妻贵，父亲靠老有担承。
谁知道，千般美意酿大错，
生肖相配却错年轮。

爹爹啊！我纵然千依又百顺，

却万不能，十八岁姑娘配他两岁襁褓中人！

曹观澜 芳儿，爹爹我……

曹族长 观澜侄孙，族规上写得清楚，儿女婚姻依从父母之命。订后不从者，当众训诫；中途变卦者，祠堂惩处；屡教不改者……

曹观澜 （急）族长公公！

（唱）想当初，江心失足命不测，

幸遇亲翁救我还。

酒楼谢恩家世表，

醉中兴高把亲攀。

总以为，年龄相当姻缘好，

却谁知，错了年轮起波澜！

曹族长 什么？当初你和沈公为儿女议婚，是一场误会？

曹观澜 是的，公公！他说他家公子生肖属牛，我说我家小女生肖属鸡，丑酉合配相差八年，我以为男大八岁，乃是上甲之配，今日才知，原来是小于我家芳儿一十六岁！

曹芳儿 （哀哭）爹爹！

曹观澜 公公啊！

（接唱）妻病早亡留一女，

我当爹做娘不辞难。

指望老来能依靠，

求公公——

曹族长 （接唱）允你悔亲退玉蝉？！

曹芳儿 （心生希望）族长太公明鉴！

沈族人 曹族长！悔亲退蝉，万万不可！

（唱）当初玉蝉作媒凭，

沈家庄上皆知情。

花针难穿两头线，

难道你曹家族规——

一女可配二夫君？

曹族长 岂有此理！

（唱）虽然曹氏族谱短，

先王之道从不乱。

一人难进两花园，

独脚绝难踏两船！

沈族人 如此甚好！（递上书信、玉蝉）可怜我家主母亡故，主公沈举人思亲过哀，也撇下稚儿沈梦霞，随妻而去，临终留下遗书，连同订亲信物玉蝉一只……

曹芳儿 （惶恐）沈梦霞……玉蝉……

沈族人 ……请曹族长收下！

曹族长 （接过，展看书信）观澜侄孙，你家亲翁，绍兴沈举人，临终有托，玉蝉为信，泉下殷殷，不可辜负！你快快抱过贤婿沈梦霞，与你女曹芳儿，玉蝉成双，完此大婚！

［曹观澜接过书信、玉蝉，面对沈族人递上襁褓，一片木然。

曹族长 还不快快接过！

曹芳儿 （大叫）爹爹，你不能接呀！

曹观澜 （迟疑）公公，我……

曹族长 你还有什么话好说？亲是你定，聘物你收，族规有约，天人不欺！快快抱过你家贤婿，就此完婚，不得怠慢！

曹芳儿 （哭抱父亲双脚）爹爹，你可千万不能接呀！你若接了，女儿的命就没了！

曹观澜 女儿，是爹爹害苦你了！

曹族长 胡说！父母有命，玉蝉为聘，此乃天经地义，怎说害人？观澜，对此列祖列宗，你还不快快抱过贤婿？你百年之后，还想不想认祖归宗？！

曹观澜 （大震）天哪！（茫然接过襁褓）

曹芳儿 （哭叫）天哪！

［襁褓中孩儿大哭。

［蝉噪大起。

［幕外合唱——

蝉声大噪声弥厉，
此中厉厉堪惊心。

曹芳儿 （唱）生不逢时双玉蝉，
难效于飞鸣清音。
声声凄厉孩儿哭，
引我悲泪落纷纷。
十八岁姑娘配二岁郎，
似千钧枷锁罚重刑。
种田遭荒一冬饥，
嫁夫不着苦一生！

曹观澜 （悲戚，唱）
悔不当初收玉蝉，
船行江心补漏难。
念在十八年养育恩，
让为父，收作螟蛉暂苟全。

曹族长 荒唐！

曹芳儿 爹爹！
（唱）权宜之计难苟全，

女儿命，似药加黄连苦味添。
恨不当初随母去，
也无悲伤也无怨。
爹爹呀，我有怨无能怨慈亲，
我有恨无能喊成冤。
与其是，怨恨冤屈身相伴，
还不如，一了百了了尘缘。（欲寻死）

曹族长 不可造次！观澜，事到如今，也只有先让他们姐弟相称，好生扶养，等待日后长大，再择吉完婚！

曹观澜 （托起襁褓）芳儿，为父今生有愧于你，只待来世相赎！

曹芳儿 （惊呼）爹爹！女儿承担不起！（拒绝）

曹观澜 （老泪纵横，就地一跪）芳儿，爹爹就求你这一回了！（递襁褓）

曹芳儿 （绝望，跪地）天哪！（茫然接过）

［曹芳儿僵硬地托着襁褓，悬至半空，嚎啕大哭充斥舞台，惊天动地。

［曹芳儿一片怔忡，下意识抱紧襁褓，抑制哭声。

［小梦霞贴着曹芳儿胸脯，嘤嘤而泣。曹芳儿心为之动，惊看小梦霞……

［幕外独唱——

怀中嘤嘤泣，
声声乱悲情。
丝丝怜惜意，
隐隐袭上心。（嘤嘤哭泣变成幼蝉鸣声）
如春来柳枝萌新绿，
枝头蝉鸣待露饮。

［灯光变幻，追光中，曹芳儿喂食襁褓儿。

曹芳儿 （轻拍襁褓，轻哼摇篮曲）

摇摇睡，拍拍睡，
大人有事哎啰喂。
刷锅碗，喂鸡鸭，
劈柴火，煮饭菜。

［收光。

第二场　苦蝉

［八年后，曹氏宗祠。

［树上秋蝉嘶鸣。

［曹芳儿一身素服，燃烛焚香，向父亲木主祭拜。

［幕外合唱——

祭祖思亲祠堂开，
燃烛焚香泪满腮。
半是喜泪半是悲，
唯有蝉鸣解心怀。

曹芳儿 （顶香祭拜）爹爹啊父亲！

（唱）八年前，你为女婚事操碎心，
一病不起随母行。
我潸潸悲泪祭木主，
喜泪涟涟对亡灵。
悲的是，蝉鸣不断夏复秋，
未过门的媳妇当娘亲。
喜的是，育得稚童总角日，
年年祠堂慰父亲。

八年来，日里喂饭夜抱尿，
日里同桌夜同衾。
唤他夫君人太小，
叫他亲儿理不应。
总算是，姐弟相安苦作乐，
族中义塾送书声。
父亲呀，一尺才过一丈愁，
梦霞他，识文断字添聪明；
我能避而不听闲人语，
却难挡他晓世情。
如今是，身如冬日履薄冰，
心似井桶晃不停。
青烟缕缕何处去？
一腔苦水诉幽冥。

[外传骚乱声，曹芳儿慌起。

[小沈梦霞背着书包奔上。身后一群学童起哄追上。沈梦霞挥拳猛揍其中一童。一童大叫。

[曹芳儿出，制止，群童一哄而散。

[曹芳儿气极，扯沈梦霞入祠堂。

沈梦霞 （察颜观色）姐姐！姐姐！

[曹芳儿气愤难平，不理。

沈梦霞 （哀声）姐姐，我来迟了，你不会怪我吧？

曹芳儿 （强抑怒气，拿出绢帕，为沈梦霞拭汗，掸尘）今天是祭祖的日子，姐姐叫你放学路上不要贪玩，早些来到祠堂，你不但不听，还跟义塾学童，一路打闹而来，下回可不许这样！

沈梦霞 不是我要打，我要闹，是他们太让我生气了！

曹芳儿 什么事，让你这样生气了？

沈梦霞 他们说的话，太没道理！

曹芳儿 （好奇）他们说了什么没道理的话了？

沈梦霞 （气愤）他们说你不是我姐姐，而是我的妻子！真真把我气死了，（挥拳）我一拳就打过去……

曹芳儿 ……他们说什么？

沈梦霞 （大声）他们说你不是我姐姐，是我的妻子！真是混账话！下次再说，我还要打他们！

［曹芳儿一片怔忡，哑然失语。

沈梦霞 （摇动曹芳儿）姐姐，你怎么了？

曹芳儿 我……（失神）

沈梦霞 （疑惑）姐姐……

曹芳儿 （回神，掩饰）……噢，梦霞，时候不早了，快来顶香祭拜！

沈梦霞 （乖巧地）哎！（边顶香祭拜边观察曹芳儿）

曹芳儿 （故做严肃）哎！顶香祭祖，不得分心！

沈梦霞 是！（认真祭拜）

曹芳儿 （深情地）梦霞呀！

（唱）第一香，敬神明，
风调雨顺保太平。

沈梦霞 （唱）第二香，尊祖先，
消灾赐福吉祥呈。（分心）

曹芳儿 （唱）第三香，祭父亲，
佑我梦霞快长进。

沈梦霞 （唱）待等蟾宫折桂日，
报得姐姐养育恩。（偷看曹芳儿）

曹芳儿 （欣慰）弟弟，姐姐有你这句话，于心有安了！

沈梦霞 （噘嘴）你就知道自己心安，可有谁知道我心里的不安！

曹芳儿 （意外）你心里有何不安？

沈梦霞 刚才，我说“他们说你不是我姐姐，而是我的妻子”时，你为何两眼发呆，一声不吭？

曹芳儿 （紧张）梦霞，姐姐那时，也真是被那些混账的话，气昏过去了！

沈梦霞 （执拗）我却不信，你肯定知道这话中有音？

曹芳儿 （不解）什么“话中有音”？

沈梦霞 那人家说“如果你们是姐弟，那为何你姓‘沈’，你姐姐却姓‘曹’”，你却叫我如何回答？

曹芳儿 （惊）这……

沈梦霞 同胞姐弟，会有两姓？你在哪本书上读到过？我一个姓沈的人，年年要到曹氏宗祠祭拜，这又做何道理？（态度坚决）你今天都给我说个清楚道个明白！

曹芳儿 （猝不及防）你……（无以为答，恼羞成怒，抓起一扫把，发威）好啊！原来我天天送你读书让你识字，你竟然读的是这样的书！识的是这样的字！（举帚欲打，沈梦霞避逃，曹芳儿边追边唱）

想不到，我起早贪黑家务累，
日盼夜望你有出息。
想不到，我日盼夜望盼望来，
是一番无端责问语。
令人冒出三丈火，
令人不打不解气……

你给我站住，我今日不打，无以儆将来！

沈梦霞 （见曹芳儿真正动怒，索性站住，赌气）姐姐如若真的要打，那你就打吧！反正我也不想活了！

曹芳儿 （惊，举帚半空）什么？你说什么？

沈梦霞 （激动）姐姐呀！

（唱）姐弟之情沫相濡，

我是人越大来想越多。

姐姐呀！富家不用买良田，

书中自有千钟粟；

书中自有颜如玉，

书中自有黄金屋；

男儿欲遂平生志，

六经勤向窗前读。

寸草也报三春晖，

酬深恩，欲效古人头悬梁来锥刺股！

只可叹，族中义塾闲话多，

扰得心乱难攻书……

姐姐，我来问你，“老婆”是什么人？“妻子”又是什么人？她们到底是一个同样的人，还是两个不同的人？

曹芳儿 （惊愕）你……（羞以启齿）你……胡说些什么！

沈梦霞 （接唱）你不知，整日里，“老婆”、“妻子”耳边议，

说什么老妻少夫没脸皮。

（气愤地）姐姐，你说说看，你那么大，我这么小，如何可以配成夫妻？对了，还有这只玉蝉！（从怀里掏出玉蝉）

（接唱）胸前玉蝉是话柄，

为图清静我今将它弃！

哼！（将玉蝉就地一掷，掩泪奔出）

曹芳儿 （欲追又退，欲喊又噤）……

［幕外合唱——

掷地玉蝉触目惊，

远去人影惹伤心。

不忍稚童委屈样，

哪得芳儿长安宁？

［曹芳儿情怯怯拾起地上玉蝉，神情恍惚拿出身上玉蝉，对着“双玉蝉”呆若木鸡。

［主题音乐萦回。

［曹族长蹒跚拄杖上。曹芳儿一无所知。

［曹族长咳嗽两声。曹芳儿惊醒。

曹芳儿 （慌见礼）族长太公来到，芳儿有失远迎，万请宽恕。

曹族长 不必见外！芳儿！

（唱）芳儿你贤淑遵孝道，

曹族门中添荣耀。

幸有当初巧安排，

你敬祖扶弱声名好！

曹芳儿 （唱）自从老父赴阴曹，

承蒙太公多照料。

姐弟相安几多年，

岂料相恼在今朝！

曹族长 这么说，梦霞已晓世事？

曹芳儿 义塾子弟闲言碎语，令他懊恼，对我横加责问，还说自己不想活了，把身上佩带的玉蝉，也掼在了地上！

曹族长 嘿！一层窗纸，终有捅破的时候！玉蝉终得成双！他如果知道了，也是好事！让太公为你做主，让你们择吉完婚！

曹芳儿 （慌乱）不！此事万万不能！

曹族长 却是为何？

曹芳儿 （唱）他一心当我是姐姐，

蓦然岂能变成妻?

如若不慎老少配,

害他性命危旦夕!

曹族长 量他一个读书之人，也该通情达理！眼前他若还显稚嫩，日后自会多生情分。你好比竹竿挑水后梢长，享福的日子还在后半生啊！

曹芳儿 太公爱心，芳儿生受了！只是强扭的瓜不甜！还是请太公做主，把玉蝉退还，让它日后成双作对！

曹族长 （苦口婆心）你八年的苦，都熬下来了！现在却执迷不悟了？你把玉蝉好好收起，梦霞的那只，待我交还于他，好好教训一番！（拿过玉蝉，欲下）

曹芳儿 （恐慌，哀求）太公！你可千万不能告诉梦霞呀！

曹族长 （长叹）嗨！我可是为你好呀！……（颤悠而去）

曹芳儿 （哀怨地）不！（欲追不敢）……太公呀！

（唱）你虽雪菜卷叶不死心，

我是枝头做窝难安稳。

你此去一番良苦意，

我深恐好心养祸根。

与其让，无知孩童生不测，

不如我，一根白绫了残生。

爹爹啊母亲！芳儿欲赎世间罪，

唯到九泉会双亲！

（无限凄楚）梦霞……弟弟,原谅姐姐离你而去……（解下白绫，幽然而去）

[哀蝉声起，一片凄然。

[沈梦霞外声：姐姐——！姐姐——！

沈梦霞 （欢跳而上）姐姐！姐姐！（四处寻找，发现后堂梁上白绫，大叫）姐姐——！（奔下。片刻，扶神志昏乱曹芳儿上，安置坐下，哭叫）姐姐！姐姐……

曹芳儿 （醒转，嘤嘤而泣）……

沈梦霞 ……姐姐……姐姐……（哭泣）你为什么要寻死呀？……（伤心）姐姐若是死了，叫弟弟一个人，怎么活呀？

曹芳儿 （凄楚）……梦霞，太公都跟你说了些什么？

沈梦霞 太公说了，我与你不是同胞姐弟。我父亲名叫沈东川，乃是绍兴沈家村人氏，与曹家伯父义结金兰。……（凄然而泣）只因我母早亡，八年前，我父临终，怕我年幼无助，以玉蝉为信，托付曹家，由芳儿姐姐照顾扶养……（破啼而笑）姐姐，你看，太公已帮我把玉蝉挂好了……

曹芳儿 （手托玉蝉，端详片刻，大松口气）噢，太公原来如此教训于你！……

沈梦霞 姐姐，这么多年，你一口饭一泡尿，辛辛苦苦把我养大；待我长大，你又起早摸黑，供我义塾读书。如今我知书达理，非但没有好好报答你，反而听信胡言乱语，刺伤于你！（深悔）姐姐，我对不起你呀！（拿起扫把）你今天就狠狠打我一顿，就是打死了，我也不怪你！（递扫把）

曹芳儿 （心软）弟弟，姐姐哪里忍心打你？

沈梦霞 （托举扫把，跪地）姐姐不打，弟弟长跪不起！

曹芳儿 （心疼，扶沈梦霞）地上寒凉，弟弟快起！

沈梦霞 （抱住曹芳儿双腿，哭叫）姐姐！

曹芳儿 （哭抱沈梦霞）弟弟！

[蝉声欢鸣。

[收光。

第三场　恋蝉

［十年后，战乱，曹芳儿、沈梦霞避难古庙。

［夜色降临，北风呼啸，大雪纷飞，曹芳儿病体恹恹，咳嗽不已。

［沈梦霞生火取暖。

曹芳儿　（病弱地）弟弟！

（唱）寄身古庙战乱避，
犹似寒蝉枯枝栖。
兵火平添流离苦，
患难始知情更依。
落魄荒村无归路，
临危相累有病体。

沈梦霞　（脱下长袍，披在曹芳儿身上，深情地）姐姐！

（唱）苟全性命兵火离，
幸有古庙将祸避。
待等天明风雪定，
为弟去，寻医问药治病体。
那窗外，滴水成冰天地寒，
这门内，一团炉火送暖意。
姐姐呀，天佑姐弟两不散，
莫愁前路无归期。

［曹芳儿精神一振，用异样的眼光看着沈梦霞。

沈梦霞　（率真）姐姐，你为什么这样看我？是不是我身上有什么奇怪的东西？

曹芳儿　（羞愧）噢……没……没……你身上没有什么奇怪的东西……

只是……

沈梦霞 （好奇）只是什么？

曹芳儿 （激动地唱）

你一番话语热心肠，

胜似名医开良方。

回首一路勤扶持，

让为姐，幸免屈死在他乡。

如今是，深恐姐姐病弱体，

连累你，前程生计两渺茫。

沈梦霞 （生气）姐姐此言差矣！

（唱）人非草木孰无情，

涌泉为报滴水恩。

十八年，姐姐为我红颜老……

曹芳儿 （心头一颤）红颜已老？……

沈梦霞 （接唱）为我不嫁误青春……

曹芳儿 （欲诉还休）……梦霞……

沈梦霞 （深情）姐姐——！

曹芳儿 ……弟弟——！（悄然拭泪）

沈梦霞 （接唱）今当共此离乱苦，

患难相伴不离分。

曹芳儿 （感激）多谢弟弟一番苦心。你一路奔波，身心疲惫，趁此炉火尚温，歇息片刻，待等天明，我们再从长计议！（褪下长袍，欲披沈梦霞身上）

沈梦霞 （阻）不，姐姐病中，最需保养。让弟弟为炉火添柴，请姐姐放心安睡，明朝的事，明朝再说！（扶曹芳儿于一处躺下，加长袍于其身，体贴有加。感慨地）平时都是姐姐为我铺床展被，侍我安寝。今晚，就让我学着姐姐的样子，为你守夜，让你安睡！（边拍打芳儿，边唱摇篮曲——

摇摇睡，拍拍睡，
大人有事哎啰喂。
刷锅碗，喂鸡鸭，
劈柴火，煮饭菜。

曹芳儿 （激动地握住沈梦霞双手）……弟弟！

沈梦霞 （学着曹芳儿当年的口吻）时候不早了，快快安睡吧！若不听话，就不跟你好了！

曹芳儿 （百感交集）……梦霞……

沈梦霞 （关怀地）姐姐！歇息吧！

曹芳儿 ……是……（安卧）

［主题音乐萦回。

［沈梦霞为曹芳儿掖紧长袍，烧旺炉火。拿出一书，炉边守候。片刻，止不住连连哈欠，伏一石几呼呼而睡。

［野外鸡啼。

［曹芳儿惊起，见状，疼爱地加长袍于沈梦霞身。

沈梦霞 （惊醒）姐姐，你怎么起来了？

曹芳儿 刚才睡了会儿，精神好多了。眼见天欲破晓，让我添些柴火，为弟弟热些干粮，聊以充饥！（添柴，热干粮，递上）

沈梦霞 （吃，观察窗外）姐姐，风雪已定，让我出外找个卖文鬻字的去处，一来为姐姐寻医买药，二来也好图个生计。（开门欲出）

曹芳儿 （依恋地紧跟）梦霞，让姐姐送送你！

沈梦霞 姐姐免送，弟弟早去早回。（下）

曹芳儿 （追喊）早去早回……！

［沈梦霞外声：姐姐，我晓得——！

曹芳儿 （伫望，流连，喃喃地）梦霞！

（唱）光阴似箭十八年，

蓦然已是，七尺男儿伴身边。

恰如当初梦中人，

才貌双全惹爱怜。

知书达理有仁义，

嘘寒问暖倍甘甜。

我如今是，墙角月季盼抬头，

瓜苗上架欲把藤来牵。

我多想，十八年心血终有报，

玉蝉成双情一片；

病弱有靠老有依，

患难与共意绵绵……

（对玉蝉）玉蝉呀玉蝉，你平时声噪高枝，惹得无限哀怨。今在离乱，你又将做何异响？

［北风扑面而来。曹芳儿阵阵咳嗽。

曹芳儿 （昏然）……梦霞……梦霞……

［灯光变幻。

［灯红酒绿，玉蝉双飞。曹芳儿一身红妆，娇羞地盖上红盖头。

沈梦霞 （新郎打扮，高呼急上）娘子！我的娘子在哪里？（牵红丝带，与曹芳儿圆场。趁人不备，急掀盖头，亲热地）姐姐！我的好妻子！玉蝉情分终得成双了！

曹芳儿 （深情）梦霞！我的好夫君！（羞愧难当，急避撞墙）

［灯光变幻，幻境消失。曹芳儿惊醒。

曹芳儿 （唱）恍然一梦令人惊，

芳儿梦中现痴心。

他报我一片养育恩，
我是有心之人更见情。
可如今，欲疼已非襁褓儿，
欲亲恐遭少年嗔。
欲离岂忍姐弟散？
欲爱谁解情订玉蝉缘三生？（对玉蝉）

［幕外独唱——
也曾美目巧盼兮，
也曾娇容嫩欲滴。
也曾青春十八自生情，
如今十八青春何处觅？

曹芳儿 （接唱）忆昔儿时手上抱，
肚饿寻乳怀中舔。
晚来洗漱哄上床，
强赖怀抱似胶粘。
芳儿我，未做媳妇先当娘，
喂他米汤当乳咽。
儿歌轻哼催安眠，
屙屎抱尿欲曙天。
伤心总在孤独处，
辛劳每被童真淹。
天公终不负苦心，
总算是，育得稚儿成人情相连。
双玉蝉啊双玉蝉，
难道你，十八年枉配无分缘，
却让我，一片慈悲驻心怀，

恩爱有如母子恋；
终落得，孤蝉化羽秃枝栖，
吟得秋高悲自怜。
（悲从中来，对着玉蝉）不！不！不！（泪水涟涟，咳嗽不已。神龛前，拈香礼拜）十八年来，玉蝉无缘结成双。这十八年后，不能再让玉蝉觉得孤单！但愿得逢时令，配对成双！
[主题音乐萦回。
[收光。

第四场　失蝉

[吕府，书房。
[傍晚，落日流金。案头书堆如山，沈梦霞修订装帧。

沈梦霞（翻书，吟）
落日早蝉急，
客心闻更愁。
一声来枕上，
梦里故园秋。
这可是唐朝陆畅的《闻早蝉》啊！（拿出怀中玉蝉，来到窗前）
（唱）寄养曹家十八载，
故园只在梦中猜。
空成七尺男儿汉，
父母荒茔唯遥拜！
不是早蝉苦落日，
声声向晚愁自来。
十八载，荫荫叶底受呵护，

耽误了姐姐十八青春如水流逝难以再……

如今是，古庙避乱权宜计，

姐姐病体盼安泰。

时乖命蹇难酬志，

空有诗书满胸怀！

唉！幸亏谋得吕翰林府第修葺古书之差，让我们姐弟免遭饥馑。眼前差事将毕，转瞬春闱已近，我还得抓紧攻书，以备大比！只是姐姐的病体，让我放心不下呀！哎！（随手将玉蝉一放，抓紧修补装帧）

惜　玉　（端茶水上，旁唱）

古书修葺将完工，

明朝难见沈相公。

小姐吩咐送茶水，

借机行事把话送。

相公请用茶！

沈梦霞　（管自装帧）不用了！

惜　玉　相公啊！

（唱）你整日修书手酸痛，

不禁令人心生疼。

主人要留你进晚餐，

免你饥饿夜路奔。

沈梦霞　不必麻烦！差事已毕，请代向主人告辞！（收工）

惜　玉　相公忍饥挨饿，匆匆赶路，真真让人心疼！

沈梦霞　（羞涩）不瞒你说，姐姐很是心疼于我！（提药匆下，忽想起，回找）

惜　玉　（见书间玉蝉，偷拿藏起）……这世上除了你姐姐，还有一个人也心疼你呢！……

沈梦霞 （瞪目）还有一个人？（紧张，找不着东西）……你……

惜　玉 （窃笑）不是我！……

沈梦霞 （懊恼地）哎，让开路，你还是让我回去吧……（欲走）

惜　玉 （向门外示意）喏，心疼你的人，来了！

沈梦霞 （吃惊）啊？姐姐来了？

吕碧云 （婀娜而上，窃笑）这么大的人，还依恋姐姐的疼爱，好不害臊！

沈梦霞 （害臊）……小姐……不是的……我……我……（怔怔地看着吕碧云，为其青春容颜所动）

惜　玉 （窃笑）小姐，（暗示所藏玉蝉）接下来，就看你的了！嘻嘻！（端茶盘下）

［静场。两人相对，一片尴尬。

沈梦霞 ……哦……小姐，多谢吕翰林海涵，古书修葺完毕，小生就此告辞了！（拿药匆匆欲下）

吕碧云 （拦住去路）哎，你还没有向我父母大人谢过呢！

沈梦霞 这……本应面谢，只是时候不早，姐姐正等着我送药回去，请小姐代为转达！（欲下）

吕碧云 （拦住去路）你天天带药回去，看来你的姐姐，病得不轻呀！

沈梦霞 （心情沉重，话外有音地）姐姐的病，确实不轻！

吕碧云 （关切）你姐姐所犯何病？让我父亲请个名医，为她诊治，免你日夜悬心，意下如何？

沈梦霞 小姐好意，小生心领。我来你家做事，令尊已多给薪金，我是深谢不已，余事不敢叨扰！告辞了！（匆下）

吕碧云 （着急）哎……相公……

沈梦霞 （止步）……你还有什么事？

吕碧云 我……我……（急而脱口）你的玉蝉……

沈梦霞 我的玉蝉？（搬书翻纸寻找）……你怎么知道我的玉蝉……

吕碧云 （摇头，窃笑，递上丝帕）喏，给！

沈梦霞 （喜）……啊？（一触丝帕，随即退步，举袖擦汗）嗨！我都快急死了，你还有心逗我！（一屁股落座，噘嘴生气）

吕碧云 （一看，窃笑）相公啊！

（唱）看你噘嘴生气样，

惹人好笑令人怜。

你来我家十八天，

天天玉蝉不离眼。

时而对它把气叹，

时而对它轻声言。

更有窗前吟诗句，

声声惆怅忧愁添。

我心想，你定有心事万万千，

唯有玉蝉相排遣！

沈梦霞 （又惊讶又感动，旁唱）

一番话语令人惊，

句句惊语感人心。

仿佛生前一知音，

胜似梦中可意人！

（旁白）不不不！非分之想！非分之想！（对吕碧云，接唱）

十八天，我落难书生屈檐下，

何劳日日暗照应？

吕碧云 相公啊！（动情地唱）

深居闺中十八春，

万种愁情填胸襟。

蓦然见你潇洒影，
行动莫不牵人心。
我忖你，日日言语对玉蝉，
恰似我，夜夜丝帕寄深情。
相公呀，丝帕好绣连理枝，
闺中哪得梦中人？
如今是，玉蝉声到寂寞林，
我愿是，青柳折腰来相迎……

沈梦霞　（感动）多谢小姐垂怜！只是……

吕碧云　（急）只是什么？

沈梦霞　只是……
（唱）十八春，光阴荏苒悄无声，
十八春，梦霞懵懂长成人。
相依相伴唯姐弟，
难识难辨世间情。
多感小姐肺腑语，
愧叹愚生难担承！
小姐呀，玉蝉本是传家物，
身寄异乡唯知音。
万望小姐指迷津，
物归原主谢不尽。

吕碧云　（唱）我只见，阳春三月柳成荫，
那蝉儿欲栖低声鸣。
我看它，欲飞又止难动身，
道是无意却有心……

沈梦霞　（似有所觉）这……

吕碧云 （接唱）我只见，柳到秋凉随西风，
那蝉儿欲栖已凋零。
我欲蝉儿识时机，
莫待空枝唯遗恨！

沈梦霞 （感动）小姐！
（唱）青柳成荫舞春讯，
摇曳生姿多风情。
蝉儿岂敢高枝栖，
低吟尽日独自听。
柳枯槐老唯我命，
只待一蜕向嚣尘。

吕碧云 （关爱）相公诗书满腹，相貌堂堂，正当鸿鹄有志，展翅高飞，为何如此意志消沉？

沈梦霞 唉！只因父母早亡，尚是襁褓中人，就托付曹家姐姐，十八年心血养育成人。如今姐弟离乡背井，姐姐庙中得病，何日康复？落难书生，何能得志？姐姐深恩，如何报答？！嗨！不说也罢！（看窗外，决然）天色已晚，就此告辞！（提药欲下）

吕碧云 （急叫）哎，相公……（急欲向前，不慎裙裾被勾，差点跌倒）哎哟！（向内）惜玉……惜玉……

惜　玉 （内应）哎！

［惜玉匆上，与沈梦霞相撞，药包碰落。

沈梦霞 你怎么把药包给碰破了！（一片无奈）

惜　玉 不用急！我来包好给你！（灵机一动，拿过小姐丝帕，利索包好，递上）喏！拿去！

沈梦霞 嗨！（接过，悻然而去）

吕碧云 哎！……（目送，沮丧）他不理会我的心意……明天再也见不

到他了……（哀哀地）惜玉……这可怎么办呢？！

惜　玉　（机灵地）小姐莫急，让我尾随而去，识得他落身之处，再作道理！（追下，复上，拿出玉蝉）这件赃物我可不敢带在身上，以免被人当贼抓起！

吕碧云　（收玉蝉）快去快回！（目送下，痴对玉蝉）玉蝉啊玉蝉，我留下了你，却留不下你的主人，我怎忍心让你们生生相离！

［吕翰林及夫人王氏上。

吕碧云　（急收玉蝉，娇羞地）爹爹母亲……我……我……（嘤嘤而泣）

吕夫人　（心疼地揽入怀中）儿呀！

（唱）女儿心事母早知，
　　天赐姻缘恰当时。
　　梦霞才貌两相配，
　　为母定当早做主。

吕翰林　（唱）相逢到此缘非浅，
　　只差媒妁递丝鞭。
　　莫只道，寒士落魄凤池远，
　　管教他，琢磨成器待钦点。

夫人、女儿，十八天来，沈梦霞修好四书五经，唐宋诗文，我看他过目成诵，深得其道，管教他春闱必取，青云得路……

吕碧云　（喜）爹爹！

吕夫人　待等惜玉探得详情，我们再为他排忧解难，助他安心功名！

吕碧云　（喜）谢母亲！

吕翰林
吕夫人　哈哈哈哈！

（合唱）到那时，状元女婿皇恩赐，
　　女儿是，诰命夫人凤冠霞帔胜天仙。

你我晚来好福分，

光宗耀祖乐天年！

[收光。

第五场　归蝉

[古庙，沈梦霞把煎好的药汁倒入碗中，轻吹。

[曹芳儿缝补衣物。

曹芳儿　（心情开朗，唱）

阵阵药香扑鼻来，

未喝先闻精神开。

沈梦霞　（端药）姐姐，药已煎好，趁热喝下。

曹芳儿　（接过，喝药，精神振作，接唱）

一股甘甜润心肺，

胜似琼浆消病灾。

多谢弟弟细调养，

为姐病体已安泰。

沈梦霞　姐姐身体安泰，正是为弟的心愿！

曹芳儿　（拿过衣衫）这件衣衫已改好，穿上试试。

[沈梦霞试衣。

曹芳儿　春闱将近，吕家事毕，你就安心攻书吧！

沈梦霞　春闱赴试，我也有打算，只是……

曹芳儿　只是什么？

沈梦霞　只是我上京赶考，姐姐何处安身？何人照应？

曹芳儿　哎，此庙安身，自己照应！

沈梦霞　让你一人在此，我总是放心不下！

曹芳儿 （振作）你看，起居洗漱，我跟以前一样精神！你就安心攻书，余事不必用心！（整理衣物，发现一丝帕，惊，回看沈梦霞，生疑）这……

沈梦霞 （无心于书）唉！（颓然落座）

曹芳儿 （探询）弟弟，你怎么了？

沈梦霞 没有什么……

曹芳儿 是否辛劳过度，身体欠佳？

沈梦霞 不是，不是！

曹芳儿 是不是在外面遇到什么难言之事？

沈梦霞 没……没……

曹芳儿 ……？

沈梦霞 ……姐姐，我……我的玉蝉，丢失了！

曹芳儿 （大惊）什么？那……那可是你的家传之物，你怎么可以随意丢弃？！

沈梦霞 （辩解）不是我故意丢的，是我不知道放哪里去了！……

曹芳儿 梦霞，你有什么难言之隐，尽可向姐姐道来！

沈梦霞 我……

曹芳儿 ……你丢了一只玉蝉，却多了一条丝帕！

沈梦霞 （窘，结巴）姐姐，那是药包破了……吕家丫环从吕家小姐手里随手拿过，包药用的……

曹芳儿 弟弟……

沈梦霞 姐姐，梦霞在吕家不曾做下对不起姐姐的事！

曹芳儿 （理智地）梦霞，你……你也是到了谈婚论娶的年龄，如果你看上哪个喜欢的人儿，说出来，好让姐姐为你做主！

沈梦霞 （慌）没……没……梦霞只愿陪伴姐姐！（委屈地）只是心里一想到姐姐的病体，就六神无主了……

曹芳儿 （感动）姐姐身体已经康复，你就不必过多担心！（细看丝帕，试探）绣得如此花叶繁茂的连理双枝，定是个多才多情的花样女子！

沈梦霞 （触动内心）姐姐呀！

（唱）梦霞已非童稚儿，

胸中自有千种情。

每逢花月两相映，

对月看花暗沉吟。

怎还你，如花似月好青春？

怎还你，含辛茹苦养育恩？

怎还你，青梅竹马真情恋？

怎让你，白头偕老享天伦？

姐姐，你能不能给我讲清楚，小时候，义塾子弟纷纷议论的双玉蝉，到底是怎么一回事？

曹芳儿 （猝不及防，脱口而出）天哪，双玉蝉的事情，太公不是跟你说清楚了吗！

沈梦霞 太公说的是真话？

曹芳儿 ……（违心地）是真话！（紧张）梦霞！

（唱）十八年，为姐只盼弟成人，

蟾宫折桂有功名。

为酬姐弟手足情，

姐只愿，你玉蝉高枝送佳音。

沈梦霞 （痛苦）这十八年的光阴，为什么不能从头再来？

曹芳儿 （抑制）从头再来，芳儿终归是你的姐姐！

沈梦霞 不！姐姐！梦霞一定不会忘记你的恩情！（跪抱曹芳儿，痛心地）姐姐！梦霞只想一举得中，让姐姐过上好日子！！

[主题音乐萦迴。

曹芳儿 （感动，拿过一包袱）赶考之物，姐姐为你准备好了，你还是趁早上京，专心备考，得取功名，光耀前程！

沈梦霞 谢姐姐！只是遗失在吕家的玉蝉，还没找回来！

曹芳儿 那只玉蝉，定在吕家！你只管放心赶考，姐姐会把玉蝉找回来的！

沈梦霞 （背起包袱，拿出银钱）姐姐！这点银钱，留给你，以备不时之需！

曹芳儿 （拒）不，留着弟弟赶考之用！

（唱）你此番上京求功名，
姐姐是一言难以诉离情。
十八年相依同为命，
一旦分手心不忍。
弟弟呀，出门不比在家时，
为姐不能常照应。
你饮食起居须得当，
衣着冷暖自留神。
三场会试要专一，
不用为姐来分心。

沈梦霞 （深情地）姐姐呀！

（唱）十八年休戚与共情义重，
我也是难舍难去难离分。
步虽欲去心却留，
留下伴姐病弱身。
这一去，羞将离情示路人，
姐姐啊，你就亲来为弟拭泪痕……

曹芳儿 （深情）梦霞！（拭泪痕）

沈梦霞 （接唱）只想此去遂人愿，

早日归来送佳音。

姐姐多保重！弟弟告辞了！（毅然下）

曹芳儿 （拭泪，惜别）梦霞，一路珍重！（伫望，一阵咳嗽，掩门，四顾茫然，拿出玉蝉细看）……

［幕外独唱——

四顾茫然神无主，

一蝉迷离一独处。

有口难表玉蝉情，

怎期双双宿同枝？

［敲门声。

［曹芳儿回神，开门。

［惜玉提篮进。

曹芳儿 你是……

惜　玉 我是吕家丫头，名叫惜玉。

曹芳儿 你怎么到这里来了？

惜　玉 是小姐叫我来的！

曹芳儿 （警觉）小姐……

惜　玉 她说……

曹芳儿 她说什么？

惜　玉 她说……（急中生智）她说呀——

（唱）相公今日没到家，

定是姐姐体欠佳。

篮中样样小点心，

是她亲手来备下。（递点心）

曹芳儿 多谢小姐用心！（接过）……梦霞没去吕家，是因为你家差事已毕，不是梦霞误工不去！

惜　玉 噢，是啊是啊！（机灵地改口）只是……只是我家老爷说，沈相公多日辛苦，还当多加酬谢，昨日不辞而别，无法当面谢过，现在叫我给你们送过来了！（递钱袋）

曹芳儿 （挡）薪金已经多给，份外的钱，我们不能拿！

惜　玉 （热情地）富家不差这几钱，穷家胜似雪中炭！芳儿姐姐，你就收下吧！

曹芳儿 （拒）这钱，是万万不能收的！只是吕家与我们非亲非故，为何如此照顾？

惜　玉 姐姐，你听着！

（唱）相公修书十八天，
日日劳作到黑天。
老爷嘉许好后生，
过目成诵非等闲。
夫人越看越欢喜，
胜似己出多爱怜。
更有那，掌上明珠吕小姐，
一见钟情心相恋。
姐姐呀，总道姻缘天注定，
相公与小姐，千里姻缘一线牵。

曹芳儿 （强抑情绪，好奇地）我来问你，你家小姐，有何品貌？

惜　玉 你是问我家小姐呀？（神秘地）远在天边近在眼前！

曹芳儿 （猝不及防）啊？……

惜　玉 喏——！（向外）小姐！

［吕碧云婀娜而进，婷婷玉立。

[幕外唱——

也曾美目巧盼兮，
也曾娇容嫩欲滴。
也曾青春十八自生情，
如今十八青春何处觅？
又见婷婷立，
光阴悄然易，
何情长相守？
唯有蝉鸣声依依！

曹芳儿 （晕眩）……吕小姐，你……你是如何找到此地的？

吕碧云 （娇羞）有心路自明，有愿心相随！

曹芳儿 你寻来何事？

吕碧云 我……我来看看芳儿姐姐！姐姐呀！

（唱）我是天天听言姐姐病，
沈相公，他是天天把你悬在心。
羡你姐弟情谊深，
我愿做……（羞）愿做妹妹一家亲。

曹芳儿 （心绪纷乱）噢，多……多谢……小姐屈尊到此……（拿出丝帕）正好把包药的手帕还给你……

吕碧云 （羞避）姐姐！……

曹芳儿 （试探，唱）

你绣得依依连理枝，
寄予脉脉深闺情。
依依脉脉两如何？

吕碧云 （着急）我……我……惜玉！

惜　玉 （接唱）枝叶荫荫待蝉临。

吕碧云　（激动，拿出玉蝉）姐姐，这只玉蝉……

曹芳儿　（触目惊心，旁白）果然在她那里！

吕碧云　我……

惜　玉　……是我乘沈相公不意，悄悄拿走的……我怕沈相公再也不到我家，我家小姐再也见不到沈相公……她是……

（唱）一日不见如三秋，

一腔心病堵胸口。

先留玉蝉解相思，

再请姐姐了忧愁。

姐姐！你可要为我家小姐做主呀！

吕碧云　姐姐！

（深情地唱）

依依脉脉两如何？

细似轻丝渺似烟。

晚倚睡屏只怅望，

晨临莺镜空凝妍。

夜以待旦数漏尽，

只待蝉鸣相与言？

姐姐呀，为什么，镜花水月了无迹，

却只是，满怀惆怅心似煎？

曹芳儿　（旁白）看来她是对梦霞一见倾心了！说不定梦霞也是情有所钟？！……看他们年龄相当，品貌相配，也真是天生的一对呀！……（焦虑）

吕小姐　（探询）姐姐……

曹芳儿　噢……梦霞他上京赶考去了……

惜　玉　是呀，恰巧我家老爷回朝复命，沈相公与老爷路上相遇，已经随老爷车马进京……

吕小姐 （羞怯地）……如此也让沈相公，少了许多行路之苦！

曹芳儿 （意外）……多谢吕翰林照应！

吕碧云 我爹爹还说，若是沈相公一举得中，成为天子门生，他定要奏告皇上，恩赐相公的姐姐一块匾额……

曹芳儿 什么匾额？

惜　玉 老爷连名字都想好了，叫“义媲女须”！

曹芳儿 啊，把我同抚养屈原长大的姐姐女须相比？不不不不！

吕小姐 姐姐，我爹爹说了，沈相公饱学诗书，必中无疑，有了皇上的恩赐，将来的日子，可就衣食无忧，这难道不是沈相公最大的心愿？

曹芳儿 天哪！原来你们是如此关心于我！我……我……（旁白）梦霞，你可叫姐姐怎么办呀！（一阵咳嗽）

吕碧云 （相拥）姐姐，古庙清寒，你还是随我到家里安歇，一来让我代沈相公照顾好你，二来共等相公喜讯！

曹芳儿 好意心领，只是我与梦霞约定，要在这庙里，等他归来！（一阵剧咳，神志昏然，吕碧云、惜玉相扶）

吕碧云 姐姐！姐姐！

曹芳儿 （剧烈咳嗽，出血，慌）……血……

吕碧云 （慌）姐姐……

曹芳儿 （悲从中来）……只怕我这病体，等不到梦霞回来了！……

吕碧云 （关切）不！姐姐的病体，会好起来的！你就随我回家，让我代替沈相公，好好照顾你！

曹芳儿 （感动）多谢小姐一片好心！……梦霞他……

吕碧云 （怅茫）梦霞他，在我面前，总是心事重重，总是有口难言……

曹芳儿 梦霞他，对你……

吕碧云 ……（真诚地点头）……

曹芳儿 我……我……（毅然）我看你们两个年龄相当，品貌相配，承蒙不弃，倘能高攀，长姐为母，我可为梦霞做主，让你们永结百年之好！

吕碧云
惜　玉 （惊喜）……真的？！

曹芳儿 （拿出玉蝉）这只玉蝉……

吕碧云
惜　玉 （惊）你也有一只玉蝉？

曹芳儿 （虚弱地唱）

玉蝉原是双玉蝉，
沈家寄托为婚聘。
一蝉已将上高枝，
我让它，双飞双宿喜联姻。

但愿梦霞金榜题名，双喜临门！（交玉蝉）

吕碧云 （接玉蝉，激动）……多谢姐姐！惜玉，你快回府，让人抬轿子来……

曹芳儿 （虚弱地）不……我要在这里……等梦霞回来……（昏然）

吕碧云 （扶住曹芳儿）惜玉，快去叫轿子来！

惜　玉 是！（下）

［收光。

第六场　蜕蝉

［吕府，张灯结彩，鼓乐喧天。凤冠霞帔、“义媲女须”匾额赫然堂上。

[幕外合唱——

双玉蝉，双玉蝉，
张灯结彩开华筵。
高中魁首赐姻缘，
却有悲秋声送远。

[吕翰林携吕夫人上。

吕夫人 （焦急）老爷，喜辰将到，门上来报，梦霞即刻打道回府！女儿却不肯沐浴更衣，那凤冠霞帔可是皇帝钦赐，不得抗命呀！

吕翰林 （叹）嗨！曹家姐姐，用沈家玉蝉为梦霞与碧云订下亲事，这双玉蝉的情分就属于他们两个，梦霞虽已上书，禀明双玉蝉的故事，可圣旨已颁，绝难违抗！你把女儿叫来，让我把道理跟她说清！

吕夫人 对！是要向她申明大义！（向内）惜玉，叫小姐！

惜　玉 （内应）哎！（片刻，扶吕碧云出）

吕碧云 （神情恹然）见过爹爹母亲！

吕夫人 （爱惜地）女儿呀！

（唱）梦霞得中状元郎，
钦赐婚姻难违抗。
凤冠霞帔奉高堂，
诰命夫人福分长！

吕碧云 （决然，唱）

玉蝉情分终有缘，
我感佩，梦霞他，金殿坦诚禀真相。
鸠占鹊巢非我愿，
万望双亲多原谅！

吕翰林 （唱）天子门生应从命，

义媳女须有嘉奖。

老少婚配难相宜，

曹姑娘，改赠玉蝉眼光长！

吕夫人 女儿，爹爹和梦霞都是朝中之人，岂能违抗圣旨！你就应允了这桩婚事，也不枉当初的一见倾心！

吕碧云 （啜泣）不！母亲！女儿不愿夺人所爱！（意决）女儿要把凤冠霞帔奉还芳儿姐姐，当初他们定有父母之命，媒妁之言，想必皇上也该尊此天经地义！爹爹定要为女儿在皇上面前申明大义！（下）

吕夫人
吕翰林 女儿！（无奈）

吕夫人 （着急）老爷，这可怎么办？

吕翰林 嗨！……（示意）你还是快快跟去，对她多加安抚！

吕夫人 对！女儿是最听母亲的话的！（下）

［灯光变幻，曹芳儿卧房，鼓乐入窗，几声蝉鸣，夹杂其间。

［曹芳儿较前衰老，但神情开朗。

曹芳儿 （唱）数月来，寄身吕府得照应，

病体尽日享清静。

心迹一片无俗虑，

唯留悬望待佳音。

如今是，鼓乐声声传喜讯，

喜报连连遂人心。

金匾凤冠各有主，

从此默守玉蝉情。

满目景色从容看，

此中蝉鸣等闲听。

蝉儿呀，你虽是，不傍管弦自成曲，

偏依杨柳愁绪吟；

我今亲迎双喜降，

一生已无别样情。

今天是梦霞双喜临门的日子，我该梳妆打扮，穿戴整齐，不要失了状元公的体面。（拿出包裹，翻找，翻找出十八年前的嫁衣，触手心惊，下意识地往身上比试，一片恍然）

[外声：姐姐——！姐姐——！

曹芳儿 （惊醒）梦霞回来了？是梦霞回来了！我得快快梳洗一番！

[外声：状元公，地方官员已在厅堂等候多时，有请状元公前去拜会！

曹芳儿 （慌到梳妆台前，吹去灰尘，对镜，梳妆，仿佛年轻时的激动，娇羞，唱）

面对菱花羞梳妆，

难抑芳心乱胸襟。

嫁衣如初色不褪，

喜乐声中暗伤神……

[灯光变幻。朦胧中，曹氏宗祠。蝉声长鸣。

[年轻的曹芳儿祭拜父亲。

[曹族长拄杖蹒跚上。曹芳儿迎接。

曹族长 芳儿，梦霞是一个读书之人，他当通情达理！眼前他若还显稚嫩，日后自会多生情分，你好比竹竿挑水后梢长，享福的日子还在后半生啊……我的话是不会错的！

曹芳儿 （怔忡）……不不不，族长公，我不能让梦霞太受委屈，我不能害他性命危在旦夕……

[曹族长摇头而去。曹观澜现出。曹芳儿中年打扮。

曹观澜 芳儿我女!

曹芳儿 (哭跪而前，投入父怀)爹爹父亲!(嘤嘤而泣)

曹观澜 (陪泪)芳儿，你怎么这么傻，沈梦霞高中状元，深懂事理，他不会弃你而去，你就是凤冠霞帔诰命夫人，这也是你十八年苦难积下的功德，你们的缘分是命中注定的!可你为何一定要自作主张，为他另择婚配，让自己终老孤独?

曹芳儿 我不忍心他身为天子门生，翩翩才俊，配我一个半老徐娘，招惹朝堂公卿对他的耻笑!最终……最终……害他难诉苦衷，遗恨一生!……爹爹，原谅女儿的不孝……(泣不成声)

[梦幻灯光消失。曹芳儿卧房，重对菱花镜，理妆，看不清，拂去镜上灰尘，细看，心惊，心痛……

曹芳儿 (激动，唱)

重对菱花漫惊心，
忍见白发添两鬓。
岁月匆匆十八年，
十八道皱纹添年轮。
人老病弱草枯萎，
夕阳西下近黄昏。
已是无缘蝉成双，
更有衰容难相迎。
梦霞呀，满堂宾客多喜庆，
谅姐无能相照应……

惜　玉 (上，敲门)姐姐，姐姐，吕夫人看你来了!

曹芳儿 (掩饰，理容)哎……

[惜玉引吕夫人上。

曹芳儿 (开门迎)有劳吕夫人亲来!

吕夫人　亲家姑……

曹芳儿　……

吕夫人　亲家姑……

惜　玉　姐姐，夫人叫你呢！

曹芳儿　呀？亲家姑？

吕夫人　亲家姑，梦霞已回，正在厅堂拜会本地官员，大婚的喜辰将到，请亲家姑快快穿戴整齐，一来跪接钦赐“义媳女须”金匾，二来上座受梦霞碧云大礼跪拜！

曹芳儿　（恍惚）跪接金匾？大礼跪拜？

吕夫人　是的！惜玉，快快把新衣服拿给亲家姑换上！

惜　玉　是！（奉上新衣）姐姐，请更衣！

曹芳儿　（怔，木然接过）谢谢亲家母的好意，芳儿稍候即到！

吕夫人　宾客都已到了，就等你这个夫家的长辈了！（带惜玉下）

曹芳儿　……多谢亲家母！（掩门，百感交集，拿起菱花镜欲照却罢，欲摔无力，声泪俱下）梦霞呀梦霞！（悲痛不已）

[主题音乐萦回。

[外声：姐姐——！姐姐——！

曹芳儿　是梦霞接我来了！（慌）不！……我不去！我不能去！……梦霞呀梦霞！原谅姐姐不能迎你荣归，祝你大婚！（对镜，激动唱）

再对菱花吞悲声，
芳儿爱恨怎抚平？
菱花无言胜千言，
千言只表一种情。
梦霞呀，幸得流年伴你长，
不亏芳华付光阴。

已曾簪缨羞待嫁，
窗前娇妍映明镜。
已曾耳鬓两厮磨，
一任稚童枕上亲。
缤纷虽随秋光尽，
枝头还萦旧时鸣。
可喜新蝉逢节令，
已栖浓荫承天恩。
我今华发难成妆，
只求丝缕免飘零。

［幕外响起摇篮曲——

摇摇睡，拍拍睡，
大人有事哎啰喂。
刷锅碗，喂鸡鸭，
劈柴火，煮饭菜。

沈梦霞 （状元服饰，上，敲门）姐姐！姐姐！快开门呀！

曹芳儿 （慌堵门）……

沈梦霞 我是梦霞！我回来接你来了！

曹芳儿 （对着门外）梦霞！你回来就好！姐姐于心安了！（菱花镜前，慢慢梳理）

沈梦霞 从小到大，你就知道自己安心，可为什么就不想想，我能安心吗？！（用力推门，进）姐姐！

曹芳儿 （平静）梦霞！

沈梦霞 （跪抱曹芳儿痛哭）姐姐！你为什么要这样待我？！你为什么要对我隐瞒双玉蝉的真情！（拿出双玉蝉呆视）

［画外童音：芳儿不是你的姐姐！是你的老婆！是你的妻子！双

玉蝉！双玉蝉！

曹芳儿 （冷静）弟弟，这一切，都是为了你好！（举刀剪发）菱花镜会告诉你的！

沈梦霞 （痛声大叫）不！你将置我于无情不义之地！你叫我这一生用什么赎回欠你的情义！（拿起菱花镜，愤怒砸地，痛恨地唱）

菱花明镜不公平，
只映容颜不映心。
姐姐痴愚我心痛，
我心是明镜你怎不映？
纵然流光减岁月，
可难减真情刻于心。
姐姐呀，耳鬓厮磨孩童时，
你美若天仙刻于心。
姐姐呀，相濡以沫度苦难，
你爱若天使刻于心。
心心已然相叠印，
为何生生相离难相亲？
姐姐呀，你已然青丝千缕付刀剪，
却剪不断疏桐衰柳孤蝉鸣；
你已然斩断世间万种愁，
却伤透寒蝉鸣哀声。
你已然斩断情丝了尘缘
我恰是情若真金遁空门。

曹芳儿 （平静）梦霞，你可别做出傻事，让姐姐连青灯相伴的日子也过不成了！

沈梦霞 （痛心地）姐姐！

[灯光变幻，另一表演区，张灯结彩，鼓乐喧天。

[外声：皇帝有旨，赐新科状元沈梦霞与翰林之女吕碧云，结为夫妇，即日完婚，永谐百年之好！

[灯光变幻，吕碧云红妆盖头迟疑而来，曹芳儿青灯木鱼缓慢而去。

[沈梦霞举双玉蝉大叫：姐姐！姐姐！

[幕外合唱——

也曾美目巧盼兮，
也曾娇容嫩欲滴。
也曾青春十八自生情，
如今十八青春何处觅？
又见婷婷立，
光阴悄然易，
何情长相守？
唯有蝉鸣声依依！

[一双玉蝉，迎风飞翔，择枝而栖，鸣声依依。

[幕落。

[剧终。

（本剧根据传统剧目《双玉蝉》新编）

二〇〇九年二月十二日黄昏

一稿于鹿城锦江家园

二〇〇九年八月二日晚改稿

暮夜却金

越剧

人　物　杨　震——东汉人，人称“关西孔子”，时赴任东莱太守。

王　密——杨震学生，时任昌邑县令。

书　童——杨震书童。

[东汉元初年间（约公元114年）。

[昌邑县境。赤地千里，一片荒芜。

[杨震赴任东莱太守（54岁），带书童，微服私行。

杨　震　（唱）奉诏赴任微服行，

一路上，赤地千里流饥民。

书　童　（挑行李随上，汗流浃背，边拿衣服扇风，边唱）

脚不离地日落西，

饥肠辘辘冷汗淋。

（不满地）老爷，你一不雇轿，二不租车，大路不走，专走荒地，一天走个几十里，也不听听我的肚子，饿得咕咕嘀！（嘟囔）没见过这样当官的！

杨　震　哦？（感慨，沉吟）一路上灾情严重，触目惊心，还得抓紧查实！（对书童）暮夜降临，不得不紧走几步！（坚定地）来！我来挑！（欲拿扁担）

书　童　不不不！我是怕老爷肚子饿了！

杨　震　快走，快走吧！

书　童　（后看）老爷，你听，有马蹄声……那个人影，越来越近……

杨　震　（观望）……？

[王密打马急上。在书童跟前急停。书童紧避，王密被撞，跌落于地。

杨　震　（叫）小心！（怪书童莽撞，上前扶起王密）你?！（辨认）

王　密　你?！……（辨认）恩师！（惊喜）果然是恩师！

杨　震　王密！

王　密　是恩师！（急跪拜）郡守在上，受学生一拜！

杨　震　不必客气！

王　密　（殷勤地拉住杨震）恩师，天色已晚，你还是随我到馆驿歇下为好！

杨　震　（观察）呵呵！来日方长！

书　童　哎哟！（从布袋里抽出手来直抖）痛煞我了！痛煞我了！

杨　震　何事？（与王密转身探看）

书　童　（提着干粮袋，哭腔）喏！老爷，肚子饿要拿干粮，您的口袋会咬人的！

杨　震　（惊奇）我的口袋会咬人？！（接过干粮袋，一看，咬牙）可恨呢可恨！我的会咬人的口袋！你看！你看！

王　密　（一看，老鼠窜出）硕鼠！一只大老鼠！

书　童　（惊魂未定，惊叫）啊！原来是它！（恨）干粮都被它吃光了！哼！看我怎么收拾你！（边追边下）

杨　震　唉！一路上，赤地千里，饥民遍野。一只老鼠，却无孔不入，吃得肥肥腻腻……看来，这灾情，饿的是黎民，肥了那些刁贼！

王　密　恩师明察！只是……

杨　震　只是什么？

王　密　只是……

（旁唱）我本想，谢郡守，举荐恩，巧送百金，
不料他，借硕鼠直说灾情。

杨　震　（旁唱）我本想，遇故人，免客套，直言无讳，
不料他，说灾情难启话音。

王　密　（旁唱）见恩师，目光炯炯明察秋毫，
这百金，如何送，如何叙旧情？

杨　震　（旁唱）见王密，支支吾吾欲言又止，

这贪墨，如何查，如何得隐情！

（恼恨，脱口而出）天灾外来犹可除！

王　密　（脱口而出）人祸内起何能禁？（急掩口）

杨　震　（惊）看来，王县令确有难言之隐！那就我来问你！朝廷早发赈灾之银，为何四处流走饥民？

王　密　（定了定神）实不相瞒，赈银半途就被克扣，巧取豪夺出在朝廷！

杨　震　（一震）果不其然，监守自盗！如此不恤民生，究竟何人？

王　密　（急）恩师呀！王密就直言相告吧！昌邑一县，虽遇天灾，实则人祸。祸出奉迎之人，其贪心不厌，无所不为，令人发指。恩师尚未到任，已传话下来，叫下官曲意侍奉，定要隐瞒贪墨赈银大建私宅之事，不然……

杨　震　不然又怎么样？！

王　密　嗨！若是郡守定要查个水落石出，定当投鼠伤器，你我两空！

杨　震　啊！你……绕了半个圈子，原来你是为了保住自己头上的一顶官帽！

王　密　不不不！郡守此言差矣！学生暮夜追赶，得以一见，并非为自己开脱，保得官位！实则是不胜官场之贪腐！

（唱）初为官不知官诀窍，

日理公务夜报告。

历经三思今吐槽，

实干非为官之道！

杨　震　（震惊）……那，你说，怎么干才是为官之诀窍！才是为官之道？！

王　密　（唱）朝中无人做官难，

上下联手官能保。

若无恩师亲举荐，

哪得王密戴官帽？

为感郡守知遇恩，

呈上百金图相报！（解包袱，跪呈）

杨　震　这就是为了你的上下联手，这就是你的百金图报！王密呀王密！你哪来的这么多“歪门斜道”？（强抑怒意）你为官三年只千日，哪得百金赠他人！当年荐你唯贤德，你事过境迁却换个人！

王　密　（唱）不是我，三年官场人变样，

实在是，官场变幻难自保。

你荣我荣两无害，

我损你损责难逃！

杨　震　（震惊、愤忿）我，我真是错看了你……

王　密　……（惊惧，失望，振作，下狠心）恩师呀，我劝恩师——

（唱）义利源头要识真，

黄金能换腐儒贫。

杨　震　（大震，激动）义利源头要识真，黄金能换腐儒贫！

（唱）我杨震，五十出仕前世贫，

若养廉，清贫伴我后半生。

子女们，蔬食步行人看贱，

夫人她，织机夜忙笑且轻。

王　密　着啊！

（接唱）这世道，官官吏吏钱为上，

你何必，至清至察图虚名！

［王密再次呈上百金。

王　密　恩师，收下吧！

杨　震　（大怒，唱）

难道你，同流合污行贪墨，

大灾不赈犯王条?

难道你，要把老夫拉下水，

瞒天过海任逍遥!

王　密　（焦急、沉重）恩师!（【扑灯蛾】念）

百金相赠奉上命，

监守自盗，你已是瓜连着藤!（呈金）

杨　震　（接念）推贤不能难逃责，

百金相赠更相侵!

王　密　（接念）你自不受用当可解，

也应家业遗子孙!

杨　震　（接念）我遗子孙清正句，

更比黄金重千钧!

王　密　（猥琐地）恩师，暮夜赠金无人知!

杨　震　你……你……（寒心）当年你为荆州茂才，我为刺史，师生一场，荐你为官。如今我是东莱郡守，你是昌邑县官，已是同僚，又是故交，本当上下联手，为民图治。却不料人未到任，却要办你?我怎么能够办你?我又怎么忍心办你!……我错了!我不该呀不该!

（唱）官道当以民为本，

廉洁奉公立朝廷。

想当初，荆州风雨夜来深，

你师前常把黎民疾苦惦在心。

想当初，荆州吏治一团麻，

你灯下常献良策大志高凌云。

当初举你德才备，

却不料，如今在位难谋政。

痛惜你，混迹官海难自省，
近墨者黑难自清。
贪赃枉法瞒不报，
危而不持昧初心。
为救生民正律令，
我难惜旧情保不仁。
你百金相报更相危，
我推贤不能罪责难脱身！

王　密　（震惊，愧恨交加，尚怀侥幸地）啊……恩师为官清正，气节高超，学生我辜负重望，悔之晚矣……王密不才，任凭郡守处置！只是暮夜赠金（呈金），无人知晓，万望三思，以息事宁人！

杨　震　息事宁人？……可叹故人相识难相知！

王　密　（沉吟）我自以为相知故人……

杨　震　故人知我？

王　密　（感慨，苦笑）我知故人！

杨　震　故人知我！这就对了！（大笑）哈哈哈哈！天哪！莫道暮夜无人知！天知，地知，我知，你知！哈哈哈哈！哈哈哈哈！

［王密发颤，黄金撒落一地，熠熠生辉。

［书童抱一大捧野菜上。

书　童　（递上）老爷，荒郊四野，无有可吃。我找不到一粒饭食给你充饥，只挖到这一捧野菜！

杨　震　（接过，痛心地）呵呵呵呵！王密，我的学生，你也来吃一口野菜吧！

王　密　（接过，惨笑）哈哈哈哈！

［幕外合唱——

人间无处不天公，

却笑赠金暮夜中。

千载四知却金地，

至今犹自起清风。

[幕落。

[剧终。

二〇一五年十月五日

子夜定稿于鹿城

余杭小百花越剧艺术中心排演

大路迎亲

瓯歌剧

人　物　郑书记——瓯地某乡九降村村支书

郑大奇——郑书记儿子

刘小鹏——九降村村民

李春香——郑书记妻子

小鹏娘、村主任、众乡亲等

[山区，重峦叠嶂。陡峭的山道忽隐忽现。

[山坳，散落着破败的老屋。

[幕外响起山歌——《养囡勿嫁山头垟》

娘啊娘，养囡勿嫁山头垟，
若是嫁到山头垟，
上岭仰翻天，
落岭倒头扦。

[一群村姑上，歌舞——《城里打工好赚钱》

城里大路宽又阔，
路边高楼耸云天。
山头日子一世穷，
城里打工好赚钱。（歌舞下）

[一群小伙上，歌舞——《蜂蝶恋花人找伴》

蜂蝶恋花人找伴，
后生儿郎把妹恋。
妹是风筝哥是线，
风筝高飞把哥牵。

众小伙 （唱）想妹妹，心想焦，
绣花枕上病恹恹。
你若不信亲来看，
眼泪发芽三寸三。

刘小鹏 （唱）路滥早脱鞋，
好事早调排。

郑大奇 （唱）外面的世界很精彩，

何必当条光棍苦哀哀。

走！我们也到城里打工去！

众小伙 （欢腾）到城里打工去喽！到城里打工去喽！（众人欲奔下）

［内传老妇叫唤声：小鹏——！小鹏——！

小鹏娘 （步履蹒跚上）小鹏你不能走呀！

［众乡亲唤：你们不能走啊！

［众乡亲上，阻止年轻人离开，形成对峙。

刘小鹏 （左右为难）娘！（上前扶住母亲）

众小伙 （拉刘小鹏）小鹏，快走呀！

小鹏娘 （紧紧攥住小鹏）不能走！不能走！（向内求助）郑书记！郑书记！

［郑书记大步上。

众小伙 郑书记！

郑大奇 阿爸！

郑书记 （郑重地）小鹏，你们真的要离开山村吗？

刘小鹏 （心情复杂）……郑书记……我……嗨！（跺脚蹲地）我只想到外面打工挣钱，讨个媳妇，让我娘早些抱上孙子！我们这个穷山头，谁还愿意把囡儿嫁给我呀！

众小伙 （招手）大奇，小鹏，快走呀！快走呀！

［刘小鹏等打工青年，在乡亲们的叫喊声和焦虑的目光中，亦步亦趋……

众乡亲 （拥到郑书记周围）郑书记！这可怎么办呢？

［瓯歌《人往高处走》音乐悠悠响起……

郑书记 （无限感慨地，唱）《人往高处走》——

人往高处走，

水往低处流。

山村面貌旧，

人留心难留。

村主任 （接唱）若是绿遍高山头，

大旱水长流。

众乡亲 （接唱）若是栽得梧桐树，

引得凤凰栖枝头。

[山道弯弯，姑娘们和小伙子们艰难攀爬，渐行渐远……

郑书记 （突醒，向外大叫）大奇，你给我回来！

郑大奇 （跑上）阿爸，一大帮人跑到外面去，我跟去，有事好帮忙！村里的事，先商量！

郑书记 （坚决地）我要你留下来！

郑大奇 （奈心）阿爸，你还想我留下跟你一起背锄头打钢钎，在悬崖峭壁开山挖路，修理地球？我是愁呀，这天高皇帝远的山头垟，山再开，路再修，是一辈子也修不到外面的世界！（气不打一处来，狠狠地踢飞地上一块石子）

众乡亲 （唱）天罗瓜愁，白扁豆愁，

天罗瓜白扁豆做起两头愁。

落茄也愁，芥豆也愁，

落茄芥豆做起两头愁。

郑书记 （唱）天也愁，地也愁，

天地做起两头愁。

郑大奇 （唱）有银干得千项事，

无银一事难成就。

阿爸，你还是放我出山跟大家打工挣钱去吧！

郑书记 大奇！村里人过着穷日子，是阿爸这个支书没当好呀！爸要你

留下，是让你帮爸完成一个心愿呀！

郑大奇 还要我跟你一起修路？

众乡亲 修路？

郑书记 对！还要修路！

郑大奇 这修路的事情，不知想了多少年，每次还不是朝天放枪——空响（想）！

村主任 这次可不同！山坑到表乡的乡际公路已动工兴建……

郑大奇 可我听说，到我们九降村的村际公路，还要再过几年才能立项……

乡亲甲 （泄气）哪还有啥盼头！

郑书记 （深思熟虑）我是恁想的噢，我们自己动手，早日让九降村与山坑乡通起路来！这几天，我已经向上级政府争取到一半的修路费用……

众乡亲 （兴奋地）那还有一半呢？

郑书记 （清了清嗓子）还有一半嘛，就看大家人啦！

乡亲乙 嗨！讲了半天，还是看到我你自己兜兜里来！郑书记哎，我看通路的事情，还是一句话，四两棉花弹（谈）不上！

郑书记 （耐心地）哎，别心急嘛，我还有话未讲完呢！我是恁想的噢，还有一半修路经费，有一部分，用我们大家人的劳力，也就是说，做义务工，来顶替工程款……

乡亲甲 那还有一部分呢？

郑书记 （沉吟半晌）这最后的一部分吗？（狠了狠心）就得摊上大家的柴米铜钿啦！

村主任 郑书记，你为山村通路，费尽苦心！可叫大家人掏钱，真是旱天的田螺，有口难开呀！

［众乡亲欲散去。

郑书记 （拉住众乡亲，沉重地）大家的日子怎么过，我心中最有数！可大家咬一咬牙，紧一紧裤腰带，从牙齿缝里挤出些钱来，让乡村通上了路，那时候，我们的日子，就会好起来的！

乡亲甲 嗨！你是拚老命，为大家人好！可是你也只有一条命呀！

乡亲乙 对！上次讨论高山红柿基地的事情，大家人商量到三更半夜，你突发脑溢血！

郑大奇 （痛心地回忆）哪天夜里，是乡亲们七手八脚，把父亲抬起来，在悬崖峭壁间的羊肠小道上，高一脚低一脚，又摸又爬，才送到医院……

郑书记 幸亏抢救及时，才保住了我这条老命！（沉重地）还记得，那一夜，我昏昏沉沉神志不清，可心里却有一个念头，那就是——只要我能活下来，就要把通往山外的路修好！（激动地）大奇！叫你妈把布包儿拿给我！

郑大奇 （感动地）爸，妈的布包儿，您就别打主意了，还是让我到外面打工挣了钱，再来修路吧！

郑书记 （坚决地）时间紧迫，不能再等！快去！

[郑大奇欲下，李春香上。

郑大奇 妈！

李春香 布包儿我刚好带在身边，（从衣服里掏出一个布包儿，递给郑书记）老郑，给！

郑书记 （解开布包儿）我是村支书，我带头，捐500块钱！

村主任 老郑，这可是你卖掉一栏猪，修你那间缺瓦破壁、通风漏雨的30年老屋的钱呀！

郑书记 我是想过了，山村不通路，大家不致富，一人屋修好，住安心不安！

小鹏娘 春香，老屋翻修，可是你念了十几年的事了，这钱可千万不能捐呀！

李春香 我家的老郑，常常对我说，九降村，一村刘姓，就他一家姓郑，可大家人信任他，选他当支书！他当了支书，日思夜想的，头起大事，就是想让九降村通上公路！

郑书记 （激动地）今天，我这条命，都是乡亲们给的！只要还有一口气，我就要为乡亲们做好事！

［众深情地望着郑书记。

乡亲甲 （真情地）是呀，郑书记想的干的都是村里大家的事！（掏出腰包，拿出几张钱）郑支书，这是我昨天卖掉茅竹的50元钱，你拿去修路吧！

乡亲乙 （在身上东找西找，找出几张钱）郑书记，这是我卖鸡蛋的 30 元钱……

乡亲丙 （掏出小票，认真地数了又数）这是我卖地瓜的20元钱……

众乡亲 这是我买盐的钱，这是我买油的钱，这是我儿子读书报名的钱，这是我老母亲看病的钱……

郑大奇 （激动地拿出钱）阿爸，这是我给女朋友买礼物的钱，给！

［一双双手拿着十元五元的零币，重叠着把钱交到郑书记的手上。

［幕外女声深情地唱——《石头多了那个垒座城》

麻杆拧成绳，
小树栽成林。
水流多了那个汇成泉，
石头多了那个垒座城。

［歌声中，远去的姑娘和小伙子们又出现了，他们驻住脚步，向来路看去。

［郑书记带着大家唱起——《一个篱笆三个桩》

一个篱笆三个桩，

一个好汉三个帮。

人心齐，泰山移，

好支书带头把大路闯！

[灯光转换，山道上，姑娘们和小伙子们从眺望中转身回来，接过乡亲们递上来的工具。

众乡亲 （背着劳动工具，奔走相告）修路喽！开工喽！

[郑书记带领村民开山修路。

[众歌舞——《筑路开岩号歌》

准备起呀，嗨罗呵！

一齐来呀，嗨罗呵！

开岩人呀，嗨罗呵！

配合好呀，嗨罗呵！

你背起呀，嗨罗呵！

我打落呀，嗨罗呵！

槌打落呀，嗨罗呵！

枪头往下转一圈嗳，嗨罗呵！

[歌舞充分体现筑路艰辛、郑书记忍着病痛带着大家苦干硬干的奋斗精神。

[灯光转暗。

[众人汇集在一起，惊喜地向前望。

[静场。

[灯复亮。

小鹏娘 （欣喜地）郑书记，路通了。

郑大奇 爸，路通了。

李春香 路通了。

众乡亲 （大声）路通了，路通了！哈哈哈哈！

[灯转换，一条大路，通向山外，鞭炮大作。众人散开，欢庆跳跃。

[刘小鹏的声音重复着传来：娘——！等山里通了路，我就娶个媳妇回家——！

[喜庆的唢呐声起，唢呐声引着大家向前看去，聚集。

[正当中，刘小鹏出现，众人分开，一顶大红花轿出现在舞台当中。

[众人迎接花轿，定格。

[幕落。

[剧终。

二○○六年四月十八日晚，二稿

此剧与蒋胜男合作

温州市瓯剧团（温州市瓯剧艺术研究院）排演

抢亲

瓯剧

人　物　刘梦瑶——玉溪乡女大学生村官，乡支书，“玉溪梦园”项目总经理，网名“能干婆”，23 岁。

奶　奶——梦瑶奶奶，农村妇女，58 岁。（彩旦）

洋妈妈——华侨戏迷，46 岁。（生角）

红辣椒、绿豆荚、紫甘蓝、金针菇、黄花菜、长丝瓜、圆葫芦等园中果蔬拟人化、网络装置妆扮若干，她们既是园中各色果蔬，又是扮演村姑的群众演员。

[江南某山城玉壶镇玉溪乡国际慢城。"慢城"标志——"蜗牛"赫然村口。

[玉溪如一条绿色的玉带缠绕着万里田畴。溪边岸上，欧陆风情农家小屋，中西合璧的黑瓦粉墙，错落于花红柳绿、草长莺飞之间，仿佛人间仙境。

[振兴乡村绿色果蔬观光生态园——"玉溪梦园"，互联网+农业经营理念，呈现一派盎然生机。

[幕外唱——

玉溪如带山水连，
山高水远情相牵。
慢城时光日月异，
玉壶春芯换新天。

[村官刘梦瑶胸前挂一手机，一副时尚网民打扮，抱着一个枕头，哈欠连连，步履不稳而上。

刘梦瑶（振作精神，唱）

可怜我，堂堂村官九品衔，
家人逼婚夜难眠。
只好把，枕头搬到菜园里，
先睡安稳觉，再把精神添。

（哈欠连连，忙掩饰，打开手机，对着屏幕）姑娘们，开工啦！开工啦！（手指戳幕，"咚"的一声，语音信息发出去）

[内声传出各个移动终端开启声及有些变形的电子声音：开工啦开工啦！嘻嘻哈哈！嘻嘻哈哈！

[一群各色果蔬穿戴打扮的村姑们雀跃欢笑而上。她们身上都有可穿戴移动互联网终端设施和一些显示屏，各自闪烁显示着相关数据。

村姑们 能干婆好！刘书记好！梦瑶姐好！刘总好！

刘梦瑶 红辣椒、绿豆荚、紫甘蓝、金针菇、黄花菜、长丝瓜、圆葫芦……（一口气报出一串村姑们的网名，有些憋住，长长地喘了一口气，大声地）你们听着，胡博士为我们牵线的“玉溪梦园”生态农业国际合作合同今天就到了——

村姑们 嘻嘻嘻嘻！嘻嘻嘻嘻嘻嘻嘻！……

刘梦瑶 （奇怪地看着大家）下错什么药了？

红辣椒 （大胆地）药可是没有下错，倒是你网络加密号码错了！

刘梦瑶 （捺脸）哎哟妈呀！用了公用密码！（镇静）说，都泄露了什么个人信息！（故作生气，拿出网络使用敲打小锤，欲敲打）

黄花菜 （从口袋里，拿出网上使用的一串爱心上前一挡）姐姐！您每次在键盘上敲打“胡博士”三个字的时候，血压升高、心律加快、眼睛变亮、心花怒放……

刘梦瑶 （惊讶）啊？我打字时的情绪变化，你们都知道？

村姑们 （得意）根据大数据分析，您和胡博士，谈恋爱了！

绿豆荚 （俏皮地）我问你，他在一乡你一乡，何时两乡并一乡？

刘梦瑶 （想避开）什么你乡他乡的，你们说话越来越古怪了！

紫甘蓝 我们是说，胡博士他呀！

村姑们 （齐）他身在米兰意大利，却一片心思在玉壶！

刘梦瑶 一片心思在玉壶！厉害！唐诗也被套用了！（被触动，美好地）我是跟胡博士恋爱上了！“玉溪梦园”让我们在“科技兴农”网上相识。他说玉壶是他的家乡！他希望家乡建设得越来越好！（略带伤感地）可是，从小把我养大的老奶奶，一直反对我回乡当村官，这几天又在逼着我跟一个华侨的亲戚的外甥订亲！嗨！闲话少说，言归正传！（振作地）你们快去园里开始工作，我要到办公室去等胡博士的国际邮件！

［众村姑答应着下。刘梦瑶跑下。

［洋妈妈时尚打扮，拎着名包，脚步匆匆上。

洋妈妈 一路匆匆，回到家乡。一来吗，是替儿子把国际合作合同交给"玉溪梦园"的刘总经理！二来呀，是赶回来，参加"越迷演唱会"，享受慢城的悠闲时光！哦，对了！先把儿子交代的事情办好最要紧！（从包里拿出一个文件夹，看了看）嗨！也不知道这个在国外辛辛苦苦培养到博士的儿子，脑子里是怎么想的！说博士一毕业，要回乡创业！想当年，他那劳碌命的爹，一把勺子，一把菜刀，靠炒菜开餐馆，辛辛苦苦在意大利挣下一份家业，多么不容易呀！……（感慨万千）……真是"儿大不由娘，交给丈母娘"！……不说了不说了！（拨手机）1390678……（拨通）喂，刘总经理吗？……好！好！……我就在这里等你……（看时间）还要等上10分钟！……（灵机一动）还不如乘此工夫把演唱的曲目再练练！

［洋妈妈找个柳荫底下，从包里拿出排戏用的水袖穿上，拿出小型播放机，放起了《天上掉下个林妹妹》伴奏音乐，拿出了折扇，随着音乐起范，走台步……

［洋妈妈小生做派饰贾宝玉一角先唱二句，再转身仿旦角唱林黛玉唱腔下二句。如痴如醉，完全没有察觉刘梦瑶气喘吁吁地跑上。

洋妈妈 （重复第一联，不断调整，边做边唱）

天上掉下个林妹妹，
似一朵轻云刚出岫。

［刘梦瑶一边欣赏，一边跟唱，跃跃欲试。

刘梦瑶 （仿林黛玉动作，自然地上前与洋妈妈配戏，接唱）

只道是腹中草莽人轻浮，

却原来骨格清新非俗流……

［洋妈妈、刘梦瑶相视一笑，亮相造型。

刘梦瑶 （赞赏地）阿姨，您唱得真好！

洋妈妈 （兴奋）姑娘，看您这一身时尚打扮，真看不出来，还会唱越剧！来来来，拍一张！

［洋妈妈从包里拿出自拍杆，拍下合照，欣赏着。

［刘梦瑶高兴地凑上看。

洋妈妈 （手指触屏）发出去了！真好真好！我要是有这样一个会唱越剧的囡儿，就好喽！

刘梦瑶 ……（笑）……

洋妈妈 现在的年轻人呀，喜欢唱戏的少喽！更不要说在国外啦！（看手机，喜）刚才我们这张合照点赞很多，还有很多留言……（轻声）妈，我的女朋友漂亮吗？（惊，噤声，回头怔怔地看梦瑶）……

刘梦瑶 阿姨，您就是给我打电话的那个人吧？

洋妈妈 （精明地）……（拨电话）……

刘梦瑶 （手机铃响）……是我！

洋妈妈 （审视）你就是刘总？真看不出来！我儿……（噤声）……呵呵！（礼节性地，递上文件袋）这是胡博士叫我亲手交给你的国际合作合同！

刘梦瑶 （抑住激动，礼貌地，接过）谢谢阿姨亲自从国外带来给我！

洋妈妈 胡博士交代了，你签好字，还是让我把合同带回给他！

刘梦瑶 那好！我签好字，拿一份让您带回给胡博士！您是……？

洋妈妈 （客气一笑）……我就是一个喜欢唱越剧的戏迷！对了，签好打电话给我！（沉吟，下决心）到时候，我有一件重要的事情要跟你讲！

［刘梦瑶点点头，目送洋妈妈下，揣摩着，转身翻看合同。

洋妈妈 （边下边旁白）这个儿子，真是太任性了！有这么搞突然袭击的吗？真的是生个儿子属螺丝钉的——欠拧！（走太急，脚一崴）哎哟！儿子呀！可别把老妈的腿脚给扭伤着喽！（擦汗，走几步，脚痛）哎哟，哎哟！

刘梦瑶 （跑去扶住）阿姨，快坐下！（找个地方坐下）

［外声：卖冬菜喽——！卖冬菜喽——！

刘梦瑶 （惊）哎呀不好了！（旁白）奶奶她，找上门来了！（跺脚）嗨！（欲迎又回头）阿姨，我先送你到医院去看看吧！

洋妈妈 （客气地）不用不用，我没事！我能走！哎哟！（又坐下）

［刘梦瑶左右为难。

［红辣椒等村姑们拥上。护着刘梦瑶，观望。

奶　奶 （挑着一担菜桶，大声吆喝着上场。冲着刘梦瑶大喊）卖冬菜——！卖冬菜——！冬菜腌成咸菜卖！

［洋妈妈脚痛还是迈不开步，无奈坐着，好奇地张望。

奶　奶 哎呀，这位大姐，打扮得这么漂漂亮亮、粉粉嫩嫩的，肯定是从国外回来的华侨！

洋妈妈 （应付）是！是是是！……

奶　奶 我们本地可是有句老话，叫坛子里的咸菜……

洋妈妈 （脱口而出）有言（盐）在先！

奶　奶 对！你的记性真好！我当年……

刘梦瑶 （急上，任性地）奶奶，别当着客人的面，丢人现眼了！

奶　奶 （气不打一处来）啊！你一个囡儿说什么话？丢人？我丢什么人？啊！你说！（苦笑）呵呵！是啊是啊！我是丢人了！（激

动）我丢了一个白白养的孙女儿，这几天连个人影也眦不着了，还不是我老太婆青天白日丢了个大活人啦！

金针菇 梦瑶姐，奶奶还在为去年冬天村里的大白菜卖不出去，烂在地里的事儿，跟你怄气呢！

长丝瓜 奶奶，梦瑶姐真的是已经动尽脑筋，想尽办法，科学种菜，国际接轨，“玉溪梦园”的国际合作合同，正在签约呢！你应该高兴才是！

洋妈妈 （旁白）儿啊！你是叫妈来这里凑热闹来的？！（看手机）啊！耐心！耐心！视频！视频！咳！还遥控我！叫我拍视频！（无奈偷拍）

奶　奶 那好！我说孙女大人，你如果真有本事当你的“大学生种菜女村官”,你就先把这桶菜给我挑去卖了！你要真能把这桶菜卖了，我也就认命了！

刘梦瑶 （倔犟地）好！卖给你看！（抢过奶奶的扁担挑起菜桶，吆喝）卖冬菜——！卖冬菜——！（突然，呆呆地凝视远方……耳边响起父亲当年“卖冬菜”的声音——

［画外男声——

（唱）卖冬菜，卖冬菜，

冬菜腌成咸菜卖！

（欲哭）奶奶，别让我卖菜了！

奶　奶 （没好气地）你不是要种菜吗！会种菜还得会卖菜呀！

刘梦瑶 （哭）我……想起我爸……

洋妈妈 （伤感，旁白）惹得我也想起孩子他爸来了！

奶　奶 想起你爸了！（转悲）我那可怜的儿子呀！

［奶奶佝偻着身子再现当年儿子挑担卖菜情景——

奶　奶 （唱）卖冬菜，卖冬菜，

冬菜腌成咸菜卖!
一走几十里,
渴了喝凉水,累了歇门台。
走过八九十个村,
赚回五六十块来……

刘梦瑶 (大哭)奶奶!不要唱了,我爸他……好辛苦呀!

奶　奶 (抹泪)他是种了卖,卖了种,几十年田间地头,还不是给这种菜卖菜累病了……我那儿媳妇,你的妈……她、她、她,过不了苦日子,丢下你,也走了!……

刘梦瑶 (强抑悲伤)奶奶……!(哽咽)……

洋妈妈 各家都有一本难念的经哟!我儿子他爹(拭目)……也是让他太辛苦了!

奶　奶 (靠近洋妈妈,拉着她的手,凄苦地,唱)
她六岁那年没了爸,
是我一手喂养大。
(念)日里劳动背上背,
夜里困觉搂在怀。
(拉着刘梦瑶的手,接唱)
捧在手心怕你碎,
含在嘴里怕你化。

洋妈妈 (深有同感)辛辛苦苦养育她,心血浇出一朵花。

刘梦瑶 (扑进奶奶怀里,哭)奶奶!你的养育之恩,孙女儿永远铭记在心!

奶　奶 (相拥,感动,宽慰)好囡儿,你知道奶奶养你这么大不易呀!你现在知道不能再种菜卖菜了吧!奶奶辛辛苦苦供你上大学,培养出村里第一个大学生,不就是要让你……

（数板）永远跳出小农家，

嫁到国外华侨家。

四亲八邻沾洋气，

吃喝不愁做仙家。

刘梦瑶 （感动）奶奶，孙女儿知道，您做的一切，都是为我好呐！

奶　奶 （感动得眼里含泪，柔声）好囡儿！（动情）奶奶好不容易托了个亲表姑的二姨妈的大表嫂的小兄弟，为你相上了他外婆家的法国亲戚……人家小伙子和双亲父母，都对你很中意！（掀开桶上的蓝花布，露出两桶财礼）你看！这两桶满满的财礼，要金有金，要银有银，四季穿戴，八节六样，一样不缺，真是有钱人家！……

洋妈妈 （看手机，旁白）啊？说什么？妈，抢先下手！（突站起，观看财礼）

刘梦瑶 （含泪，唱）

叫一声奶奶我的亲人呀——！

不是我不想跳出小农家，

不是我不想嫁入豪门享富贵，

不是我不想吃喝不愁做仙家。

只是那，年年柳丝抽新绿，

总是呀，一心恋着溪边的家。

（哭）奶奶！我想我爸，想我妈了！

奶　奶 （心疼地）好孙女儿，奶奶也想！可是，世间总有人办不了的事！你一个亲妈，她一走，就再也没有回家！……（强忍情绪，转念）可她没回来，总有她的难处呀！（拭泪）

洋妈妈 （同情）这世间做女人的，真是不容易呀！

刘梦瑶 奶奶呀！（擦干眼泪，接唱）

我恋着家，还想踩着老水车咿呀呀把歌唱，

唱的不再是阿爸的卖菜谣辛酸苦辣；

我恋着家，还想赶着老水牛哞哞哞把地犁，

要犁出奶奶的幸福梦如天边流彩霞。

如今是，“慢城”日子争点赞，

“玉溪梦园”为家乡建设把粉丝加。

虽然是绿柳才黄半未匀，

新春清景已到家。

海外博士送科技，

国际合作呀创造新农家！（签下合同，递给洋妈妈）

阿姨，转告胡博士，我刘梦瑶一辈子就守着“玉溪梦园”，守着山青水秀的绿色家园！

村姑们（接唱）争气莫过刘梦瑶，

养囡有福莫过她！

奶　奶（清醒）哎呀！你们别给我灌迷魂汤了！（还想折腾，终于想起）那……那……

（数板）女儿总要嫁，

像笋出篱笆。

她把农家恋，

到底怎出嫁？

洋妈妈　哈哈！原来奶奶是怕村官孙女儿找不到孙女婿，嫁不了好人家！你们听着！

（唱）博士遥控要抢亲，

为娘眼前快手下。

订情戒指已随身，

（从自己手指脱下）这是我们胡家从太祖奶奶手里传下来的订亲

戒指！今天，我要为我的儿子派用场！

［众惊喜，争看。

洋妈妈　（接唱）更有这，一片春“芯”来表达。（一个盒子、戒指递上）

刘梦瑶　（不敢相信，晕眩，接过）“订情戒指”？“梦园之芯”！国际合作的核心技术！胡玉涛，你的心已回到家乡，跟我在一起共同创业了！（亲着戒指、盒子）

洋妈妈　（长舒口气）梦瑶，好村官！看来我儿子喜欢你，是有眼光的！他这次遥控老妈回乡送“合同”，打了个“相亲”的大埋伏呀！本来嘛，我是不同意他和国内的女孩子交往，毕竟玉涛在国外，海外的家业，也需要他！这次亲眼看到，你和玉涛为家乡造福，共同创造美好的未来，作为一个从这片山水走出去的玉壶人，我不支持谁来支持？！

村姑们　（欢呼）耶！

刘梦瑶　（落泪，上前相拥）……阿姨！

洋妈妈　（幸福地）改口叫妈！

刘梦瑶　（激动，大声）……妈！（相拥）

奶　奶　（懵懂）这是怎么一回事？（头晕）……

［幕外唱——

玉溪如带山水连，

山高水远情相牵。

慢城时光日月异，

玉壶春芯换新天。

奶　奶　（喜气洋洋）嗨！如今呀，华侨博士都要回来当农民，做我的上门孙女婿！我好好一个农民婆，还看不起自家的新农村！真是“呆大”一个！

［村姑笑声中造型，幕落。

[剧终。

二〇一八年五月十八日改稿杭州

文成县文化馆排演

蓝星星之歌

木偶剧

人　物　圆圆

倩倩

老渔翁

鹤爸爸

鹤妈妈

小鹤甲

小鹤乙

环保阿姨

青蛙

小猴

锦鸡

四只舞鹤

其他

（一）

［幕，在主题歌音乐声中徐启。

［深邃的天宇，群星璀璨。在一束蓝光的照射下，一颗蔚蓝色的星球，在缓缓转动。她，就是我们人类的母亲——地球。

［主题歌声起——

快乐的蓝星星，
快乐的蓝星星，
星星上孕育着生命，
是大自然爱的结晶。
我们只有一颗星星，
她是我们共同的母亲；
我们只有一次生命，
每个生命都有权利生存。
没有你，哪有我？
没有我，哪有你？
在孤寂的宇宙里，
我们是唯一的亲人！
爱吧！亲吧！
在这颗蓝星星上，
我们要相爱相亲！
爱吧！亲吧！
在这颗蓝星星上，

我们要相爱相亲！

要相爱相亲！

外　声　小朋友们，在无边无际的宇宙太空，有一颗蔚蓝色的星球，在缓缓转动，她就是我们人类的母亲——地球。

（二）

［蓝光、音乐逐渐隐去。

［隔灯。

［灯亮。我国北方野生动物生活区域。

［沼泽地。芦苇丛生，野花点点，浅浅水洼在天边流霞和远处葱郁森林的映照下，闪烁其彩，蜂蝶鸟兽飞来蹿去，沼泽充满生机。

［一群彩蝶边飞边唱——

风儿轻轻吹，

花儿笑微微；

蝴蝶展翅飞呀飞，

谁来把我追？

众动物　我来追！我来追！

［众动物飞的飞，跳的跳，追得蝴蝶满天飞。

青　蛙　看我的！（使劲一跳，"扑通"一声掉进了水洼）哎哟！

众动物　哈哈哈哈！哈哈哈哈！

［画外传来孩子们的声音。

圆　圆　（跑上，见状）哎，这里有这么多小动物呀？太有意思了！太好玩了！倩倩，快来呀！

外　声　来了！

倩　倩　（跑上）小鸟飞走了。

圆　圆　乌龟！乌龟！（用脚踢乌龟）爬呀！爬呀！（乌龟迅速地钻进沼泽）嗨！小乌龟不见了！

倩　倩　（高兴地）蝴蝶！圆圆，快来抓蝴蝶呀！

［蝴蝶边飞边唱，调皮地在两个孩子周围飞舞嬉戏，孩子们东追西抓，结果眼巴巴地看着蝴蝶向高远处飞去。

［静场。

倩　倩　圆圆，小动物们都逃走了，谁也不愿意和我们交朋友，怎么办呢？

圆　圆　这些小动物，一见到我们，好像见到妖怪似的，逃得光光的，太不够朋友了！

倩　倩　我真想回到我们原来住的城市，动物园里的那只小猴，肯定还在等着我给它喂香蕉吃呢！

圆　圆　嗨！谁让我们是小孩呢？像袋子一样，爸爸妈妈要走，把我们一提，就带走了，不管愿意不愿意！

［两人跌坐于地。

圆　圆
倩　倩　没意思！没意思！没意思！

［画外响起悠扬的渔歌——

龙想海底凤想山，
鲤鱼常想深水潭；
白鹤云中翩翩飞，
筑个窝巢芦苇间。

倩　倩　（好奇地）咦！谁在这里唱歌？

圆　圆　（精神大作）我来看看！我来看看！（四处张望）

［芦苇间浮动着一顶草帽。

圆　圆　（神秘地）不是人！是一顶草帽！

［画外响起爽朗的哈哈大笑声。一老渔翁撑小渔船上。

老渔翁　哈哈哈哈！原来是两个小朋友！想不想看一下会唱歌的草帽？

倩　倩　（甜甜地）老爷爷，我知道了，刚才好听的歌，不是草帽唱的，是您唱的！

老渔翁　（欣赏地）小机灵！哎，你们是哪儿来的？叫什么名字？爷爷从没见过你们呀？

圆　圆
倩　倩　（争先恐后）我叫圆圆。我叫倩倩。我来说！我来说！

老渔翁　（慈爱地）慢慢来，小朋友，要讲文明，懂礼貌，一个一个说。

圆　圆　我们是袋子，被爸爸妈妈提到这里来的。

老渔翁　袋子？你们是被爸爸妈妈提到这里来的？有意思！有意思！

倩　倩　有什么意思！太没意思了！爸爸妈妈来这里建化工厂，我们也只好离开原来生活的城市，跟着来到这个陌生的地方！

老渔翁　唔！原来是新建的化工厂的孩子，这里呀，还从没有过工厂哩！

倩　倩　爷爷，这里太好玩了，可就是连一个人都没有！

老渔翁　（笑眯眯地）哦！这话可不对！爷爷不就是一个人吗？

圆　圆　爷爷，我们是说这里怎么连一个小朋友都没有，有许多小动物，可他们为什么一见我们就逃？

老渔翁　不会吧！

倩　倩　（拉住爷爷）爷爷！我们要朋友！我们要朋友！

老渔翁　好！好！孩子们，快把眼睛闭上！让爷爷给你们变出很多很多的好朋友来！

圆　圆
倩　倩　太好了！太好了！（闭眼）快变吧！爷爷！快变吧！

老渔翁　好勒！“嘘”——

[一声长长的口哨响过：从草里蹦出小青蛙；从水里跳出小乌龟；从树上飞来锦鸡；从森林里奔来了小熊、小猴等动物；从天上飞下了两只丹顶鹤。

众动物 （齐声）爷爷好！

老渔翁 （笑呵呵地）大家好！来，大家都过来，向你们介绍两位新朋友！

众动物 哪两位新朋友呀？

老渔翁 一个是圆圆！

圆　圆 （睁眼，高兴地）我是圆圆！

老渔翁 一个是倩倩！

倩　倩 （睁眼，高兴地）我是倩倩！

老渔翁 他们的爸爸、妈妈来这里建化工厂，就跟着来了！他们很想跟你们交朋友！你们说，该怎么办呢？

乌　龟 我愿意跟你们交朋友，可就是不能用脚踢我，我会疼的！

圆　圆 对不起！我错了！

乌　龟 （宽容地）嘿嘿！没关系！没关系！不打不相识！我们已经是朋友了！

圆　圆 太好了！太好了！

小　猴 跟我做朋友吧，我带你们去荡秋千！

小　熊 跟我做朋友吧！我带你们到大森林里去捉迷藏！

小锦鸡 跟我做朋友吧！我到树上抓虫子给你们吃！

倩　倩 （害怕地）虫子？我可不敢吃！

青　蛙 还是跟我交朋友吧！我给你们唱最动听的歌，让大家都开心！呱呱呱呱——！（粗着嗓子）

众 哈哈哈哈！

圆　圆
倩　倩 （高兴地直跳）真有意思！真有意思！

老渔翁 大家静一静！静一静！（庄重地）今天，是丹顶鹤新婚的大喜日子，让我们邀请新朋友圆圆、倩倩和我们一起，用最动听的音乐、最优美的舞姿，为丹顶鹤举行一个隆重的婚礼吧！

众 （欢呼）好！

两丹顶鹤 （优美地拍动翅膀，羞涩地向众鞠躬）谢谢！

老渔翁 让我们替新郎新娘打扮打扮！大家赶快准备准备。

众 好！

[优美的音乐声中，灯光变幻。在青蛙指挥的指挥棒下，小猴、小兔、锦鸡、乌龟、青蛙、小熊分别用钢琴、提琴、铜号等乐器演奏出美妙的乐曲；四只小鹤在优美的音乐中翩翩起舞。新郎新娘接受了圆圆、倩倩献上的鲜花，陶醉在新婚曲中。几缕轻烟飘上，缠绕着丹顶鹤。

老渔翁 （乐呵呵地）真是一对仙鹤！（新婚致辞）祝丹顶鹤新婚快乐，早生贵子。

[众应和。俩丹顶鹤：谢谢！谢谢！（羞涩地依偎着）

[隔灯。

（三）

[灯亮。

[湛蓝的天空星光闪烁。一轮明月高高升起，乳白色的雾气在沼泽上流淌。在芦苇、杂草和鲜花从中，有一个丹顶鹤的新居。

[充满柔情的音乐，伴随着丹顶鹤夫妇飞落新居。它们幸福地举颈四顾，在乐声中跳起特有的“求爱舞”；飞上飞下，互相嬉戏追逐,发出响亮动人的啼鸣。在纯洁的月光下,在静谧的夜色中，终于相依相偎，交颈而卧。进入了梦乡。

［灯光缓缓收去，转暗。

［突然长空一声鹤唳，悠远绵长。

［一束灯光射到“新居”中，二只小丹顶鹤正抬头向天高叫：哦——！爸爸！妈妈！

［天空中传来应答的鸣声。

［旭日东升、满天云霞，沼泽地一片青葱。

［蓝色的天空飞翔着白色的丹顶鹤，它们一排排过去，又一排排过来。（注：用小道具在天边飞翔）

［芦苇中丹顶鹤窝巢里，两只小鹤嗷嗷待哺。母鹤守着它俩在周围焦急地来回盘旋。

鹤妈妈　（疼爱地）小宝贝，别叫了，爸爸马上带吃的回来了。

［圆圆、倩倩高高兴兴地跑上。

圆　圆
倩　倩　鹤妈妈，我们看小鹤来了！

鹤妈妈　噢，真是太好了！小乖乖，别闹了，让圆圆、倩倩跟你们一起玩吧！

圆　圆
倩　倩　（围着小鹤）真有意思！真有意思！（各自捧起一只小鹤）飞吧！飞吧！（小鹤在孩子们手中颤颤悠悠地）

鹤妈妈　（急叫）不能这样！快放下！小鹤还小，还不能飞！

圆　圆
倩　倩　（亲了亲小鹤，放下他们）对不起！小宝贝，害怕了吗？

俩小鹤　（细声弱气地）妈妈，饿！饿！

鹤妈妈　（温柔地用翅膀抚爱）等爸爸回来，就有吃的了！

倩　倩　鹤妈妈，小鹤饿了吗？

鹤妈妈　（焦急地张望）是呀！鹤爸爸怎么到现在还不回来？孩子饿坏了可怎么办！嗨！真不会当爸爸！（焦急地走来走去）

圆　圆　鹤妈妈，您别急，让我们喂小鹤吃东西好吗？

鹤妈妈　（好奇地）你们用什么来喂小鹤？

圆　圆
倩　倩　（相视一笑，亮出奶瓶、蛋糕）鹤妈妈你看，牛奶！蛋糕！

鹤妈妈　（走近仔细分辨）牛奶？蛋糕？（仰天大笑）哈哈哈哈！哈哈哈哈！

圆　圆　（莫名其妙地）您笑什么呀？

倩　倩　这些东西不能吃吗？

鹤妈妈　对！不能吃不能吃！

圆　圆　不对！能吃！我小的时候，妈妈就是给我吃牛奶和蛋糕的！你看，我长得胖嘟嘟的，就是因为小时候吃了牛奶和蛋糕。

倩　倩　您看，我长得这么漂亮，也是吃了牛奶和蛋糕！

圆　圆　我保证，小鹤吃了，一定会长得又大又漂亮！

鹤妈妈　真是可爱的孩子！可小鹤还是不能吃牛奶和蛋糕……

圆　圆
倩　倩　（争辩）能吃！能吃！小朋友们，你们说能不能吃？

[小朋友观众踊跃回答——能吃能吃！不能吃不能吃……

[老渔翁提个水桶上来。

老渔翁　你们在吃什么东西呀？

倩　倩　（迎上来）爷爷！我们给小鹤送来了牛奶和蛋糕，鹤妈妈却说不能给小鹤吃！

圆　圆　爷爷，你说可不可以吃呀？

老渔翁　（拿过奶瓶和蛋糕端详着）牛奶？蛋糕？给小鹤吃？哈哈哈！哈哈哈哈！

圆　圆
倩　倩　（莫名其妙地）怎么了？爷爷，您也在笑？

老渔翁　（放下水桶）小朋友，鹤不吃牛奶和蛋糕，鹤只吃水中的鱼虾。

刚刚出生的小鹤只能从爸爸、妈妈嘴里吃半消化的鱼虾。你们看，爷爷这一桶小鱼，鹤妈妈是最喜欢的！鹤妈妈，对不对？

鹤妈妈 （看看水桶，欢跳起来）谢谢爷爷！真是太好了！（啄起小鱼咀嚼）

俩小鹤 （跳跃着）妈妈！鱼！鱼！

鹤妈妈 来了，孩子们，（张开长喙，让孩子伸进嘴里取食）

圆　圆
倩　倩 （恍然大悟）原来鹤是这样喂孩子的。真好玩！真有意思！

圆　圆 爷爷，你怎么知道这么多？

老渔翁 孩子们，爷爷一辈子生活在芦苇荡当中，这里就是爷爷的家，家里的事，爷爷能不知道吗？

鹤妈妈 （依偎着老渔翁，用长喙亲切地触抚着）我就是老爷爷收留下的孤鹤，是他老人家把我抚养长大的。现在我都有了孩子，当上了妈妈；要是没有老爷爷，就没有今天幸福的生活。（沉醉在幸福之中）

倩　倩 爷爷，动物和人也可以成为一家人吗？

老渔翁 （语重心长地）孩子，我们人类和所有的动物，和我们周围的一草一木，共同生活在一块土地上，喝的是一样的水，照的是一样的阳光，我们就是一家人，我们都应该相爱相亲！

倩　倩 是的！我们老师也说过，我们只有一个地球，她是我们共同的家！我们大家都应该相爱相亲！

圆　圆 爷爷，我保证今后再也不用石子、棍子伤害动物了！也要跟您一样特别特别地爱护它们。

老渔翁 （乐呵呵地抚着孩子的头）好孩子！只要你有心，有一颗爱心！

［画外传来鹤唳，鹤爸爸嘴里衔着一条鱼翩然飞落。

俩小鹤 （欢呼）爸爸回来了！爸爸回来了！

鹤妈妈 （啄过小鱼放到一边，责怪地）怎么到现在才回来？

鹤爸爸 （不好意思地）对不起！

鹤妈妈 贪玩了吧？都当爸爸了，还这么不懂事！

圆　圆 小鹤都饿坏了，幸亏有爷爷送来的鱼！

爷　爷 下次你再也不要贪玩了，好吗？

鹤爸爸 （委屈地）爷爷，我不是贪玩！不是贪玩！

老渔翁 那你怎么到现在才回来呢？

鹤爸爸 我看到奇怪的事情，那边森林里，动物一大群一大群在大搬家……

鹤妈妈 （感到奇怪地）森林动物大搬家？

老渔翁 （诧异地）森林动物为什么大搬家呀？

圆　圆 是不是森林起火了？

鹤爸爸 （摇摇头）我打听了一下，谁也说不清楚，只是说，这里有妖怪，不能住了！

老渔翁 （不安地）有妖怪？我得去看看！我得去看看！

圆　圆
倩　倩 （请求地）爷爷，我也去！我也去！

老渔翁 好！跟爷爷一起去。（同下）

鹤爸爸 （追）我也去！我也去！

鹤妈妈 （啄住鹤爸爸尾巴）你给我回来！我都快急死了！

鹤爸爸 （莫名其妙地）你急什么呀？

鹤妈妈 森林那边有妖怪，我们这里肯定也会有妖怪，大家都逃走了，可我们怎么办？

鹤爸爸 （不以为然地）看把你给急的！万一不行，就逃吗，不是很方便的事吗？一展翅膀不就飞走了吗？

鹤妈妈 （恼怒地）你一展翅膀就可以飞！可孩子才这么小，怎么办？

鹤爸爸 （突然省悟地）噢！这事确实让人着急！……（焦虑地来回踱步）

[隔灯。

（四）

[紧接前场。

[刺耳的电器声，轰然的大树倒塌声，飞禽的惊叫声，走兽的怒吼声破坏了原有的宁静。

[灯亮。

[原始大森林，一片颓废。被砍伐的树木横七竖八地倒在地上，一个个树桩醒人眼目。

[远处的大工厂剪影，林立的烟囱吐着浓烟，排污管道排放着污水。

[动物们一群群地逃窜而过。

[熊爸爸背着小熊上。

小　熊 （耍赖）我不逃，我不逃。（挣脱，溜走）

熊爸爸 （大声叫喊）小熊！小熊！妖怪来了！快跟爸爸一起逃走呀！（寻找下）

[猴妈妈背着包袱扯着小猴上。

小　猴 （嚷嚷着）我不搬家！我不搬家！

猴妈妈 （耐心地）猴乖，我们的家有妖怪了！再也不能住了！听妈妈的话，离开这里，去找一个新家！

小　猴 我就是喜欢这个家！有大森林，有好吃的果子，还有小熊、小青蛙、小兔、小乌龟很多很多的好朋友！我最喜欢这个家！

猴妈妈 （伤心地）孩子，妈妈也最喜欢这个家！可眼前，还里有妖怪，不能住了，得赶快逃走！

小　猴　我不逃！我不逃！我就要住这个家（纵身一跃，躲进了森林）

猴妈妈　（追寻）小猴，小猴……

熊爸爸　（追寻上）小熊，小熊……

［猴妈妈和熊爸爸迎面相撞倒地。

熊爸爸　（笨拙地爬起）对不起！这不懂事的孩子，把我的头都找昏了！

猴妈妈　（懊丧地）嗨！好好的一个家，怎么一下子变得这么糟糕！

熊爸爸
猴妈妈　（伤心地哭诉，二重唱）

天空灰蒙蒙，
河水臭烘烘；
树林倒下轰隆隆，
那烟雾像恶龙。
我们没有了家，
孩子太小全不懂！
哎呀呀，
气得我心跳扑通通！
哎呀呀，
气得我心跳扑通通！

［一阵浓烟弥漫而来，包围了熊爸爸和猴妈妈，它俩咳嗽不已。

猴妈妈　烟里有妖怪！快戴上口罩！

［猴妈妈、熊爸爸戴口罩。

［小熊——！小猴——！忧伤的音乐声中，猴妈妈和熊爸爸呼唤着孩子下。

［烟雾中灯光变幻，跳跃的音乐声中小猴从树丛中蹦跳出来；一声呼哨响过，小熊等动物纷纷从树丛中蹦跳而出。

小　猴　（高兴地）妈妈走了，让我们一起玩吧！

［树上放下秋千，树桩上搭起了翘翘板；动物们在地上打滚，在秋千上悠荡，在翘翘板上起落，在树枝间攀援，采摘野果互相抛掷……各种各样快乐、滑稽的游戏（杂技）在它们中间开展。

［天空逐渐阴暗，隐隐地有雷声响过。大风起，不一会儿，大雨倾盆而下，树叶纷纷飘落。

众动物　（大叫）下雨了！下雨了！

小　熊　下雨有什么可怕的？下雨最好玩了！让我们尽情地唱吧，跳吧！

众动物　（在雨中蹦跳）太好玩了！太好玩了！

［幕外合唱——

森林是我们的家，
是我们快乐的家；
我们不愿离开家，
我们永远热爱家！
妈妈呀妈妈呀，
请别逼我离开家；
妈妈呀妈妈呀，
请别责怪我爱家。

小锦鸡　（站在高翘的跷跷板顶上、展开翅膀）大家看，我的羽毛漂亮不漂亮？

众　小鸡的羽毛花花绿绿的，真漂亮！

小锦鸡　让我为大家表演一个节目吧！

众　好！

小锦鸡　（边舞边唱）

花花锦鸡七彩衣，
飞来飞去真美丽；

若问彩衣哪里来，

彩霞阿姨送的礼。

［小锦鸡越飞越高，飞上了高枝，继续又舞又唱。

众　（抬头观看）小鸡真漂亮，小鸡的舞姿真优美！

［突然，从高处飘下片片羽毛。

众　（捡起，观看）这是什么？

［羽毛越飘越多，最后“啪”地一声，一只赤膊鸡掉了下来。

赤膊鸡　呜呜呜呜！……

众　你是谁？

赤膊鸡　我是小锦鸡啊！

众　啊！刚才你还那么漂亮，怎么一下子变得这么难看了？

赤膊鸡　（哭）我也不知道！

小　猴　啊！太有意思了，小鸡一下子变成脱毛鸡了？

小　熊　我听妈妈说，这叫脱胎换毛。

青　蛙　不！不对！我听我妈说，这叫脱胎换骨。

小锦鸡　什么？脱了毛，还要换骨呀！（大哭）

小　猴　你啊！就爱哭！眼泪流得像洒水车一样。

［小锦鸡泪如泉涌，越哭越伤心。

众动物　娘娘腔！……

众动物　（用手指头划脸皮）羞！羞！

小乌龟　（惊叫）哎呀，不好了，我的皮也掉下来了！（扯起一大块）

［大家纷纷检查自己。

众动物　（都扯起一块皮毛）我的皮也掉下来了！我也掉了！呜呜呜呜——！

赤膊鸡　小猴，瞧你那样子，比我还难看。

小　猴　刚才还好好的！怎么雨一打在身上，大家都掉皮毛了呢？

小　熊　（神秘地）说不定呀，这雨里有妖怪！

众动物　（惊叫）啊？妖怪？（大喊）妖怪来了！妖怪来了！（乱作一团）

赤膊鸡　（大哭）啊！妈妈！妈妈！我要妈妈！

小乌龟　（可怜地）大家都逃走了，到哪里找妈妈呀？

小　熊　（厌烦地）别哭！别哭！吵死我了！妈妈会来找我们的！

小　猴　（懊丧地）真后悔，刚才不听妈妈的话！呜呜呜呜！

外　声　小熊！小熊！

小　熊
小　猴　（高兴地跳起）妈妈来了！爸爸来了！

［熊爸爸、猴妈妈上。

小　熊　爸爸！妖怪！

小　猴　妈妈！妖怪！

熊爸爸
猴妈妈　（看看孩子，看看大家）我的孩子，你们怎么都变成这样了呢？（痛哭）

［老渔翁带圆圆、倩倩上。

老渔翁　孩子们，你们哭什么？

众动物　爷爷，爷爷……（拥上）

圆　圆　（惊奇地发现）小锦鸡，你的毛怎么全掉光了？

倩　倩　怎么大家都掉皮毛了？（惊慌地）这究竟是怎么回事？

小　猴　都是雨不好！

小　熊　（瓮声瓮气地）雨里有妖怪！

圆　圆
倩　倩　（奇怪地）妖怪？雨里有妖怪？

熊爸爸
猴妈妈　爷爷，我们怕，我们怕妖怪！（躲在爷爷身后哭）

老渔翁　（束手无措）别哭！别哭！

圆　圆　（观察四周）爷爷，这到底是怎么了？大树被砍了，花木都枯萎了，空气越来越臭，雨水还咬了动物的皮毛……

倩　倩　难道真的有妖怪吗？

老渔翁　（望望远处天空，沉吟半晌）这里跟过去是不一样了！现在发生的事情，爷爷也从没见过。到底这“妖怪”是怎么回事，爷爷得仔细查一查！（疼爱地抱起小动物）别哭！别哭！大家先到爷爷家里去！到爷爷家里去！

圆　圆
倩　倩　（不约而同地）爷爷，丹顶鹤会不会也遇到“妖怪”了？

老渔翁　（突然意识到）对了！你们俩赶快去看看丹顶鹤！小丹顶鹤还不会飞，他们一时还搬不了家！爷爷得查一查发生这些事情的原因，这几天，你们要多多照顾丹顶鹤。

圆　圆
倩　倩　（满怀信心地）请爷爷放心，我们一定好好照顾丹顶鹤！

老渔翁　快！快去！

［灯暗转。

［沼泽地，迷蒙一片。太阳被污浊的烟雾遮蔽，无力地照着，所有的芦苇都焦枯了。水塘上飘着锈色，整个世界变成褚红色，了无生机。

［一对丹顶鹤在枯草中徘徊，不时向天空长唳。它们全身黑不溜秋，羽毛湿湿地粘在身上。

鹤爸爸　怎么还不见两个小家伙回来？

鹤妈妈　初学飞，高兴得忘了回家了！

鹤爸爸　周围情况越来越糟糕了，我看鹤群会提早迁徙！

鹤妈妈　确实呆不下去了！这天空，乌烟瘴气的，连气都喘不过来；河水又脏又臭，喝了老是觉得肚子疼！

鹤爸爸 （叹了口气）更严重的问题是死了那么多鱼，找吃的越来越困难了！

鹤妈妈 （紧张地）还是快把孩子们找回来吧！万一吃了死鱼，可怎么办？

鹤爸爸 好吧！我们分头去找！

［俩鹤飞下。

［静场。

［圆圆、倩倩跑上。

圆 圆
倩 倩 （呼喊，寻找）小鹤——！小鹤——

圆 圆 （奇怪地）哎，丹顶鹤一家怎么突然不见了？

倩 倩 （突然想到似的）是不是已经搬家了？

圆 圆 （看看四周）对呀！沼泽地跟过去不一样了，大概丹顶鹤也不愿意生活在这样的地方了！

倩 倩 （伤感地）真的吗？我心里很难过！（忧伤地唱）

谁能够告诉我，
谁能够告诉我，
鲜红的太阳哪里去了？
蔚蓝的天空哪里去了？
清澈的流水哪里去了？
新鲜的空气哪里去了？

圆 圆 （忧伤地接唱）

为什么森林不再青翠？
为什么动物纷纷逃去？
为什么芦苇一片枯焦？
难道小鹤也离我而去？

倩 倩 （抑制不住地）哇——！呜呜呜呜！

圆　圆　（受感染地）倩倩，不哭！不哭！

倩　倩　（边哭边擦眼泪）动物都逃走了，丹顶鹤也不见了……

圆　圆　我们快找爷爷去！……（拉倩倩欲下）

［两只小鹤颠颠歪歪“扑”地一声落地。

俩小鹤　圆圆！倩倩！

圆　圆
倩　倩　（蹦跳而起）小鹤回来了！小鹤没搬家！太好了！太好了！

圆　圆　小鹤，你们到哪儿去了？快说！

小鹤甲　这几天，我们正抓紧时间学习飞翔的本领呢！

小鹤乙　爸爸说，这儿不能住了，我们要提早离开这里了！

倩　倩　（失望地）这么说，你们也要搬家了？

小鹤甲　（辩解地）不是我们想搬家，是爸爸、妈妈要我们离开这里！说这里找鱼吃越来越困难了。

小鹤乙　可我爸爸太没用了，这几天老是找不到鱼！让我们都饿着肚子呢！（叼鱼吃）

小鹤甲　（自豪地）那是它找错地方了！现在呀，河里的鱼最多了，都浮在水面，张嘴就能抓到！

小鹤乙　（嘴里衔着一条小鱼，夸耀地）你看！你看！我的鱼多好吃呀！快！快吃吧！

［俩鹤争着吃鱼。

小鹤甲　哎，这鱼的味道不大一样吧？

小鹤乙　（品尝一会儿）我看是差不多！好吃！好吃！

圆　圆　太好了！太好了！

［圆圆、倩倩边看小鹤吃鱼边高兴地又唱又跳。

［长空鹤唳，两只大鹤滑翔落地。

鹤爸爸　（拦住小鹤，大声责问）哪来的鱼？

小鹤甲　是我们从河里抓来的！

小鹤乙　爸，就你没用！鱼都浮在水面，还说找不到！

鹤妈妈　（连忙从小鹤嘴中啄出小鱼）那都是死鱼，不能吃！

俩小鹤　（惊呆地）什么？死鱼？

鹤爸爸　这水里有妖怪，鱼都被害死了！死了的鱼浮在水面，翻着白肚皮，吃了有危险！（严肃地）你们懂不懂！

俩小鹤　（惊慌地）什么！我们不知道！我们确实不知道！

圆　圆　（紧张地）快吐！快吐！把死鱼吐出来！

［俩小鹤不知所措，圆圆手忙脚乱地帮助小鹤吐鱼，但又束手无策，急得往自己喉咙乱挖，挖得哇哇大吐。

倩　倩　小鹤，你没事吧！

圆　圆　（上气不接下气地）小鹤，快吐！快吐！

鹤妈妈　（着急地）宝贝，你们没事吧！

小鹤甲　（半晌）……好像肚子有些疼！

小鹤乙　（抚摸着肚子）我……我也疼！（挣扎着）

鹤爸爸　（焦急地踱来踱去）怎么搞的！都什么时候了，还出这样的事！

［俩小鹤逐渐地挣扎起来，喃喃地说：“妈妈，我疼！妈妈，我疼！”最后昏倒于地。

鹤妈妈　（大喊）小鹤！小鹤！

鹤爸爸　（察看）小鹤昏过去了！

鹤妈妈　（伤心大哭）快救小鹤！快救小鹤！

圆　圆
倩　倩　（轻轻地）小鹤，快醒醒！快醒醒！

鹤妈妈　（张望）爷爷怎么没来？爷爷有办法救小鹤！

圆　圆
倩　倩　（抱起小鹤）让我们找爷爷去！（飞奔欲下）

[画外响起尖锐的鹤唳。灰蒙蒙的天空中,一群群白鹤迁徙而过。

鹤爸爸 糟糕!鹤群大迁徙了!

鹤妈妈 那我们怎么办呢?

鹤爸爸 (冷静地)如果不跟着一起飞,我们就没办法找到目的地!

鹤妈妈 可这两个孩……

[一群群白鹤又从天空长唳而过。鹤爸爸本能地扇动翅膀跃跃欲飞。鹤妈妈在两个孩子身边徘徊。

圆　圆 (勇敢地)鹤爸爸,你们飞吧!把鹤交给我们,我们一定会想办法把小鹤医治好的!

倩　倩 (坚定地)鹤妈妈,相信我们吧!我们一定会好好照顾你的孩子的!

[画外唳声不断,鹤群不断飞过。

鹤爸爸 (果断地)只能这样了!快!快飞!快跟上鹤阵,不要掉队!(奋然飞起)

鹤妈妈 (依依难舍地)孩子!妈妈走了!妈妈走了!(奋然飞起)

[双鹤在低空盘桓难去,不断哀鸣。忧伤的音乐起,幕外响起渔歌——

龙想海底凤想山,
鲤鱼常想深水潭;
白鹤云中翩翩飞,
哀鸣回荡芦苇间!

[圆圆、倩倩捧着小鹤伫望。

[隔灯。

（五）

［灯暗转，亮起。

［沼泽之滨，森林边沿，有一个小木屋，木屋前宽阔的空地上放着各种各样的渔具，这就是老渔翁的家，周围一片破败。

［圆圆、倩倩抱着小鹤匆匆上，慌慌张张地敲门。

小　猴　谁！是不是妖怪来了？

众　妖怪！（众动物手持武器）

［静场。

［小木门“吱”地一声开了个缝。

［小猴、小松鼠从门缝中钻出来，试探。

小　熊　（轻声地）不是妖怪！快出来！（与小猴等奔向圆圆和倩倩）圆圆、倩倩！

圆　圆　爷爷呢？

小　猴　爷爷查“妖怪”到现在还没回来！

倩　倩　“妖怪”！“妖怪"！到底谁是“妖怪"！连小鹤也被“妖怪”给害了！

小　猴
小　熊　（惊慌地缩在圆圆、倩倩身边）啊！小鹤也被“妖怪”给害了？

圆　圆　（不断张望）爷爷还没回来！真急人！

倩　倩　（把小鹤贴在耳朵听听，轻声呼唤）小鹤！小鹤！

小鹤甲　（似有所觉地张了张嘴巴）哦——！哦——！

圆　圆　（果断地）倩倩，我们不能再等了，我们得自己想办法救小鹤！

倩　倩　（为难地）怎么救呢？

圆　圆　（来回走动）……我想起来了，医院抢救病人，……给病人做人工呼吸……

倩　倩　对！先做人工呼吸。

圆　圆　来！我试试看！（把嘴对着小鹤的嘴呼气）

[倩倩也学着嘴对嘴地使劲呼气。俩小鹤似有所觉地动了动身躯。

众　（叫）小鹤动了！小鹤动了！

[幕外合唱——

多少关心，
多少等待，
融进了真诚的热爱；
多少希望，
多少祝福，
飞出了少年的情怀！
小鹤啊小鹤，
宽阔的蓝天在期待；
小鹤啊小鹤，
晶莹的童心在期待！

[俩小鹤慢慢地蠕动着身躯，慢慢地挣扎起来。

众　（轻）小鹤！你好点了吗？

俩小鹤　（挣扎着起来）我们好多了！

[在音乐的节奏中，小鹤跳起了病态的、变形的鹤舞（现代舞）。

[小鹤乙"啪"地一声猝然倒地。

众　（扑上）小鹤——

[环保阿姨带着老渔翁上来。

众　（喊）爷爷！

老渔翁　（疼爱地）孩子们！（拥在一起）

[大家抑制不住地流泪哭泣。

倩　倩（哭）爷爷……

老渔翁 （抚爱着倩倩）孩子们，爷爷都知道了！

小鹤甲 爷爷，是“妖怪”害了我们？

小　猴 爷爷，你找到“妖怪”了吗？

环保阿姨 爷爷在找“妖怪”的时候，也被“妖怪”给害病了！

老渔翁 “妖怪”藏在水里，爷爷喝了水，肚子疼得厉害，幸亏碰到了环保阿姨！

倩　倩 这“妖怪”真可恨！

圆　圆 （气愤地）这“妖怪”到底是什么样的？等我们抓住它，砸它个稀巴烂！

老渔翁 孩子，其实没有什么“妖怪”，是我们住的地方，发生了变化，跟以前不一样了！

众 为什么会不一样了呢？

环保阿姨 根据兽医对动物们的检查结果，环保部门进一步调查，发现我们这一带的空气、水和土壤含有很多有毒的东西，它们是新建的化工厂排放出来的废气、废水和垃圾造成的。因此形成酸雨，腐蚀了小猴、小熊、锦鸡的皮毛；水中含毒，鱼被毒死；小鹤吃了死鱼病了、死了；爷爷喝了有毒的水也生了病；花呀，草呀、树呀全部枯萎，大自然遭到了严重的破坏！人们发展生产，不注意保护环境，害了动物，最终也害了人类自己！

圆　圆 （惊异地）爷爷，阿姨是说这一切都是化工厂造成的？

倩　倩 （追问）就是我们爸爸、妈妈的化工厂？

老渔翁 （沉痛地）是的！孩子！

众动物 啊！原来“妖怪”就是圆圆、倩倩爸爸、妈妈的工厂！

圆　圆
倩　倩 （不满地）不！不是的！阿姨、爷爷，“妖怪”不是我爸爸、妈妈的工厂！不是的！

环保阿姨 孩子们！你们的爸爸、妈妈已经知道了化工厂给周围的动物、植物带来了严重的影响，上级部门已经决定让这个化工厂搬出这一片野生动物生活的地方！

圆　圆
倩　倩 爸爸、妈妈又要走了？

环保阿姨 是的！

圆　圆 我们又要像袋子一样被提走了？

倩　倩 不，我不走！我不走！

老渔翁 孩子们！为了把美丽的家还给动物们，你们的爸爸、妈妈要搬走工厂了。只是你们两个孩子，爷爷舍不得你们离开啊！

圆　圆
倩　倩 （痛哭）爷爷，我们也舍不得离开大家呀！

众动物 圆圆、倩倩不要走！不要走！

环保阿姨 孩子们，跟爸爸、妈妈走吧！希望你们长大了，学好本领，再回到这个地方，让我们共同保护这一片家园，好吗？

圆　圆
倩　倩 （受到启发似的）对！让我们学好本领，再回来保护这一片家园！

[隔灯。

（六）

[灯起。

[森林、沼泽之间，“国家自然保护区”醒目标牌树立。

[大自然一片青翠，美丽的鲜花到处开放。

[彩蝶纷飞，众动物扑蝶，彩蝶飞进花丛。

小　猴 （追扑）抓住！（扯起一根长辫子，惊奇地）

倩　倩　嘻嘻！你抓住的是我的蝴蝶结呀！

小　猴　啊！你，你是谁呀？

倩　倩　怎么？你不认识我了？我是倩倩呀？

小　猴　啊？你是倩倩？

圆　圆　（站起）还有我呢？我是圆圆！

小　猴　啊？圆圆？

倩　倩
圆　圆　我们回来了，我们又回来了！

众　爷爷呢？爷爷！爷爷——！

老渔翁　（上）哎！孩子们，你们这是怎么了？

众　是谁来了？是谁来了？

圆　圆　我是圆圆！

倩　倩　我是倩倩！

公　鹤　圆圆长成英俊的小伙子……

母　鹤　倩倩长成漂亮的大姑娘……

众动物　叫大家都认不出来了！

倩　倩　爷爷！我俩都成了环境保护工作者，来到自然保护区工作了！

老渔翁　（乐呵呵地）好！好！爷爷真替你们高兴！真替你们高兴！

圆　圆　告诉大家一个好消息！今天是世界环境保护日，许多外国朋友都来参观我们的自然保护区了！

众　（震动）啊！真的？

倩　倩　看，他们来了！

［众动物一片惊喜忙乱。

［众动物严阵以待。

［外国朋友上。

众　（齐声）欢迎！欢迎！热烈欢迎！

[外国朋友用各自语言对美丽的大自然赞叹不绝。

外　甲　中国，真美丽！中国，真了不起！

老渔翁　美丽的大自然，是地球上所有的生命共同的家，我们只有一个家，我们一定要好好爱护她！

圆　圆　对！为了地球上一切生命！

倩　倩　让全世界人民共同保护我们生存的环境，爱护美丽大自然！

外　乙　让我们为美丽的大自然共同欢庆吧！

[异域情调音乐起，各国朋友表演各自的歌舞，表达对大自然的热爱。

[众欢舞。

[主题音乐起。

[主题歌声——

快乐的蓝星星，
快乐的蓝星星，
星星上孕育着生命，
是大自然爱的结晶。
我们只有一颗星星，
它是我们共同的母亲；
我们只有一次生命，
每个生命都有权利生存。
没有你，哪有我？
没有我，哪有你？
在孤寂的宇宙里，
我们是唯一的亲人！
爱吧！亲吧！
在这颗蓝星星上，

我们要相爱相亲！

爱吧！亲吧！

在这颗蓝星星上，

我们要相爱相亲！

要相爱相亲！

［幕落。

［剧终。

一九九二五月五日初稿于昆阳

一九九七年三月十四日排练稿

平阳县木偶剧团（平阳木偶戏保护传承中心）排演

牵丝情

电影

人　物　钟大爷——男，实名钟万祺，出场时 55 岁左右，木偶艺人，一副饱经沧桑的脸，显老，大家都叫他钟大爷。

小翠妈——女，出场时 40 多岁，农村妇女。

林小翠——女，出场时 13 岁左右，钟大爷徒弟。

钟传生——男，出场时 12 岁左右，绰号阿三，先是流浪儿，后是钟大爷徒弟。

钟传久——男，出场时 11 岁左右，绰号小四，阿三的流浪朋友。

钟传远——男，出场时 10 岁左右，绰号老五，阿三的流浪朋友。

钟传之——男，出场时 9 岁左右，绰号老尾，阿三的流浪朋友。

刘彩荷——女，出场时 35 岁左右，农村妇女。

张友顺——男，出场时 45 岁左右，民间医生，绰号“草药张”。

馄饨店主——男，出场时 30 岁左右。

吴家族人——男，出场时 50 多岁，祠堂看门人。

王校长——女，出场时 30 岁左右，某艺校校长。

群众若干。

淡入：绿水青山间，丝弦响起，一个近景的提线木偶与背景叠映，在双手操纵下，举手投足，眉目传情……

古朴唱腔，演绎主题歌——

你牵着我的手，很宽很宽；
你牵着我的手，很暖很暖。
有你牵着我的手，
我不会在风中摇摆。
有你牵着我的手，
我一步步走向未来。
一步步，走向未来，
一丝丝，感受着你的爱。
宽宽的爱，暖暖的爱，
丝丝缕缕，伴我走向未来！
宽宽的爱，暖暖的爱，
血脉相传永恒的爱！

主创人员名单后，推出片名《牵丝情》。

1　绿水青山。日。阳光灿烂。

满山遍野的翠绿，掩映着一块墓碑，上写“木偶艺人钟万祺之墓”。

中年钟传生、林小翠带着一班中青年木偶演员向钟大爷之墓叩拜。

钟传生把一个奖杯献在钟大爷墓碑前。

叠映：2006 年国家级非遗传承人颁奖典礼。主持人宣布："第一批国家级提线木偶传承人，授予'瓯南市木偶艺术教育中心'表演艺术家钟传生！"全场热烈掌声。观众席上的林小翠深情地注视着钟传生，两眼蓄着泪水。

墓地前的空旷地，提线木偶戏台。锣鼓敲响，引来四方乡民。孩子们在人堆里穿梭雀跃。

木偶戏《孙悟空三打白骨精》表演开始。

钟传生画外音："师父，我们受文化部委派，将带着瓯南木偶戏参加国际木偶节，出发前，弟子们一起来向您做汇报演出……"

镜头摇向舞台，从台口往上拍，画面显示钟传生操纵提线木偶孙悟空表演的精湛技巧；林小翠操纵白骨精表演的精湛技巧。

镜头叠现钟大爷操纵着提线木偶孙悟空。

字幕：20 世纪 70 年代末。

2 山村，小庙。中午。

钟大爷带着徒弟林小翠搭起简易木偶表演舞台。

钟大爷敲响开场锣鼓。

林小翠把提线木偶角色从箱子里拿出，卸下包布，挂在庙台边一条横杠上，候场。

3 城市商业区，车水马龙，人来人往。上午。

流浪儿阿三与同伙老尾、小四等在人群中行窃。

老尾瞄上一个妇女的挎包，向阿三与小四暗示。

老尾与小四上前在妇女身边推搡，阿三行窃。

妇女发觉，三人逃。妇女叫喊："有贼，有小偷——"。一旁，戴红袖箍巡逻的街委会人员冲上，抓住了阿三，小四上前相救，阿三逃脱，小四被抓……

老尾、阿三分头逃跑。

4 山道。中午。

远处传来的锣鼓声催促着行人的脚步。

山民呼朋唤友。小货郎摇着拨浪鼓闻声而去。小孩子纷纷扯着大人衣衫快步飞走。

流浪少年阿三，蓬头垢面，衣衫褴褛，在山道旁野地里刨地瓜。看见人群往山上奔走，就躲在地里，好奇地张望着。等众人走，尾随而去。

5 山村，小庙。简易木偶舞台。

[林小翠提木偶白骨精飞上，亮相，逃下。

[钟大爷提木偶孙悟空飞上，落地，亮相。

钟大爷 （孙悟空，白）"白骨精休走，俺老孙来也！"

（瓯剧唱腔）

妖精你屡次三番害师父，

俺老孙穷追不舍与你拼。

火眼金睛辨真伪，

金箍棒下现原形。
一举粉碎白骨精，
西行路上得太平！

[钟大爷提孙悟空追下。林小翠提白骨精逃上。孙追下。白骨精逃上。孙追上白骨精，激烈开打。

6 小庙。内。下午。

观众被精彩表演吸引，喝彩。

流浪少年阿三情不自禁地鼓掌，引来旁人目光，随即低头拉下了破帽檐。

7 小庙。简易木偶舞台。

白骨精被打死。孙悟空亮相，收场结束。

8 小庙。内。

观众群中，钟大爷提孙悟空向众人作揖。林小翠端竹箩紧跟其后。

钟大爷笑呵呵道："各位乡亲，帮帮忙，给些戏金，好给我这些弟子们添些行头，让他们光光鲜鲜，让大家更开眼……"

流浪少年阿三躲避。

一山民："钟大爷，过意不去，我们只有一些番薯丝了！"随手拿出身后小布袋递上。

钟大爷微笑地表示谢意："多谢帮忙，多谢帮忙！"

林小翠收下番薯丝。

众纷纷递上"戏金"替代物，林小翠收下。

观众交头接耳，回味比划着木偶表演，离去。

钟大爷提孙悟空作揖打躬表示感谢："诸位慢走，下次再来！"

9 山道。黄昏。

流浪少年阿三混在人群中欲下山。无奈饥肠辘辘，四处空旷，折返。

10 小庙。外。内。黄昏。

流浪少年阿三从木板缝向里看。

林小翠嘟着嘴，把竹箩里的番薯丝装进布袋："就这么些'戏金'，太不值钱了！"

钟大爷放下木偶，一屁股坐在箱笼上，喘息，擦汗："总比空着手回去好呀！"

林小翠为钟大爷捶背："……以后呀，随便提几下就算了，省些力气！"

钟大爷示意林小翠休息，叹息："唉！看木偶戏的人，是越来越少了！可这也不能怪人家呀！总是咱们的戏不够精彩，表演不够吸引人吧！越是这样，越应该认真！马虎不得！"

林小翠闷声闷气地："嗯！"随手拿出干粮，掰成两半，与钟大爷分头就着竹筒凉水吃起来。

钟大爷拿出箱笼里的一个小袋子，打开，在亮处细细品看："好米，真香！"抓一把米嗅着，仿佛酒后的陶醉。

林小翠："这一小袋做酒的糯米，是吴家祠堂给咱们的订金，等到他们办祠堂酒的时候，要演完七天七夜的连台本戏，才能赚到一缸酒的糯米呀！"

钟大爷："我看值！这年头，戏没赚头，白米值钱！"

林小翠天真地："那我们干脆种地收粮好了！"

钟大爷："胡说！这是大爷祖上一代一代传下来的手艺，怎么能在大爷手里给弄丢了！"

流浪少年阿三咽着口水溜进破庙，藏在暗处。

钟大爷拿出水烟筒，抽了一袋烟，重整精神，拆台收拾。他爱惜地吹了吹木偶人脸上的灰，小心包起，放进箱笼："时候不早了，把东西整理起来，回家吧！"

林小翠："嗯！"与钟大爷一起整理。

钟大爷惊觉，大声："哎，怎么少了一个'弟子'？"

林小翠察看："怎么会呢？"

钟大爷急得团团转，烦躁地："明摆着少了一个小孙悟空，还看什么？快去找找！"

林小翠望着空空的庙宇，为难地："到哪儿去找？"

钟大爷发火："你就不会各个角落里都找一找？"

林小翠委屈地四处寻找："哪个短命鬼，三只手，偷东西，千刀万剐，不得好死！"

庙里佛龛的布幔下，一双破鞋，露出十个脚指头。

林小翠惊叫："大爷！快来！"

钟大爷走近一看，大喝："什么人？给我出来！"

没动静。钟大爷突欣帷幔。出现衣不蔽体、瘦骨伶仃的流浪少年阿三。他瞪大双眼，双手紧抱塞进破衣里面的“小孙悟空”。

林小翠激动地指着：“在他那里！”

流浪少年阿三夺路便逃。

钟大爷一把抓住。

流浪少年阿三欲挣脱，大声：“哎哎，干嘛，干嘛！”

钟大爷喝斥：“把‘弟子’还给我！”

流浪少年阿三一听，掏出自家小弟弟，随地一泡，大笑：“哈哈哈哈，还你小弟弟！还你小弟弟！”

林小翠羞避：“不要脸！不要脸！”

流浪少年阿三顺势挣脱，举着小孙悟空：“嘻嘻，孙悟空，真好玩！真好玩！”

林小翠鄙夷地：“小偷！还给我！”

流浪少年阿三油里油气地：“小偷又怎么样了？小偷也是工作！靠本事吃饭！哼！山头囡儿，你懂什么？”

钟大爷：“小小年纪，不学好，干出这种没出息的事，叫你父母好好管教管教！”

流浪少年阿三大笑：“哈哈！父母？哼！谁是我父母？老早死光了！除了派出所，谁也管不了我！”

钟大爷同情地：“你是一个孤儿？”

流浪少年阿三神气地：“不是孤儿，是个流浪儿！”说完倔犟地昂起了头。

钟大爷默视着阿三：原来是个没家的流浪儿！

11 闪回。解放前。某闹市区。

少年钟万祺沿街乞讨。

少年钟万祺被一木偶戏表演吸引。

少年钟万祺被一木偶老艺人收为徒弟，拜师，老艺人说：“今天，我就给你取个艺名叫‘钟万祺’，好吗？”

少年钟万祺激动地点头，在师傅的手把手教导下，练习提线木偶。

12 闪回。70年代末。某看守所。内。日。

流浪少年阿三与管教少年们挤在一起。民警一旁逐一口录登记。

流浪少年阿三乘人不备，与边上一流浪少年阿四低语：“小四，掩护！”

流浪少年阿四擤了擤鼻涕：“三哥，我知道！”

流浪少年阿三假装肚子疼，蹲地。小四向民警指着说：“肚子疼！”

流浪少年阿三被民警带走。

13 看守所医务室。内。日。

护士推护理车上，小四猛一上来撞过去，护士紧避不及，摔倒，叫民警。

流浪少年阿三乘护士不注意，拔掉盐水，逃跑。

14 70年代末，某城郊，桥洞，夜。

流浪少年阿三生病，蜷伏在桥洞的破铺盖上。

15 野地。日。

民警执行任务，管教流浪汉，流浪少年阿三落荒而逃。

16 闪回结束。小庙。内。昏暗。

钟大爷同情地："流浪的日子可不好过呀！"

流浪少年阿三："自由自在，有什么不好过了！"

钟大爷一笑："我看你的肚子，现在就不好过！"

流浪少年阿三咽一咽口水，露出饥饿的神情。

钟大爷向林小翠示意。林小翠拿出番薯饼。流浪少年阿三一把抢过，大口吃起来。吃得太快噎住了，钟大爷递上竹筒水。流浪少年阿三大口喝起来。

林小翠看着好笑："以后可不要再偷东西了！"伺机把小孙悟空拿回。

流浪少年阿三不屑地："这深山破庙，有什么好偷的？小木偶能值多少钱？"

林小翠生气地："不许你说'弟子'的坏话！"转向钟大爷："我们回家吧！我妈该等我们了！"

17 远景，山村老屋，炊烟袅袅，空镜头。

18 山村老屋，小翠家，内。傍晚。

小翠妈烧红灶火，切番薯，准备夜饭。

小翠妈喂鸡，喂猪。

小翠妈坐在门口，就着一工具箱，拿出木偶人，给木偶人缝衣衫，编头套。小翠妈看了看墙上钟表，到门口张望："唉！天都快黑了，这一老一小，怎么还不回来？山路难走，真叫人担心！……噢，差点忘了……"

19 老屋道坦。傍晚。

小翠妈收拾道坦竹篾上晾着的酿酒红柚。

村人刘彩荷竹背篓里背着小孩，手里挎着盛野菜的大篮，路过。

刘彩荷大大咧咧地："小翠妈，又要给钟大爷酿酒了？"

小翠妈："是啊，红柚是晒得差不多了。一斤酒五斤粮，就看钟大爷木偶戏生意了，能赚得几十斤上好的糯米，那酿的酒可就香了！"

刘彩荷笑道："我说小翠妈呀，自从你囡儿小翠跟着钟大爷学手艺，我看你是脸上常挂笑，越活越有劲道！'做酒靠酿，种田靠秧'，你这好日子，是怎么得来的呀？"

小翠妈："哎，常言道，笑一笑、十年少！笑长命，哭生病！我不笑，难道整天哭着？"

刘彩荷："你是真听不懂还是假朦胧！我是说，你、小翠、钟大爷，三个人，很像一家子了，干脆你们俩，走拢算了！”

小翠妈恍然大悟：“啊！”羞红了脸，捶打刘彩荷：“你说什么呢?我撕掉你这张破嘴！”

刘彩荷笑着快步走开：“你现在打我，到时总有用着我的地方！”走远又折回来：“我说小翠妈呀，小翠爹已经去了好几年了，你也该为自己的下半辈子想想！”

小翠妈：“有这样的日子过，我也很知足了！……”

背篓里孩子哭叫。

小翠妈帮助刘彩荷放下孩子撒尿。进屋拿出一个小木偶人哄孩子。

刘彩荷拿着木偶人越看越喜欢。小翠妈：“送给孩子玩玩。”

刘彩荷拿过，玩着：“嗬！真好玩！小翠妈，演木偶戏的人，是有本事的人！刚才跟你说的话，你可得记住哟！”

小翠妈笑笑，叹口气，目送……

20 山村老屋。小翠家隔壁，钟大爷房间。内。

显眼处供着木偶戏神——田都元帅。边上有一上锁小门。

小翠妈把红釉放在钟大爷房间的一个篾篓里。把边上的一个大瓦缸用布擦了又擦：“酿上一缸好酒，每天可都有得咪了！”

小翠妈把房间细细地看了一遍，整理一番。把挂在一边的木偶人逐一端详。

小翠妈在木偶戏神前定定地看了许久，双手合十道：“保佑路上平安，早点到家！”

21　小庙。内。夜幕降临。

钟大爷欲挑担……

流浪少年阿三："大爷你走好！"

钟大爷转念一想，对流浪少年阿三："你要往哪里去？"

流浪少年阿三："你们走了，这个窝就是我的了！让老子在这里，好好避避风头！"

钟大爷警觉地："你避什么风头？"

流浪少年阿三一副老成样子："不避的话，连命都会送掉！这几天，'老派'同志凶得很！我才不会那么傻！"拿下帽子，扇着风，锃亮的光头耀人眼目。

林小翠惊恐地："大爷，他是个光头！"

钟大爷掏出烟筒，点起了纸媒，瞪大眼看着："哦！……"

流浪少年阿三："光头又怎么了？光头！比你留着一根臭臭的长辫子舒服多了！"神气地抓抓光头："不怕脏，不怕痒，虱子的老家一窝端！"

林小翠胆怯地："光头可就是罪犯呀！"

流浪少年阿三生气地上前扯住林小翠的辫子："哼！不许乱说！"

林小翠慌也似欲挣脱："大爷！大爷！……"

钟大爷一把抓开阿三的手，盯眼示意不许乱动。

流浪少年阿三看着林小翠被自己逗弄得惊魂未定的样子，哈哈大笑："胆小鬼，逗你玩的！"摸着光头，突然懊丧地："嗨！一想起'老派'同志，就没劲！"

钟大爷："为什么呢？"

流浪少年阿三："整天管着你，吃不好，睡不好，大清早还要起来写检讨！我八字还不能认一撇，写起字来真苦恼！"

林小翠乘机报复地："我看你是很怕'老派'同志！"

流浪少年阿三："废话！不怕，老子还用逃到这破庙里来？"

钟大爷果断地："可你今天是自己送上门来了！"

22 小庙外，山道。夜幕。星光闪烁。

流浪少年阿三欲夺路而逃。

钟大爷一个箭步上前抓住。林小翠挑着箱笼，背着袋子踉跄追出。

流浪少年阿三大惊："老头，开什么玩笑？"

钟大爷严肃地："谁跟你开玩笑？"

流浪少年阿三大喊："凭什么？！"

钟大爷："凭你偷东西！"

流浪少年阿三："不就是一个破木偶吗？不早还了？"

钟大爷正色道："还了也不行！你已经偷了东西！一定得把你送去管教好！"

林小翠悄声提醒："大爷，我们这里没有派出所呀！"

钟大爷接过小翠肩上的担子，暗示别声张。

流浪少年阿三伺机欲逃，钟大爷紧抓不放。

流浪少年阿三使出拳脚，欲逃脱。钟大爷三下五除二，一下子把他那三脚猫功夫制服了。

钟大爷气愤地示意林小翠："去拿绳子，把他绑起来！"

林小翠迟疑不去。钟大爷再三示意，林小翠为流浪少年阿三求情："大爷，这回就饶了他吧！"

流浪少年阿三乘机求饶："嘿嘿，这位姐姐说得对！大爷您就饶了我吧，下次再也不敢了！"

钟大爷坚决地："不行！小翠，还不快去找绳子？"

林小翠故意不找："绳子在哪儿呀？"

钟大爷："过来，大爷告诉你。"与林小翠耳语。

林小翠恍然大悟，诡异一笑，频频点头："知道了，知道了，我去拿绳子，把他抓起来，绑起来！"林小翠进庙拿绳出，与钟大爷一起捆绑。

流浪少年阿三挣扎："放开我！我自己走！……"

钟大爷："那你老实不老实？"

流浪少年阿三乖巧地："一定老实！"背着钟大爷做出一副鬼脸，暗中道："派出所可不是人去的地方，走着瞧！"

23 崎岖山道。夜。

钟大爷提着煤气灯，挑着箱笼走在后面。林小翠背着布袋走在前。流浪少年阿三夹在中间。

流浪少年阿三东张西望。眼珠一转，计上心来，欲拿林小翠布袋："来来来，山头囡儿，让我帮你背！"

林小翠抓住袋子不松手："别叫我山头囡儿，叫我小翠！"

流浪少年阿三甜甜地叫道："小翠姐，袋子这么重，让我帮你背吧！"

林小翠还想拒绝，钟大爷暗示给他。林小翠递过口袋："好吧！……那你叫什么名字呀？"

流浪少年阿三："我的名字多着呢，棺材儿，短命鬼，三只手，流浪儿，随你叫！"

林小翠奇怪地："大爷，这些怎么能叫名字呀？"

钟大爷感慨："没爹没妈的孩子，哪来的名字！"

林小翠同情地："大爷，您给他起个名字吧！"

钟大爷沉吟片刻："好！……那就随我的姓，叫钟传生吧！"

林小翠喜悦地："钟传生！好听！"

流浪少年阿三惊喜地："钟传生？我的名字？嘿嘿嘿嘿！过会儿就要开溜了，还叫什么'钟传生'！"眼珠在暗处滴溜转，突然捂着肚子，蹲地，大叫："哎哟！哎哟！"

钟大爷早有所料地："怎么了，不走了？"

流浪少年阿三："哎哟，肚子疼……"

钟大爷笑笑说："治肚子我最有办法！"煤气灯往路边一照，抓过一把草，递上："这里有草药，吃了就不疼了！"

流浪少年阿三大叫："吃草？老大爷，我可不是牛！"

钟大爷："你不是喊肚子疼吗？这草药，就是治这种病的！"

流浪少年阿三："那……我肚子疼不是有病。我……想拉大便！"

钟大爷笑道："拉大便，那更好办。就在这里拉吧！"

流浪少年阿三狡猾地转了转眼珠："有囡儿在这里，不好意思！"

钟大爷："哈哈，还很爱面子的哩！小翠，你跑开点，就让他拉个痛快！"

林小翠捂着鼻子，跑到一边。

有狗吠声从远处传来，片刻，四村八野狗吠成片。

流浪少年阿三一哆嗦，但还是找个草丛，坚决地脱下裤子，蹲地："大爷，别把灯光照着我，会拉不出来的！……"看看钟大爷不走的样子，一手捂鼻，一手示意钟大爷走远点："臭得很哩！"

钟大爷笑着示意在这儿站定了："我还要看你逃跑哩！"

流浪少年阿三一愣，自言自语："这老头，是人精哎！（拉起裤子）大爷，我算是服你了！你怎么这样在行？"

钟大爷冷笑道："你那几套把戏，我在几十年前就练过了。老实告诉你，我在你这么大的时候，也是像你一样的东西！……"

流浪少年阿三兴奋："哈哈，原来是个老前辈！后来呢？"

钟大爷："以后告诉你！走！小翠——"

林小翠应声而来，与钟大爷一前一后，把流浪少年阿三夹在中间……

山道黑暗，一点煤油灯一闪一闪，远处的狗吠阵阵而来，路边林间，有夜鸟被惊，扑棱棱飞起……

流浪少年阿三禁不住向钟大爷靠近……

24　山村老屋。林小翠家。内。夜。

小翠妈细听外面动静。外传话语声、脚步声。喜："回来了！"开门。

小翠进屋。放下东西，喊叫："妈，有什么好吃的！饿死了！"

小翠妈，端出番薯汤："哎，大爷呢？"林小翠就着母亲手上的番薯汤吸了一口。

钟大爷外声："来了！"

流浪少年阿三在外好奇地张望……

林小翠热情叫道："传生，进来！"

钟大爷催促道："进屋去！"

钟传生："嗯？叫我？"迈进，疑惑，嘀咕："这就是派出所？"

钟大爷："派出所还有一半的路，天黑了，在小翠家吃点，再到大爷家歇歇，明天再送！"

钟传生听后一下活跃起来，四处看看，高兴，找一角落，缩下。

小翠妈："这孩子……？"

钟大爷："哼！是个小偷！"

小翠妈惊讶："啊，这么小，就学会了偷东西？偷什么？"

林小翠："偷大爷的木偶弟子！"

小翠妈："那还了得！这些木偶弟子可都是大爷的命根子呀，怎么能偷？"

钟大爷："是呀，我这辈子没儿没女的，就这么几个上辈留给我的'弟子'，我把他们看得亲人似的，你却要把他们偷走！所以，我非得把你送到派出所不可！"

钟传生："你这个老大爷，真啰嗦！说了个半天，派出所连个影都没有！"

小翠妈脱口而出："我们这山头……"

林小翠暗示母亲附耳，与之耳语。

小翠妈点头，走近钟传生："大爷新起的名字——钟传生，好听！"怜惜地："没爹没妈的，怪不得瘦成这个样子！幸亏遇到好人！"

钟大爷："先给他点儿吃的！"

小翠妈递上番薯汤给钟传生。钟传生垂涎欲滴，马上接过蹲地，大口扒拉起来。

林小翠把自己的一份欲给钟大爷吃。

钟大爷摆摆手："赶紧吃吧，饿了一天了！大爷等下吃！"递上袋子给小翠妈："里面是番薯丝，再煮些，让孩子们吃饱点。"

小翠妈接过，赶紧开锅再烧。

林小翠停下饥饿的大口，拨出一半给钟大爷。

钟大爷婉拒，疼爱地抚着林小翠表示谢意。递上一个小袋，小翠妈高兴接过："有糯米了？"

钟大爷开心地笑道："先攒着，只要戏能换来的，就好办！"转对钟传生："吃好了，到大爷家来！"

钟传生边点头边舔碗。

钟大爷转对林小翠："看着点！"

林小翠点头。

钟大爷："小翠妈，麻烦烧些洗澡水。"

小翠妈高兴地："哎！"

25 钟大爷家。内。夜。

钟大爷就着花生米，咪着小酒。

钟传生坐在桌旁，盯着桌上热气腾腾的番薯汤，舔着舌头。

钟大爷推碗，示意再吃。钟传生问："大爷你不饿？"

钟大爷点头。钟传生奇怪的目光表示惊异："真的不饿？"

钟大爷微笑地点点头。

钟传生大胆端过碗，找一个角落蹲地吃起来。

钟大爷看在眼里疼在心上，动情地："传生！"

钟传生一愣，竖起耳朵："叫我？"

钟大爷慈爱地点头："你小的时候叫什么呀？"

钟传生摇了摇头："我小时候就叫阿三。在我们哥儿几个里面，我排行第三，小四、老五、老尾，我们四个人最铁！几天没见着他们了，怪想的！"说完把碗一放，伸着懒腰，打起了哈欠。

钟大爷："洗个澡，把脏衣服换下来。"

钟传生头摇得像拨浪鼓："我从来不洗澡！"缩头缩脑自语："半夜就开溜了，还洗什么澡？背时佬！"

钟大爷严肃地："在我这儿，就要讲卫生，就要洗澡！"

钟传生看见上锁小门，本能地上前窥探："哎，这里面锁着什么？"

钟大爷上前拉开："不要乱动，快去洗澡。"

钟传生眼珠一转，计上心来，乖巧地："好好好，洗澡洗澡！"

26　钟大爷家，澡堂，内。夜。

一个大木桶。小翠妈提水倒入，钟传生脱个精光倒头栽入，把水扑腾得满地都是，惹得自己嘻哈大笑起来。

小翠妈被溅得满身是水：“这孩子！就贪玩！”向外喊：“小翠！提水来！”

林小翠外应：“哎！”

小翠妈收拾钟传生的破衣烂衫：“这怎么穿呀！嗨……！”放下一边，出外。

林小翠提热水进来。

钟传生赶紧缩身：“哎！囡儿不能看！不能看！”

林小翠：“谁看你了！皮包骨头，有什么好看的！”倒水，禁不住地偷偷看上一眼，羞得急出。钟传生调皮地：“偷看了！偷看了！”莫名其妙地大笑：“哈哈哈哈！哈哈哈哈！”

林小翠羞红了脸逃出。

钟传生兴奋地使劲在木桶里扑腾：“哈哈哈哈！偷看了！偷看了！”

林小翠返回，愤怒地：“没偷看！”举桶敲在钟传生头上。

随着“嘭”地一声，钟传生直直地站了起来，半身露出水面，林小翠一看更是愣得无处躲藏，羞得一头钻出门去。

钟传生像瘫了似的沉入木桶之中……

27　澡堂门外。夜，昏暗。

林小翠贴着板壁，心头一阵“扑通”乱跳。她强抑住自己，听听里面没声音，又怕出事，便又蹑手蹑脚，探头进去，直到看见钟传生在水面浮起，才放心地赶紧躲开。

28 钟大爷房间。内。夜。

钟大爷就着微弱的灯光缝缝补补。

小翠妈也拿着一些衣服进来："你看，这件，是小翠爸生前穿的秋衣，让他穿在里面，可以吗？"

钟大爷拿在手里看着："嘿！你也是念旧的人，还保存得好好的！"

小翠妈："好好的衣服，怎舍得丢呢？……"

钟大爷："是啊！"抖了抖自己手上的衣服："你看，这改一改，也还是可以将就着穿的！"

小翠妈有所同感，接过一看，称道："演木偶戏的人，真是百事会！"

钟大爷穿针，眼力不好，对不上针眼。

小翠妈拿过，穿针。

两人听到外传动静声。钟大爷突然叫道："传生呢？"大步欲出……

门帘一掀，钟传生，裹着一身湿漉漉的破烂衣服站在门口，嘟着嘴。

钟大爷、小翠妈看得是哭笑不得。

小翠妈招呼："来来来，把干净衣服换上。"递上衣服，钟传生接过，站着不动。

钟传生示意他们遮眼。钟大爷、小翠妈相视一笑："已经知道害羞了"。两人背身。

钟传生换上衣服，边说："好了！"边走起了自创的"模特步"。

钟大爷、小翠妈看着钟传生穿着改制的衣服，宽松、别致，颇像标新立异的时装，感到好笑。小翠妈："这孩子！"

钟大爷："走远点，让大爷好好看看！"笑："好看！好看！像个大弟子！哈哈哈哈！”拍着钟传生后脑勺：“先穿穿，大爷明天到城里去买块布料，给你做新衣服穿！”

钟传生感动地喃喃道：“还要给我做新衣服？”眼睛蓦地湿润起来，欲言又止……

小翠妈告辞。

钟传生：“大爷，你对我真好。”装出一副楚楚可怜的样子：“可惜，明天，我又要到派出所去了，再也见不到你了！”

钟大爷诚恳地：“只要你下决心，改好，大爷可以不送你进派出所！”

钟传生：“那……？”往钟大爷房间四处看看。

钟大爷动情地：“留在大爷家，这里没有别的人……”

钟传生：“那小翠跟她妈呢？”

钟大爷：“噢，我们是邻居，小翠是我的徒弟。”

钟传生天真地：“我还以为你们是一家人呢！”

钟大爷感慨地：“大爷就只有几个木偶弟子！你呀，以后想要，不用偷，大爷都给你，还教你演木偶戏。”恳切地：“你说好吗？”

钟传生迟疑片刻，拨浪鼓似的摇起了头。

钟大爷颇有些失望地：“不喜欢大爷这个家？”

钟传生：“这里没有城里热闹。”

钟大爷：“你真的不愿意留下来？”

钟传生：“不愿意！”

钟大爷假愠：“那好，我现在就送你到派出所去！”

钟传生假惶惶地：“好，好！我愿意！我留下！”暗笑：“先骗骗这老头子，等半夜看了那间密室，再开溜！”

钟大爷铺床展被：“睡吧！我还有点事。”打开小门，进去，随即又出来：“老实点！告诉你，这山上有野猪，还有狼狗，山路也很陡，危险得很。你别想逃，逃出去会送命的！这是真话，你听见了吗？”

钟传生睡眼迷离地："大爷放心，我不想逃！"

钟大爷进小门，关上。

钟传生打起精神，上前偷看，看不见。轻推，推不开。无奈，哈欠不断，躺到大爷的床上，枕着枕头，盖上被子，翻来覆去，睡不习惯。下床，眼珠一转，计从心上，欲逃走。看到小门上挂着的大锁，蹑手蹑脚，走到小门前，拿起挂着的大锁，想把门给锁上，但外传狗吠声，又让他心里发怵："算了，还是等天亮了再说！"于是，找个角落，就着一堆草，蜷缩着，呼呼大睡。

29 林小翠家。卧室。内。夜。

月光从窗缝照进来。斑斑驳驳洒向一张精致的雕花大床。

母女俩并头躺着。

林小翠："妈，大爷要是收了传生做徒弟，还要不要我了？"

小翠妈："当然要你。两个徒弟也不多！木偶戏里有很多生旦戏，像《白蛇传》呀，《花灯缘》呀，都是，有了传生给你配戏，大爷的手艺就能传下来了！"

林小翠："我才不要他给我配戏！"

小翠妈："为什么？"

林小翠："……不知道。反正不跟他配生旦戏……"

小翠妈叹了口气，语重心长地："自从你爹自顾自地走了以后，撇下咱娘儿俩，要不是有邻居钟大爷收你学手艺，你一个囡儿，将来靠什么吃饭！小翠呀，你不管怎么样，都得好好把大爷的手艺学到手呀！妈也只能跟你说到这份上了！你听进听不进，就看你造化了！"

林小翠顺和地："妈，我懂！听你话！"转念一想："可妈，你知道不，人家都以为钟大爷和我们是……”

小翠妈瞪大眼静听，没听到说什么，追问：“是什么？”

林小翠眨了眨眼，改变主意：“妈，困了，想睡觉了……”，口中喃喃，人已入睡。

小翠妈：“这囡儿！……”翻来覆去睡不着，干脆起来，就着月光，蹑手蹑脚走出。

30 林小翠家后房。夜。内。

小翠妈在一壁龛上供着的木主前面，焚上一炷香，拜祝。

月光如水泻满一地。小翠妈眼里已是蓄满了泪水，思绪万千，心潮起伏，有些气促。

小翠妈就地一坐，解开衣襟，露出了用白布捆扎的胸脯。她慢慢地为自己松绑，一圈一圈又一圈，喃喃地：“他爹，我们来世还要做夫妻！”

月光下，解放了的胸脯，充满了生命的呼吸，她用水为自己的胸脯荡涤了一番，换了一条新的长条白布，围又一层一层，把自己捆绑起来。

31 钟大爷房间。内。夜。

钟大爷从小门出，锁上。走到床前，一看，没人，吃惊：“啊？逃走了！哎呀！”急得满屋子团团转。

不意间踩到了角落里的一堆东西，低眼一看，又惊又喜：“嘿！这小家伙！和我小时候一样，平常在草堆角落里睡习惯了！”

俯身爱怜地抱起钟传生：“睡到床上去吧，孩子，盖上被，以免着凉！”

把钟传生轻轻地放在床上，盖上被，自己也上床睡觉，旋即又起床，把一根木棍横在门后，熄灯，在钟传生边上躺下，听着孩子均匀的呼吸，满意地入睡，紧接着，呼噜大起。

32 山路。凌晨。灰蒙蒙。

山里人们挑柴、担山货，下山贩卖。

晨曦初露。

静默的大山正欲从睡梦中苏醒。虫鸣鸟叫，打破沉寂。

33 钟大爷房间。内。夜。

钟传生被呼噜声惊醒，突地坐起，抱着头：“打雷了！下雨了！”四下看去，不知自己身处何方。使劲摇头，寻到呼噜声，借着照进屋的晨光，看到睡在身边的钟大爷，他才恍然大悟：“噢，还在山上呢！”推了推钟大爷：“大爷，别吵了！”

钟大爷深睡。

钟传生捂着嘴笑：“睡得像死猪一样！”再推推：“大爷！大爷！”看钟大爷真的没反应，睡意全消，蹑手蹑脚跨过钟大爷，下床。看看窗外天蒙蒙亮，下决心欲逃走。但心里惦记着小门里的秘密，便动手撬锁，想找一工具，不小心脚下一绊，摔了一跤，弄出极大声响。趴在地上不敢喘气，双眼发亮……

钟大爷一骨碌翻身起床，大喝：“干什么！”

钟传生灵机一动，大叫："哎哟！哎哟！"

钟大爷亮灯，气愤地："不要再表演了！真是贼性难改！"顺手抢起一木棍："你敢偷这屋里的东西！我就打死你！"

钟传生机敏地躲避，倔犟地："哼！你打！你打！"调皮地满屋子跳跃："嘻嘻！老头！你能打到我吗？"

钟大爷被激怒，看花了眼，一棒打在一硬处，震得手发麻，气得发抖，眼前发黑……

钟传生乘钟大爷昏头昏脑之际，咬牙用力冲上，一头撞去，把钟大爷撞得趔趄而倒。

钟大爷大叫："哎哟！你这个臭小子！"欲起，大叫："哎哟！"

钟传生顺手拿走戏担上的小孙悟空，乘机破窗而逃。

钟大爷撑起，追。脚痛难忍，拖着走去开门，大喊："你逃，看你往哪逃！"

34 林小翠家。卧室。内。清晨。

林小翠、小翠妈被外面声音吵醒。

林小翠："是大爷在叫！"

小翠妈穿衣急出。林小翠慌张跟出。

35 钟大爷家门口。清晨。

钟大爷跌坐于地，用手狠狠捶地。

小翠妈："大爷，大爷，出什么事了？"

钟大爷愤怒地："这小家伙，贼性不改，非教不可！"

小翠妈："别太生气了！有话进屋再说！"与林小翠扶钟大爷站起，钟大爷跛着脚，被扶进屋。

36 山道。清晨。

钟传生拿着木偶小孙悟空飞奔而下。

一牧童坐在牛背上，放牧。

钟传生看到，把牧童从牛背上扯下，自己欲爬上去，结果，牛被激怒，钟传生被撞向远处，顺势从山坡滚下，举着小孙悟空："哈哈哈哈！解放了！钟老头再也抓不到我了！"

37 钟大爷房间。内。上午。

钟大爷坐在椅上，翘起一条腿。气还未消："他逃了！他逃了！"

林小翠："这种人，不值得对他好！"端水给钟大爷："大爷，先喝口热水吧！"

钟大爷接过水，闭目不语，摇了摇头："我是不忍心看他流浪下去呀！"

小翠妈为钟大爷的受伤处敷上热布："嗨！你呀，一厢情愿！怎能勉强得来呢？这孩子自由惯了，是不会受你管教的！"

钟大爷懊丧地："嗨！是我不好！是我不好！心太急了！把这孩子给吓跑了！……"

小翠妈："哎！用不着这么着急！有缘终能相会，无缘强求不得！你先别动，我去叫草药张来给你看看！”说完快步走出。

38 闪回。解放前。某庙台。内。夜。

木偶人静静地挂在一边。

少年钟万祺睡在庙台角落的一个箱笼上。寒风吹得他睁开眼。

少年钟万祺乘师傅睡熟，跨过他的身体，拔腿轻悄而去。看了看木偶人，返身想拿走一个，弄出声响，惊醒师傅。

师傅一顿毒打："看你不学好！打你是让你长记性！”

少年钟万祺："师傅！我想回到咱们家里去！不想每天睡台角！”

师傅气恼地："不睡台角，你吃什么？你靠什么（边说边打）活下去？”

少年钟万祺无法躲闪，昏倒在散落一地的木偶人中间。

师傅把木偶人一一收拾，拿出木偶戏神田都元帅，焚香叩拜："保我‘弟子’永传！……”

少年钟万祺紧闭的双眼淌下泪水。

39 闪回结束。钟大爷房间。内。上午。

钟大爷斜靠竹椅上，手里还紧握着木棍，紧闭的双眼，溢出泪水。

小翠妈带草药张进门。

草药张看了看钟大爷的脚："钟大哥，你老这把骨头算是硬的，只是韧带拉伤了。”

钟大爷："是啊！我自己有数的！没什么大不了的！……嗨！就是没

追上那孩子，可惜了！”

小翠妈低身仔细看了看：“还是有些肿！”

草药张从随身带的药箱里，拿出拔火罐，为钟大爷拔罐。

钟大爷过意不去地：“好了！好了！我这身贱骨头可不能被惯坏了！”要站立……

草药张阻止：哎哎，坐着别动，再给你敷上些通筋消肿的草药！

小翠妈不放心地：“都说伤筋动骨一百天。你还是小心点好！”

钟大爷：“没那么金贵！明天我和小翠还要到城里摆戏摊去呢！”

林小翠：“大爷，你是想去城里找传生？”

钟大爷心思被林小翠一语道破，愣了一下，掩饰：“哎！一个野孩子，是充不了数的！大爷有小翠这样的好学徒，也该知足了！”

林小翠颔首抿嘴而笑。转而突然想起：“大爷，我们的小孙悟空还是不见了！”

钟大爷转身看了看箱笼。林小翠打开箱子给大爷示意里面没有。

钟大爷：“这孩子！学成道了，碰到过的东西，是非带回去不可了！嗨！”

林小翠：“我看传生是真的喜欢小孙悟空！”

钟大爷：“哦！”连连点头道：“是的！是的……”

40 某城郊。河边。桥下。涵洞。午。晴。

钟传生躺在草堆上，饥肠辘辘，若有所思。

小四拿着食物过来。分给钟传生：“三哥，给！”

钟传生：“小四，以后在没人的地方，不要叫我三哥！”提高声音：“叫我钟、传、生！”

小四一字一顿："钟、传、生？哈哈哈！盘菜生还差不多！哈哈哈哈！"

钟传生正色道："不许你笑！"神秘地示意："过来，我演木偶戏给你看！"

小四瞪大眼睛，好奇地盯着钟传生。

钟传生变魔术般从身后拿出提线木偶小孙悟空，一个亮相，边随手而动，边拿腔拿调咿呀唱道："妖精你胆大包天骗老孙，我一棍下去就把你打死！哈哈哈哈！"

小四看得惊呆了："三哥！"

钟传生："叫传生哥！"

小四："好玩！真好玩！"欲拿孙悟空，又不敢，谄媚地："传……传生，哥！"

钟传生看着小四嬉皮笑脸的样子，一下子火冒三丈："正经点！"

小四乖巧地："是！你就到那山头呆一小会儿，就学来了这么大的本事！"

钟传生得意地："我是什么人？天才！什么叫天才，你看到了吧！"

小四跪拜："师傅在上，受徒儿一拜！"

钟传生故意拿腔拿调："拜什么拜呀！"

小四垂涎欲滴："传生，哥！让我也玩玩孙悟空打妖精吧！"

钟传生用手示意拿出口袋里的东西。

小四："嘿嘿！有！"掏口袋，倒出一堆金银饰物，示意好东西都在这里。

钟传生颇不以为然地："你呀，贼性难改！该打！"装出欲打的样子。

小四惊讶："传生，哥，你，怎么了？"

钟传生一下抱住小四："想死你了！"随后两人嘻嘻哈哈扭打起来。

突然，一阵尖锐的口哨声传来。两人警觉。

钟传生："是老尾！有敌情！快！"奔出桥洞。小四跟出，又返回把木偶藏好，再奔出。

41　某城郊一空地。午。晴。

一群少年斗殴，钟传生与小四冲上，加入一方阵营，撕打，奔逃……

42　某城郊小商品市场。午。晴。

人来人往，熙熙攘攘。

长人馄饨、矮人松糕、鱼丸店、烧饼铺、灯盏糕等特色小吃，一溜儿摆开。各种叫卖，吆喝，把市场渲染得一片闹腾。

林小翠身上背着几个木偶弟子，东张西望。走到一商铺前，被一发卡吸引，把玩着，恋恋不舍。

43　路边馄饨店。午，晴。

钟大爷挑着戏担，走向一馄饨摊边上的一个小圆桌，坐下。招呼林小翠。

林小翠恋恋不舍地走向馄饨摊，挨着钟大爷坐下，放好木偶，替大爷揉臂捶腿："大爷，你的脚，还疼吗？"

钟大爷爱抚着林小翠的头，甩了甩包着草药的腿脚："没事！"

林小翠高兴地："大爷，今天的收入真不错，抵得上在山里演一个月。"

钟大爷拿出几块布料，在刺目阳光下，眯眼看着：“是啊！城里人多，看木偶戏，也是件新鲜事！”拿过一个木偶弟子，在手上展示：“这么可爱的弟子，谁不喜欢呢？”脸上露出喜爱之色，拿布料在木偶人身上比试。

林小翠一看，跳到钟大爷身边，羡慕地：“真好看，我是木偶弟子就好了喽！”

钟大爷知道林小翠心思，从箱笼里拿出一块鲜艳的花布料，抖开：“傻囡儿，你以为大爷就知道心疼木偶弟子呀？”

林小翠一把抢过，在身上比试，兴奋地：“给我做新衣服！给我做新衣服！”

钟大爷笑眯眯：“好看！一朵花一样！将来呀，一定能嫁个好女婿！哈哈哈！”

馄饨店主端着热气腾腾的馄饨走过来：“来喽，鲜肉馄饨来喽！”

钟大爷与林小翠一闻香味，忍不住咽口水。钟大爷尝了尝，教林小翠自己加上各种调味品及紫菜、虾皮等。

看到两位的行头，馄饨店主惊喜：“哎哟，是来演木偶戏呀？好长时间没看到了！”感慨道：“记得上一次看木偶戏，离现在，大概有一二十年了吧，那时候，我还是小学生呢！老师组织到解放戏院里去看！”兴奋地：“对了，是看《白蛇传》！”

钟大爷一听，兴奋地：“你看过《白蛇传》？”

馄饨店主：“当然看过！那个白蛇与许仙两个提线木偶，被两个演员提得是，比真人演得还出彩……”

钟大爷乐呵呵地：“是吗？是吗？看来你是真看过！”

馄饨店主露出难过神情：“后来听说，那一对提线木偶演员，在当时的运动中，结局都不好……看来这戏饭，也是难吃的！”

在馄饨店主叙述中，钟大爷的思绪飘向远方……

44 闪回：六十年代。剧场。内。

木偶戏《白蛇传》正在上演。

青年钟万祺与青年女演员在掌声中提着许仙和白娘子，谢幕。

下一个镜头两人正在被批斗。

45 闪回结束。路边馄饨店。午，晴。

钟大爷脸部肌肉露出不易觉察的颤抖。吃罢，付了钱，示意回去。

林小翠看着钟大爷突变的脸色，乖顺地点头整理行头，小声地："大爷，你不找了！……"

钟大爷失望地："还是你妈说得对，一厢情愿，勉强不来！算了！走！"挑担欲走。

外传吵闹声。钟大爷放下担子，警觉地外出观看。

46 小商品市场。午。晴。

一群少年持刀拿棍，相互刺杀，打成一团，扭结而来。

路人惊恐地束手无措，连连后退。

甲方一少年一棍打去，乙方一少年昏倒于地。

乙方一少年一刀捅去，甲方一少年被捅刀逃窜。

一血迹满身的少年从一店铺抄起一把大铲向人群中一少年劈去，对方反劈过来，血迹少年被压地痛打……

林小翠惊恐地看着眼前一幕，突然瞪大眼睛用手一指，惊叫："大爷！

是传生！”

钟大爷正在束手无措之际，猛一看去，怔住，操起扁担，大步跃出。

钟传生满头满脸斑斑血迹，被一群少年围殴于地，奄奄一息，同伙们正奋力相救，虽明显处于弱势，但浴血奋战，场面极其惨烈。

林小翠魂不附体地大叫：“大爷，大爷，传生快被打死了，快救救他呀！”

钟大爷扁担一横，挡在两伙之间，护住钟传生，大喝：“住手！把人打伤了，还不退开！”

甲方头目不屑地：“你这个死老头，老子争地盘，拼个死活，关你什么屁事？滚开点，别叫我把你也给废了！”

钟大爷冷笑道：“你这么一条小萝卜，也敢说大话碰你爷爷？你来试试看！”

甲方头目抡铁棒“呼”地打去，被钟大爷用扁担轻轻一挡，再横身一扫，头目翻身倒地。

甲方头目、惊叫：“这老头有一手！快撤！”狼狈爬起，一招手，同伙随之逃跑。

林小翠急忙上前扶起钟传生。老尾、小四等同去扶。

钟传生咬着牙欲站起来，终于疼得大叫，跌坐于地。老尾惊叫：“三哥，你怎么了？”

小四哭腔：“传……传……生，哥，你怎么站不起来了？”

钟大爷听到小四叫出“传生”的名字，心头一暖，蹲下细看，心疼地：“传生，我的孩子，左脚被打伤了，还伤到了骨头！”着急地：“不及时治好，恐怕会落下毛病呀！”

治安人员过来。看了看现场，欲把钟传生等带走。

钟大爷：“慢，他是我徒弟，让我带走他！”

治安人员疑问：“什么徒弟？”

林小翠拎起木偶弟子示意。

治安人员："哦，是演木偶戏的，你怎么让徒弟上街打群架呢？"

钟大爷痛心地："同志，你看，我没把这个徒弟带好，是我的不是！他现在伤了，你总得让我把他的伤养好吧！"

治安人员："以后叫他好好学好！不准再闹事！"

钟大爷深表感谢："好的！一定！一定！"

治安人员走远。

钟传生满脸羞愧，虚弱地："大爷……"突然嘴一扁，但又强忍着，不让自己哭出来。

老五、小四含泪感激："大爷！你真好！你一定要救救三哥！"说完，小四摁下老五、老尾，扑通一下跪地磕头。

钟大爷看着眼前的情景，眼眶一片湿润，越发怜爱地扶起他俩："孩子们！别慌！会有办法的！让大爷想想，让大爷想想。"边说边从胸口内口袋里掏出一个小包，掂量着，边四处张望……

林小翠机灵地："大爷，咱们山上不是有草药张吗，他替人接骨，可灵呢！"

钟大爷一拍脑袋："嗨，看把大爷急的，把草药张给忘了！对，他有办法！好！大爷带你找他去！"

馄饨店主递上一张竹椅，让钟传生坐上，众人抬轿似的抬着向前走。

小四帮忙挑起了箱笼，老五帮林小翠背木偶弟子，紧随而去……

一轮夕阳，给他们送去温暖的光。

47 山野。黄昏。

远山葱茏。一条清澈溪流，撞击着大小山石，一路欢歌而来。

一座宏大的廊桥，飞架于溪流之上，与高大的山树掩映成景，带给大山无限生意。

牧童骑在牛背上，一支短笛，奏出山野特有的旋律。

48 溪涧边。黄昏。

女人们站在水中，挥着棒槌，漂洗衣服。

男人们纷纷前来，清洗锄头、簸箕等劳动工具。

孩子们在水中嬉戏。

草药张，背着一篓草药，来到溪边洗草药。边洗边哼起了草药歌——

对面的阿姐哟，我问你，
哪个清热解毒痈疽平？
蒲公英，紫地丁；
哪个行气利水排石通？
积雪草，满天星；
哪个疏风散热平咳喘？
竹茹竹沥竹卷心。

49 廊桥。内。晴。

桥里有山间日常小买卖小摊。有老人在此摆龙门阵。有小孩则在廊桥上玩游戏：有的玩沙包；有的跳橡皮筋；有的放风筝……

刘彩荷在桥上卖煨番薯。

边上一老婆婆，在一“免费红茶”字牌下，摆着一大缸茶水，供过路行人解渴。

小翠妈站在廊桥上，俯身向桥下叫喊："草药张，快回家，有病人！"

刘彩荷："什么病人？"

小翠妈："嗨！还不是那个逃走的流浪儿。钟大爷想找他，倒真让他找到了！可惜，腿骨断了，抬上来的！还带来了一批流浪儿！"

刘彩荷费解地："这钟老头，带那么多孩子回来干嘛呀！吃饭呀！"

小翠妈："他呀，就是想把手艺传下去！"

刘彩荷："小翠不是已经跟他学了吗？"

小翠妈："小翠一个人，还不够！小翠也要有人跟她配戏呀！"

刘彩荷略带讥讽地："好呀！自己的戏还没配上，倒操心起嫁女儿了！"

小翠妈："撕你这张破嘴！不跟你说！"快步下桥，走向溪边！

老婆婆叫喊："小翠妈呀，喝口热茶再走吧！"

小翠妈返回，喝了老婆婆递上的热茶，感谢，突然想起什么，从耳旁摘下一朵玉兰花，插在老婆婆鬓边："阿婆，真好看。"

老婆婆笑道："哈哈！我这是老黄瓜戴花，装嫩！哈哈哈哈！快忙去吧！"

小翠妈快步下廊桥。

50 溪涧边。黄昏。

小翠妈帮草药张整理清洗草药，催促草药张回去："你快回去噢，我也得先回家给大家张罗些吃的！"

51 山村。草药张草药铺。黄昏。

一独立山居，用篱笆围出一块园地，修竹在风中摇曳。

屋内有限的空间挂满各类干草药。一溜儿的药柜子贴着整齐的标签。草药医所用的民间医具：拔火罐、捣臼、烘灯，等等一应俱全。

一个横匾上书“山居百草庐”，依稀看出这个草药铺的年岁。

一张竹躺椅上钟传生痛苦地直挺着，有气无力。

钟大爷一群人已围着钟传生在候着草药张。

草药张一到，放下背篓，就蹲下察看钟传生的双腿，一按左腿伤处，钟传生痛得从竹躺椅上蹦起来，哎哟连天。

钟大爷焦急地：“怎么样？”

草药张沉着地：“股骨中段，有断裂……”

钟传生一听，哭叫：“大爷，我还能走路吗？”

钟大爷慈爱地安抚：“有张医生给你看，肯定会好的！”

草药张用剪刀剪开钟传生裤管。

小翠帮忙用清水擦洗血迹。

草药张选择多种草药在捣臼上捣烂，再加上各种药粉，制成膏药。

草药张拿出几块竹篾板，在钟传生腿上比试后，锯掉多余的。

钟大爷松了一口大气，找了一条板凳坐下。林小翠从箱笼里拿出旱烟袋，递给钟大爷。

钟大爷深深地吸了一口烟，缓缓地把气吐出来。

草药张为钟传生正骨。

钟传生痛得呲牙咧嘴，小四、老五一旁按住，劝慰。

草药张为其敷上膏药，上了夹板，用布条绑住。

草药张擦拭额头汗滴。

钟大爷拿出小钱包，数出钱，递给草药张："这是今天刚从城里赚来的，你不要嫌少，这孩子，还得你多费心，一定要把他的腿脚治好！"

草药张接过，一看，递还大部分："钟大爷，多了！你是好心人，我会经常去看的！"

钟传生、小四、老五看着眼前情景，心怀戚戚，一种人间温情，第一次流淌在流浪少年心间。

52 钟大爷家门口。道坦。白天。晴。

钟传生脚上缠着绷带，躺在竹椅上。整洁的穿戴，使他看上去像换了个人似的。

和煦的阳光照着，高远澄净的蓝天，朵朵白云飘过。树上的鸟儿叽叽喳喳，呼朋唤友，争相觅食，钟传生被动听的鸟鸣吸引，禁不住吹起口哨，随之引来鸟儿与之问答。

钟传生兴奋地雀跃起来，无奈剧烈的疼痛，使他重又躺在椅上。老尾在一旁让钟传生"虐待"着，以帮助他减轻痛苦。

小四、老五怀里揣着东西，跑上来。

老五倒出怀里的东西："哥！给你！"

小四也从怀里倒出东西给钟传生："好东西都在这里了，一点都舍不得吃！"

钟传生各种各样看看，把糖果等一一捡出，包好："这些给小翠吃。"

小四："传生，哥！这可是我们费力气搞到手孝敬你的呀！"

钟传生瞪眼："废话少说。"

草药张提药箱过来。小翠妈迎出。

草药张为钟传生换药，测试钟传生的反映："不错，恢复得很好！"

小翠妈高兴地说："小孩子，骨头嫩，好长！张医生呀，你很忙，换药，就让我来吧！我看看也看会了！"

草药张拿出几个膏药递给小翠妈："好！今天是第七天了，换上这个新膏药。"拿出草药："这些草药，再煎给他喝！我到山下看病去了！"

小翠妈目送草药张走远，回头再把钟传生的伤腿在小竹凳上搁好，为钟传生松绑，换药，笑道："淘气鬼，现在逃不了！"

钟传生不好意思地笑了笑："大爷和小翠还不回来呀？"

小翠妈："吴家祠堂，摆祠堂酒，请大爷和小翠去演木偶戏去了，是连台本戏，要连演七天七夜呢！"

钟传生："那看戏的人就可以吃上七天七夜的好东西了？……"

小翠妈感叹道："吴家可是这山里的大家族呀，上辈出了不少当官的人呢！听说当年造那座宗祠，整整花了十年工夫呀！"

钟传生："那可得花多少钱呀？"

小翠妈摇摇头："光那窗花，就雕了好长时间！……"

53 山间。吴家祠堂。内。日。

虽岁月侵袭，屋宇老化，但祠堂可观的规模及雕梁画栋的装饰，还可看出房屋及其主人当年的雄姿。

祖宗牌位前供着福礼三牲。

钟大爷和林小翠在祠堂戏台上演连台本戏《南游传》。

台下一桌一桌酒席上，坐满了人。

族中长辈端坐中间大八仙桌，与同族亲友边用茶果，边悠然观赏。

祠堂里一片和融，充满了节日的喜乐。

54 钟大爷家，道坦。下午。

钟传生怅然：“怎么还不见大爷、小翠回来？”

小翠妈：“有什么事吗？”

钟传生笑笑：“没……没……只是，有些想大爷了！”看了看自己的腿：“真想去看大爷和小翠演木偶戏！”

小翠妈：“那就等他们回家演给你看！”

钟传生不好意思地：“大妈，我想不明白，别人都打我，骂我，为什么大爷要对我这么好？”

小翠妈：“傻孩子，世上有各种各样的人！大爷是一个苦出身的人，对有苦的人，就特别好！……好了，大妈去煎药了。”转身走向屋门口。

钟传生激动地大声：“大妈，你们都对我好！”递上一包糖：“这些糖给小翠姐吃！”

小翠妈回身接过糖，感动地露出甜美的笑容，回身进屋。

小四、老五、老尾神秘地靠近钟传生。

小四嘀咕道：“哥！你的腿几时能好？”

钟传生生气地：“你的眼睛睁着没有？没看见我还绑着吗？”

老五：“山下的弟兄都在等你下山呢！”

小四：“桥洞也被占了，连个窝都没有了！”从怀里拿出小孙悟空：“给！这可是我替你藏起来的！”

钟传生高兴地拿过，玩起小孙悟空……

老五哭丧着脸：“大家跟你惯了，现在没一个头，地盘也丢了，饭都吃不上！”

钟传生认真地：“我不下山了！”

老五狠了狠心：“你真的不下山？”

钟传生坚决地："不下山了！"

老五狠了狠："好！"向身后的招手，几个小弟兄窜上把钟传生按住。小四立即把钟传生的嘴捂住。钟传生欲挣扎喊叫，但无济于事，无奈地躺在竹椅上，被大家捆住，抬起，鬼鬼祟祟地，往下山的路奔去。

刘彩荷背着孩子走过，大叫："你们这是要干什么呀？"挡住了去路。

小翠妈听到响动，走出一看，大叫："放下！放下！"追上抓住。

老五、小四等想掉转方向，钟大爷挑着箱笼、林小翠挑着各式糕点、瓜果担子，刚好走了回来。

众流浪儿抬着钟传生不知所措。

钟传生大喊一声："把我放下。"

众慌忙放下，小四、老五、老尾向钟传生盯着看，其余的望风而逃。

55　钟大爷家，内，小戏台，夜。

流浪儿们围着钟传生的竹椅，席地而坐。

林小翠在小戏台上搭布景。

56　钟大爷家，内，小戏台下，夜。

钟大爷从小屋里出来，拿着几个木偶弟子："孩子们，大爷今天和小翠要排练《三毛流浪记》……"把木偶弟子挂在戏台一边候场。

小翠妈进来递过一盆子："这是刚炒的豌豆子，你们边吃边看戏！"

钟传生在竹躺椅上悠然自得地："好！"接过豌豆盘，自己抓了一把，把盘子递给众流浪儿。大家颇感新鲜地在小戏台下一溜儿坐开，各自抓一把豌豆子，吃得嘣嘣响，好奇地翘首以待。新环境，给他们异样的感觉，静静地等待，让他们颇感不适，彼此间便时不时地推来搡去，互做鬼脸。

小翠妈看着这群懵懂无知的孩子，笑了笑，走出。

57　钟大爷家，内，小戏台，夜。

钟大爷与林小翠隐到幕后。

开场锣鼓敲响。

钟大爷内声："小翠，今天演的是什么戏？"

林小翠提的"三毛"造型的提线木偶亮相，内声："今天演的是《三毛流浪记》！"

林小翠提的"三毛"向观众打躬作揖："请观众朋友们多多捧场！多多鼓掌！"

58　钟大爷家，内，小戏台下，夜。

众流浪儿被"三毛"逗乐，纷纷鼓掌："有意思！好玩！"

59　钟大爷家，内，小戏台，夜。

音乐起。林小翠（三毛）："我真饿呀！真饿啊！"

林小翠（三毛）唱：

我的名字叫三毛，
饿得变成萝卜条。
没有娘来没有爹，
街头巷尾把饭讨！

钟大爷提一个提线木偶“官太太”牵提线木偶“狼狗”出。

林小翠（三毛）低声下气地：“太太，赏点吃的吧！”

钟大爷（官太太）吓了一跳：“哇！小瘪三！臭东西！给我滚开！”放出狼狗：“咬他，咬死这个臭东西！”

舞台上“三毛”被“狗”咬，逃，“官太太”牵“狼狗”追下。

舞台上“三毛”逃上，肚子饿得咕咕直叫，在垃圾桶里找吃的。

林小翠（三毛）唱：

穷苦的孩子狗也咬，
垃圾桶边把吃找。
抓把馊饭填肚皮，
眼泪滴滴往下掉！

舞台上“三毛”吃完馊饭，靠着垃圾桶睡着了，梦中喊：“妈妈！妈妈！我肚子饿啊！”

众流浪儿聚精会神地看，表情严肃，不为所动。

钟大爷提提线木偶“警察”上：“野小子！快起来！（用脚踢“三毛”）这里不许睡觉！跟我到拘留所去！”

舞台上“三毛”惊醒，逃下，“警察”追下。

舞台上“三毛”逃上，疲乏不堪，痛哭流涕。

林小翠（三毛）唱：

胆战心惊急奔逃，
流浪的日子苦难熬。
多想有个温暖的家，

爹来疼我娘来抱！

舞台上“三毛”哭喊：“哪里是我的家呀！哪里是我的家呀！”

60 钟大爷家，内，小戏台下，夜。

众流浪儿禁不住纷纷擦泪，学着“三毛”对白：“哪里是我的家呀！哪里是我的家呀！”

钟大爷从后台出，拿着几个木偶弟子，来到流浪儿中间，乐呵呵地：“孩子们，大爷这里就是你们的家呀！你们愿意，都留下！大爷教你们演木偶戏！”

众流浪儿跳起围住钟大爷，抢他手上的木偶弟子。

钟大爷乐呵呵地给大家分木偶弟子：“别抢了，别抢了，每人一个，大家都有！”

众流浪儿把木偶弟子拿在手里，好奇地玩着，乐着。天真无邪的欢声笑语填满了钟大爷的老屋。

钟传生：“大爷，也给小四他们起个名字吧！”

钟大爷乐呵呵地：“好好好！大爷这一辈子，就是想把钟家祖宗传下来的木偶戏传之久远，生生不息！你们都是传字辈，你叫钟传生！那小四就叫钟传久！”

小四新鲜地：“我叫钟传久！”

钟大爷：“老五叫……钟传远！”

老五：“嘿嘿！我叫钟传远！”

钟大爷：“这老尾吗？传之久远……”

林小翠脱口而出：“叫钟传之！”

众围着老尾起哄：“钟传之！钟传之！”

看着小孩子的欢声雀跃，钟大爷坐在一边，拿出旱烟筒，惬意地吸着，星星烟火，使暗夜有了别样的光彩！

钟传生在竹椅上高兴地笑着，拿出小孙悟空玩起来。

钟传久在空中嗅了嗅："哪里来的香气呀！"

众人都在空中吸气："真香！"不断咽口水。

林小翠："大爷，是我妈蒸的做酒的糯米饭！"

众流浪儿咽了咽口水："糯米饭？！"

钟大爷乐呵呵地："噢！还是小翠的鼻子尖，是出锅了！这吴家的糯米，真是香呀！我去看看，我去看看！"

欲出，众流浪儿扯住钟大爷，老五露出垂涎欲滴的样子，想跟钟大爷去。

钟大爷看着大家饥饿的目光，爽朗地："好！好！大家都去看看！"说完大踏步带众人外出，仿佛年轻了十岁。

林小翠急道："大爷，那可是给你做酒的！是我们演了七天七夜的戏换来的！"追出。

钟传生向空中嗅了嗅："真香呀！"试着站起，走动，一瘸一拐地挪着……

61 林小翠家。灶房。内。夜。

满是烟气。灯光像个蛋黄，微弱地照着一切，氤氲一片。

小翠妈正全力把架在大锅上的蒸笼给端下来。

钟大爷带众人进来，一看，叫："让我来！"上前把蒸笼端下，放在桌上。

小翠妈把准备好的大米筛罩上白纱布，跟钟大爷一起把蒸熟了的糯米饭倒出来。自己进屋去。

白花花的糯米饭，更是散发出浓郁的香气，大家都倒咽了咽口水。

钟传生挤进来，双眼紧盯："大爷！这就是糯米饭呀？！"

钟大爷扶住钟传生："你的脚还没好呢，怎么也来了？"

钟传生："太香了！"直咽口水。

钟大爷爽朗地："好！大爷今天请大家吃香喷喷的糯米饭。"说完，洗手做起了一个饭团，捏在手里。

小翠妈从里屋拿出摊在米筛上的酒釉，一看，笑道："今年的酒，要淡得多喽！"

钟大爷笑着："现在吃和酿了酒吃，一样醉人！"

小翠妈把大部分糯米和酒釉搅拌在一起，摊匀晾着。

小翠妈把凉好的开水称过。再把米釉称过，倒进缸里。再把水倒进去。

钟大爷把饭团一个一个捏起来，分给大家，众流浪儿美美地吃着。

钟大爷看了看四周："小翠呢？"

小翠妈把林小翠从一个角落里拉出来。林小翠低头不语。

钟大爷抬起了林小翠的脸，一看，惊："你哭了？"

众人看着林小翠，投以疑问的目光。

林小翠忍不住抽泣道："辛辛苦苦攒下来的糯米，是给大爷酿酒喝的，就这样让他们吃了！我的手到现在还出血呢！"伸出手，直直地露着伤口。

众流浪儿看着林小翠手指上的细皮嫩肉，被划出一道道血痕，有些地方则生出硬硬的茧子，个个十分吃惊。

钟大爷心疼地抚摸着林小翠的手："大爷也心疼你，心疼这些糯米。可总不能叫大家饿着肚子呀！"递上一个："来，你也吃一个香香的糯米团！"

林小翠迟疑了一下，咽了咽口水，伸手接过，贪婪地咬了一口，细细地品味，脸上绽出了笑容，掰下一块给钟大爷：“大爷，你也尝一口。”真诚地递到钟大爷面前。

钟大爷含泪咬进口里：“好孩子，大爷谢谢你！”

林小翠走到母亲跟前：“妈，你也尝一口！”

小翠妈尝了一口，细细嚼着，笑道：“真香！”

钟传生感动之余，狠了狠心：“大爷，我们要跟你学木偶戏，给你把糯米饭挣回来！”

众流浪儿：“大爷，我们要跟你学木偶戏，给你把糯米饭挣回来！”

钟大爷眼里含着泪花，哽咽地：“好！好！大家都学木偶戏！”

62 山区初冬清晨。晨雾缭绕。山野挂霜。空镜头。

鸡啼。

63 老屋道坦。晨。寒气袭人。

林小翠在树下吊嗓子：“咿咿咿——！呀呀呀——！”

林小翠在学着戏曲演员步伐跑圆场，练身段，练基本功。

林小翠清了清嗓子，以京剧声腔学唱《白蛇传》白娘子唱腔：

榴花烂漫无心赏，
岁岁端阳自彷徨。
愁绝江南五月节，
强打精神对许郎！

钟大爷提着几个木偶，开门出。一旁静听林小翠练唱。

林小翠唱毕，发现钟大爷在身后，不好意思地："大爷！你早就起来了？"

钟大爷赞许地："不错，是有些韵味了！这天气越来越冷了，你坚持晨练，吃得消吗？"走到一树下，把木偶弟子挂在树杈上。在一老树桩雕成的壁龛的香炉上，插上一支香！

林小翠学着钟大爷的腔调："夏练三伏，冬练三九！这提线木偶，靠的就是童子功！我小的时候，师傅他……"

钟大爷被逗乐："你这囡儿，记住就好！来，把手臂伸过来！"

林小翠伸直手臂，钟大爷把系有大石头的粗棉线分别系在两只手腕上："把手抬高。今天给你加了两斤。"

林小翠昂首挺胸，抬手石头离地。

钟大爷点燃了那炷香："提线木偶，全靠一双手腕的力量，你从小练好一炷香功夫，终身受用！"

钟传生踮着脚，和钟传久、钟传远、钟传之等探头探脑，钻出门来，围着林小翠看。

天色阴沉，骤然刮起一阵冷风，让林小翠打了个哆嗦。

钟大爷看到林小翠晃动的双手，喝道："不许动，挺住！"

钟传生哈着双手，看着林小翠的石头："这两块石头，有多重呀？"

钟传久："五斤！"

钟传远："不止，至少也有十斤！"

钟传生伸出一双手，跃跃欲试："大爷，让我也试试！"向林小翠翘起大拇指，示意要超过她。

钟大爷笑道："你这样金鸡独立的，还想超过小翠？"

钟传之："传生哥的手劲可大咧！"

钟传生不甘示弱地："堂堂一个男子汉，比不过一个女的？笑话！"

林小翠佯怒瞪眼：……

老五嚷嚷："比一比！比一比！"

钟大爷："好！"两块跟小翠手上一样大的石头吊在钟传生手腕上。

其余的看着两块石头，不敢上前。

天阴雪飘。林小翠笔挺站立，一动不动，粒粒汗珠，从额上渗出，濡湿了头发。

钟传生浑身发抖，呲牙咧嘴，双臂慢慢往下垂，大喘粗气："实在受不了了！太重了，像两座大山压下来！"

钟大爷："这叫'百步无轻担'。平时没练，谁也别想耐得住一炷香的时间。"

钟传生向林小翠作揖："甘拜下风！"

林小翠头冒热气，牙关咬紧，泪水顺着腮帮挂下。

钟传久："小翠姐哭了？！"

钟传远："呀！手指都冻成红萝卜了！"

钟传生不忍心地："小翠，你已经赢了，快放下吧！"向钟大爷求情："大爷，让我把小翠的石头拿下来吧！"

钟大爷毫不通融地："不许动，香还没点完呢！练功，怎么能半途而废？我当学徒的时候，赤脚站在雪地上，师傅还拿根木棍在身后，稍不留神，就一棍敲来！梅花香自苦寒来！坚持，才有出息！"说完，自己练起了功夫。

众徒弟听后似懂非懂。钟传生却乖巧地点着头，乜斜着树下那炷香，与钟传久使了使眼色，钟传久乘钟大爷不注意，把地上的一小截香拣起，向钟传远使眼色，钟传远进屋拿出火柴，出来，示意钟传之过来拿去。钟传之把钟传久手上的香点燃，递给钟传生，钟传生乘人不备，把原香换下。

钟传之大叫："点完了！点完了！"

钟传远："可以松手了！"

林小翠半信半疑地："点完了？"回头一看，喜："真的没了？"但目视钟大爷，不敢松手。

钟大爷深感意外："今天这么快就点完了？"看着几个孩子挤眉弄眼的，道："肯定是你们几个在搞鬼！"

钟传生机灵地："风大，香就烧得快嘛！"

钟传久笑道："对！香也是怕冷的！"

钟大爷："好了！屋外冷，小翠，带大家回屋里去吧！"

众欢呼着，跟着林小翠回屋。

64 钟大爷家。内。上午。

大家拿着木偶在玩。小翠妈抱着一大堆棉袄进来。

小翠妈："来，大家来试试！"

小翠激动地："噢！有新棉衣穿喽！"眼尖，抓过一件花棉衣："这件是我的！"穿上："真暖和！"

众流浪儿欢呼着抢棉衣，穿上："真暖和！"

老五："小翠的最好看，还是新的！"

小翠妈："你们都是用大爷的旧衣服改的！小翠这件是大爷给她买的新面料，大爷说她演木偶戏，演得好，就奖给她一件新衣服。往后，你们也演木偶戏，也让大爷给你们买新衣服穿！"

钟传生："大爷，我一定要演木偶戏，自己挣钱买新衣服穿！"

钟大爷疼爱地摸着钟传生的头："你会的！一定会的！"

钟传生："我还要超过小翠！"

钟大爷伸出小指头："有志气！来，拉勾！"

钟传生、林小翠、钟大爷等一起拉勾。

65 林小翠家。厨房。内。上午。

小翠妈往锅里舀水。

钟大爷："少放点水，天冷，得吃干点！"

小翠妈叹："这么多孩子，吃了这一顿，不知下一顿在哪里呢！"

钟大爷："上次放你这儿，给木偶弟子做衣服的绸缎，拿出来，方便时到山下，便宜点卖给成衣铺，换些钱来。"

小翠妈答应着："好吧！过了这冬再说吧！"

钟大爷迟疑片刻："往后，这些孩子，就都在我屋里吃饭吧，这么一大家子，不能太连累你了！"

小翠妈感到意外地："怎么？你要分家了？"

钟大爷笑笑："本来也就是两家人，你也是好心照顾着的！"

小翠妈感慨："不管人家怎么说，怎么看，你对小翠的恩情，今生我是做牛做马报答定了！"

钟大爷笑笑："那你，就只有跟着受苦的份了！"

小翠妈："小翠这些时光，不光手艺长了，见识也长了，我心里，甜着呢！"

钟大爷沉吟："嗨！一眨眼，已大半生了！跟这门手艺一结缘，就得花一辈子相守呀！其中的酸甜苦辣，只有自己知道啊！"

66 钟大爷家。内。小戏台。上午。

林小翠屋里烧起了一个火盆，众围着火盆取暖。

钟传生学着林小翠的样子，练习提线木偶，神气地："看我的！"一手执勾牌，一手理线，不管怎么摆弄，木偶弟子始终是双手垂直，寸步难行。

钟传久、钟传远、钟传之一旁看着哈哈大笑："歪头的，像个瘫子！驼背老太婆！"

林小翠笑罢，不客气地："看我的！"提着白娘子："好好看着！"边说边做："嗒嗒嗒嗒嗒，才！"出场迈步，亮相造型……唱道：

> *榴花烂漫无心赏，*
>
> *岁岁端阳自彷徨！*

众称赞："真好看！提得真好！"

钟传生看得认真，骄傲地："我知道了！不就是用这五个指头把那些线，摸来挑去的吗？很简单！"

林小翠："你来！"递过木偶。

钟传生接过，学林小翠模样："嗒，嗒嗒嗒嗒，才！"出场迈步，亮相造型……唱道：

> *榴花烂漫无心赏，*
>
> *岁岁端阳自彷徨！*

众流浪儿笑得前仰后合。林小翠笑岔了气，在一旁揉着肚子，大叫"哎哟"。

钟传生不服气地："哼，笑！让你们笑吧！这辈子，一定要超过林小翠！"

钟大爷站在门口，认真地看着。钟传生一下子扑地跪下，恳求道："大爷，你一定要好好教教我！"

钟大爷扶起："起来，孩子！大爷教你！大爷一定教你！先吃早餐吧！"

小翠妈端着一大盆热气腾腾的番薯粥，进来。

孩子们饥肠辘辘，唏里哗拉，吃了还要……

小翠懂事地在一旁收拾木偶弟子。

众流浪儿惊奇地看着林小翠、小翠妈、钟大爷，说："哎，你们怎么不吃呀？”

三人相对一视……

67 远山积雪。午。

天放晴。一线阳光，弱弱地照着一切。

68 林小翠家门口。午。

小翠妈借着光线，在给木偶人上妆。

钟大爷挑着箱笼经过。

小翠妈：“老钟，你这是……”

钟大爷：“乘现在天放晴了，我到山下演几场戏，多少能赚些柴米回来！”

小翠妈拉住箱笼：“这天寒地冻的，你不能去！”

钟大爷：“总不能叫孩子饿着吧！”

小翠妈：“……嗨！你的心我知道！你想把这些孩子留下来，可你没这个能力呀！你已经够苦了，再搭上这帮孩子，不是苦上加苦吗？”

钟大爷：“……，有了这一帮孩子，我的心里，没有比现在更甜的了！”

小翠妈：“真是叫苦中有乐呀！那叫小翠跟你一起去！”向内喊：“小翠！”

林小翠内应：“哎！”出来：“大爷，你……”

小翠妈：“跟大爷去，天寒地冻的，也好有个照应。”

林小翠：“哎！”欲接过钟大爷箱笼。

钟大爷："小翠得留在家里，教传生他们练功，这批孩子，现在有兴趣，但得有人盯牢他们！小翠，你可别让他们偷懒，'开口奶'一定不能吃错了！大爷去去就来，不要告诉他们！"说完欲走。

林小翠叫道："大爷，你等等！"转身入内，拿出蓑衣，为大爷披上。又递上两个番薯馍馍："带上这两个馍馍！"

小翠妈："还有一件东西。"转身入内，拿出一双草鞋，为钟大爷绑在布鞋上："山道结冰，滑得很！"

林小翠红着眼："大爷，你可要早去早回！我会管好他们的！"

钟大爷："傻囡儿！哭什么？小心不要让传生他们知道！"挑起箱笼："我走了。"

林小翠、小翠妈目送。

69 山野。黄昏。大雪纷飞。

钟大爷挑着一担箱笼，在山道上艰难行进

70 钟大爷家。内。黄昏。

一个火盆燃着火。

钟传生等排成一队提着木偶弟子，跟在林小翠后面。林小翠口念锣鼓经："才……锵！才……锵！看着噢：起步……走……转身……回头……好！你们来！"

钟传生："才……锵！才……锵！起步……走……"但个个心不在焉，双手乱动，眼朝外看。

林小翠生气地："停！你们这提的是什么木偶戏呀？常言道：眼到手到心到！"严厉地："眼睛不准往外看！"

钟传生泄气地："嗨！不练了！"

林小翠："哎，怎么了？"

钟传生："没心思练！"

林小翠："嗨！大爷不在这里，你们就不听话了？"

钟传生："就是啊，大爷到现在还没有回来，我可没心思练哪！"

钟传久趴在窗口往外看："雪越下越大咧！"

钟传远紧挨着钟传久："天也越来越黑了，钟大爷怎么还不回来！真急人！"

71　某城郊。集市馄饨店。黄昏。阴。

没有几个人在走动，众多店铺偃旗息鼓，唯独馄饨店冒出的热气，温暖着冬季的黄昏。

钟大爷挑着木偶担在街上徘徊。

馄饨店主招呼："大爷，今天还来演木偶戏呀？"

钟大爷不好意思地："没有，没有！只是随便来看看！"

馄饨店主："吃碗馄饨吧，暖暖身子！"

钟大爷撂担一屁股坐在桌边，摸出旱烟筒："来碗馄饨汤吧！童谣里唱的：馄饨汤，喝眼光！呵呵呵！"

馄饨店主一看，有所意会，舀汤时，加进了几朵馄饨："大爷，趁热喝点！"

钟大爷拿出馍馍就着馄饨汤，喝得浑身热乎起来。

钟大爷打开箱笼，拿出一个个木偶弟子，看了，又放回，最后又拿出小生、花旦，摆在桌上，对着自我欣赏，嘴里还哼着小曲，颇有陶醉之意。

馄饨店主过来看着："大爷，这两个木偶人，做得可真够漂亮。"

钟大爷掏出几个硬币："给！"

馄饨店主："哎！一碗馄饨汤，哪能算钱！"

钟大爷："过意不去呀！……哪我就给你演段木偶戏呀！"

馄饨店主："哎哟！那真是天上掉馅饼了！那你得吃我十碗馄饨，我才敢看你为我演的木偶戏！"

钟大爷："闲着也是闲着！"提起了木偶《白蛇传》，一会儿演白娘子，一会儿演许仙，一会儿生角唱，一会儿旦角唱……

围观的人三三两两，越来越多，馄饨店主一想坐下看戏，就有人被木偶戏吸引，进来坐下，边喊烧馄饨，边出神地看着，忙得他没个清闲。

看戏的人中有一戴眼镜的，走到钟大爷跟前："老钟呀，还认得我吗？"

钟大爷一看，二话没说，收拾木偶弟子，挑起箱笼就走。

戴眼镜的紧追上，扯住钟大爷担子："还是把这一对白蛇、许仙卖给我吧！价钱可以再高点！"

钟大爷沉吟了半晌，无奈地跟他走……

72 南阳工艺美术厂门口。黄昏。阴。

钟大爷挑着轻了许多的戏担子，缓步出。戴眼镜的送出。

73 集市，粮油店。黄昏。阴。

钟大爷拿出所有的钱，买了一大袋大米，高兴地放进空空的箱笼。

74 钟大爷家。内。黄昏。

林小翠自责："都是我不好！没有跟大爷一起去！"

钟传生："就是你不好！还瞒着我们！大爷年纪那么大，万一摔倒了，可怎么办？！"

钟传久："要是大家跟大爷一起去，也不用在这里干着急了！"

小翠妈拿竹篓进，为火盆添加木炭，听到大家的话，说道："大爷怕你们年纪小，经不起风寒。更希望你们抓紧时间，好好练功。别急！急也没有用，还是再等等吧！"

钟传生"腾"地一下，跃起："哥们儿，下山！找大爷去！"

小翠妈、林小翠拦住："不能去！不能去！"

钟传生一声唿哨，众流浪儿跟他往外奔去。

74 山道。雪花纷飞。黄昏。

钟大爷挑着担子，努力在山道上攀登。一阵剧烈的咳嗽，使他不得不停下来，背风，喘着粗气。

75 山道。雪花纷飞。黄昏。

钟传生带着钟传久、钟传远等往下走，但石阶冰冻坚滑，让他们无法好好行走。大家都不同程度地摔倒。

钟传远哈着冻僵的手，提着一只脚：“大哥，我的脚已经不听使唤了，我走不下去了！”

钟传生：“你走不下去，难道还能走回去？”

钟传久：“这雪天山路太难走了，大哥……”

钟传生：“只有走，身上才有热气，才不会被冻死！走！”就地一溜，很危险地从山道石阶上滑下，众随他滑下……

钟传久滑进了雪坑。

钟传生与钟传远、钟传之伸手拉他，够不着。

钟传生急中生智，脱下衣服。大家也跟他一样脱下衣服。几件衣服拧成一股绳，抛下，让钟传久抓住。但坑壁积雪，钟传久无法用脚借力。众人一个抱住一个，接成一串，像拔萝卜一样共同用力，但终因地上雪滑，随之一起滑进了雪坑。众在雪坑里哭丧着大叫：“哇哇哇哇！”

76 钟大爷家。内。夜。雪。

小翠妈、林小翠不时观察外面动静。心情万分着急。

突然，钟大爷满身是雪，撞进门来，重重地跌坐在门槛上。担子摔在门外。

林小翠、小翠妈：“大爷，你回来了！”急扶进，在火盆边坐下。

林小翠欲把戏担子挑进，但挑不动，小翠妈帮忙抬进。林小翠好奇地打开一看，是两个大袋子，眼里充满疑虑……

钟大爷闭眼喘着粗气。小翠妈端出一碗姜茶："快，喝碗姜茶！"

钟大爷喝过姜茶，缓过气来，开口即问："孩子们呢？"

小翠妈："硬是要下山找你去了……"

林小翠哭腔："大爷，都是我不好，没拦住他们……"

钟大爷："看来是走岔路了！"不安地欲起身，但冻僵的身体无法动弹……打起精神："不对！我还得出去看看！"撑着起身，欲外出，转身指着两个大袋子："这两袋米，够过一个冬的了！"

小翠妈："哪来的这么多米？"

林小翠："大爷，你的木偶弟子呢？"

钟大爷摆了摆手，踉跄地往外走。

林小翠上前扶住："是不是把他们卖掉了？"

钟大爷拿开林小翠的手："天这么黑了，雪这么大，得快把他们找回来！"

林小翠看了看两袋米，又看着欲外出的钟大爷。

小翠妈拿出电筒："小翠，我们一起去找！"给自己和林小翠绑上草鞋。

钟大爷想了想，折回，到屋里拿出一捆绳子，三根棍子，小翠妈和林小翠各拿一根……

77 山道。夜。雪花飞扬。

钟大爷、小翠妈、林小翠三人互相牵扯着，在冰雪中行走，不时地大声叫喊："传生，钟传生……"

林小翠："传久，钟传久！……"

小翠妈："传远，钟传远！……"

钟大爷："传之，钟传之！……"

寂静的回音。

林小翠机灵地："大爷，他们一定听不惯新名字！我来喊：小四！老五！老尾！……"

钟大爷："传生！……"

78 野外雪坑。内。夜幕降临。

钟传生等抱成一团蜷缩，饥寒交迫。

听到外面响声，纷纷跳起："是钟大爷！"

钟传生等探头，对着亮光喊："大爷！大爷！"

79 夜。山道。雪花飞扬。

钟大爷等满脸雪白，哈着热气，高兴地："在那边，在那边……"

80 野外雪坑旁。雪花飞扬。夜色浓重。

林小翠打电筒。钟大爷把三根木棍支起。把绳子编结成扣，在木棍支架上卷一圈，抛下。

钟传生等一个一个坐在"绳椅"上，通过钟大爷的木棍支架"轮滑"拉上。

冰冷的冬夜，钟传生等与钟大爷抱成一团。

81 钟大爷家。内。夜。

火盆上火焰跳跃。钟大爷在竹躺椅上烤着炉火。众围着他和两袋大米。

钟传生抓着米袋里的米：“大爷，等雪下过了，我们就下山去！”

钟大爷激动，咳嗽：“不！孩子们！过了这个冬天，春暖花开了，一切都会好起来的！大爷已经把这袋米背回来了，这个冬天，我们就不愁了！”

钟传生呆也似的，不知所措……

林小翠抓着钟大爷的手，流泪：“大爷，你的手很烫！”

小翠妈端着烧好的米粥：“让大爷先喝口热粥吧。”

钟大爷懒懒得不想动。

林小翠：“妈，让我喂大爷吃！”边喂边观察：“妈，大爷脸上也很烫！”

小翠妈一摸，紧张地：“发烧了！快，吃完了，让大爷躺下，焐上被子。”

众人七手八脚把钟大爷扶上床，盖好被子。钟大爷一阵强烈咳嗽。

小翠妈：“我去叫草药张！”

钟传生：“我去叫！”冲出。钟传久、钟传远欲跟出，钟传生阻止。

片刻，草药张随钟传生到。

草药张替钟大爷刮痧，再以艾灸……

众孩子好奇地看着。

草药张：“大爷是寒邪内侵，谁跟我到铺上，再抓些辛温解表、宣肺止咳的草药，马上煎起来喝下去！”

钟传生：“我去！”

钟传久："让我去！"随草药张出去。

82 钟大爷家。内。夜。

钟大爷虚弱地睡着了。众人守在火盆边。

小翠妈端着碗药进来："大家去睡吧,让我等钟大爷醒来,给他吃药！"

钟传生："大妈，我们不困！你带小翠先去睡觉吧！"

小翠妈："大爷是太辛苦了，他睡会儿，再吃下这草药，就会好的！"

钟大爷醒来。众高兴，叫："大爷！"

钟大爷："这一觉睡得真舒服呀！"

林小翠端上药汤："大爷，吃药！"

钟大爷撑起，接碗，看着大家："呵，我什么时候变得这么金贵了，要这么多人伺候着了？大家快睡觉去！"大口喝完药："我不会有事的！"

钟传生："你们都去睡吧！我陪着大爷！"

钟大爷欣慰地："好！让传生陪着我！"

众散去。

钟传生乖巧地贴着钟大爷身边躺下，不一会儿便呼呼大睡起来。钟大爷疼爱地替他盖上被子。

83 山野。大雪初霁。晨。

一缕温暖的阳光照抚着起伏的山峦。空镜头。

84 钟大爷家门前的道坦。晨。

阳光温暖地打在树木上，有早起觅食的小鸟，在树间叽喳雀跃。

钟传生等跟随林小翠在道坦上练功。

钟大爷脸部比之前瘦削，但精神依然矍铄。他站在家门口看着孩子们练功，脸上充满了欣慰。他缓步走出，来到孩子们身边，一一纠正孩子们的动作，再三示范。

林小翠："大爷，他们会记住的，早晨风大，你还是进去吧！"

钟传生："大爷，你放心，我们已经跟小翠姐学折子戏了！"

钟大爷高兴："好！好！"他想逞强，带领孩子们练功，但还是听从林小翠劝告："嗨！岁月不饶人呀！"随后向房门走去。

85 钟大爷家。夜。内。

钟传生半夜起来，看钟大爷不在。静候，想外出找，又不知到哪里找。

钟大爷的密室透出灯光。钟传生意会到钟大爷在里面。他欲上前看个仔细，又不敢。

钟大爷开门出。钟传生赶紧装出练功的样子。

钟大爷感动地："孩子，只要你肯学，大爷这一身的本领，都教给你！来！"拿过一个京剧人物徐策，示范《徐策跑城》提线木偶戏。

钟传生一招一式，认真模仿。钟大爷看在眼里喜在心上。

钟大爷虚弱地喘气，一阵剧咳。钟传生扶他躺下。

钟大爷悄悄地吐出一口血在一张纸上，丢在角落里。

钟传生看到，等钟大爷睡下，悄悄地察看那张纸，大惊："血？！"

86 草药铺。内。上午。

草药张在给病人看病。

钟传生进。把血纸给草药张看。

草药张紧张："孩子，钟大爷这病，能到城里大医院去，是上策！可他哪来的钱呀！"

钟传生默然。

草药张抓过一包草药："这帖药，给大爷吃吃看。"

钟传生接过药，快步飞跑起来，仿佛奔跑给了他无穷的力量，仿佛奔跑就能给钟大爷治病。

钟传生飞快地跑向山野。仿佛在奔跑中，感觉到自己长大了，感觉到自己有无穷的力量。他对着深幽的山谷大喊："噢——！"

山谷回音："噢——噢——噢——！"

钟传生飞快地向钟大爷的家跑去……

87 钟大爷家门口。外。下午。晴。

众流浪儿藏在暗处。等钟传生一个手势，带着木棍等用具，偷偷潜出，向溪边跑。

88 廊桥下。溪流。下午。晴

暖阳照射，溪水正在破冰解冻。

钟传生等站在溪流碇步上，用木棍等敲开冰面。放下小钩，垂钓。

众人饥肠辘辘，忍不住捧起溪水，囫囵而下。

钟传生等一无所获。

89 原始森林。中午。晴。

冰雪消融后的林木，正在恢复绿意。

钟传生带着大家，把一块平地扒拉干净，撒上一把小豆。用小木棍支起一个网罩，等候小鸟下来觅食。

他们口技模仿鸟鸣，但终无所获。

90 钟大爷家道坦。午后。夕阳斜照。气温回暖。

钟传生等脱了冬装，在练功。

练好功，把木偶弟子挂在树枝上。把衣服扎在腰间，在树下围成一团。木偶弟子一个个栩栩如生，看着他们。

钟传久："你不是说大爷的密室里藏着宝贝吗？是宝贝肯定值钱！"

钟传远："为什么不把锁撬开看看！"

钟传生："不行，大爷不允许的事，不能做！"

钟传之："那大爷的病没钱治，怎么办呀！"

钟传生："大爷可是为我们，才被大雪冻病的，我们应该去挣钱，为大爷治病！"

钟传久："对，我们得去想办法挣钱给大爷治病！"

众流浪儿："对！自己去挣钱！头儿，你说，怎么干？"

钟传生："你们说怎么干？"

林小翠一旁看他们神色诡异，偷偷凑近。

钟传久：“我早就看准山下那个储蓄所了，那里有一扇小窗，一辈子都不关的，很好下手！”

钟传远：“不行，里面有两个人轮流值班，很难下手！”

钟传之：“干脆，我们到医院去偷药！”

钟传生大摇其头：“你知道该拿什么药吗？你又不是医生，要是让大爷吃错了药，当心你的狗命！”

林小翠突然冒出，把大家吓了一跳。

林小翠口气严厉地：“你们还想干那些坏事呀！再这样下去，非把大爷给气死不可！”

钟传生不服气地：“那你说怎么办？！”

林小翠：“嗨！靠我一个人，真是巧妇难为尢米之炊哟！”

钟传生：“羞不羞！还什么巧妇呀米呀！”

林小翠争辩：“是戏里的台词！就是‘巧妇难为无米之炊’嘛！”

钟传生：“说这些有用吗？”

林小翠羞恼地：“那你有用？！”

钟传生被激起：“有用！男子汉大丈夫有用就是有用！”

林小翠没趣地：“哼！”扭头进屋。

钟传生眼珠一转：“哎，小翠刚才说米！”

钟传之：“是说‘无米’！”

钟传生计从心上：“对！就是它！”示意大家靠近。

91　吴家祠堂。夜。外。

一串黑影，头上罩着丝袜，窜到祠堂墙边。

村里打更的，敲着竹梆，经过。“黑影”躲避。

山鸡夜猫几声鸣叫。

夜重归静寂。

“黑影”越墙……

92 吴家祠堂。夜。内。

众人把祠堂前前后后跑个遍。

微弱的月光照出钟传生等人夜幕下发亮的眼睛。

钟传生对祠堂里的雕梁画栋叹为观止。

钟传生等一路经过随手把窗花、门饰等值钱的金银铜铁撬下。

钟传生等登上戏台。钟传生学着林小翠的样子，边虚拟提线表演边假嗓唱：榴花烂漫无心赏，岁岁端阳自彷徨……

钟传久察觉有声响，向大家示意：“嘘！”

众人伏下。

重归静寂。

众人又开始新一轮搜索。轻轻地东敲西探，发现一面发出空洞声音的板壁。众人贴近探听。众人异样兴奋。众人慢慢地把板壁给挖出一条缝，一绺白米从缝中泻出……

众人用手接米，喜形于色！

钟传生欣喜若狂：“神了！真的是米！真是老天开眼呀！”闻了闻：“真香呀！是糯米香！”

钟传远：“糯米不是很值钱吗？”

钟传久压低声音：“我们有钱了！”

钟传之掩饰不住喜悦：“大爷的病能去治了！”

众找来各种“袋子”接米。

钟传生又脱下衣服把米漏进双袖，把装米的衣服扎在腰间：“对不住了，吴家祠堂！先借点米，卖了，给大爷治病！等我会演木偶戏了，再来这里，给你们演七天七夜的戏，把米还给你们！”

众人背着米悄悄逃出。众人背着米轮番越墙而出。钟传之在翻墙时，米袋被墙石勾住，袋破米漏，没知觉。

93 山道。夜。

一行人背米鬼祟而行。

钟传之背着的米袋一路漏米，身后留下一条“米线”……

94 钟大爷家道坦。夜。

钟传生等把米藏在隐蔽处。

钟传生等不敢走进钟大爷家。众面面相觑。

林小翠从门里出来，把他们引进自己家。

众人如释重负。钟传生脸上露出对林小翠的感激之情。

95 林小翠家。外。清晨。

刘彩荷背着孩子，挽着一篮，碎步跑上，敲林小翠家门。

小翠妈开门，继续穿衣，疑问的眼光：“什么事？”

刘彩荷平息了急促的气息："吴家祠堂出事了！听说要找钟大爷！"

小翠妈一脸疑惑，刘彩荷拉着小翠妈往外走……

小翠妈抽手，返身关门后，随刘彩荷快走。

96 吴家祠堂。内。清晨。

面目全非，到处是被破坏的痕迹。

米仓洞开。

吴家族人愤恨不已。看小翠妈来，气不打一处来："钟大爷没来！你小翠妈来也一样！反正同一个屋檐的！"

小翠妈莫名其妙："老吴头，大清早的，说话要说清楚，拉三扯四的，什么意思！"

吴家族人一路指着各处被破坏的痕迹："好好的一个祠堂，被打劫得不成样子！"走到"米壁"前："这祭田的米，也被抢劫一空了！……"

小翠妈惊异于眼前的一切："祠堂遭贼，总是你看门的没看牢，还怨得了谁？"

吴家族人："我不怨谁！就怨钟大爷招来的那批野小子！"

小翠妈："你不能睁眼说瞎话！血口喷人！人家可是跟钟大爷学木偶戏的！"

吴家族人："学木偶戏，我看就是装神弄鬼的料！"

小翠妈："彩荷，走！大清早的何苦来这里受气！"

吴家族人："好！走！一起走！一起走到你们家！"带头走，低头顺着"米线"走，指着"米线"："看清楚了？跟我走！"

小翠妈、刘彩荷朝地上看看，露出惊讶之色，跟着一路走……

97 钟大爷家道坦。外。清晨。

钟传生等在藏米的地方，转悠着。

林小翠在路口远远地望见母亲等人低头一路走来。迎上：“妈！”

小翠妈神秘地低头向前：“走开，走开……”

吴家族人和小翠妈一直走到钟传生他们藏米的地方：“你看，就在这里了！”周边翻看着。

钟传生他们料知事发，但个个没事一样走开。

小翠妈：“你怎么知道就在这里？”

吴家族人：“米漏到这里没了，就到这里了！就在这里了！”

小翠妈急，大声：“你凭什么？凭什么？！”

吵闹声引来看客。好几个吴家族人持棍弄刀跑来，指着地上的“米线”，嚷嚷着：“就在这里！就在这里！”

吴家族人们看到眼前一群少年，围上，大叫：“就是他们！就是他们！”

钟传生强忍心头怒气：“不许乱说！”

钟大爷开门出，一脸憔悴，站在门口。众惊看。

钟大爷大声地：“什么事呀？”

吴家族人客气地：“钟大爷，我家祠堂昨晚遭贼！”

钟大爷：“什么？东西被偷了？”

吴家族人：“是的！祭田的糯米，也被偷了！”

钟大爷犀利的目光看了看钟传生他们，语气沉稳地：“你来这儿，不会怀疑是我去偷的吧？”

吴家族人：“米线一直流到你家门口！”带着钟大爷指给他看！

钟大爷看了一段路，走回，略一沉思，看看钟传生。

吴家族人沉住气，向钟大爷耳语。

钟大爷闭上眼，透了一口气：“传生，昨晚你们到哪里去了？”

钟传生：“哎，怕吵了你，在小翠姐这边练木偶戏！”

钟大爷眼向林小翠。

林小翠惊慌的眼神，躲开钟大爷的目光。

钟大爷已有所觉……

吴家众族人在藏米处，找到了米，一袋袋提出。还提出了钟传生的“衣服袋子”：“哈哈哈哈！这是谁的衣服？哼！”

钟传生等一看那“衣服袋子”，气泄了一半。但无处可逃，只能强装镇静，不露声色。

小翠妈冲上抓住“衣服袋子”：“不是他们！”

吴家族人提着钟传生的“衣服袋子”，对着钟大爷：“钟大爷，物证已在，你再也不能引狼入室呀！”

钟大爷头一晕，身体晃动了一下，稳住：“你说什么？”

吴家族人：“是狗，就改不了要吃屎！”

钟传生一听，火冒三丈，一头撞向吴家族人：“你才是看门狗！”

吴家族人一哄而上，围住钟传生：“小偷，本性难改！”

钟传久等疯也似地扑上……

一触即发之际，钟大爷爆发似地大喊：“住手！”拨开众人，使出全身之劲，抓住钟传生衣领：“昨晚到底干了什么？！”

钟传生腿一软，跪下，抱住钟大爷双腿，哭叫：“大爷！”

众流浪儿“扑”地一起跪下。

钟大爷：“你们到底干了什么？”

钟传生声泪俱下：“大爷，我对不起你！”

钟大爷身子虽然站着，但人却像塌了一样，颤抖着：“真是扶不起的阿斗呀！”一阵心痛袭上，强忍着，背身而去……

四周一片静寂。

钟传生等跪着，不知所措。突然钟传生爆发般地夺过一吴家族人手上的刀，“咔”的一下，剁下自己的左手食指，举着鲜血淋淋的断指，疯也似地向前跪行：“大爷！”鲜血一路滴过……

众人看着这一幕，惊叫：“传生！手！血！……”

钟大爷急回头，痛心地蹲下，双手握着钟传生的左手，嘶叫：“传生！你不能没有手指！”

吴家族人等傻了似地呆立着……

钟大爷镇定住自己，蹲下找回钟传生血淋淋的断指：“快，叫草药张！”

林小翠一路哭叫奔去。

钟大爷一手捏着钟传生的血指头，一手无力地捡起孩子们偷来的米，放到吴家人的脚边，痛心地：“是我钟万祺对不住大家！”鞠躬：“在这里向大家赔礼道歉了！”

吴家族人拎着米袋，摇头而去……

98 山道。清晨。林小翠飞奔着。

林小翠泪流满面，一路飞奔。耳边萦绕的全是她平时唱的《白蛇传》唱腔……

> 榴花烂漫无心赏，
> 岁岁端阳自彷徨。
> 愁绝江南五月节，
> 强打精神对许郎！……

音乐在林小翠跑过的时空里肆意渲染，林小翠仿佛也在这一路的奔跑中懂得了木偶戏，懂得了更多的人生苦乐。

林小翠一路的奔跑，唯一的信念，就是要把钟传生的手指头给接起来。她感到自己能救活钟传生的手指头，只要快一点点，就多一点点希望，因为钟传生不能没有手指头……

闪回——

林小翠第一次跟钟大爷学木偶戏……

林小翠第一次看到钟传生……

林小翠第一次看到钟传生洗澡……

林小翠第一次吃到钟传生给她的糖果……

林小翠第一次与钟传生配戏……

99 闪回结束。早春。山野。

早春。山野。寒意未尽。但满山遍野都是毛茸茸的新绿。

春江水暖鸭先知。山间流水潺潺，野鸭们欢快的“呷呷”声，唤醒了群山。

林小翠、钟传生跟着“草药张”到山中采药。

钟传生绑着白布的左手食指惹人眼目。

草药张边找草药边说：“小鸡崽儿的腿要是折了，它就自己去叨黄瓜籽吃。说明黄瓜籽可以长骨头！”

林小翠护着钟传生的病手：“嘻嘻，真有趣！以后我有黄瓜籽，就给你吃！”

钟传生：“这小鸡真聪明！”

草药张：“还有更聪明的动物呢！”

钟传生好奇地：“什么动物？快说说！”

草药张边模仿边说：“从前，有一条大蜈蚣，毛绒绒地在路上爬着。一路人看到，汗毛直竖：好厉害的东西！不能让它伤了人！他立即用腰刀把它斩为两段。让路人感到意外的是，蜈蚣分开的两段都在蠕动。让路人更加感到奇怪的是，那边又爬来一条雄蜈蚣。看到同伙的样子，它十分着急，停了一会儿，它像是想起了什么，便急匆匆地爬向草丛中，过了不一会儿，嘴里咬着一片嫩绿的叶子回来了。这是干什么？难道它是虫类的医生？路人好奇地蹲在一旁，要看个究竟。果然不出所料，这雄蜈蚣还真是医生，只见它将被斩断的蜈蚣的两截连在一起，然后把嫩绿的叶子，轻轻裹在连接处，自己就静候在旁边。过一会后，那雌蜈蚣的两段身体又重新连接起来了，跟原来的一模一样了！路人惊呆了，半天，才想起那片嫩叶。他拣回来，也依样采一些，在家中的鸡腿驴腿上，进行试验。所不同的是，路人是将嫩叶捣烂，进行包扎。几天后，鸡腿驴腿恢复如常，效果真好。'太好了！太好了！你就是接骨草，你就是宝呵！'路人高兴得直跳。从此，'接骨草'就在山间流传开来了！"

故事叙述中，镜头出现美丽神奇的大自然……

闪回结束。钟传生："蜈蚣真是太聪明了！"

林小翠："原来，蜈蚣有这么好！"

钟传生："张医生，你今天就是带我们来采蜈蚣发现的接骨草的？"

草药张举起手中草药："是的！你看，差不多了！"拿出随身带的捣臼，把接骨草捣烂，敷在钟传生的断指上："钟大爷说了，你不能没有手指头。提线木偶的演员，不能没有手指头！"

钟传生眼含热泪："大爷，我一定要练好提线木偶戏！再也不让您生气了！"握紧林小翠的手："小翠姐，你一定要好好教我！"

林小翠不好意思地抽出手，与钟传生击掌："一言为定！"

钟传生憨憨地笑着："一言为定！"

100 钟大爷家道坦。清晨。天蒙蒙亮。

鸡啼。

钟传生练一炷香功夫。

林小翠陪钟传生练提线木偶。

101 钟大爷家道坦。深夜。月儿西斜。

钟传生在练功。

睡意袭来，钟传生用一瓢冷水清醒自己。

102 钟大爷家。内。日。小戏台。

林小翠带着钟传生等练习提线木偶戏《驯狮》。

钟传之等在一旁使劲地敲打着锣鼓点。

钟大爷虽身体虚弱，但打起精神，指导孩子表演。

钟大爷察看钟传生去了绑带的断指，试了试它的力量："看来这个指头还不能用力！"

钟传生着急："不行，我要学戏！"

钟大爷："看来只有换手！"

钟传生："换手？"

钟大爷："对。"比试着："你原来是右手拿线板，左手挑线的……"

钟传生点了点头。

钟大爷比试着："换过来。左手拿线板，右手五指来挑线，给木偶弟子做动作，怎么样？来，试试看。”钟大爷鼓励的眼光看着钟传生。

钟传生换手试了试，感到别扭极了：“不行不行！太难了！我换不过来！”

钟大爷严肃地：“孩子，你现在不换，将来这个指头就永远没力气了！”

钟传生狠了狠劲：“换！”

钟传生一点一点在林小翠的帮助下，换手演起了《白蛇传》。

钟传生把许仙跪地甩发演得活灵活现。

众鼓掌。

林小翠露出欣喜的笑容。

钟大爷露出不易察觉的欣慰。

小翠妈端上热气腾腾的一个大盆：“来，尝一尝！新做的蕨菜馍馍！”

众抢。钟传生只管自己练功。林小翠赞许地看了看，转身拿了一个递给他。钟传生一看，转身递给了钟大爷，钟大爷拿在手上，一阵感动：“孩子，练戏辛苦，你吃！”递到钟传生嘴里，钟传生咬了一口；钟传生递到钟大爷嘴里，钟大爷咬一口。在这口口相传中，充满了天伦之乐，充满了人间温情……

103 钟大爷家。内。夜。

灯下，钟大爷戴着老花镜，手把手教钟传生雕刻木偶弟子……

钟大爷手把手教钟传生给木偶弟子上妆……

钟大爷手把手教钟传生给木偶弟子做衣服……

钟大爷手把手教钟传生给木偶弟子穿线……

钟大爷咳嗽，虚弱地喘气。

钟传生为钟大爷点上一袋烟。

钟传生扶钟大爷躺下。

主题歌响起——

你牵着我的手，很宽很宽；
你牵着我的手，很暖很暖。
有你牵着我的手，
我不会在风中摇摆。
有你牵着我的手，
我一步步走向未来。
一步步，走向未来，
一丝丝，感受着你的爱。
宽宽的爱，暖暖的爱，
丝丝缕缕，伴我走向未来！
宽宽的爱，暖暖的爱，
血脉相传永恒的爱！

104　吴家祠堂。白天。内。

林小翠与钟传生在祠堂戏台上演《孙悟空三打白骨精》。

钟传生率钟传久等在戏台上鞠躬，向吴家族人们赔礼道歉。

戏台下，吴家族人客气地把一叠钞票和一大袋米交给林小翠和钟传生，表示谢意：“给钟大爷买些好吃的吧！”

钟传生等欣喜地笑了。

105　城郊。白天。拦街福。

各户酬神，设牲于道，张灯结彩，车水马龙。

一个木偶小戏台搭好，钟传生爬上，挂起横幅："老大爷木偶团在此献演"。

钟传之等开场锣鼓喧天响："看木偶戏！看木偶戏喽！"

众围观。

人偶同台。林小翠提"驯狮人"翻筋斗上。圆场，抛绣球亮相。跑向上场门，引"狮子"出。

钟传生与钟传久提"狮子"出，摇头摆尾，跳跃腾挪，扑向绣球。

台下人头攒动。一戴眼镜的中年女子挤到前排看得聚精会神。她抬头看了看横幅："老大爷木偶团！"看了看台上的表演，双眼充满了疑问……

106　城市。白天。白鹿城少年艺术学校。内。小剧场。

小朋友静观。

小舞台上林小翠、钟传生、钟传久等表演木偶小品《耍猴》《车技》《济公》《徐策跑城》……

小朋友们看得如痴如醉，掌声不断。

107　校长室。内。白天。

林小翠、钟传生表演《白蛇传》。

戴眼镜中年女子和几位老师认真看着。

中年女子给林小翠、钟传生递上茶。

林小翠："谢谢阿姨。"

中年女子："你们就叫我王校长吧！"

钟传生瞪大眼睛："王校长？！"

王校长："我们少艺校，就想成立一个木偶戏表演班级，可惜找不到好老师！我从你们的表演里，看到了一个好老师，而且就是我要找的好老师！"

林小翠："王校长，你认识我的师父？"

王校长："从你的木偶表演里，我好像认出他来！"

钟传生奇怪地："那你能说出他姓什么？"

王校长肯定地："他姓钟！对不对？"

林小翠、钟传生："你怎么认识他的？"

王校长："我的母亲就是她的搭档白娘子，就是小翠提的白娘子！他们演的《白蛇传》真是家喻户晓，我母亲生前经常提到你们的师父钟万祺！……"

107 山道。白天。

林小翠、钟传生等挑着箱笼急急上山。

王校长带着医生，急急跟着上山。

108　钟大爷家门口。白天。

小翠妈望眼欲穿："怎么还不回来？"想起什么似的，匆匆跑出。

林小翠带一班人到。推开钟大爷家门。

109　钟大爷家，内。白天。

空无一人。

林小翠喊："钟大爷！"无回答。

林小翠向外喊："妈！"无回答。众面面相觑。

小翠妈带草药张来到，看到人家，如释重负，指了指密室："一大早起来，知道你们去演出了，心情很好，我给他吃了一碗粥，喝了张医生的药汤，就到这间密室去了。我当时没在意，只管自己忙，等到中午叫他吃饭，门居然开不了，他把自己反锁了！叫他，也不应！"边说，边敲门："听，一点声音也没有！"

林小翠阴沉着脸推门，推不开："大爷，我们演戏回来了！"

钟传生机警地，重重敲门："大爷，快开门！我们会演木偶戏了！我们能赚钱了！"

钟传久敲门："大爷，我们带王校长看你来了！"

钟传远敲门："大爷，我们带医生给你看病了！"

没有回音，只有寂静。

钟传生预感到什么："不行，得开门进去！"欲找东西撬门。

钟传久拦："不行！大爷的密室不能动！"

林小翠突然大叫："妈，我想起来了！"说完，一阵头晕。

众人紧张注视。

小翠妈扶住林小翠："小翠，快说！"

林小翠欲哭未哭："有一次，大爷对我说，要是他不在家，有人想开密室的门，叫我问他三句话，门就会开掉的！"

王校长："快说，哪三句话？"

林小翠"哇"地哭出声来："第一句话：是要问他'爱不爱木偶弟子'？第二句话是问他'能不能吃苦耐劳'？……"林小翠泣不成声："……第三……第三……"

钟传生急："是什么？快说！"

林小翠强抑悲戚："大爷说，里面的宝贝，是几代人传下来的宝贵财富，任何人都不能拿走，是要交给国家的！妈！"扑到母亲怀里："大爷……"

密室门缓缓打开，满屋子各式各样精美的木偶弟子，发出炫目光芒。

钟大爷安详地坐在木偶弟子中间，仿佛向大家微笑着……

众下跪，哭叫："大爷！"

110　青山绿水。钟大爷的墓碑赫然眼前。

林小翠、钟传生率众向钟大爷跪拜。

山民观众，从四面八方汇聚而来，向钟大爷之墓祭拜。

青山绿水间，仿佛回荡着钟大爷欣慰的笑声："呵呵呵呵！呵呵呵呵！"

111　白鹿城少年艺术学校。内。白天。

"瓯南市木偶艺术教育中心"挂牌仪式。

王校长等剪彩。林小翠等热烈鼓掌。

112　白鹿城少年艺术学校。课堂。内。白天。

林小翠、钟传生带领学生练木偶表演基本功。

113　白鹿城少年艺术学校。木偶制作间。内。白天。

小翠妈、林小翠、钟传生等指导学生雕刻、化妆、设计制作服装……

114　白鹿城少年艺术学校。木偶陈列室。内。白天。

外国友人到访。外国朋友对于钟万祺老人留下的木偶弟子赞叹不已。

115　白鹿城少年艺术学校。小剧场。内。夜。

林小翠、钟传生等带领学生与外国友人的木偶戏进行联欢。

116　回到开幕。二十一世纪。国家级非遗传承人颁奖典礼。

国家级非遗传承人颁奖典礼。钟传生在领奖。

全场热烈掌声。

观众席上的林小翠深情地注视着钟传生，两眼蓄着泪水。

117 机场。外。

鲜花与人群。

一条横幅：热烈欢送“瓯南市木偶艺术教育中心”参加墨西哥国际木偶节。

钟传生、林小翠等带队出发。

王校长、小翠妈等欢送。小翠妈两鬓斑白，欣喜的泪水滋润了满脸的皱纹……

王校长举着鲜花，久久注视着远空，双眼充满了祝福……

出黑场，片尾字幕升起。

二〇一一年三月二十七日初稿

于鹿城锦江家园

温州市艺术研究所策划，杭州海空影视公司摄制，更名为《木偶情缘》

施小琴戏剧创作剧本上演发表获奖等汇总表
2022 年 6 月（不完全统计）

序号	1		2		3	4				5	
剧目	原创越剧《范蠡救子》		原创越剧电视剧《范蠡救子（合作）		原创少儿话剧《牵丝情》	原创越剧《出宫回宫》浙江省《戏文》1994 年 01 期（演出至今）				原创儿童剧《神奇的龙珠》	
演出单位	平阳县越剧团		中央电视台影视部、绍兴有线广播电视部、浙江越剧团影视部联合摄制	1998 年浙江文艺出版社出版发行 VCD		平阳县越剧团	诸暨中南越剧团（更名《唐明皇与杨贵妃》），2017 年，诸暨亍，戏曲市场演出		杭州黄龙越剧团（1998 年受文化部艺术司邀请晋京汇报演出）		
时间	1996.04	1997.09	1998.07	1998.11	1995.02	1995.03	1995.08	1995.11	1996.12	1997.03	1997.05
级别	浙江省	温州市	国家级	国家级	浙江省	华东	温州市	浙江省	文化部	温州市	浙江省
奖项	浙江省第二届“改革之光”剧本征稿大赛三等奖	温州市第六届戏剧节“剧目奖”“剧本奖”等	第六届“中国电视金鹰奖”“红河杯”优秀戏曲电视剧奖	第十八届（1997 年度）全国电视剧“飞天奖”戏曲电视连续剧二等奖	浙江省（首届）“改革之光”剧本征稿大赛铜奖	第九届“华东田汉戏剧文学奖”剧本三等奖	温州市第五届戏剧节“优秀剧目奖”“优秀剧本奖”等	浙江省第六届戏剧节“优秀剧目奖”“优秀剧本奖”等	文化部“映山红”民间戏剧节“优秀剧目奖”、剧本二等奖等（因此剧主角荣奖“梅花奖”）	96 温州市“东南制版”杯剧本征文比赛“优秀剧本奖”	浙江省第三届“改革之光”剧本征稿大赛二等奖

续表

序号	6							7				
剧目	原创木偶剧《蓝星星之歌》《温州剧作》1997年（总第11）发表							新编南戏《拜月记》入选《温州南戏新编剧本集》2001年3月中华书局出版发行			四集越剧电视剧《拜月记》	
演出单位	平阳县木偶剧团							平阳小百花越剧团			浙江电视台、平阳文化局联合摄制平阳小百花越剧团演出	
时间	1997.03	1997.05	1997.09	1997.11	1998	1999	1999	1999.10	2000.01	2000.07	2000	2001
级别	温州市	浙江省	温州市	浙江省	国际级	温州市	浙江省	温州市	浙江省	国际级	浙江省	浙江省
奖项	96温州市“东南制版”杯剧本征文比赛“优秀剧本奖”	浙江省第三届“改革之光”剧本征稿大赛三等奖	温州市第六届戏剧节“优秀剧本奖”“优秀剧本奖”等	浙江省第七届戏剧节“优秀新剧目奖”“观众最喜爱剧目奖”“剧作奖”等	墨西哥第十一届国际木偶节最高荣誉奖	温州市第一届精神文明建设“五个一工程”奖	浙江省第六届精神文明建设“五个一工程”奖	温州市第七届戏剧节“优秀剧目奖”、“优秀剧本奖”、等	浙江省第八届戏剧节“编剧奖”	南戏国际学术研讨会暨温州南戏新编系列剧目展演（中国戏剧家协会、中国艺术研究院、浙江省文化厅、温州市人民政府主办，温州市文化局承办。）	浙江电视台首播	浙江文艺音像出版社出版发行 ISRC CN-E14-03-0144-0/V.J8

续表

序号	8						9					
剧目	原创人偶剧《神奇的雀翎》 浙江省《戏文》杂志 2002 年第 6 期发表						原创京歌剧《孔雀翎》 《温州戏剧》2013 年发表 （演出至此约 850 场）					
演出单位	平阳县木偶剧团、平阳小百花越剧团联合演出						浙江京剧团					
时间	2001.10	2002.01	2003.10	2003.11	2004.01	2004.01	2004.05	2005.12	2008	2013	2013.8	2015.9.26
级别	温州市	浙江省	国家级	国家级	温州市	浙江省	国家级	国家级	文化部	浙江省	国家级	吉林省
奖项	首届温州艺术节“优秀剧目奖”“优秀剧本奖”	浙江省第八届戏剧节“优秀新剧目奖”“观众最喜爱剧目”、“编剧奖”	“金狮奖”第二届全国木偶皮影戏大赛“剧目金奖”、“编剧金奖”“导演金奖”	第十一届中国人口文化奖（华东杯）“最佳剧目奖”“最佳编剧奖”等	温州市第三届精神文明“五个一工程”奖	浙江省第八届精神文明“五个一工程”奖（演出至今约 100 场）	上海第五届全国优秀儿童剧展演，以评委会全票通过获得了最高奖——“最佳剧目大奖”及“集体优秀演出奖”、“小观众最喜爱的儿童剧演员奖”，共三项大奖，名参演剧目前列。“六一”儿童节期间进入上海大剧院演出。	第五届全国儿童剧优秀剧目展演剧目银奖	国内首部获文化部首次“原创动漫扶持计划”的演出作品；被省委宣传部和文化厅推选为浙江省“雏鹰计划”送戏工程优秀儿童剧演出剧目。	浙江音像出版社出版发行舞台戏剧 DVD	国家民委、国家文化部艺术司、中国少数民族戏剧学会联合举办“中国少数民族戏剧会演”，获“优秀剧目金奖”“优秀编剧金奖”等奖项大满贯。	吉林省人民大剧院开台演出另：2016 年《一曲人与自然郑美丽的童谣——童话京剧〈孔雀翎〉创作演出纪实》，浙江人民出版社出版，CIP 号：2016 06118，书号：978-7-213-072 44-4

续表

<table>
<tr><th>序号</th><th>10</th><th colspan="3">11</th><th>12</th><th>13</th><th>14</th><th>15</th></tr>
<tr><td>剧目</td><td>原创越剧《父子洞房》</td><td colspan="3">新编昆剧《折桂记》(保留剧目日常上演)《温州戏剧》2009 年发表</td><td>原创京歌剧《网络恋曲》之《蓝宇酒吧与紫藤茶馆》</td><td>新编越剧《双狮宝图》(保留剧目日常上演)</td><td>原创瓯歌剧《大路迎亲》(合作)《温州戏剧》2006 年发表 浙江省《大舞台》2006 年 2 期发表</td><td>原创电影文学剧本《木偶情缘》</td></tr>
<tr><td>演出单位</td><td>平阳小百花越剧团</td><td colspan="3">永嘉昆剧团</td><td>浙江京剧团</td><td>舟山越剧团</td><td>温州市瓯剧团</td><td>温州市文广新局、平阳县文广新局、杭州海空影视广告有限公司联合摄制</td></tr>
<tr><td>时间</td><td>2004.05</td><td>2006.07</td><td>2006.10</td><td>2006.12</td><td>2003.04</td><td>2003.12</td><td>2006.05</td><td>2011.12</td></tr>
<tr><td>级别</td><td></td><td>国家级</td><td>温州市</td><td>国家级</td><td>浙江省</td><td></td><td>温州市</td><td>温州市</td></tr>
<tr><td>奖项</td><td>农村市场演出</td><td>第三届中国昆曲艺术节“剧目奖”</td><td>温州市第二届艺术节暨第十届戏剧节“优秀剧目奖”“优秀编剧奖”等</td><td>中央电视台 11 套戏曲频道《九州大戏台》全剧播出</td><td>浙江儿童艺术中心首演</td><td>第一部越剧贺岁剧江浙沪市场演出</td><td>温州市委宣传部宣传郑九万精神大会演出</td><td>温州市第一部自主生产的非遗电影，也是第一部反映提线木偶传承故事的电影。于 2013 年 6 月第八个非遗日在温州白鹿影城、平阳影城首映。2014 年 3—4 月，结合党的路线教育实践活动在温州新时代、新中国、大众、白鹿四大影院公映。</td></tr>
</table>

续表

序号	16				17		18		19
剧目	改编现代昆剧小戏《刘二嫂打呼噜》（合作） 《浙江文化》2013 年 7 月年发表				新编京剧《雷峰塔》（原名《青蛇》，保留剧目日常上演） 中国剧协《剧本》杂志 2014 年“温州号”发表		南戏博物馆驻场演出剧目《温州·南戏》		课本剧、校园剧《了不起的女孩》《孙悟空考小明》《桌椅的对话》《班会课》《醉猴》等
演出单位	永嘉县文化馆演出				浙江京剧团			永嘉昆剧团	平阳木偶剧团、温州市实验中学、温州市广场路小学、平阳职业技术学校、中国戏曲学院附中等演出
时间	2011	2012	2013.06	2014	2013	2013.11	2013—2014	2014.12.27	
级别	温州市	浙江省	国家级	国家级	浙江省	浙江省	温州市	温州市	北京市、浙江省、温州市
奖项	“温州市第二届文化艺术节小戏小品专场比赛”创作表演双金奖	“浙江省新农村建设题材小戏小品大赛”创作、表演金奖	第十届中国艺术节“群星奖”戏剧门类复赛入围作品，参加山东威海举办的复赛	入选山东滨州博兴中国小戏艺术节，获优秀表演奖等	蛇年春节杭州胜利剧院贺岁首演	获省第十二届戏剧节优秀新剧目奖。	2013 年完成剧本创作。2014 年组织排演。是中国戏曲史—温州南戏部分的第一次立体演绎。是“歌舞演故事”的第一个大型“歌舞秀”剧本。	改为《南戏印象·琵琶记》，在温州市南戏博物馆驻场演出。	省市校园剧比赛金奖等

续表

序号	20		21	22	23	24	25	26	27	28
剧目	原创古装越剧小戏《暮夜却金》		原创现代越剧小戏《春风又绿》	新编南戏《乐昌分镜》	新编越剧《双狮图》	新编瓯剧《混天珠》	新编昆剧《钗钏记》	纪念汤显祖莎士比亚逝世400年穿越剧《遇见》（合作）	原创锡剧电视剧《骊宫秘史》	未排演发表剧本
演出单位	余杭小百花越剧艺术中心		余杭小百花越剧艺术中心		平阳小百花越剧团	温州市瓯剧艺术研究院	永嘉昆剧团	永嘉昆剧团等		1. 原创古典戏曲《琴缘》 2. 新编越剧《双玉蝉》 3. 儿童戏曲音乐剧《仙草灵芝》 4. 儿童木偶剧《邋遢大王历险记》 5. 儿童木偶剧《地球 SOS》 6. 儿童音乐剧《宝贝加油》 7. 现代音乐剧《市场的声音》 8. 瓯剧现代戏《武林火》 9. 小品《化蝶》 10. 改编桌上木偶剧《丑小鸭》 11. 十集现代戏曲电视剧《山竹》等
时间	2014.10	2014	2014	2014	2014	2015.7	2016.11	2016.12	2001.05 VCD 中国唱片上海公司出版 ISBN 7-7992-0115-0	
级别	杭州市	国家级	杭州市	浙江省	国家级	温州市	永嘉县	温州市	江苏省	
奖项	杭州市新剧节目汇演“优秀剧目奖”“优秀剧作奖”等	山东滨州博兴中国小戏艺术节优秀推荐剧目奖等	杭州市新剧节目汇演“剧目奖”“优秀剧作奖”等	入选“浙江省文化厅首批中青年编剧扶持计划”	第三届中国越剧节“剧目奖”等	东南剧院首演	永嘉人民大会堂首演	南戏博物馆首演	中国唱片上海公司出版发行	

续表

序号	29									30
剧目	原创现代儿童剧《戏娃》 《中国戏剧》ISSN1001-8018，2020-06 期封二刊登《戏娃》剧照									原创电影文学剧本 《浙南儿女英雄传之热血长虹》
演出单位	江苏省儿童艺术剧院 （演出至此约 130 多场）									温州天运纵横文化传播有限公司、平阳县文化和广电旅游体育局等联合摄制
时间	2020	2020	2020	2020.06.01	2020.10.06	2020.11.07	2020.12	2021	2022.6	2021—2022
级别	江苏省	江苏省	常州市	江苏省	江苏省	国家级	常州市	江苏省	江苏省	浙江省
奖项	江苏省艺术基金扶持项目	江苏省委宣传部重点扶持项目	常州市艺术基金扶持项目	开场戏 2020 年 6 月 1 日在常州大剧院为“华罗庚艺术团”升格为“江苏省儿童艺术剧院”揭幕首演。	2020 年 10 月 6 日，参加“紫金文化艺术节”新创舞台剧目会演，在江苏大剧院演出。由江苏省委宣传部、江苏省文化和旅游厅、江苏省文学艺术联合会颁发“入选剧目奖”。	中国戏剧家协会邀请，参加纪念曹禺诞辰 110 周年，由中国文联、湖北省人民政府主办，第四届中国（潜江）曹禺文化周开幕式戏剧专场演出，11 月 7 日演于曹禺大剧院。	常州市委宣传部、市教育局主办“常州戏曲名作进校园”巡演。	入选 “2021 年江苏省舞台艺术精品扶持工程”	2021 年度江苏优秀文艺成果奖	1.2021 年 4 月获得国家电影局备案立项。 2021 年 6 月浙江省电影局影剧备案 [2021] 第 1477 号。 2. 浙江文化艺术发展基金 2021 年度资助项目（电影类）。 3.2022 年 6 月温州天运纵横文化发展公司、平阳县委宣传部、平阳县文化和广电旅游体育局等联合开机摄制。

续表

序号	31	32	33	34	35	36	37
剧目	新编越剧《双狮图》	原创瓯剧现代小戏《抢亲》(又名《一片春"芯"在玉壶》)	原创革命题材现代小戏《渝水棋缘》	纪念汤莎逝世400年南戏博物馆驻场演出穿越剧《遇见》(合作)	原创锡剧戏曲电视剧《骊宫秘史》	原创现代京剧《大渡河》	二十集电视连续剧《一树梨花细雨中》(部分合作)
演出单位	平阳小百花越剧团	温州市文成县文化馆	温州市委统战部	永嘉昆剧团等	浙江越剧院电视剧部等摄制	浙江京剧团	《温州戏剧》连载
时间	2018.10	2018.08	2010.10	2016.12	2001.05	2016	2007
级别	国家级	温州市	温州市	温州市	江苏省、浙江省	浙江省	温州市
奖项	中国第三届小百花越剧艺术节剧目银奖等	温州市第十四届戏剧节群文小戏小品展演二等奖	温州市委统战部纪念活动演出		中国唱片上海公司出版社出版VCD	1. 纪念中国共产党建党95周年、中国人民解放军建军89周年、中国工农红军长征胜利80周年,2016年6月29日杭州剧院首演; 2.2016年9月19日第十三届浙江省戏剧节绍兴蓝天大剧院演出; 3.2016年11月23日第十三届浙江省戏剧节浙江音乐学院大剧院演出; 4.2016年12月7日义乌党校等演出; 5. 首演至今演出70多场; 6. 浙江省委宣传部"2016年舞台艺术精品扶持工程"重点剧目; 7.《大渡河》《东极英雄》《渡江侦察记》为浙京革命题材三部曲入选"浙江省文化和旅游厅优秀创新团队"; 8. 第十三届浙江省戏剧节复赛剧目。	

后 记

这几年也编著出版过几本书，但编辑出版自己的剧作集•综合卷，特别难，耗去许多时光。恍惚间，转行拜师学习戏剧创作，已经过去三十多个年头。戏剧创作之大山，几十年攀爬，尚于山脚，还总是在不断地摸索前行。“仰之弥高，钻之弥坚”。整理修改编辑校订过程，无疑是重走了一趟艰难之旅，并为艰难之作的即将面世，而诚惶诚恐。

所幸，艰难的登山之旅，留下了一串蹒跚学步的脚印和汗水，可以做为不停前行的印证，以感谢恩师尤文贵先生、师母申晓闻女士。没有尤先生的言传身教，悉心教诲，鼓励支持，与师母一起，从初稿开始，第一时间的审阅批评指导及其鼓励肯定，是没有今天这本传承学习、探索前行的作业成品。所憾先生过早辞世，使我的汇报剧作，再也得不到他的斧正，聆听他的教导。愿在天之灵，能看到学生这些稚嫩的文字，向他的呈报，以不辜负他的期望。好在师母能看到我的这份用功，于心有所慰。

再表感谢的，是时任平阳县文化局局长范少波先生、副局长唐德兴先生等各级领导；时任温州市文化局局长瞿纪凯先生、副局长翁焕新先生、副局长郑朝阳师姐等几任领导；时任温州市艺术研究所所长黄世钰先生、继任所长张思聪先生、朱吉庆先生等一众领导专家老师同事们，在创作之路上的指导、扶持、鼓励与帮助，使我能在戏剧创作过程中，同时担任一些基层艺术管理工作，有机会和条件组织开展各项富有意义的工作。并在本职工作基础上，在省市县各级宣传文化部门、剧协、作协、政协、党外知识分子联谊会、高层次人才联谊会等领域，发挥了部门及个人的一些力量。

同时，要特别感谢平阳小百花越剧团、平阳木偶戏保护传承中心、永嘉昆剧团、温州市瓯剧艺术研究院、温州市越剧演艺中心、永嘉县文化馆、文成县文化馆、诸暨中南越剧团、余杭小百花越剧艺术中心、杭州黄龙越剧团、浙江省越剧院影视部、浙江京昆艺术中心、江苏儿童艺术剧院等演出团体及其领导、全体演职员；先后与国家一级导演俞珍珠、国家一级导演杨小青、国家一级导演梁永璋、国家一级导演翁国生、国家一级导演叶茗、国家一级导演胡一飞、国家一级导演章世杰、资深影视导演张明、陆建光、木偶剧导演钟信仲，及许多音乐、舞美、灯光、服装、化妆、道具等二度主创专家老师们，有了您们的通力合作与帮助提携，才成就了我的一度创作在舞台、荧屏上的立体呈现，得到了观众们的检阅，并使戏剧作品与观众、市场建立了良性的互动，彼此相依。也让众多剧目有机会参加国际、国家、省市县各级舞台戏剧、影视比赛与演播，获得了一定的认可，得到了央视、中国文化报及省市县各级媒体的关注与报道。

中国艺术研究院戏曲研究所原所长、研究员王安葵先生，浙江省原艺术研究所研究员徐宏图先生，百忙之中检阅文稿，提出宝贵修改意见，并为拙作出版作序，给予晚生后学的鼓励与提携，真是感激不尽。

特别感谢浙江传媒学院党委、人事处、科创处、媒体传播优化协同创新中心、非遗中心、文学院、公共艺术教育部、戏剧影视学科等部门、机构领导，感谢母校温州大学，让我学以致用，薪火相传，特别感谢浙传党委书记杨立平研究员，亲自对剧作集·综合卷出版工作给予具体的指导；学校人才引进科研与创作专项经费在出版费用上给予了大力支持。

中国戏剧出版社及该书责任编辑王恬老师，专业高水准的编校修订，细致入微的关怀，是拙作顺利出版重要的保障，在此深表谢意。

最后，衷心感谢九十高龄的著名剧作家、书法家、原浙江省文化厅厅长钱法成先生，欣然命笔，为本书题写书名。

衷心感谢家人、亲友们一直以来的关心支持。

限于个人的学力与写作水平，本书定有许多不足之处，敬请各位领导专家、师友同道、观众读者批评指正。

施小琴

二〇二二年三月二十五日于杭城